Ackermann/Wissinger   Schulqualität managen

Für Heinz S. Rosenbusch

Beiträge zur Schulentwicklung

Heike Ackermann/Jochen Wissinger (Hrsg.)

Schulqualität managen

Von der Verwaltung der Schule zur Entwicklung von Schulqualität

Mit Beiträgen von:
Heike Ackermann, Hans-Peter Füssel, Matthias Grundmann, Uwe Hameyer, Peter Höher, Peter Hübner, Johannes Huinink, Manfred Lüders, Norbert Maritzen, Fritz Osterwalder, Hans-Günter Rolff, Wilfried Schley, Michael Schratz, Dieter Timmermann, Horst Weishaupt, Luise Winterhager-Schmid, Ingeborg Wirries, Jochen Wissinger.

Luchterhand

Die Deutsche Bibliothek – CIP-Einheitsaufnahme

Schulqualität managen:
von der Verwaltung der Schule zur Entwicklung von
Schulqualität/Heike Ackermann/Jochen Wissinger. –
Neuwied: Luchterhand, 1998
(Beiträge zur Schulentwicklung)
ISBN 3-472-02953-6

Alle Rechte vorbehalten.
© 1998 by Hermann Luchterhand Verlag GmbH Neuwied.
Das Werk einschließlich aller seiner Teile ist urheberrechtlich geschützt.
Jede Verwertung außerhalb der engen Grenzen des Urheberrechtsgesetzes
ist ohne Zustimmung des Verlages unzulässig und strafbar. Das gilt insbesondere für Vervielfältigungen, Übersetzungen, Mikroverfilmungen und die
Einspeicherung und Verarbeitung in elektronischen Systemen.
Satz: Josefine Urban – KompetenzCenter, Düsseldorf
Druck: MVR Druck, Brühl
Printed in Germany, Februar 1998

∞ Gedruckt auf säurefreiem, alterungsbeständigem und chlorfreiem Papier

Inhalt

HEIKE ACKERMANN/JOCHEN WISSINGER
Probleme und Anforderungen der Schulentwicklung durch
Dezentralisierung und Autonomie 1

I Politische und gesellschaftliche Herausforderungen schulischen Managements

HORST WEISHAUPT
Die Situation des Schulwesens im Kontext der veränderten
Wahrnehmung öffentlicher Aufgaben durch den Staat. 23

MATTHIAS GRUNDMANN/JOHANNES HUININK
Bedingungen und Perspektiven schulischer Erziehung heute –
Zum Strukturwandel der Familie, der Kindheits- und der
Jugendphase 34

II Rahmenbedingungen von Schulleitung

MICHAEL SCHRATZ
Ist ein neues Aufsichtsverständnis auch ein anderes
Aufsichtsverhältnis? 47

INGEBORG WIRRIES
Die Verantwortung des Schulleiters für gute Schulqualität –
Möglichkeiten und Grenzen im Rahmen der Schulverfassung(en) . . 61

MANFRED LÜDERS
Die Bedeutung der Professionalisierung des Lehrers für die
Qualitätssicherung von Schule 77

Inhalt

III Anforderungen an Konzepte schulischer Binnenorganisation

PETER HÜBNER
Differenzierungsprozesse in Schulorganisation und Schulkultur
unter den Bedingungen sozialstrukturellen Wandels. 91

UWE HAMEYER/JOCHEN WISSINGER
Schulentwicklungsprozesse – Fragwürdigkeit und Sinn von
Qualitätsstandards 107

HEIKE ACKERMANN
Eltern – Ratgeber für Schulqualität? Über die Rolle der Eltern
im Prozeß der Schulentwicklung 120

NORBERT MARITZEN
Schulprogramm und Rechenschaft – eine schwierige Beziehung . . . 135

IV Managementkompetenz – Herausforderungen, Probleme, Perspektiven

HANS-PETER FÜSSEL
Schulleitung zwischen staatlicher Steuerung und
schulischer Handlungsautonomie 149

LUISE WINTERHAGER-SCHMID
Zum Selbstverständnis künftiger Schulleiterinnen. 160

WILFRIED SCHLEY
Konfliktmanagement – Zum Verhältnis von Schulleitung,
Lehrern, Eltern und Schülern 178

JOCHEN WISSINGER/PETER HÖHER
Personalführung – Von individueller Beratung und Kontrolle
zum Entwicklungsmanagement 199

DIETER TIMMERMANN
Budgetierung – Profilbildung oder Mängelverwaltung? 211

HANS-GÜNTER ROLFF
Evaluation von Schulentwicklung als Bestandteil
eines neuen Leitungs-Verständnisses 222

FRITZ OSTERWALDER
Profilbildung und Öffentlichkeit als Problem
schulischen Managements 239

Anhang

Literatur 251

Verzeichnis der Abkürzungen 269

Verzeichnis der Autorinnen und Autoren 270

HEIKE ACKERMANN/JOCHEN WISSINGER

Probleme und Anforderungen der Schulentwicklung durch Dezentralisierung und Autonomie

Die Auseinandersetzung über das Pro und Contra der »Autonomie« der Schule ist durch einen eher abstrakten, öffentlichen wie fachöffentlichen Konsens abgelöst worden: Die einhellige Auffassung ist, daß die Schule reformiert werden müsse. Einige Bundesländer haben bereits durch novellierte oder neue Schulgesetze die schulische »Gestaltungsautonomie« (ROLFF 1993) eingeleitet und damit Tatsachen geschaffen, noch ehe der Gegenstand der ursprünglichen Kontroverse »Autonomie« in seinen Konsequenzen für das professionelle Handeln vor Ort zureichend reflektiert worden ist.
Die dadurch angestoßene Schulreform, in deren Mittelpunkt die Einzelschule steht, gilt als realitätsbezogener als die Strukturreform der sechziger und siebziger Jahre; sie berücksichtige die situativen Bedingungen der einzelnen Schule und ermögliche flexiblere Handlungsmuster. Sie fordere die Eigeninitiative und Selbstverantwortung aller an Schule Beteiligten heraus und könne die Qualität pädagogischer Arbeit verbessern. Nunmehr handele es sich – im Unterschied zu den sechziger und siebziger Jahren, in denen die *Bildungsökonomie* die theoretischen Grundlagen der Bildungsreform lieferte – um eine *pädagogische Reform* (vgl. ROLFF 1995), welche sowohl die Organisation der Schule in ihren Innen- und Außenbeziehungen als auch die Qualität des Unterrichts sowie das gemeinschaftliche Schulleben berührt.
Dabei ist auffällig wenig von Bildung als zentralem Leitkriterium der Schulreform die Rede sowie von den Adressaten, den Schülerinnen und Schülern. Das künftig in vielen Schulen zu erarbeitende Schulprogramm wird jedoch nicht umhin kommen, die jeweiligen Schülerinnen und Schüler zur Orientierungsgröße zu machen, will es erfolgreich sein. Dies wirft die Frage nach dem Leitbild auf, dem das Programm folgen soll. Diverse Erziehungs- und Bildungskonzeptionen konkurrieren miteinander und erschweren die Orientierung: Eliteförderung versus Sozialpädagogisierung der Schule, Persönlichkeitsentwicklung versus Vermittlung von Kenntnissen und Qualifikationen, Halbtagsschule versus Ganztagsschule, die Schule als Ort der Selektion und Ver-

Einleitung

teilung von Lebenschancen versus die Schule als Erfahrungsraum. Diese konfligierenden Zielsetzungen sollen nunmehr von der Einzelschule abgewogen, entschieden und in Befolgung eines Leitbildes in einem Programm umgesetzt werden.
Die Schulen, d. h. die Lehrerinnen und Lehrer, haben die Herausforderungen, die mit der Entwicklung eines Schulprofils und der Arbeit am Schulprogramm verbunden sind, oftmals bereits angenommen, bevor ihnen die Bildungsverwaltung dieses jetzt zur Pflicht macht. Ihr pädagogisches Engagement, die Initiativen und Aktivitäten an der Basis stellen Reaktionen auf pädagogische Probleme in den Schulen dar, die unmittelbaren Handlungsdruck ausüben. Damit nicht genug, hat nun die Einzelschule im Licht der Reform vermehrt Entscheidungen in Richtung und Verbindlichkeit zu treffen, wie sie bislang auf übergeordneten Ebenen getroffen worden sind. Für die an Schule Beteiligten bedeutet diese Entwicklung nicht nur, daß sie neue Kompetenzen erwerben müssen, daß Konfliktgegenstände zunehmen werden, sondern auch, daß sie ihr Tun oder Unterlassen gegenüber Gesellschaft und Staat unmittelbar verantworten müssen. »Der Anspruch an die didaktische Professionalität der Schule wächst beträchtlich. Sie kann sich nicht mehr damit begnügen, das zu tun, was sie immer getan hat, oder was nach den Buchstaben von Gesetzen, Richtlinien und Lehrplänen von ihr gefordert wird. Sie verliert die Sicherheit eines Regelwerks, das es gelegentlich allzu leicht macht, externe Faktoren als Entschuldigung für die unterbliebene eigene Anstrengung zu zitieren« (LANGE 1996, S. 132).
Durch die neuen oder novellierten Schulgesetze, die die Gestaltungsautonomie der Schule freisetzen sollen, sind die Schulen nunmehr gefragt, diesem juristischen »Regelwerk« Leben einzuhauchen, es zu interpretieren und eigene Wege in der pädagogischen Gestaltung der Schule zu finden.
Die Gewährung von neuen Gestaltungsmöglichkeiten pädagogischer Arbeit ist zugleich mit neuen Pflichten wie der Rechenschaftslegung durch Evaluation verbunden. Diese bewirkt nicht nur mehr Transparenz, in dem, was Schulen leisten, sondern sie erhöht auch die Kontrollmöglichkeiten. Transparent und kontrollierbar wird, welche »Qualität« die pädagogische Arbeit in der Schule aufweist. Denn es gibt öffentliche Anfragen an die Wirksamkeit und den Erfolg schulischer Erziehung und Wissensvermittlung, wie nicht nur die Diskussion über die mathematischen und naturwissenschaftlichen Kenntnisse deutscher Schüler kürzlich zeigte. In doppelter Hinsicht wird damit die Frage virulent, was unter Schulqualität verstanden wird. Zum einen ist von Bedeutung, wie die Meßlatte beschaffen ist, die von der Öffentlichkeit an die Schule angelegt wird, worin ihr Erfolg gesehen wird. Um jedoch zu klären, welche Kriterien von Schulqualität in der schulpäd-

agogisch-wissenschaftlichen Diskussion eine Rolle spielen, ist zum anderen ein Blick in die Schulforschung notwendig. Letztlich geht es um die ganz praktische Aufgabe, wie Schulleiterinnen und Schulleiter zusammen mit ihren Kollegien Qualitätsentwicklung betreiben und sichern können.

Zur Schulqualitätsdiskussion

Der Anspruch heutiger Schulentwicklung zielt – zumindest theoretisch – auf eine Verbesserung des Schulerfolgs der Schülerinnen und Schüler und eine Stärkung der erzieherischen Wirkungen der Schule. Aus anglo-amerikanischen Schuluntersuchungen im Rahmen der Effektivitätsforschung wurde zunächst geschlossen, daß sich »gute« Schulen durch hohe Schulleistungen der Schüler auszeichnen. Hinweise gäbe es in den Ergebnissen aber auch darauf, daß gute Schulleistungen und gute erzieherische Wirkungen einer Schule oftmals miteinander verkoppelt seien (HAENISCH 1989, AURIN 1991, BARGEL 1996). Aus der Kritik an einer einseitigen Orientierung der Schuleffektivitätsforschung an formalen Schulleistungstests – sie erfassen nur sogenannte »skills«, Wissen und Fertigkeiten der Schülerinnen und Schüler – erwuchs die Frage nach dem »Schulklima« als wichtigem Prüfkriterium für die Bestimmung von Schulqualität. Als »gut« wird das Schulklima dann eingeschätzt, wenn – pauschal gesagt – eine Schule für die Schüler da ist und nicht umgekehrt. Dies zeigt sich unter anderem daran, daß in einer »guten« Schule auch denjenigen Schülern, die mehr Zeit beim Lernen benötigen, Erfolgserlebnisse vermittelt werden.

In der Praxis sind die Folgerungen, die aus den Untersuchungen zum Schulklima gezogen werden können, oftmals noch nicht eingelöst worden. Es gilt nicht als selbstverständlich, daß die Schulen von den Interessen und Bedürfnissen der Schüler ausgehen, daß sie deren Befindlichkeit in der Schule als qualitätsdefinierend mit heranziehen und eine gute Qualität ihrer Lehrbemühungen nur dann als gegeben ansehen, wenn möglichst viele Schüler Lernerfolge haben.

Aber auch in der Theorie bestehen Defizite. Ein Problem ist, daß trotz der anwachsenden Qualitätsliteratur keine Einigkeit über den Qualitätsbegriff herrscht. Dies sollen zwei Beispiele aus der öffentlichen Diskussion veranschaulichen. Sie machen deutlich, daß über das, was Schulqualität auszeichnet, noch zu streiten wäre, bis sich klärt, was ihr Kern ist und was mehr oder weniger wichtige Randbedingungen von Schulqualität sind. Für die Erziehungswissenschaft sind noch weitere Strukturierungen dieses Forschungsgegenstandes vorzunehmen.

Einleitung

- In der allgemeinen Diskussion, die Debatte in den Lehrerverbänden eingeschlossen, haben die Ergebnisse der Dritten Internationalen Mathematik- und Naturwissenschaftsstudie (BAUMERT/LEHMANN u. a. 1997) erhebliche Beachtung als nationales und internationales *Ranking* des Mathematikleistungsstandes deutscher Achtklässler gefunden. Im Ranking werden die Schülerleistungen als Produkt der Schulbildung begriffen. Bildungsökonomisch würde diese Art der Leistungserfassung als Output der Schule bzw. als *Erfolgsqualität* bezeichnet (TIMMERMANN 1996). In dieser Betrachtung, die die Lernerfolge der Schüler als Erfolg des Schulsystems ansieht, drückt sich ein geradezu klassisches Verständnis von Schule aus.

- Auch die Auszeichnung »innovativer Schulen« durch die BERTELSMANN STIFTUNG fand größere Aufmerksamkeit. Versucht man herauszufinden, welcher Qualitätsbegriff von den Juroren an die gewürdigten Schulen angelegt worden ist, läßt sich ein vorwiegend *merkmalorientiertes Qualitätsverständnis* feststellen. Laut Kriterienliste entsprachen die ausgezeichneten Schulen dem Bild einer »lernenden« Schule im Hinblick auf »ein öffentlich verfügbares Schulprogramm und kontinuierliche Arbeit an der Verbesserung der schulischen Qualität, hochmotivierte und ideenreiche Kollegien, reflektiertes Führungsverhalten der Schulleitung und transparente, demokratische Entscheidungsstrukturen, systematische Einbeziehung der Schüler und Eltern in die schulische Arbeit, systematische, kontinuierliche Kooperation mit außerschulischen Partnern, vielfältig dokumentierte Ansätze zur Evaluation« (BERTELSMANN STIFTUNG 1996, S. 18).
Aus den Schulbeschreibungen geht hervor, daß auch die jeweilige Problemstellung einer Schule in ihrem sozialen Feld, die auf dieser Grundlage vom Kollegium getroffenen Entscheidungen hinsichtlich der Lehr-/Lernmethoden sowie die Gestaltung des Schullebens und der schulischen Interaktion gewürdigt werden. Die Eindrücke von den Schulen basieren auf der Sichtung verschiedener Dokumente, die von den Schulen eingesandt worden sind, und auf einem Schulbesuch. Damit kann nur von punktuellen Einblicken in den Schulalltag gesprochen werden. Bedeutsam ist an diesem Ansatz, daß Lernprozesse jedoch nicht nur auf seiten der Schüler, sondern der gesamten Schule als Einheit der Organisation des Lernens gesehen werden.

Es gibt also ganz unterschiedliche Ansatzpunkte, Schulqualität zu bestimmen. Eine analytische Möglichkeit, das Ineinandergreifen einer Vielzahl von Faktoren für Schulqualität deutlich zu machen, bietet das sogenannte Bil-

Probleme und Anforderungen der Schulentwicklung

dungsproduktionsmodell. Im Anschluß an TIMMERMANN (1996) soll dieses Modell in Grundzügen rekonstruiert werden, um die Problematik zu verdeutlichen, inwiefern Schulqualität (im Schulentwicklungsprozeß und vor Ort) bestimmbar ist.

Die Schulqualität im Input-Output Modell

Nach dem Output-orientierten Qualitätsmodell gibt eine bestimmte meßbare Schülerleistung Auskunft über die Qualität der Schule oder auch über ihre Wirksamkeit bzw. ihren Erfolg. Bedeutungsvoll ist, was dabei jeweils als Erfolgskriterium definiert wird: Gute Zensuren und/oder das Erreichen bestimmter Testnormen der Schüler oder aber das Sozialverhalten der Schüler?
Heute herrscht weitgehend Einigkeit darüber, daß Fachleistungen kein alleiniges Gütekriterium für Schulqualität sein können, da sie kognitive Leistungen repräsentieren und die Bedeutsamkeit sozialer Lernziele übergehen. Das Modell läßt die Frage unbeantwortet, um wessen Erfolg es sich im Ergebnis handelt. Zudem wird die Frage aufgeworfen, worauf denn die festgestellten Leistungen zurückgeführt werden können. So bestimmen, wie man weiß, bereits die Eingangsvoraussetzungen der Schüler, bedingt durch ihr soziokulturelles Umfeld, die Lernergebnisse. Es ist bekannt, daß die Schule bislang den Einfluß eines anregungsreichen oder anregungsarmen Elternhauses nur fortschreibt (z. B. KRUMM 1996, S. 129), nicht aber kompensiert. Nur schwer beantwortbar wäre also, welchen Anteil am »Erfolg« das pädagogische Handeln in der Schule hat, was dem Lernumfeld der Schüler zuzurechnen ist, und welchen Anteil der Schüler selbst an dem hat, was im Endergebnis als Schulqualität gesehen wird.
Ein drittes Problem für die Bestimmung von Schulqualität stellt die Bewertung des Outputs der Schule durch die Schulabsolventen und durch die Abnehmer der schulisch erzeugten Qualifikationen wie Wirtschaft und Verwaltung (*Outcome*) dar. Denn wie sich die Schulabsolventen auf die beruflichen und gesellschaftlichen Anforderungen durch die Schule vorbereitet fühlen, unterliegt ebenso wie die Einschätzung der Wirtschaft einem zeitlichen und gesellschaftlichen Wandel – das machen die sich ständig ändernden gesellschaftlichen Anforderungen an die Qualifizierung der Schulabgänger deutlich. So sind die Ansprüche auf allen Qualifikationsniveaus des Bildungssystems gestiegen, wie die Erweiterung des Curriculums in der Grundschule um die Fremdsprachen oder die Einführung der informationstechnischen Grundbildung und Forderungen nach der Vermittlung sogenannter Schlüsselqualifikationen zeigen. Mit anderen Worten: Wie die Bewertungen durch die Schulabgänger einerseits und durch die späteren Arbeitgeber der

Einleitung

Schulabsolventen andererseits aussehen, liegt der Sache nach außerhalb des Einflusses der Schule. Daran ist zu ersehen, daß Schulqualität somit seitens der Schule nicht linear »bewirkt« werden kann. Ob Bildung und Aufwendung von Bildungszeit »Qualität« hatte, wird ihr erst nachträglich attestiert. Weil bisher das »Produkt« im Vordergrund der Modellbesprechung stand, ist zu ergänzen, daß dem Output ein *Input* gegenüber steht, z. B. die Anzahl der Schüler einer Schule, die Zahl und Qualifikation der Lehrkräfte, Verwaltungsmitarbeiter und weitere Pädagogen, das Schulgebäude und sein Zustand, die Fachräume und ihre Einrichtung, die Lehrmaterialien und deren Aktualität. Werden in einem Schulqualitätsmodell nur Input- und Outputfaktoren betrachtet, so wird der eigentliche Kern pädagogischer Tätigkeit, die Gestaltung der Beziehung zu den Schülern und die darin angelegten Unterrichts- und Erziehungsprozesse, das Schulleben insgesamt sowie die Kooperationsbeziehungen innerhalb der Schule und nach außen mit der Umwelt ausgeklammert.

Zur Durchführungsqualität

Jüngere Untersuchungen von Organisationen haben sich zum Ziel gesetzt, die »black box« zwischen Input und Output zu erhellen und wenden sich den Vermittlungsprozessen zu. Auch in der qualitätsorientierten Betrachtung von Bildungseinrichtungen spielt die Frage nach der Durchführungsqualität unterrichtlicher Lehr-/Lernprozesse eine beträchtliche Rolle (vgl. TERHART 1997). Die Schulklima-Forschung überschreitet die reine Diskussion von Methoden, insofern sie sich den Bedingungen und Auswirkungen des Schulklimas im Hinblick auf Lehr-/Lernprozesse widmet. Diese Forschung, die den Klima-Begriff zur Kennzeichnung psychosozialer Umweltverhältnisse verwendet (DREESMANN/EDER u. a. 1992), hat allerdings mit der Komplexität unterrichtlichen Geschehens zu kämpfen. So wird bezweifelt, Unterricht in seinen komplexen Dimensionierungen überhaupt vollständig erfassen und beschreiben zu können.

Unterstellt man einmal spielerisch, Unterricht sei einer Ware gleich standardisierbar, so zeigt sich, daß Schulqualität durch die gelungene Adaption von Prozeßqualitätskriterien keineswegs verbürgt ist. Denn es ist wissenschaftlich umstritten, wann von »gutem« Unterricht gesprochen werden kann und welche Unterrichtsformen diesen befördern. »Guter« Unterricht steht in Abhängigkeit von einer Vielfalt variabler Bedingungen, weshalb selbst die schönsten Modelle von Schulqualität das unterschiedliche dynamische Zusammenwirken von mehreren Faktoren konstatieren müssen (TIMMERMANN 1996, S. 332; BARGEL 1996).

Man könnte nun mit der Abhandlung dieser Faktoren enden, die sämtlich Ansatzpunkte darstellen, Schulqualität zu »definieren«, jedenfalls nach dem Bildungsproduktionsmodell. Das oben erwähnte Beispiel im Wettbewerb stehender innovativer Schulen hat jedoch auf eine weitere Variante der Bestimmung von Schulqualität aufmerksam gemacht.

Merkmalsorientierte Qualitätsmodelle

Quer zu den bereits thematisierten Faktoren stehen jene Merkmalslisten, die auf den Befunden der Schuleffektivitätsforschung beruhen und zur Identifizierung »guter Schulen« erstellt worden sind. Als Merkmale »effizienter Schulen« werden beispielsweise genannt: Eine starke, Zielvorgaben entwickelnde Schulleitung, Kooperation der Lehrenden, Klarheit der Normen der Schulordnung, Konzentration auf Leistungsstandards bei gleichzeitigem Vertrauen in die Leistungsfähigkeit der Schüler und Überprüfung des Lernerfolgs. Solche Merkmalslisten sind in der Erkenntnis systematisiert worden, daß die Einzelschule als pädagogische Handlungseinheit für die Schülerleistung eine bedeutsame Rolle spielt. Zum Teil benennen diese Listen implizite oder explizite Grundsätze pädagogischen Handelns. Würde eine Schule alle diese Merkmale inklusive der darin zum Ausdruck gebrachten Standards pädagogischen Handelns aufweisen, käme dies dennoch nicht umstandslos Qualität gleich. Denn die in einer Schule eingeführten Grundsätze können lediglich eine Handlungsorientierung bzw. Grundlage für Entscheidungen sein, mithin eine von vielen Bedingungen darstellen. Bemerkenswert ist, daß Grundsätze wie z. B. Kooperation abstrakt sind; sie informieren nicht über die Entscheidungsrichtung und Begründungsqualität beispielsweise einer »Zielvorgaben entwickelnden Schulleitung«. Wenn die BERTELSMANN STIFTUNG als Qualitätsmerkmal der Schule »die systematische Einbeziehung der Schüler und Eltern in die schulische Arbeit« ansieht, so ist damit nicht gesagt, ob die Berücksichtigung von Eltern und Schülern die Akzeptanz von Entscheidungen gewährleisten soll, ob sie der Erschließung neuer finanzieller Ressourcen dienen soll oder ob sie sich der pädagogischen Einsicht verdankt, daß jegliche Bildungsbemühung, die ihre Adressaten nicht berücksichtigt, am Ziel der Mündigkeit vorbeigeht.
Wird die Existenz pädagogischer Grundsätze mit Schulqualität gleichgesetzt, so wird das sogenannte »Unbestimmtheitsproblem« übergangen, das Bildungsangelegenheiten prinzipiell kennzeichnet und das auch als Technologiedefizit pädagogischen Handelns bezeichnet wird (TIMMERMANN 1996, S. 332). Darunter versteht man neben Motivationsproblemen (die nicht nur auf seiten der Lernenden, sondern auch der Lehrenden vorliegen können),

Einleitung

daß die Lernenden immer selbst darüber entscheiden, was sie lernen wollen. Der Lerner muß sich das Lernen zur eigenen Angelegenheit machen. Die Merkmalskataloge aus der Effektivitätsforschung verführen zu dem Mißverständnis, man könne gleichsam wie ein Qualitäts-TÜV mittels einer Checkliste Schulen erkunden und je nach dem Vorhandensein oder Nichtvorhandensein bestimmter Gremien und Institute (z. B. pädagogischer Konferenzen) oder einer entscheidungsfreudigen engagierten Schulleitung oder auch aus der Existenz von pädagogischen Grundsätzen auf die Qualität einer Schule schließen. Ein derartiges, methodisch fragwürdiges Vorgehen, aus der Deskription von Schulmerkmalen normative Anforderungen an die Schulentwicklung zu stellen, ließe zugleich eine andere Erkenntnis der empirischen Schulforschung unberücksichtigt, daß das Erscheinungsbild guter Schulen keineswegs gleich ist und daß die Schulunterschiede »Ausdruck unterschiedlicher Bewältigungsformen der innerschulischen und außerschulischen Herausforderungen« (BARGEL 1996, S. 55) sind.

Qualität zwischen Objektivierbarkeit und individueller Bewertung

Das Fazit dieser Revue von Qualitätsvorstellungen ist, daß der Begriff Schulqualität in seiner Konnotation nicht nur »objektivierbare« Merkmale oder Leistungen vereint, sondern wesentlich eine *wertende* Perspektive im Sinne »guter« Qualität aufweist. Schulqualität ist nicht als fixe Größe mißzuverstehen. Zum einen, weil die jeweils erreichte Qualität einer Schule »Resultat kollegialer Problemlösungen« ist, »wobei die Art und Weise der gewählten Lösungen von den wahrgenommenen Rahmenbedingungen und Problemkonstellationen, vom pädagogischen Anspruch und von den Bereitschaften und Fähigkeiten... sowie von den Aushandlungsprozessen im Kollegium und der Verbindlichkeit ihrer Einhaltung beeinflußt wird« (BARGEL 1996, S. 55). Zum anderen ist bedeutsam, daß Schulqualität *sozial different* bewertet wird. Das Qualitätsurteil fällt – je nachdem, von wem diese Wertung vorgenommen wird – vor dem Hintergrund der spezifischen Perspektive und des individuellen Wertmaßstabes durchaus sehr unterschiedlich aus. Schulqualität ist damit ein relativer Begriff, unter dem die verschiedenen Gruppen der an Schule Beteiligten jeweils anderes verstehen (vgl. die kontroversen Aspekte »Quality of What?« and »Quality for Whom?« in OECD 1991). Pauschalisierend könnte man sagen, daß Lehrer unter Schulqualität eher Fragen ihrer Arbeitsgestaltung und Arbeitsbelastung verstehen, Schulleiter die Stabilität ihrer Schule im konkurrierenden Schulangebot einer Region, weshalb Anmeldezahlen und das öffentliche Renommee in ihren Blickwinkel geraten. Schulräte verstehen unter Schulqualität die Motivation und den

Probleme und Anforderungen der Schulentwicklung

Arbeitseinsatz der Lehrpersonen sowie die Abwesenheit von Konflikten an der Schule. Für Bildungspolitiker steht die gesellschaftliche Funktionalität der Schule im Vordergrund und für Eltern der Schulerfolg ihres Kindes und die Anschlußmöglichkeiten an weiterführende Bildung. Schüler erwarten von einer »guten Schule«, daß ihnen das Lernen Spaß macht und daß der Abschluß ihnen eine berufliche und gesellschaftliche Perspektive eröffnet.

Soll Schulqualität möglichst differenziert erfaßt werden, so dürfen die Zusammenhänge zwischen den diversen Faktoren nicht ausgeblendet und es muß die jeweilige Qualität des Lehr-/Lernverhältnisses zwischen Lehrern und Schülern in seinen komplexen Dimensionen annähernd erfaßt werden. Aber auch dann bleibt eine kriteriengeleitete Analyse der Schule und die Bestimmung ihrer Qualität mit unterschiedlichen Sichtweisen der an Schule Beteiligten konfrontiert, die nicht einfach miteinander vermittelt werden können.

Denn die unterschiedlichen Sichtweisen auf Schule und Unterricht ergeben sich aus gesellschaftlich induzierten *Gegensätzen,* die im pädagogischen Handlungsfeld wirksam werden. Durch die Funktion der Selektion zeigt sich der Schulunterricht nicht primär von der Aufgabe der Wissensvermittlung und Bildung bestimmt, sondern die Wissensvermittlung ist – entgegen aller schulpädagogischen Kritik – als Leistungsvergleich der Schüler organisiert. Unterschiede in der Beherrschung und im Umgang mit Wissen werden als Unterschiede der Lernfähigkeit der Schüler über Noten oder andere Kategorien festgehalten und bis in Schülerkarrieren hinein festgeschrieben. Sobald erhebliche Lerndefizite über längere Zeit bei Schülern festgestellt werden, werden nicht wenige von weiteren Lerngelegenheiten ausgeschlossen, obwohl sie diese besonders nötig haben. Dieser Selektionsprozeß konterkariert also den pädagogischen Anspruch auf Förderung.

Aus der gesellschaftlichen Perspektive bedeutet Qualität des Unterrichts, daß diejenigen gefördert werden, die überdurchschnittlich oder durchschnittlich die an sie gestellten Anforderungen erfüllen können. Als pädagogische Qualität kann hingegen gelten, daß der Stand der Lernentwicklung und ein aus dieser Diagnose erwachsender Förderungsbedarf nicht nur festgestellt, sondern auch in andauernde und möglichst wirksame Förderungsbemühungen umgesetzt werden muß.

Schulqualität als Aufgabe schulischen Managements

Vor dem Hintergrund der Bestrebung, staatliche Aufgaben und staatliche Verantwortung zu dezentralisieren, die Selbstverantwortung der Einzelschule zu stärken und, damit verbunden, diese auf Programmentwicklung und Evaluation zu verpflichten, werden die Aufgaben der Schulleitung und

Einleitung

die Anforderungen an schulisches Management einerseits bedeutungsvoller und interessanter, andererseits komplexer und schwieriger. Unter den gegebenen ungünstigen Rahmenbedingungen schulischen Leitungshandelns, welche sich durch ein Mißverhältnis »zwischen der übertragenen Gesamtverantwortung und der zugewiesenen Aufgabenfülle einerseits und dem zugestandenen Maß an eigenverantwortlichen Entscheidungsmöglichkeiten und der Ausstattung mit Verwaltungskapazität und Zeitbudget andererseits« (BILDUNGSKOMMISSION NRW 1995, S. 159) auszeichnen, geraten Schulleiterinnen und Schulleiter mit der Verantwortung für die schulische Binnensteuerung an die Grenze der Überforderung (WISSINGER 1996): So wird die Schulleitung im Rahmen verstärkter Selbständigkeit und der Lösung neuer Aufgaben verantwortlich dafür, gemeinsam mit den Lehrerinnen und Lehrern die pädagogische Zielklärung der Schule zu betreiben, ein Schulprogramm zu entwickeln, für dessen Umsetzung zu sorgen und den Erfolg sowie die Professionalität des Handelns zu überprüfen.

Die Fülle dieser zum Teil neuen Aufgaben gilt es so anzugehen, daß neue Kompetenzen theoriegeleitet angeeignet werden können und dies unter Kenntnisnahme der aktuellen Entwicklungen erfolgt. Das Wissen um die Einflüsse auf das eigene pädagogische Praxisfeld ist Grundlage und Voraussetzung, reflektiert mit denjenigen Möglichkeiten und Mitteln umzugehen, die man vorfindet, oder die man sich erst noch erstreiten muß. Denn mit der in Rede stehenden Schulreform wird die Schulgestaltung ja keineswegs der Beliebigkeit anheimgestellt, sondern sie findet auch bei dezentralisierten Entscheidungskompetenzen im staatlich und juristisch zugestandenen Handlungsrahmen statt. In Rückbezug auf Erkenntnisse der Schulforschung soll deshalb in diesem Buch gefragt werden, was eigenverantwortete Binnensteuerung der Schulgestaltung für alle an Schule Beteiligten, insbesondere für das Denken und Handeln der Schulleitung heißt.

Ziel und Konzeption des Buches

Im folgenden geht es darum, an spezifischen Themen, die die gegenwärtige Schulentwicklung tangieren, Entscheidungsprobleme und die Möglichkeiten und Grenzen schulischer Binnensteuerung für die Schulleitung zu beschreiben, zu analysieren und zu diskutieren. Die zentrale Frage, die dahinter steht, lautet, wie sich Schulqualität als Aufgabe der Schulleitung bestimmen läßt.

Eine Auseinandersetzung mit diversen Managementkonzepten, die eine bloße Fremdsteuerung zum Inhalt haben, wird man vergeblich suchen. Stattdessen wird der bildungspolitischen Entwicklung, den damit verbundenen

Probleme und Anforderungen der Schulentwicklung

Rahmenbedingungen für die Schule sowie den sozialen Voraussetzungen der Schulreform Platz eingeräumt. Denn die Mikropolitik der Schule, die durch die Dezentralisierung und die größere Selbstverantwortung Einzug hält, soll in ihren Anforderungen an das Denken und Handeln von Schulleitung und Lehrerschaft nicht losgelöst von äußeren Bedingungen gesehen werden. Besondere Anforderungen an die Konzepte schulischer Binnenorganisation stellt die Heterogenität gesellschaftlicher Vorstellungen der Schule ebenso wie der Stand der Professionalisierung der Lehrerinnen und Lehrer. Letztlich jedoch müssen die Konzepte schulischen Managements in Ausbalancierung vielfältiger Widersprüche und Konflikte darauf abgestellt sein, immer erneut Kindern und Jugendlichen mit ihren unterschiedlichen Lebens- und Lernproblemen gerecht zu werden.

Zur inhaltlichen Gliederung des Buches

Das Buch gliedert sich in vier Abschnitte. Der erste thematisiert »Politische und gesellschaftliche Herausforderungen schulischen Managements«, weil Schule als Institution staatlich konstituiert ist und gesellschaftliche Aufgaben erfüllt.

HORST WEISHAUPT thematisiert die gegenwärtige Situation des Schulwesens, das unter staatlicher Aufsicht steht und in seinem Selbstverständnis wie in seiner Wirkung davon abhängt, wie der Staat seine Aufgabe wahrnimmt. Die Diskussion um die Steuerung des Schulwesens nimmt ihren Anfang in den 70er Jahren und ist geprägt vom Spannungsverhältnis zwischen divergierenden Anforderungen: es soll leistungsfähig, sozial gerecht und kindgemäß sein. Die Reformpolitik ist aus der Sicht des Autors Beispiel dafür, daß eine zentrale Steuerung scheitert, die politische Absichten gegen den Willen von Eltern und Lehrern durchzusetzen sucht. Daß sich ein Bildungsmarkt naturwüchsig herausgebildet hat, scheint aber in den Augen der politisch Verantwortlichen weniger auf politisches Versagen hinzudeuten als vielmehr auf das bildungspolitische Programm der 90er Jahre. Staatliche Schulpolitik erlangt damit eine neue Qualität. Das politisch-administrative System beantwortet die Erfahrung verfehlter Steuerung mit einer »stärkeren Entkoppelung von Administration und öffentlicher Willensbildung« und verschiebt parlamentarische Zuständigkeiten auf Verhandlungssysteme, die nicht durch die Verfassung legitimiert sind. Mag auch die Schulpolitik aus einer Dezentralisierung der schulischen Steuerung strategische Vorteile ziehen, »Bestrebungen zur Verstärkung der Eigenverantwortlichkeit der einzelnen Schulen stehen vor dem Problem, daß sich die einzelnen Lehrer und Schulen diese Überlegungen zu eigen machen müssen, um wirksam werden zu können«. Gleichwohl werden die Schulen mit Dezentralisierungsbestrebungen in einer Zeit konfrontiert, in der sich die Finanzsituation der öffentlichen Haushalte verschärft und zusätzliche Mittel für Reformen nach Meinung des Autors nicht zur Verfügung stehen werden.

MATTHIAS GRUNDMANN und JOHANNES HUININK beschreiben und analysieren stellvertretend für gesellschaftlichen Wandel den äußeren und inneren Strukturwandel der Familie in seiner Bedeutung, aber auch seinen Folgen für die Kindheits- und Jugendphase. Sie arbeiten heraus, daß die Erwachsenenperspektive in der Organisation des Alltags und den damit verbundenen Anforderungen den Kindern und Jugendlichen eine Leistungs- und Entwicklungsperspektive aufdrückt, die weder den Interessen noch den Bedürfnissen der Heranwachsenden gerecht wird. Vor allem dann, wenn familiale Kontexte durch sich widersprechende Handlungsorientierungen der Erwachsenen erfahren werden, können Kinder und Jugendliche überfordert und in ihrer Selbstwirksamkeitserfahrung behindert sein. Die Schule ist mit den Folgeerscheinungen des Strukturwandels der Kindheits- und der Jugendphase, also mit Verhaltensauffälligkeiten oder jugendlichem Protest usw. konfrontiert, mit denen sie nur schwer umzugehen weiß. Die Autoren sehen die Schule in Ergänzung zur Familie organisatorisch und pädagogisch gefordert (und das ist zunehmend eine Frage von Schulqualität), sich als Lebensraum zu öffnen und Heranwachsenden in der Bewältigung von Kindheits- und Jugendphase zu helfen.

Im zweiten Abschnitt des Buches werden Rahmenbedingungen von Schulleitung dargelegt und erörtert. Im Mittelpunkt steht zum einen der Gesichtspunkt machtbedingter oder rechtlicher Zuständigkeiten im Steuerungssystem des Schulwesens, zum anderen der Grad der Professionalisierung von Lehrpersonen, auf die SchulleiterInnen zunächst einmal keinen Einfluß haben.

MICHAEL SCHRATZ problematisiert die Rolle der Schulaufsicht unter dem Gesichtspunkt ihrer Wirksamkeit, Schulqualität und Schulentwicklung zu steuern. Untersuchungen zur Rolle der Schulaufsicht, insbesondere unter den Bedingungen der Autonomisierung im Schulwesen, zeigen, daß durch die bislang vorherrschende Ausrichtung und Anlage der Aufsichtstätigkeit die Aufsichtswirksamkeit leidet. So eindeutig die Hinweise auf die Probleme schulaufsichtlicher Tätigkeit auch sind, der Rolle der Schulaufsicht eine neue Richtung zu geben, stellt sich schwierig dar. Verantwortung für die Qualität von Unterricht und Schule bei gleichzeitiger Rücknahme zentraler Regelungen durch verwaltungspolitisch motivierte Dezentralisierungskonzepte führen zu einer Situation, die die verwaltungs- und bildungspolitische

Probleme und Anforderungen der Schulentwicklung

Reformentwicklung gefährdet. So ist einerseits die berufliche Identität der Aufsichtsbeamten bedroht und andererseits die Reform vor Ort, deren Umsetzung »nicht nach dem Strickmuster eines »Masterplanes«« funktioniert. Die Zukunftsperspektive der Schulaufsicht hängt davon ab, ob sie ihr Handeln aus einer Position der Macht, d. h. des Diktierens und Verwaltens in eine Position der Einflußnahme, des Gestaltens und Erhaltens zu überführen vermag.

INGEBORG WIRRIES widmet sich den Kennzeichen der Schul(betriebs)verfassung in Deutschland. Sie will wissen, wie der international, in empirischen Studien zur Schulqualität herauskristallierte »Qualitätsfaktor Schulleiter« in die schulverfassungsrechtliche »Architektur«, wie sie es nennt, eingearbeitet ist. Ihr Ziel ist es, einschätzen zu können, welche Möglichkeiten SchulleiterInnen haben, auf die Güte der Schulqualität, d. h. auf die Bewältigung der pädagogisch-fachlichen Herausforderungen im Rahmen einer größeren Selbständigkeit der Einzelschule Einfluß zu nehmen. Dazu untersucht sie die Entscheidungs- und Verantwortungsstruktur der einzelschulischen Arbeitsorganisation in doppelter Hinsicht. Zum einen beschreibt sie am Beispiel der Schulbetriebsverfassungen in Niedersachsen und Sachsen die Schulverfassungstheorie. Dabei kommt sie zu dem Ergebnis, daß die schulqualitätsbestimmenden Entscheidungsprozesse durch von den Lehrkräften dominierte Gremien erfolgen, also LehrerInnen über die Standards der von ihnen selbst zu erbringenden Leistung entscheiden. Zum anderen analysiert sie auf der Basis einer verhaltenswissenschaftlichen Orientierung die Schulverfassungsrealität. Sie arbeitet heraus, daß die Entscheidungqualität der schulischen Gremien im individuellen und damit beliebigen Ermessen der Akteure vor Ort, insbesondere der Lehrkräfte liegt. Zudem verfügen SchulleiterInnen nicht wie z. B. Vorgesetzte im privatwirtschaftlichen Bereich über arbeitsrechtliche Führungsinstrumente extrinsischer Motivation. Beide Ergebnisse zusammenführend kommt sie zu dem Schluß, daß »die Schul(betriebs)verfassung(en) in ihrer derzeitigen Verfaßtheit (...) nicht geeignet (sind), die an sich richtige Idee einer größeren Selbständigkeit der Einzelschule zum Nutzen ihrer Schüler bzw. letztlich der Gesellschaft zu unterstützen«.

MANFRED LÜDERS thematisiert die berufliche Kompetenz von LehrerInnen angesichts ihrer Bedeutung für die Qualitätssicherung der Schule. Mit seinen Überlegungen nimmt er die zentrale Annahme in der Schulentwicklungsdiskussion auf, daß Schulqualität angesichts vielfältiger Herausforderungen besser vor Ort, durch Schulentwicklung als Verfahren zu gewährleisten sei als durch die Aufsicht übergeordneter Stellen. Insbesondere die Erwartung in die Problemlösefähigkeit der Einzelschule und ihrer LehrerInnen läßt ihn fragen, »inwieweit die Implementation des Verfahrens der Schulentwick-

Einleitung

lung als ein Verfahren der Qualitätssicherung auf bereits vorhandene Kompetenzen des pädagogischen Personals bauen kann«, da Schulentwicklung auch als ein Verfahren der Personalentwicklung verstanden wird, das vorhandene aber nicht genutzte Kompetenzen freizusetzen vermag. Um diese Frage zu beantworten, erörtert der Autor mit den Argumenten der Professionalisierungsforschung drei zentrale Bedingungen professionellen Handelns und überprüft, inwieweit sie auch erfüllt sind.

Im dritten Abschnitt des Buches geht es um Anforderungen an Konzepte schulischer Binnenorganisation, also um die inhaltlich-pädagogische Ausgestaltung der Einzelschule und, damit verbunden, um Ansatzpunkte, Fragen und Probleme innerschulischen Entwicklungsmanagements.

PETER HÜBNER beschreibt und analysiert die tiefgreifenden sozialstrukturellen wie soziokulturellen Wandlungen in der bundesrepublikanischen Gesellschaft seit Beginn der 80er Jahre und ihre Entsprechungen in der Schulentwicklung. Er tut dies vor dem Hintergrund der Diskussion um Programmentwicklung, Profilbildung und Regionalisierung einerseits sowie des Erziehungsauftrags der Institution Schule andererseits, der das an universalistischen Normen und Werten gebildete Individuum proklamiert. Seine Ausführungen sind von der These geleitet, daß die gesellschaftlichen Wandlungen sich zum einen in einer weiteren, die soziale Selektivität verschärfenden schulstrukturellen Ausdifferenzierung bemerkbar machen, daß sie zum anderen in der zunehmenden Ausbildung unterschiedlicher, partikularistisch fundierter Schulkulturen aufscheinen, die, vor allem unter dem Druck regionaler Disparitäten, eine Segmentierung zu verstärken vermögen. Im ersten Schritt skizziert und analysiert der Autor die Ergebnisse und Folgen der Bildungsexpansion. Dabei stellt er insbesondere die Destabilisierung des Verhältnisses von Bildungs- und Beschäftigungssystem heraus, die auf das Bildungsverhalten zurückwirkt und den Selektions- sowie Konkurrenzdruck im Bildungssystem und seinen Untergliederungen erhöht. Insbesondere Ressourcenknappheit muß, wie er im weiteren über Autonomisierung als Vehikel der Rationalisierung, Ressourcenverknappung und Externalisierung von Kosten darlegt, den Selektionsdruck im Schulsystem abermals erhöhen. Seine Argumentation schließt ab mit der Erörterung gesellschaftlicher Pluralisierungs- und Partikularisierungsprozesse. Im Zentrum stehen schulpolitisch und schulpädagogisch relevante Fragen angesichts einer Gesellschaftsentwicklung, die durch die Auflösung alter ständischer Klassenlagen, die horizontale Ausdifferenzierung soziokultureller Milieus und Lebenslagen sowie, damit verbunden, durch die Herausbildung von einander unterscheidbarer, eigener Wert- und Normenmuster gekennzeichnet ist.

Probleme und Anforderungen der Schulentwicklung

Die große Herausforderung der Schule als Institution besteht infolgedessen darin, die unterschiedlichen auseinanderstrebenden Erziehungsmuster, Bildungsinteressen und Motive zu integrieren; sie zu meistern wird unter den Bedingungen einer Autonomisierung eher erschwert als erleichtert.

UWE HAMEYER und JOCHEN WISSINGER greifen die öffentliche Debatte um Schulqualität auf. Eine von außen aufgesetzte, abstrakte und dadurch generalisierende Debatte um schulische Qualitätsstandards wird, ihrer Einschätzung nach, weder den Schulen gerecht noch vermag sie einen Beitrag zur Qualitätsentwicklung der Schulen zu leisten. Sie weisen darauf hin, daß »es mindestens zwei Möglichkeiten gibt, sich ein Bild von Schule zu machen, eine *externe* und eine *interne* Sicht. So sehen Außenbetrachter anderes als etwa das Kollegium einer Schule«. Geleitet von der Frage, wie Schulqualität hergestellt und gesichert werden kann, fordern sie die Innensicht der Schule ein. Zwei Argumente führen sie ins Feld, zum einen, daß Schulen schon immer Qualitätsstandards haben und verfolgen, auch wenn sie weder den an Schule unmittelbar Beteiligten noch einer kritischen Öffentlichkeit transparent sein sollten; zum anderen, daß die Diskussion um eine gute Schule nur mit den Schulen geführt werden kann, sind es doch Schulleitung und Lehrerschaft, die gemeinsam die Anforderungen erfüllen müssen, die in der Diskussion, Einführung und Umsetzung von Standards liegen. Damit lenken die Autoren die Aufmerksamkeit auf den Ort der praktischen Schulentwicklung. Ausgangspunkt jeder schulöffentlich geführten, systematisierten und methodisch gesicherten Verständigung über Qualitätsstandards zwischen den an Schule Beteiligten sollten die Bilder sein, die sie sich von Schule allgemein wie von »ihrer« Schule machen.

HEIKE ACKERMANN fragt nach Stellung und Mitwirkung der Eltern im Prozeß der Schulentwicklung. Sie thematisiert damit einen Faktor schulischer Qualität, dessen Bedeutung durch die Forschung als gesichert gelten kann, der gleichwohl in der schulischen Handlungspraxis kaum eine aktive Rolle spielt. Daß sich Schulverwaltung und Schule ebenso wie die wissenschaftliche Pädagogik (von Ausnahmen abgesehen) wenig für die Interessen, Wünsche und Bedürfnisse der Eltern und Schüler, gar für den Grad ihrer Zufriedenheit mit schulischer Bildung und Erziehung interessieren, liegt in der staatlichen Organisation des Bildungswesens und seiner spezifisch deutschen Ausprägung begründet. Weder im Primar- noch im Sekundarbereich gibt es eine freie Schulwahl, so daß die Institution Schule gegenüber privaten Ansprüchen und pädagogischen Qualitätserwartungen geradezu unabhängig zu sein und autonom handeln zu können scheint. Erst die »Zweite Moderne«, der sozioökonomische Wandel mit seinen Ausprägungen auf allen Ebenen der Gesellschaft, macht die wechselseitige Abhängigkeit zwi-

Einleitung

schen Familie und Schule offenkundig. Insbesondere der Strukturwandel der Familie sowie die Bildungsentscheidungen der Eltern schulpflichtiger Kinder heben ins Bewußtsein aller Beteiligten, daß sich Schule und Familie wechselseitig beinflussen und nicht nur die Einzelschule, sondern Schule generell nicht umhinkommt, Normen, Ziele, Inhalte und Methoden unter der Beteiligung der Eltern zur Diskussion zu stellen. Mit diesem komplexen Hintergrund erörtert die Autorin Fragen und Probleme sowie das Für und Wider einer Mitwirkung der Eltern an der Schulgestaltung und bedient sich dabei vielfältiger empirischer Forschungsergebnisse.

NORBERT MARITZEN widmet sich den Funktionen eines Schulprogramms. Ausgehend von der Annahme, daß »in einer Landschaft selbständiger werdender Schulen, in der auch das Handlungsrepertoire klassischer Schulaufsicht immer weniger wirksam ist, nach neuen Instrumenten dezentraler Selbststeuerung von Schulen gesucht werden muß«, will er klären, was mit Schulprogramm gemeint ist. Er reagiert damit auf den im Unterschied z. B. zu »Profil« unscharfen Gebrauch dieses Begriffs in der Debatte um eine verstärkte Selbständigkeit der Schule, der der tatsächlichen, praktischen Bedeutung eines Schulprogramms abträglich ist. Ziel ist es, Praktikern ein »pragmatisches Entwicklungsinstrument oder Werkzeug der Selbstvergewisserung« näherzubringen. Nach einer Begriffsklärung arbeitet er drei Funktionen heraus, die Programmen zukommen: eine Entwicklungsfunktion, eine Informationsfunktion und eine Steuerungsfunktion. Sie weisen ein Schulprogramm als Mittel der Qualitätssicherung aus, das die Notwendigkeit, sich seiner selbst zu vergewissern, mit schulischer Rechenschaftspflicht, d. h. mit der Befriedigung des legitimen Anspruchs aller schulischen Interessengruppen auf professionelle Aufklärung und Information verbindet.

Im Mittelpunkt des vierten Abschnitts des Buches steht die Managementkompetenz von SchulleiterInnen, die angesichts des Drucks auf die Schule, innovativ und reformfähig zu sein in besonderer Weise (heraus)gefordert sind, und in Zeiten des Umbruchs und des Aufbruchs der Aufmerksamkeit und Unterstützung bedürfen.

HANS-PETER FÜSSEL beschäftigt sich mit der Rolle der Schulleitung unter dem Eindruck eines Wandels der Rolle der Schule. Vor dem Hintergrund des in Landesschulgesetzen definierten und in Dienstanweisungen konkretisierten Auftrags, die Schule nach außen und nach innen zu vertreten, geht er davon aus, daß SchulleiterInnen die Aufgabe zufällt, aufeinanderwirkende schulexterne und schulinterne Kräfte »abzufedern« oder auszugleichen. Im Mittelpunkt seiner Überlegungen und damit der Überprüfung seiner Annahme steht die Frage, wie Schulleitungsmitglieder in beide Richtungen wirken

Probleme und Anforderungen der Schulentwicklung

und dadurch die Anforderungen erfüllen können. Im ersten Schritt versucht er zu klären, wodurch sich ein Außen- und Innenverhältnis und das Zusammentreffen unterschiedlicher Kräfte ergibt. Das Ergebnis lautet, daß der Wandel der Rolle der Schule eine Öffnung mit sich bringt. Dadurch wird nicht nur »die Unterscheidung zwischen »innen« und »außen« undeutlich«, sondern es wird auch »zwangsläufig schwieriger (schulrechtlich, H.A./J.W.) zu bestimmen, wer denn als »außen« im Verhältnis zur Schule und wer als schon »innen« zu definieren ist«. Im zweiten Schritt widmet er sich der Vorgesetztenfunktion, die unter dem Eindruck eines gewandelten Leitungsverständnisses sowie der Neuordnung des Verhältnisses zwischen Schulaufsicht und Einzelschule im neuen Licht erscheint. Deren Wahrnehmung ist nicht nur rechtlich durch die pädagogische Verantwortung der LehrerInnen begrenzt. Sie erfährt aus einer veränderten Rolle und Stellung der Schulleitung selbst solange ihre Begrenzung, wie das tradierte (Dienst)Vorgesetztenmodell nicht überwunden ist und die bislang geltenden rechtlichen Ausgangsbedingungen für Schulleitungen unverändert fortbestehen.

LUISE WINTERHAGER-SCHMID konzentriert ihren Blick auf den weiblichen Nachwuchs in schulischen Führungsfunktionen – eine der großen Herausforderungen schulischen Managements, sowohl, was die Frauenförderung betrifft, als auch grundsätzlich die Frage der Nachwuchsgewinnung und Personalentwicklung. Sie berichtet zum einen von Orientierungskursen für Lehrerinnen aller Schulformen, die seit 1991 vom Niedersächsischen Landesinstitut für Fortbildung und Weiterbildung angeboten werden, da Frauen in schulischen Leitungspositionen nach wie vor massiv unterrepräsentiert sind, zum anderen von ausgewählten Ergebnissen einer Begleituntersuchung, in deren Mittelpunkt die Frage stand, was Frauen motiviert, in Leitungsfunktionen vorrücken zu wollen. Das Ergebnis überrascht: Frauen streben in Führungsfunktionen, wenn sie ihre zumeist männliche Schulleitung als unfähig erleben.

WILFRIED SCHLEY thematisiert Konflikte zwischen den an Schule beteiligten Personengruppen und deren Bearbeitung als Bestandteil schulischen Managements. Der Schulleitung fällt eine zentrale Rolle bei der Konfliktwahrnehmung und beim Umgang mit Konflikten zu, was die Entwicklung ihrer Leitungskompetenz, insbesondere die Stärkung ihrer Konfliktfähigkeit erforderlich macht. Seinen Ausführungen liegt die Annahme zugrunde, daß sich Konflikte im schulischen Alltag nicht auf Störfaktoren reduzieren lassen, sondern der sozialen Konstruktion der schulischen Wirklichkeit (Interaktion) inhärent sind und der Handlungseinheit sowie ihrer Entwicklung dort zugute kommen, wo sie aufgegriffen und ihre Gegenstände einer Lösung zugeführt werden. Das Problem ist danach weniger der Konflikt an sich, sondern das Bedürfnis nach Harmonie, das Denken in Einheitlichkeit, das Nichterkennen eines Konflikts, Hilflosigkeit angesichts eines erkannten Konflikts oder einer Konflikteskalation, eine falsche Herangehensweise im Bemühen um eine Konfliktlösung. Zunächst erklärt er, was Konflikte sind, wie sie zustande kommen und worin die Handlungsanforderungen an die Interaktionsteilnehmer (Konfliktparteien), insbesondere an die Konfliktmoderation bestehen, um anschließend zu skizzieren, was ein gutes Konfliktmanagement ausmacht.

JOCHEN WISSINGER und PETER HÖHER fragen danach, was Personalführung mit Blick auf die gegenwärtige Führungssituation in der Schule und die Möglichkeiten des Handelns von SchulleiterInnen heißen kann. Sie beziehen sich mit ihrer Darstellung und Analyse auf den in bildungspolitischen Entwürfen wie in Schulgesetzen mehr oder weniger offen formulierten Auftrag, der sich aus steuerungspolitischen Neuordnungsbestrebungen des Verhältnisses zwischen Schule und Staat, die die Führungsfunktion und -rolle der Schulleitung grundsätzlich berühren, zu ergeben scheint. Zunächst thematisieren sie den Begriff »Personalführung«, um anschließend auf der Grundlage des mikropolitischen Ansatzes in der Schultheorie die Handlungsproblematik darzulegen, die im Verhältnis zu den Lehrkräften mit dem Personalführungsauftrag gegeben ist und eine besondere Herausforderung an die Führungskompetenzen von SchulleiterInnen darstellt. Vor diesem Hintergrund versagen sich die beiden Autoren, SchulleiterInnen schlicht Führungskonzepte anzutragen, die ihrer Herkunft nach auf Bedingungen privatwirtschaftlicher Organisationen abstellen. Sie argumentieren gleichwohl mit Rekurs auf Erkenntnisse der Führungsforschung für eine Personalführungskonzeption, die auf ein systemisches Verständnis von Führung abhebt und damit sowohl der inneren Organisationsstruktur der Schule als auch der Übergangssituation von der Schule unter staatlicher Aufsicht zur Schule mit verstärkter Selbstverantwortung Rechnung zu tragen versucht.

DIETER TIMMERMANN diskutiert die Frage, ob im Rahmen dezentralisierter Entscheidungskompetenzen die Ressourcenverantwortung der Einzelschule, wie sie sich durch Budgetierung konkretisiert, der einzelschulischen Profilbildung dienlich oder aber synonym für eine nur verlagerte Verwaltung staatlichen Ressourcenmangels ist. Nach einem Rückblick auf die gesamtstaatliche Planung der 70er Jahre, und, damit verbunden, einer Gegenüberstellung von Makroplanung (durch den Staat) und Mikroplanung (durch die Einzelschule) beschreibt und erläutert der Autor, was Budgetierung beinhaltet und wie sie angelegt ist, um das Budgetierungsprinzip schließlich in ein Verhältnis zu pädagogischem Handeln zu setzen. In seinen Ausführungen hebt er hervor, daß »eine gewisse Skepsis gegenüber der Einführung des Bud-

Probleme und Anforderungen der Schulentwicklung

getierungsprinzips«, wie wir sie bei Schulen und Lehrerverbänden ausmachen können, unbegründet ist, ohne die Schwierigkeit zu verhehlen, das dem Budgetierungsprinzip inhärente Effizienzpostulat in der Schulwirklichkeit umzusetzen. Nicht dem Budgetierungsprinzip muß die Skepsis gelten, so sein Fazit – zumal Budgetierung bei allen in der Schule Handelnden Transparenz und Kostenbewußtsein zu erzeugen sowie zu effizientem Handeln anzuhalten vermag –, »sondern allein der politischen Entscheidung«, d. h. der »mögliche(n) Absicht des Staates, im Zuge des Übergangs auf Budgetierung die zur Verfügung gestellte Gesamtsumme an Ressourcen zu kürzen«.

HANS-GÜNTER ROLFF richtet seine Aufmerksamkeit auf das Stichwort »Evaluation«, das in der Diskussion um Schulqualität und Schulentwicklung gegenwärtig einen der ersten Rangplätze in der Beliebtheitsskala einnimmt. Er thematisiert die Aufgaben der Schulleitung und die besonderen Anforderungen, die darin liegen, einen Prozeß systematischen Sammelns von Daten bzw. Informationen, deren Analyse und Bewertung zu implementieren. Evaluation, die im Prinzip der Rechenschaftslegung gegenüber der Gesellschaft wie auch der Schulentwicklung zu dienen vermag, ist bislang in der schulischen Arbeitskultur ebensowenig verankert wie in anderen Bereichen des deutschen Bildungssystems. Zunächst beschreibt der Autor Funktionen und Formen, die verlangen, zwischen externer und interner Evaluation zu unterscheiden, um sich dann insbesondere der internen Evaluation und den Fragen sowie Problemen der Lehrerbeurteilung zuzuwenden.

FRITZ OSTERWALDER untersucht, ob Schulautonomie und selbständige Schulprofile als Reformkonzepte für das deutsche Schulwesen tragfähig sind. In seinen Augen wirft die gegenwärtige Diskussion um eine Neuordnung der Aufgaben und Verantwortlichkeiten zwischen Schulverwaltung und Schule für den Fall, daß die Einzelschule gegenüber der Schulverwaltung tatsächlich autonom würde, die zentrale Frage auf, »wem die eingebüßte Kontrollmacht zukommen soll«. Damit steht sein Beitrag für eine Position, die die legitime Nachfolgeinstanz staatlicher Schulaufsicht nicht im school-based management sieht. Anknüpfungspunkt seiner kritischen Auseinandersetzung mit der Autonomiedebatte ist das angelsächsische Reformmodell, das die Frage der Kontrolle einzelschulischer Leistung durch freie Schulwahl und einen Quasi-Markt regelt. So funktioniert die Einzelschule in den USA als selbständige Einheit, »als Bildungsanbieter mit eigenständigem Angebotsprofil«. Sie wird von einem starken Management privatwirtschaftlich geführt. Schüler bzw. Eltern können die Schule frei wählen. Die Zahl der angeworbenen Schüler entscheidet darüber, welche Finanzmittel einer Schule vom Staat zugewiesen werden. Vor diesem Hinter-

Einleitung

grund stellt der Autor Ergebnisse der Schulwirkungsforschung vor, die zeigen, daß die Reformerwartungen in der Praxis des Alltags nicht erfüllt werden. Insbesondere erweist sich der Quasi-Markt unter dem Gesichtspunkt, daß zumindest in Deutschland der Staat bislang für die Gleichheit der Entwicklungs- und Lernchancen wie für die Vergleichbarkeit der Leistungen bürgt, als untauglicher Mechanismus, schulische Qualität und Leistung für alle herzustellen und zu sichern. Die alternative Kontrollinstanz zum Markt heißt für OSTERWALDER Öffentlichkeit, eine dem schulischen Management bislang unbekannte Größe.

Den Autorinnen und Autoren dieses Bandes, die sich mit der Problemstellung des Managements von Schulqualität aus ihrer je individuellen Sicht auseinandergesetzt haben, sei an dieser Stelle herzlich gedankt. Unser Dank geht auch an Herrn UWE ARNIM BORCHERS und den HERMANN LUCHTERHAND VERLAG für die gute Zusammenarbeit. Ganz besonders danken wir HEIKE FUCHS, Erziehungswissenschaftliches Seminar an der Ruprecht-Karls-Universität Heidelberg, die engagiert und umsichtig die formale Bearbeitung der Beiträge und der Literatur besorgte.

I Politische und gesellschaftliche Herausforderungen schulischen Managements

HORST WEISHAUPT

Die Situation des Schulwesens im Kontext der veränderten Wahrnehmung öffentlicher Aufgaben durch den Staat

Die Gestaltung des Schulwesens ist ein beherrschendes Thema der schulpolitischen und der erziehungswissenschaftlichen Diskussion. Das Schulwesen ist der einzige obligatorische Bereich des Bildungswesens und übernimmt dadurch wichtige Aufgaben bei der Identitätsentwicklung und dem Status- und Berufserwerb der nachwachsenden Generation. Durch dessen Schlüsselstellung werden schulpolitische Debatten oft heftig und kontrovers geführt. Kennzeichnend für die Auseinandersetzungen ist das Spannungsverhältnis zwischen Leistungsfähigkeit, sozialer Gerechtigkeit und Kindgemäßheit: Wie sind diese Aspekte zu gewichten, und wie muß das Schulwesen gestaltet werden, damit es diesen unterschiedlichen Anforderungen gerecht wird?

Das bundesdeutsche Schulwesen steht unter der Aufsicht des Staates und wird auch ganz überwiegend von Ländern und Gemeinden unterhalten. Die zentrale Steuerung durch die Kultusminister der Länder wird als wichtige Voraussetzung für die Einheitlichkeit des Schulwesens und damit als Voraussetzung für Chancengleichheit angesehen. Durch die inhaltliche Ausgestaltung des Schulwesens soll die Spannung zwischen Leistungsfähigkeit und Kindgemäßheit in einer Balance gehalten werden.

Die zentrale Steuerung und Gestaltung des Schulwesens durch die Kultusministerien und Schulsenatoren der Länder ist seit langer Zeit heftiger Kritik ausgesetzt. Die »verwaltete Schule« engt – so die Kritiker – durch rechtliche Vorschriften den Handlungsspielraum der Lehrer übermäßig ein, die bürokratische Organisation der Schule entspricht im übrigen nicht den Anforderungen an eine kindgemäße Gestaltung des Unterrichtsprozesses. Mängel der pädagogischen Arbeit in der Schule werden deshalb in erheblichem Umfang ihrer verwaltungsförmigen Organisation zugeschrieben.

Im Rahmen des traditionellen Konzepts einer zentralen Schulgestaltung und -entwicklung und als dessen notwendige Weiterentwicklung forderte der DEUTSCHE BILDUNGSRAT Anfang der 70er Jahre in einer Empfehlung die verstärkte Selbständigkeit der einzelnen Schule. Im Zentrum dieser Empfeh-

I Politische und gesellschaftliche Herausforderungen

lung stand eine an den Interessen der Lehrer und den Bedürfnissen der Schüler orientierte Organisation von Lernprozessen: »Lernprozesse lassen sich nicht allein von außen steuern; Lernen erfordert eigene Anstrengungen von Lehrenden und Lernenden, die persönliche Identifikation mit dem Ziel des Lernens und eine innengeleitete Motivation. Es geht deshalb in der Schule immer um die Frage, wie allgemeine, gesellschaftlich vorgegebene Ziele mit den konkreten Interessen, Bedürfnissen und Möglichkeiten der Lehrenden und Lernenden vermittelt werden können« (DEUTSCHER BILDUNGSRAT 1973, S. 15).

Den Schulen Spielraum für die »optimale Organisation von Lernprozessen« (ROTH) zu geben, war der pädagogische und curriculumtheoretische Impuls für die Empfehlung des Bildungsrats. Dabei griff er auf damals neuere Erkenntnisse der Bürokratieforschung zurück, nach denen das Schulwesen als bürokratische Organisation nicht nach dem klassischen Bürokratiemodell mit der charakteristischen Orientierung an vorweg geregelten Prozeduren verwaltet werden kann, sondern nach dem Human-relations-Modell arbeiten muß, das eine primäre Orientierung am Unternehmenszweck (dem Ziel der Schule) und ein professionalisiertes Handeln der Lehrer und damit verbunden einen größeren Entscheidungsspielraum und eine intensivere Zusammenarbeit der Lehrer verlangt (FÜRSTENAU 1967).

Hinzu kam die Forderung des DEUTSCHEN BILDUNGSRATS, auch in der Schule »dem wachsenden Bedürfnis nach Teilhabe und nach stärkerer Betätigung in gesellschaftlichen Institutionen im Rahmen der repräsentativen Demokratie« (DEUTSCHER BILDUNGSRAT 1973, S. 16) nachkommen zu können. Er ging dabei von der Hoffnung aus, daß über Partizipation Selbstgestaltungskräfte an den Schulen aktiviert werden.

Verbunden mit den bereits in früheren Empfehlungen zum Ausdruck gebrachten Vorstellungen über strukturelle Weiterentwicklungen im Schulwesen bildeten das Interesse an einem schulspezifisch ausgeprägten Curriculum und einer verstärkten Partizipation der unmittelbar Betroffenen an den Entscheidungen der einzelnen Schulen, denen dazu Rechte zur Selbstgestaltung eingeräumt werden sollten, die Bezugspunkte des DEUTSCHEN BILDUNGSRATS für eine Qualitätsverbesserung des Schulwesens. Das aus der wissenschaftlichen Diskussion übernommene Argument verstärkter Partizipation als Voraussetzung für eine Verbesserung des Schulsystems war jedoch schon innerhalb der Bildungskommission des Bildungsrates umstritten. In einem Minderheitenvotum wurde unter anderem angezweifelt, ob durch die vielen Mitbestimmungsgremien in den Schulen nicht deren Funktionsfähigkeit gefährdet wird. Der DEUTSCHE BILDUNGSRAT stieß damals auf heftige

Kritik der Politik, die die staatliche Aufsicht über das Schulwesen und die zentrale Steuerung des Schulwesens als gefährdet ansah und als Folge davon auch Einheitlichkeit und Chancengleichheit. Die Idee zu einer verstärkten Selbstgestaltung der einzelnen Schule wurde dennoch von der Schulrechtskommission des deutschen Juristentages (1981) wieder aufgenommen. Dabei stand der Gedanke im Vordergrund, daß die Schule die Grundrechte aller Beteiligten, von Lehrern, Eltern und Schülern achten und zu deren Verwirklichung verhelfen muß.

Von der zentralen Steuerung des Schulwesens zur dezentralen Gestaltung

Seit Anfang der 90er Jahre gibt es in mehreren Ländern – über Änderungen der Schulgesetze oder Versuchsprogramme – Ansätze, den Spielraum der einzelnen Schulen zur Selbstgestaltung zu erhöhen. Den Hintergrund dieser Entwicklung bildet eine Neubewertung der zentralen Steuerungsfähigkeit des Schulsystems. Die Kultusminister mußten erkennen, daß die zentral geplanten Schulstrukturreformen weitgehend gescheitert sind. Beispielhaft dafür ist die geplante Einführung der Gesamtschule, die sich aus politischen und rechtlichen Gründen nicht als Alternative zum dreigliedrigen Schulsystem verwirklichen ließ (HECKEL/AVENARIUS 1986, S. 305). Im viergliedrigen Schulsystem wurde sie zur Schule für Schüler mit »spezifischer Indikation« (BAUMERT). Auch das sozialpolitische Ziel verbesserter Chancengleichheit wurde durch sie nicht erreicht. Gegen den Willen der Eltern und der unmittelbar Beteiligten lassen sich offensichtlich keine schulpolitischen Absichten durchsetzen.
Dies löste einen Umdenkungsprozeß aus, der zusätzlich von internationalen Tendenzen unterstützt wurde. An die Stelle zentraler Steuerung der Schulen tritt zunehmend die Bereitschaft, den Schulen eine begrenzte Selbstbestimmung zur Profilierung der einzelnen Schule und für den Wettbewerb zwischen den Schulen einzuräumen. Nicht mehr vom Kultusministerium wahrgenommene Regelungskompetenzen werden an die Schulträger und die einzelnen Schulen delegiert (vgl. ZEDLER/FICKERMANN 1997). Die naturwüchsige Herausbildung eines »Bildungsmarktes« wird nicht mehr als Versagen der Politik verstanden, sondern zum Programm erhoben. Es wird so versucht, die Legitimation des politisch-administrativen Systems zu erhalten, indem auf die fehlende Durchsetzbarkeit zielorientierter Maßnahmen mit der Politik einer stärkeren Entkoppelung von Administration und öffentlicher Willensbildung geantwortet wird. Die Aktivierung eines nicht-staatli-

I Politische und gesellschaftliche Herausforderungen

chen Steuerungspotentials führt aber zur Verschiebung von parlamentarischen Zuständigkeiten auf Verhandlungssysteme. Damit werden schulpolitische Fragen einem durch Verfassungsnormen festgelegten Entscheidungsmodus entzogen, der darauf verpflichtet ist, alle jeweils berührten Interessen gleichmäßig zu berücksichtigen (HABERMAS 1985, S. 154). Es ist bemerkenswert, daß gerade rot-grüne Landesregierungen (LESCHINSKY 1992, S. 30), sich dieser international dem Neokonservativismus zuzurechnenden Politik verpflichtet fühlen (BOYD 1993).

Dieses gewandelte Verständnis von Schulentwicklung, die nicht mehr von zentralen politischen Vorgaben ausgehen soll, sondern von den Entwicklungszielen der einzelnen Schule, formuliert auch die BILDUNGSKOMMISSION NORDRHEIN-WESTFALEN: »Im Mittelpunkt eines an Selbstgestaltung und Selbstverantwortung orientierten Steuerungskonzepts für den Schulbereich soll die Einzelschule stehen. Sie muß als relativ eigenständige Handlungseinheit gestärkt und rechtlich anerkannt werden (...). Größere Selbständigkeit der Einzelschule und erweiterte Gestaltungsmöglichkeiten der Träger und regionalen Gremien müssen aber in einem definierten Rahmen zum Tragen kommen, durch den eine Balance zwischen eigenverantworteten Entscheidungen vor Ort und weiterhin bestehender staatlicher Gesamtverantwortung hergestellt wird« (BILDUNGSKOMMISSION NRW 1995, S. XXIV). Die in dem zweiten Satz des Zitates zum Ausdruck kommende Einschränkung zeigt aber recht deutlich, daß der Umfang und die Bereiche der Selbstgestaltung nicht von den einzelnen Schulen gewählt werden sollen, sondern sich nach staatlichen Vorgaben bestimmen. So bleibt die einzelne Schule weiterhin abhängig von den Vorgaben des Kultusministeriums; der Handlungsrahmen wird nur rechtlich klarer abgesteckt als in der Vergangenheit. Schulorganisatorische Varianten, die in der Vergangenheit als Schulversuche beantragt werden mußten, werden nun schulgesetzlich ermöglicht.

Während der DEUTSCHE BILDUNGSRAT Möglichkeiten und Grenzen der Eigenverantwortung der Schule bei der Organisation von Lernprozessen von Rahmenrichtlinien neuer Art abhängig machte, die von den Kultusministerien erlassen werden und die herkömmlichen Lehr- und Rahmenpläne ersetzen sollten (DEUTSCHER BILDUNGSRAT 1973, S. 18), bleibt das Verhältnis von zentralen curricularen Vorgaben und dem Gestaltungsraum der Schule in dem Empfehlungstext der BILDUNGSKOMMISSION NRW unbestimmt. Schulqualität soll nach diesen Überlegungen über eine situationsangemessene Gestaltung des Lehr- und Lernprozesses erreicht werden (Schule als »Lebens- und Erfahrungsraum«). Gesehen wird jedoch die Möglichkeit, daß sich dadurch Schulen unterschiedlich profilieren können und die Ein-

Situation des Schulwesens

heitlichkeit des Schulwesens und die Chancengleichheit der Schüler gefährdet ist (MAGOTSIU-SCHWEIZERHOF 1996).

Sowohl die politischen als auch die wissenschaftlichen Bestrebungen zur Verstärkung der Eigenverantwortlichkeit der einzelnen Schulen stehen vor dem Problem, daß sich die einzelnen Lehrer und Schulen diese Überlegungen zu eigen machen müssen, um wirksam werden zu können, denn Autonomie läßt sich nicht verordnen (DÖBERT 1997). Schon in einer Protokollerklärung zur Empfehlung des Bildungsrates von 1973 bemerkte THEODOR DAMS, daß die Empfehlung ohne eine Analyse und Diagnose der Situation an den Schulen beschlossen wurde und es offensichtlich »nicht unerhebliche Kompetenzen auf Schulebene zu geben scheint, die entweder nicht ausgenützt bzw. zu stark beansprucht oder aber auszudehnen sind« (DEUTSCHER BILDUNGSRAT 1973, S. A – 149, s. auch: BESSOTH 1974). Auch die gegenwärtigen politischen Bestrebungen beruhen nicht auf einer Situationsanalyse an den Schulen. Für die Lehrer bedeutet der Koordinationsaufwand, der mit Projekten der Schulgestaltung verbunden ist, in jedem Fall Mehrarbeit. Die Autonomie, die die Schule darüber gewinnt, geht mit einem Verlust an individueller Autonomie des Lehrers bei der Unterrichtsgestaltung einher (zu möglichen rechtlichen Konsequenzen für die Lehrer STOCK 1997). Insofern ist für Lehrer der Nutzen schulgestalterischen Engagements nicht eindeutig. Zu denken sollte auch geben, daß Untersuchungen zu Lehrerbiographien zum Ergebnis hatten, daß die älteren Lehrer, die sich für Reformprojekte engagiert hatten, oft verbittert und resigniert waren, während die »Herumbastler«, die sich immer wieder Neues für ihren Unterricht vornahmen und sich »sehr konstant um klassenrauminterne Unterrichtsexperimente bemühten«, auch nach über zwanzig Unterrichtsjahren noch mit Spaß ihren Beruf ausübten (HUBERMAN 1993, S. 262). So mag vielleicht die Schulpolitik aus den Bestrebungen zur Verstärkung der Selbständigkeit der einzelnen Schulen strategische Vorteile ziehen. In welchem Maße dieses Konzept aber geeignet ist, die pädagogische Arbeit in den Schulen zu verbessern, muß eher skeptisch eingeschätzt werden.

Schule und neue Steuerungsmodelle in der Kommunalverwaltung

Durch die zwischen Land und Schulträger geteilte Verantwortung für die Schulen ist mit der Dezentralisierung von Verantwortung durch das Kultusministerium auch eine Stärkung des Handlungsspielraums der Schulträger verbunden.
Von ihnen gehen ebenfalls neue Anforderungen an die Schulen aus, die aber

I Politische und gesellschaftliche Herausforderungen

völlig andere Ursachen haben. Die seit mehr als zehn Jahren zunehmende Finanznot der Städte und Gemeinden zwang sie zu immer weitreichenderen Leistungseinschränkungen, zugleich aber auch zu Überlegungen, wie die verfügbaren Mittel effizienter eingesetzt werden können. Ausgehend von einem Konzept der KOMMUNALEN GEMEINSCHAFTSSTELLE FÜR VERWALTUNGSVEREINFACHUNG (KGSt 1996) für ein neues Steuerungsmodell der Kommunalverwaltungen bemühen sich die Städte und Gemeinden in den letzten Jahren zunehmend, wieder Gestaltungsspielraum zu gewinnen. Drei Prinzipien sind mit der Neuorientierung der Kommunalverwaltungen verbunden: »Voraussetzung für die neue Steuerung ist die *Kundenorientierung*. Dem Bürger werden nur noch die Leistungen angeboten, die er von der Verwaltung tatsächlich erwartet. Die Verwaltung sucht eine vertrauensvolle Zusammenarbeit, die alte Kontrollfunktion wird deutlich eingeschränkt. Wichtig ist die *Leistungsorientierung*. Die als Produkte beschriebenen Leistungen werden dazu genau beschrieben. »Alte Zöpfe« werden abgeschnitten, und es werden nur die Leistungen erbracht, die kein anderer besser oder billiger erbringen kann. Deshalb gehört hierzu auch eine *Kostenorientierung*. Sie stellt sicher, daß die Leistungen wirtschaftlich erbracht werden. Durch Kostenermittlung lassen sich Leistungsumfang und Mittelbereitstellung koordinieren. Sie ermöglicht auch einen internen und externen Leistungsvergleich« (STOTZ 1996, S. 134).
Mit den neuen Steuerungsmodellen für Kommunalverwaltungen ist eine Dezentralisierung der Verantwortung für die Verwaltung der Haushaltsmittel verbunden. Die früher zentrale Verwaltung wird nun den einzelnen Fachressorts übertragen, die ihrerseits die Verantwortung über die Mittelverwendung und teilweise auch deren Verwaltung an einzelne Einrichtungen weitergeben. Dadurch sollen die Mittel in höherem Maße zweck- und bedarfsorientiert ausgegeben werden. Im Rahmen dieser Bestrebungen gehen immer mehr Schulträger nun dazu über, den Schulen die eigenverantwortliche Bewirtschaftung einzelner Budgets zuzubilligen. Durch den Bericht der KGSt »Neue Steuerung im Schulbereich« vom Herbst 1996 wird diese Tendenz in nächster Zeit weitere Impulse erhalten. Für die Schulen ist mit diesem Steuerungs- und Budgetierungsmodell der Vorteil verbunden, daß die Haushaltstitel zu gegenseitig deckungsfähigen Sammelpositionen zusammengefaßt werden, und sie die Mittel entsprechend ihren Prioritäten ausgeben können. Eingesparte Mittel werden nicht in den folgenden Jahren gekürzt, und Mittelübertragungen in das folgende Jahr sind möglich, um für größere Ausgaben Mittel anzusparen. Dadurch können die Schulen pädagogische Programme gezielter finanziell unterstützen. Insofern ist die eigenverantwortliche Verwaltung der Haushaltsmittel durch die Schulen ein wir-

kungsvoller Ansatzpunkt zur Verbesserung der Effizienz des Mitteleinsatzes, der zugleich aber auch auf die pädagogische Programmentwicklung und damit die Leistungsfähigkeit der Schulen ausstrahlen kann. Allerdings sind damit auch zusätzliche Belastungen und ein spezifischer Qualifizierungsbedarf für die Schulen verbunden. Wenn diese Bedingungen nicht ausreichend berücksichtigt werden, kann dies die Akzeptanz dieses Ansatzes durch die Schulen stark beeinträchtigen.

Landeshaushalte vor weiter zunehmenden Belastungen

Während die zunehmende öffentliche Armut bei den kommunalen Verwaltungen bereits zu neuen Handlungskonzepten geführt hat, sind diese auf Landesebene noch nicht erkennbar, obwohl auch dort weitere Verschärfungen der Finanzsituation absehbar sind. Bisher herrscht dort noch die »Rasenmähermethode« des Sparens vor, die über lineare Kürzungen der Ausgaben formal zwar alle gleich behandelt und politische Konflikte minimiert, nicht aber zielorientiert ist. Über die Erhöhung der Stundendeputate der Lehrer, die Senkung der Unterrichtsstunden für die Schüler und die Erhöhung der Klassenfrequenzen wurde versucht, trotz steigender Schülerzahlen in den alten Ländern, die Zahl der Lehrer konstant zu halten oder sogar zu senken (BELLENBERG 1995).

Den Hintergrund für diese restriktive Ausgabenpolitik der Länder bilden weniger aktuelle Probleme, die durch die Steuerausfälle der letzten Jahre und die vereinigungsbedingten Mehrbelastungen entstanden sind, als mittel- und langfristig wirksame Faktoren (zu den folgenden Abschnitten FÄRBER 1997):

- Die demographische Entwicklung führt bereits seit dreißig Jahren dazu, daß die Zahl der Geburten nicht ausreicht, um den Bestand der Bevölkerung zu sichern. Dadurch schreitet die Überalterung der Bevölkerung in einem Maße fort, das auch nicht durch Zuwanderungen gestoppt, höchstens etwas hinausgezögert werden kann. Während gegenwärtig etwa 100 Erwerbstätige 35 Rentner versorgen, werden es 2030 voraussichtlich 70 sein. Dies wird weitreichende Auswirkungen auf die Sozialversicherung haben und sich auch nachhaltig auf die Haushalte der Gebietskörperschaften auswirken. Die öffentlichen Haushalte müssen strukturelle Umschichtungen von den jugendlichen Adressaten staatlicher Leistungen (Kindergärten, Schulen usw.) zugunsten älterer Menschen vornehmen und sich auf weitere Verteuerungen staatlicher Leistungen bei einer schrumpfenden Bevölkerung einstellen.

I Politische und gesellschaftliche Herausforderungen

- Der Anstieg der Zinsbelastung der öffentlichen Haushalte schränkt zunehmend den staatlichen Handlungsspielraum ein. Der Anteil der Zinsausgaben an den öffentlichen Ausgaben stieg von 1963 bis 1995 von 2,4 auf 10,8 Prozent. Bisher ist es nicht gelungen, die zur Wirtschaftsbelebung in rezessiven Phasen eingesetzte Verschuldung des Staates in wirtschaftlich prosperierenden Phasen wieder nachhaltig zu verringern. Ab 1990 wirkt sich auch die politische Entscheidung aus, die Kosten der deutschen Einigung weitgehend über Kredite zu finanzieren. Der hohe Schuldenstand schränkt zunehmend den staatlichen Handlungsspielraum ein und bürdet der kommenden Generation weitreichende Lasten auf.
- Eine zusätzliche Einschränkung des Handlungsspielraums des Staates geht von der in den nächsten Jahrzehnten stark ansteigenden Belastung der Haushalte durch Versorgungszahlungen aus.»Hintergrund dieser Entwicklung ist zum einen die ebenfalls steigende Lebenserwartung der Mitglieder des öffentlichen Dienstes, zum anderen die Tatsache, daß die in den 60er und 70er Jahren zusätzlich geschaffenen Planstellen mit einem Zeitverzug von ca. 35 Jahren nunmehr einen entsprechenden Aufbau der Empfänger von Versorgung bzw. Zusatzversorgung verursachen. Auf der Basis des 1990 geltenden Rechtes für Besoldung und Versorgung sowie der Zusatzversorgung und unter Ausklammerung von weiteren Verhaltensänderungen der Berechtigten z. B. beim Pensionseintrittsalter,... steht zu befürchten, daß ein in Umfang und Struktur gleicher öffentlicher Dienst wie der des Jahres 1990 im Jahr 2040 um rund 50 % teurer ist« (FÄRBER 1997). Dies hätte für die Landeshaushalte, die von dieser Entwicklung besonders betroffen sind, zur Folge, daß die gesamten Steuereinnahmen für Personal aufgewendet werden müßten (FÄRBER 1995, S. 116). Um diese Entwicklung zu verhindern, werden Reformen der Alterssicherung allein nicht ausreichen, sondern zusätzlich Stelleneinsparungen notwendig werden.

Für den sehr personalintensiven Bildungsbereich werden die zu erwartenden weiteren Einschränkungen der öffentlichen Leistungen besonders belastend sein. Dabei muß im Blick auf die letzten Jahre beachtet werden, daß, trotz der bereits spürbaren Verschlechterung der Arbeitsbedingungen an den Schulen und Hochschulen, der relative Anteil der Bildungsausgaben an den Ausgaben der Gebietskörperschaften insgesamt wieder zugenommen hat. Während 1990 im früheren Bundesgebiet nur 11,9 % des gesamten Haushaltes für Bildung (ohne Forschungsförderung) ausgegeben wurden, waren es 1994 für die alten und neuen Länder zusammen 13,4 % (BMBF 1996,

Situation des Schulwesens

S. 339). Von einer eklatanten Vernachlässigung des Bildungswesens kann demnach keine Rede sein. Dennoch wäre eine verbesserte Mittelausstattung dringend wünschenswert.

Die Forderung nach mehr Geld für Bildung darf aber den Blick nicht dafür verstellen, daß Verteilungskonflikte nicht nur zwischen dem Bildungswesen und anderen öffentlichen Bereichen bestehen. Auch innerhalb des Bildungswesens gibt es eine Konkurrenz zwischen den verschiedenen Bildungsbereichen um die vordringliche Deckung ihres Bedarfs:

- Der rechtlich garantierte Anspruch auf einen Kindergartenplatz zwingt zu einem Ausbau der Vorschuleinrichtungen, denn gegenwärtig stehen nur für 85 % der 3–6jährigen Kinder in den alten Bundesländern Kindergartenplätze zur Verfügung (BMBF 1996, S. 37).
- Im Schulwesen der alten Länder erhöhen steigende Schülerzahlen den Personalbedarf. Hinzu kommen Forderungen nach dem Ausbau von Ganztagseinrichtungen und der Integration behinderter Schüler, die zusätzliche Mittel erfordern.
- Der Hochschulbereich, dem schon seit Jahren die Bewältigung von Überlasten zugemutet wird, kann nicht auf den erwarteten Rückgang der Studentenzahlen hoffen. Eine notwendige nachhaltige Verbesserung der Studiensituation an den Hochschulen verlangt nach zusätzlichem Personal und einer verbesserten Sachmittelausstattung.
- Der seit Jahren geforderte verstärkte Ausbau der öffentlichen allgemeinen Weiterbildung unterbleibt zunehmend wegen der fehlenden finanziellen Mittel der öffentlichen Haushalte.

Nach welchen Prioritäten soll diesen zusätzlichen Anforderungen an die Finanzausstattung des Bildungswesens entsprochen werden? Die Ausrichtung der Haushaltsplanung an den Ausgaben der Vorjahre führt bei real stagnierenden Wachstumsraten der öffentlichen Haushalte zu einer Erstarrung der überkommenen Finanzierungsstrukturen. Es fehlt die Flexibilität der Budgets, die über eine prioritätengeleitete Verwendung des Haushaltszuwachses in der Vergangenheit möglich war, um sich ändernden Bedarfsanforderungen anzupassen. Allerdings reichte selbst damals der Handlungsspielraum (und auch der politische Wille) nicht aus, um notwendige Mittelumschichtungen vorzunehmen (WEISHAUPT/WEISS 1988). Deshalb muß mit der Forderung nach mehr Geld für Bildung eine Auseinandersetzung über die Prioritäten der Verwendung der bereitstehenden Mittel verbunden werden, um zugleich die Voraussetzungen für einen zielbezogenen Einsatz der verfügbaren Mittel zu schaffen (vgl. FICKERMANN/WEISHAUPT 1997). Ähnliche Konflikte bestehen innerhalb der einzelnen Bildungsbereiche, im Ver-

I Politische und gesellschaftliche Herausforderungen

hältnis zwischen Land und Schulträgern und im Verhältnis zwischen alten und neuen Ländern.
Bezogen auf die neuen Länder ergibt sich mittelfristig die Aufgabe einer Angleichung der Schulausgaben an das westliche Niveau. Gegenwärtig betragen in den neuen Ländern die Ausgaben je Schüler nur etwa zwei Drittel der Ausgaben in den alten Flächenländern (BELLENBERG 1997). Dies ist vor allem auf das niedrigere Besoldungsniveau (85 % der West-Bezüge ab Oktober 1997) und die niedrigeren Vergütungsgruppen der Lehrer zurückzuführen. Von diesen Lehrern wird in den nächsten Jahren erwartet, daß sie, um Kündigungen angesichts des drastischen Schülerzahlenrückgangs in den neuen Ländern zu entgehen, Teilzeitarbeitsverträge akzeptieren. Dies wird aber ohne eine Angleichung der Schulausgaben an das Westniveau zu unzumutbaren Konsequenzen für die Lehrer und das gesamte Schulsystem in den neuen Ländern führen. Es wäre eine fatale Konsequenz des Kulturföderalismus, wenn die Lösung der Probleme, die mit dem starken Geburtenrückgang in den neuen Ländern verbunden sind, diesen allein aufgebürdet würde.
Die Diskussion von Prioritäten innerhalb des Bildungswesens war eine zentrale Aufgabe der gesamtstaatlichen Bildungsplanung. Der Verlust, den die Beendigung der Bildungsplanung durch die BUND-LÄNDER-KOMMISSION (BLK) bedeutet, wird an dieser Stelle besonders deutlich: es fehlt eine länder- und bildungsbereichsübergreifende Diskussion und Abstimmung der Entwicklungsprobleme im Bildungswesen, um darauf aufbauend ziel- und prioritätengesteuert die verfügbaren Mittel einzusetzen.
Neben den genannten externen Faktoren, die eine effizientere Verwendung der verfügbaren Mittel für das Schulwesen nahelegen, wird zunehmend Kritik an der inneren Leistungsfähigkeit des Schulsystems geübt: ihm wird vorgeworfen, zu teuer und ineffektiv zu sein. In den letzten Jahren wurden vor allem die gesunkenen Klassenfrequenzen kritisiert, die zu keiner Verbesserung der Lernergebnisse führen (INGENKAMP/PETILLON/WEISS 1985). Durch eine internationale Leistungsvergleichsstudie geriet auch das Leistungsniveau der Schulen in die Kritik (BAUMERT u. a. 1997). Schließlich wird die Zeitnutzung innerhalb der Schule bemängelt, weil die Schüler sich häufig in der Schule langweilen und dadurch viel Unterrichtszeit vertan wird (DÖBRICH 1997).
Trotz der Fülle drängender Probleme und angespannter Haushalte sind Ansätze »intelligenten« Sparens über zielorientierten Mitteleinsatz und Rationalisierung auf Landesebene bisher nicht erkennbar. In einer Stellungnahme der Länderfinanzseite zu Berechnungen der BUND-LÄNDER-KOMMISSION FÜR BILDUNGSPLANUNG UND FORSCHUNGSFÖRDERUNG zum langfristigen Personalbedarf im Schulwesen bringen sie dies deutlich zum Ausdruck:

Situation des Schulwesens

»Keine der vorgelegten Varianten (der langfristigen Personalentwicklung im Schulbereich, H. W.) zeigt zur Anpassung an die gegebenen finanzpolitischen Rahmenbedingungen Ansätze, eine Entwicklung in Gang zu setzen, die

- die Effizienz durch Erhöhung der Wirtschaftlichkeit (Erfüllung der Aufgabe mit geringerem Personal- und Sachaufwand) steigert und/oder
- die Effektivität erhöht (höherer Zielerreichungsgrad bei der Aufgabenerfüllung).
- Hierzu gehören auch Überlegungen, Aufgaben außerhalb des Unterrichts nicht durch Lehrer wahrnehmen zu lassen und diese durch sonstiges Personal zu ersetzen« (BLK 1994, S. 64). Zusammenfassend sind die Vertreter der Finanzministerien der Ansicht,»daß die Personalhaushalte der Länder nicht als eine Nische öffentlicher Dienstleistungen im Rahmen der Gesamtwirtschaft verstanden werden können, in der Produktivitätsfortschritte nicht erzielt werden können und müssen« (BLK 1994, S. 67).

Die Schulen stehen durch diese Bedingungen vor neuen Herausforderungen. Zusätzliche Mittel für Reformen werden nicht zur Verfügung stehen. Statt dessen sind Reformen notwendig, um »intelligente« Einsparungen vorzunehmen und willkürlichen Ausgabenkürzungen zuvorzukommen. Die Schulen werden sich weitreichende Gedanken darüber machen müssen, wie sie ihre Leistungsfähigkeit auch bei reduzierten Mitteln erhalten können. Bei dieser Aufgabe werden sie wenig Unterstützung durch die Forschung erhalten können, denn auch diese konzentrierte sich eher auf teure Innovationen als auf solche, die die Effizienz bzw. Effektivität von Maßnahmen und Sparstrategien beachtete.

Die politischen Ansätze zu einer erhöhten Selbstverantwortung der einzelnen Schulen werden oft wegen des Zusammenhangs mit den skizzierten Sparüberlegungen abgelehnt und zurückgewiesen. Die Schulen haben aber nur die Wahl zwischen einer Mitgestaltung dieses Prozesses und zentralen Eingriffen. Insofern ist TOM STRYCK zuzustimmen, der als Vertreter eines kommunalen Schulträgers feststellt: »Es ist unsinnig, Autonomie von quantitativem Wachstum abhängig zu machen. Energie- und Wassersparverhalten, pfleglicher Umgang mit Lehrmitteln und Mobiliar, Müllvermeidung und Selbstbeteiligung der Schüler bei der Reinigung des Schulgebäudes haben natürlich auch dann pädagogische und lebensweltliche Qualitäten, wenn sie mit geschmälerten Budgets einhergehen« (STRYCK 1995, S. 123). Ähnlich radikal wird man auch den gesamten Lehr- und Lernprozeß in den Schulen durchdenken und nach neuen Lösungen suchen müssen, die das Verhältnis von Leistungsfähigkeit, Chancengleichheit und Kindgemäßheit auf neue Weise austarieren.

MATTHIAS GRUNDMANN/JOHANNES HUININK

Bedingungen und Perspektiven schulischer Erziehung heute – Zum Strukturwandel der Familie, der Kindheits- und der Jugendphase

Die heutigen Bedingungen und Perspektiven schulischer Erziehung sind angesichts des Strukturwandels in unserer Gesellschaft nicht leicht auszumachen. Veränderungen des Bildungssystems selbst und veränderte Anforderungen des Erwerbssystems sind hier ebenso zu beachten wie die enger werdenden Spielräume sozialstaatlichen Handelns. Von großer Relevanz ist gewiß auch der Wandel der kindlichen und jugendlichen Erfahrungswelten in unserer Gesellschaft, der sich in den strukturellen und kulturellen Veränderungen der familialen Sozialisationsbedingungen ausdrückt (NAVE-HERZ 1994). Die Umwälzungen der Strukturen privater Lebensformen laufen den traditionellen Vorstellungen familialer und schulischer Sozialisation nachhaltig entgegen.
Die bürgerliche Familie mit den ehemals klar vorgegebenen Rollenmustern für ihre Mitglieder hat ihre Monopolstellung als Form privaten Zusammenlebens verloren. In vielerlei Hinsicht steht sie, so wird argumentiert, den Anforderungen einer modernen Lebensgestaltung und der Gestaltung des Familienalltags entgegen (MEYER 1993). Das »moderne Individuum« ist bestrebt, den eigenen Handlungsorientierungen und seiner individuellen Autonomie gegenüber sozialen Handlungserwartungen Geltung zu verschaffen und beides auf neue Weise miteinander in Einklang zu bringen. Dieses Bemühen trifft auf eine Situation, die immer noch maßgeblich durch strukturelle Unvereinbarkeiten von Elternschaft, Beruf, und Freizeit gekennzeichnet ist. Mit dem Wandel der Familie und der Gestaltungsbedingungen des Familienalltags geht daher ein *ambivalenter Wandel der Sozialisationsbedingungen* einher, dessen Folgen für die nachwachsende Generation nicht einfach einzuschätzen ist (NEGT 1997). Die Erziehungsvorstellungen und Handlungsorientierungen von Erwachsenen haben sich insofern verändert, als sie sehr viel stärker die Selbständigkeit und die Entwicklung individueller Handlungsautonomie seitens der Kinder betonen und fördern (BÜCHNER 1994). Die modernen Orientierungen der Eltern harren jedoch gleichzeitig vielfach ihrer erfolgreichen Umsetzung. Die Förderung von

Kompetenzen, die auch für schulische Bildungsprozesse von zentraler Bedeutung sind (SCHWARZER 1995), kann in familialen Erfahrungskontexten häufig nicht hinreichend realisiert werden. Psychosoziale Risiken für die kindliche Entwicklung stehen wichtigen fundamentalen Selbstwirksamkeitserfahrungen entgegen (SCHNEEWIND 1995). Eine Folge ist, daß den Kindern nicht vermittelt wird, eigene Handlungsziele und Handlungsmöglichkeiten angemessen aufeinander zu beziehen.

Wir werden nun zunächst kurz auf die angedeuteten strukturellen Veränderungen des familialen Zusammenlebens und die damit zusammenhängenden Widersprüche eingehen. Wir beschreiben dann deren Konsequenzen für die Kindheits- und Jugendphase und leiten schließlich mögliche Anforderungen an Schule und Lehrer ab.

Zum Strukturwandel der Familie

Wenn wir vom Strukturwandel der Familie reden, dürfen wir uns nicht vorschnell von den Thesen einer Auflösung der Familie durch Individualisierungs- und Pluralisierungsprozesse leiten lassen, wie sie die familienpolitische Diskussion in den letzten Jahren prägt. Tatsächlich ist ein Wandel familialer Lebensformen zu beobachten, der nicht so sehr Familie und Elternschaft an sich in Frage stellt, sondern eher auf den inneren Strukturwandel und den »Monopolverlust« der traditionellen bürgerlichen Kleinfamilie hinweist (MEYER 1993).

1. Die bürgerliche Familie hat ihre Stellung als die alleinige private Lebensform in unserer Gesellschaft eingebüßt.

Zu den Hochzeiten dieser Lebensform in den fünfziger und sechziger Jahren dieses Jahrhunderts lebte eine überwältigende Mehrheit der Bevölkerung in allen Altersgruppen in der traditionellen Kleinfamilie, als Kinder, als Eltern, als Großeltern. Daran hat sich viel, wenn auch nicht alles geändert. Einen guten statistischen Überblick dazu gibt eine kürzlich erschienene Broschüre des Bundesministeriums für Familie, Senioren, Frauen und Jugend (ENGSTLER 1997). Die Entwicklung des Anteils der Lebensformen von Erwachsenen läßt sich demnach so zusammenfassen:

I Politische und gesellschaftliche Herausforderungen

a. Der Anteil junger und alter Menschen, die in nichtfamilialen Lebensformen leben, hat stark zugenommen.
Dazu gehören Alleinlebende und kinderlose Lebensgemeinschaften. Für fast alle Menschen ist diese Lebensform heute eine selbstverständliche Phase im frühen Erwachsenenalter, für eine zunehmende Zahl ist sie es auf Dauer. Während der Ausbildungszeit und der frühen Erwerbsphase wird so von den jungen Erwachsenen vermieden, frühzeitig und unter lebensperspektivisch unsicheren Bedingungen institutionell auf Dauer gestellte Bindungen einzugehen. Die Entscheidung über eine Ehe oder eine Elternschaft wird von Männern *und* Frauen überwiegend erst dann getroffen, wenn wichtige Weichenstellungen im Beruf vorgenommen worden sind und sich klare Perspektiven für die zukünftige private Lebensgestaltung abgezeichnet haben. Die Folge ist, daß das Alter bei der Heirat und der Familiengründung im Vergleich zu den fünfziger und sechziger Jahren heute sehr hoch ist und eine lebenslange Ehe- und Kinderlosigkeit an Bedeutung gewonnen hat.

b. Der Anteil der Menschen, die in alternativen familialen Lebensformen leben, hat stark zugenommen.
Dazu zählen wir alleinlebende, ledige oder geschiedene Mütter bzw. in ganz seltenen Fällen auch Väter, also die sogenannten Ein-Eltern-Familien, aber auch nichteheliche Lebensgemeinschaften mit Kindern und Stieffamilien. Die nichteheliche Lebensgemeinschaft lediger Eltern als familiale Lebensform ist vor allem in Ostdeutschland relativ häufig: jede zweite nichteheliche Lebensgemeinschaft ist hier faktisch eine Familie mit Kindern. Die Nichtehelichenquote ist in Ostdeutschland auch besonders hoch, während sie in Westdeutschland nur langsam ansteigt. Die Zahl der Ein-Eltern-Familien hat dagegen überall stark zugenommen. Diese Entwicklung ist eine Folge von steigenden Scheidungs- oder Trennungshäufigkeiten der (Ehe)Partner und einer sinkenden Neigung zur Wiederheirat.

Diese Entwicklung der »Pluralisierung der Lebensformen« kann als Ausdruck einer De-Traditionalisierung individueller Lebensgestaltung, als De-Institutionalisierung individueller Lebensläufe angesehen werden. Der Hintergrund dieser Entwicklung ist gekennzeichnet durch eine starke Veränderung des Verhältnisses der Geschlechter zueinander und durch den fortschreitenden Einbruch gesellschaftlicher Produktions- und Reproduktionsprozesse in den privaten Raum enger sozialer Beziehungen, die auf rationalen Handlungs- und Organisationsprinzipien beruhen. Die Familie steht in einer neuen Konkurrenz mit anderen Lebensbereichen in Privatsphäre und Beruf. Der Einstieg in eine Familie und die Elternschaft ist zu einem individuellen Entscheidungsproblem geworden, das vor dem Hintergrund individueller und infrastruktureller Ressourcen und gemessen an den individuellen Ansprüchen an Lebensgestaltung und Kindererziehung zu lösen ist. Unter den gegebenen strukturellen Bedingungen in unserer Gesellschaft sind die verschiedenen Optionen aber nur schwer miteinander vereinbar.

2. **Die bürgerliche Kleinfamilie macht einen starken, von zahlreichen Widersprüchen begleiteten Strukturwandel durch.**

Die skizzierte demographische Entwicklung bedeutet nicht, daß Ehe und Familie »out« sind. Partnerschaft und Elternschaft bleiben wichtige Lebensziele der Menschen und werden auch von einer überwältigenden Mehrheit von ihnen realisiert (HUININK 1995, ENGSTLER 1997). Die Familie hat sich aber verändert.

a. Die individuellen Ansprüche und gesellschaftlichen Anforderungen an Partnerschaft und Elternschaft in unserer Gesellschaft sind beträchtlich gestiegen.

Was die Partnerschaft angeht, wird daraus zum einen eine größere Inkompatibilität eines erfüllten partnerschaftlichen Beziehungslebens und einer Elternschaft abgeleitet (MEYER 1993). Zum anderen wird dieser Sachverhalt als ein Grund für die erhöhte Instabilität von Lebensgemeinschaften angeführt (NAVE-HERZ 1994).

Was meint die These von der Relevanzsteigerung in Bezug auf die Elternschaft? Kinder sind Teil der individuellen Lebensgestaltung, die in ganz spezifischer Weise zu einer Bereicherung der individuellen Lebenssituation beitragen. Dabei sind materielle Vorteile stark in den Hintergrund getreten: *Kinder vermitteln psychischen Nutzen.* Sie verschaffen Erwachsenen Identifikationsmöglichkeiten und vermitteln eigene Selbstwirksamkeitserfahrungen (z. B. in Bezug auf die Gestaltbarkeit familialen Zusammenlebens). Eltern sind daher bereit, in ihre Kinder zu investieren. Ihre Ansprüche an die eigene Elternschaft werden in dem Maße steigen, wie sie aus dem Erfolg ihrer Kinder auch für sich im oben genannten Sinne einen persönlichen Gewinn ziehen können (HUININK 1997). Die Kinderzahl wird daher auf maximal zwei beschränkt. Ein dominanter Trend zur Ein-Kind-Familie ist allerdings nicht zu erkennen. Für viele gilt: Man hat keine Kinder oder, wenn man sich zugunsten von Elternschaft entschieden hat, dann eher zwei (HUININK 1995, ENGSTLER 1997).

KAUFMANNS Wort von der »verantworteten Elternschaft« als gesellschaftlich verankertem Normenkomplex deutet darauf hin, daß im Gegenzug

I Politische und gesellschaftliche Herausforderungen

auch die gesellschaftlichen Anforderungen an die Erziehung von Kindern gestiegen sind. Eltern müssen sich diesem Anspruch unterwerfen (KAUFMANN 1994). Damit gehen veränderte Vorstellungen von Erziehung und kindlicher Sozialisation einher. Die Orientierung auf das traditionelle autoritäre Eltern-Kind-Verhältnis weicht mehr und mehr einem partnerschaftlich orientierten, auf Aushandeln und gegenseitige Anerkennung persönlicher Integrität basierendem Verständnis der Erziehung.

b. Es besteht eine »strukturelle Rücksichtslosigkeit« gesellschaftlicher Institutionen gegenüber der Familie
(KAUFMANN 1994). Die »strukturelle Rücksichtslosigkeit« der Gesellschaft gegenüber Familien und ihren Mitgliedern bedingt, daß die gestiegenen Ansprüche an Elternschaft nicht einfach einzulösen sind. Damit hängt zusammen, daß Kindererziehung mit anderen Formen der Lebensgestaltung schlecht in Einklang zu bringen ist. Vor allem für Frauen ist es immer noch schwierig, die Verfolgung eigener Interessen, öffentliches Engagement und Erwerbstätigkeit mit Familie zu vereinbaren. In besonderem Maße sind aber auch familiale Lebensformen betroffen, in denen die Alltagsbelastungen von einem Elternteil getragen werden müssen. Hinzu kommt, daß den Ein-Eltern-Familien bis heute eine geringere Kompetenz in der Kindererziehung zugesprochen wird, was den Familienalltag zusätzlich zu den vielfältigen »strukturellen« Restriktionen belastet.
Der Konflikt zwischen Anspruch und Wirklichkeit familialen Zusammenlebens muß häufig unter aufwendigem Einsatz psychischer und materieller Ressourcen »privat« gelöst werden. Nur Individuen, die beide Arten von Ressourcen in hinreichendem Maße zur Verfügung haben, sind letztlich dazu in der Lage. Familien sind daher immer vom Scheitern bedroht. Das muß sich nicht in einer Trennung der Familienmitglieder ausdrücken. Aber auch die gestiegenen Scheidungs- und Trennungshäufigkeiten belegen die größere Vulnerabilität familialer Lebensformen. Familie ist auf dem Wege, ein »Luxusgut« zu werden (HUININK 1995).

c. Obwohl die Betonung von Selbstverwirklichungs- und Gestaltungsbedürfnissen junger Erwachsener einer traditionellen Dominanz struktureller Verpflichtungen gegenüber der Familie Platz gemacht hat, gibt es noch beträchtliche Reste traditioneller Familienorientierung.
Die reine Motivation zur Familiengründung reicht nicht mehr aus, um den vielfältigen Anforderungen an modernes Familienleben zu genügen. Allzu sehr widersprechen häufig die Erwartungen junger Erwachsener, vor allem auch ihre Vorstellungen von Erziehung, den tatsächlich erforderlichen

Strukturwandel: Familie, Kindheit, Jugend

Handlungskompetenzen und den eigenen Lebensplänen. Tradierten Vorstellungen über die Bedeutung familialer Netzwerke sowie elterlicher Unterstützungen für die kindliche Entwicklung stehen (post)moderne Handlungsorientierungen wie z. B. hohe Leistungs- und individualistische Freizeitorientierungen gegenüber (GRUNDMANN im Druck). Eine Familiengründung aus traditioneller normativer Verpflichtung birgt daher Konflikte und Probleme in sich, da sie die Anforderungen der modernen Gesellschaft an Eltern und Kinder möglicherweise unterschätzt. So haben sich die Entwicklungsbedingungen der Kinder selbst in den traditionell geprägten, institutionell relativ stabilen Familienverhältnissen deutlich gewandelt. Häufig sind sie durch die oben angedeuteten Passungsprobleme traditioneller Familienorientierung, individueller Interessenverfolgung und sozialer Mobilitätsprozesse der Eltern geprägt: Die »Normalfamilie« wird so zu einem Problemfall. Die Problematik dieses Wandels liegt nicht in der Erweiterung potentiell möglicher Lebensentwürfe, sondern in der Vermischung tradierter, an das Familienleben geknüpfter Handlungserwartungen gegenüber den Eltern und einer Betonung individueller Handlungsautonomie. Die Erwachsenen und erst recht die Kinder können sich nicht mehr auf strukturierte, d. h. sozial normierte, Erfahrungs- und Handlungsfelder berufen. So stellt die funktionale Differenzierung von Familien-, Bildungs- und Erwerbssystem unterschiedliche Handlungsanforderungen an das Individuum, die sich vor allem im Sozialisationskontext der Familie bündeln und die Betroffenen vor eine nur schwer zu lösende Diskrepanz zwischen sozial genormten Leistungserwartungen und eigenen Handlungsbedürfnissen und -kompetenzen stellen. Solche dysfunktionalen Beziehungsformen führen zu widersprüchlichen Erfahrungen, die anomischen, d. h. nicht-normativen und unsicheren Handlungsorientierungen Vorschub leisten (EDELSTEIN 1996).

Konsequenzen des Strukturwandels für die Kindheits- und Jugendphase

Zunächst läßt sich wiederum aus rein demographischer Sicht feststellen, daß *die Zahl der Kinder, die in alternativen familialen Lebensformen aufwachsen, zunimmt und die Kinderzahl in den Familien insgesamt abnimmt.* Dennoch lebt der weitaus größte Anteil der Kinder noch in der klassischen Konstellation der Kleinfamilie mit ihren leiblichen Eltern und mindestens einem Geschwisterteil zusammen (ENGSTLER 1997). Von einer Ablösung der Familie als Sozialisationsraum der Kinder kann keine Rede sein.

I Politische und gesellschaftliche Herausforderungen

Die Einflüsse des inneren Strukturwandels der Familie auf die Kindheits- und Jugendphase sind daher sehr viel bedeutsamer. Sie haben zu Bestrebungen geführt, der Kindheit – ähnlich wie der Adoleszenz – eine eigenständige sozialstrukturelle Realität zuzusprechen. So wurde Kindern ein eigenes Recht auf Schutz und persönliche Entfaltung eingeräumt. Gleichzeitig setzte eine Pädagogisierung der Kindheit mit dem Ziel ein, die Persönlichkeitsentwicklung von Kindern im Sinne der Anforderungen moderner Erwerbs- und Familienstrukturen zu stärken. Diese Pädagogisierung wurde jedoch bereits in den 70er Jahren als Bevormundung der Kinder zurückgewiesen. Statt dessen wurde der Kindheit ein eigenständiger Status als kulturelles Muster zugebilligt, welches analog zu den beschriebenen Pluralisierungen familialer Lebensformen den Kindern eine selbstverantwortliche Kindheit zuspricht (HONIG/LEU/NISSEN 1996). Diese Vorstellungen wurden durch eine Vielzahl von empirischen Studien über die Lebensbedingungen von Kindern gestützt, die auf die Notwendigkeit einer kindgerechten Auseinandersetzung mit den strukturellen Zwängen des modernen Familienlebens, eben aus der Perspektive des Kindes, hinwiesen.

Die vielfältigen Probleme, mit denen Kinder und Jugendliche im Zuge des beschriebenen Strukturwandels konfrontiert werden, machen eine erneute Neubewertung des Status Kindheit notwendig. So sind Kinder und Jugendliche durch den verstärkten Einfluß leistungsorientierter und medial vermittelter Handlungsorientierungen auf ihre kindliche Lebenswelt schon frühzeitig einer Erwachsenenwelt ausgesetzt, mit deren rationaler Handlungslogik sie sich auseinanderzusetzen haben. Bereits die durch die Unvereinbarkeit familialer und beruflicher Handlungsanforderungen auftretenden Probleme der Alltagsorganisation sind viele Kinder zunehmend zu einer frühen Selbständigkeit gezwungen (z. B. Schlüsselkinder). Hinzu kommt, daß die familiäre Situation den Kindern zunehmend Kompetenzen abverlangt, die sie nur unzureichend erfüllen können. So erleben sich diese Kinder nicht selten gerade deswegen als hilflos, weil die an sie gestellten Anforderungen ihrem Entwicklungsstand gar nicht entsprechen. Das wird insbesondere an Scheidungsfamilien deutlich. Kinder sind häufig nicht in der Lage, die strukturellen Veränderungen des Familienlebens zu verstehen und angemessen auf die Trennung der Eltern zu reagieren (GRUNDMANN 1992). Damit gehen Erfahrungen geringer Selbstwirksamkeit einher, die sich auf andere Lebenssituationen, z. B. den schulischen Alltag, nachteilig auswirken können (SCHWARZER 1995).

Andere Probleme ergeben sich aus einem streng organisierten Alltag von Kindern. Die Artikulation unterschiedlicher Interessen wird erschwert,

Strukturwandel: Familie, Kindheit, Jugend

Zeitplanung und Koordination anfallender Aufgaben beherrschen den Alltag (ZEIHER/ZEIHER 1993). Allzu häufig werden die Organisationsanforderungen durch die vermehrte außerhäusliche Erwerbstätigkeit und die vielfältigen Handlungsanforderungen der Eltern – vor allem in Ein-Eltern-Familien – noch verstärkt. So mangelt es Kindern in familialen Erfahrungskontexten oft an einem breiten Angebot an Handlungs-, Explorations- und Konfliktlösungsmöglichkeiten. Auch die kindlichen Erfahrungen mit Gleichaltrigen und den damit gegebenen gemeinsamen Erfahrungswelten haben sich aufgrund des Strukturwandels der Familie nachhaltig verändert. Die Anforderungen an außerfamiliale Bildungseinrichtungen wie z. B. die Schule, Kindern Erfahrungsmöglichkeiten eines »natürlichen« Spielraumes zu bieten, den sie früher in quasi naturwüchsigen Beziehungsgeflechten vorfanden, sind gestiegen (GRUNDMANN 1995). Diese Aspekte modernen Kinderalltags lassen die Forderung der Kindheitsforschung plausibel erscheinen, Kindheit unter den Gesichtspunkten sozialstrukturell erzeugter Machtstrukturen zu thematisieren. Die erwachsenenzentrierte Bewertung von Kindheit und Jugend und die aus der Erwachsenenperspektive abgeleiteten Vorstellungen über die Gestaltungsmöglichkeiten und -notwendigkeiten familialer Sozialisation drückt den Heranwachsenden eine Leistungs- und Entwicklungsperspektive auf, die den eigentlichen Bedürfnissen und Interessen der Kinder nicht gerecht wird. Soziale Kompetenzen, die für das Spielen in der Gleichaltrigengruppe und die Schaffung von Freundschaften unabdingbar sind, treten angesichts der strukturellen und psychosozialen Anforderungen an Kinder und Jugendliche zunehmend in den Hintergrund (GRUNDMANN/HUININK/KRAPPMANN 1994).

Die Forderungen nach einer angemessenen Bewertung der Kindheits- und Jugendphase als kulturelles Muster verdecken, daß der Kindheit in dem Machtgefälle zwischen Heranwachsenden und Erwachsenen eine eigene Problemlage zukommt. Während der beschriebene Wandel der Lebensformen zwar die Handlungsspielräume des bereits sozialisierten Individuums potentiell erhöhen und damit die Gestaltungsmöglichkeiten z. B. des familialen Zusammenlebens maßgeblich prägen, führen sie bei den Heranwachsenden eher zu einer Verunsicherung (EDELSTEIN 1995, FLAMMER 1995). So änderten sich mit den Formen familialen Zusammenlebens – neben den sozialstrukturellen Opportunitäten – auch die Bedeutung von Sozialisationserfahrungen für die kindliche Entwicklung. Dieser Bedeutungswandel familialer Sozialisationsbedingungen äußert sich u. a. in einer deutlichen Psychologisierung der Erziehung (SCHÜTZE 1988), die in erhöhten Ansprüchen der Erwachsenen zum Ausdruck kommt, kompetente und vertrauensvolle

I Politische und gesellschaftliche Herausforderungen

Bezugspersonen zu sein. Dieser Anspruch steht jedoch den Interessen der Erwachsenen häufig entgegen, da sich die Bedürfnisse der Erwachsenen und der Kinder nicht decken (GRUNDMANN/HUININK/KRAPPMANN 1994). Ein Beispiel für die damit einhergehende Verunsicherung in den individuellen Handlungsorientierungen findet sich in ELDERS Studie über den Einfluß der Arbeitslosigkeit während der großen Depression auf die familiale Interaktionsstruktur (ELDER 1974). ELDER zeigt, daß die Diskrepanz zwischen dem Rollenverständnis der Kinder und der Hilflosigkeit des Vaters, mit der Arbeitslosigkeitssituation umzugehen, zu Entwicklungsstörungen der Kinder führt, die sich langfristig im Lebensverlauf auswirken.

Der beschriebene Strukturwandel führt also zur Verunsicherung der Individuen, wenn mit ihm Probleme der Handlungskoordinierung und der Vereinbarkeit unterschiedlicher Handlungsanforderungen (z. B. Arbeitslosigkeit und damit einhergehende Identitätsprobleme, Scheidungen und neue Sozialorientierungen der Eltern) auftreten. Im Hinblick auf die kindliche Entwicklung kann das in der hier gebotenen Kürze folgendermaßen veranschaulicht werden. Die Möglichkeiten des Kindes, den normativen Handlungsanforderungen der Eltern und gleichzeitig den eigenen, individuellen Bedürfnissen zu genügen, hängt ganz wesentlich davon ab, inwieweit dem Kind vermittelt wurde, eigene Handlungsziele mit sozialen Handlungserwartungen bzw. -anforderungen in Einklang zu bringen. Darüber erfährt es, sein Handeln an Anderen auszurichten und im Vergleich zu diesen selbst zu bewerten. Diese Erfahrung der Selbstwirksamkeit, die für den Bildungserfolg von Kindern ganz maßgeblich ist (SCHWARZER 1995), wird Kindern gerade in familialen Erfahrungskontexten, in denen sie mit unterschiedlichen, sich häufig widersprechenden Handlungsorientierungen der Erwachsenen konfrontiert werden, nicht vermittelt. Dem Kind werden so konsistente Erfahrungen verwehrt, die es braucht, um sich eigenständig und konstruktiv in die Eltern-Kind-Interaktion und darüber hinaus in Schule und Gleichaltrigengruppe einbringen und behaupten zu können (EDELSTEIN 1996).

Konsequenzen für die Bildungseinrichtungen

Aus den zuvor dargestellten Befunden und Deutungen des Strukturwandels der Familie und Kindheit lassen sich zwei Sachverhalte in den Vordergrund stellen, aus denen wichtige Konsequenzen für die Bildungseinrichtungen abgeleitet werden können.

1. Das neue Verhältnis von Erwachsenen und Kindern ist kaum noch durch

die traditionelle Autoritätsbeziehung geprägt. Gelingende Sozialisation vermittelt den Kindern eine andere Vorstellung von Selbstwirksamkeit und Autonomie. Darauf muß die Schule reagieren. Im Unterschied zu früher werden Kinder eine Diskrepanz zwischen privat gewährten Freiheiten und schulischer Disziplinierung erfahren, was auf die Notwendigkeit didaktisch erforderlicher Zugeständnisse an das selbständige Handeln und Denken der Kinder verweist (BÜCHNER 1994). Schulische Erziehungspraxis gerät da in Bedrängnis, wo sie darauf nicht reagieren kann und tendenziell durch formalisierte Strukturen der Wissensvermittlung dem Autonomiestreben der Kinder entgegenwirkt.

2. Im Gegenzug beobachten wir, daß sich der beschriebene Strukturwandel mit der verstärkten Hinwendung zu individualistischen Handlungsorientierungen seitens der Erwachsenen in verschiedener Weise in Verhaltensauffälligkeiten von Kindern niederschlagen kann. Nach EDELSTEIN äußern sich die Auffälligkeiten in Form einer kind- und jugendgemäßen Form des Individualismus, als jugendspezifischer Protest, aber auch als jugendtypische Form der Anomie (EDELSTEIN 1995). Am nachhaltigsten treten diese Formen in der Schule auf. Lehrer nehmen die Verhaltensauffälligkeiten der jungen Generationen deshalb verschärft wahr, weil das sozial normierte schulische Leistungssystem sensibel auf Konzentrationsprobleme, soziale Isolierungen und geringe Leistungsmotivation reagiert. Aber auch die zunehmende Gewaltbereitschaft, der Drogenkonsum und die Leistungsverweigerung im Schulalltag erfordern eine doppelte Anstrengung von den Schulleitungen, aber auch von den einzelnen Lehrern.
Gerade die Tatsache, daß unter den gegebenen Bedingungen die notwendige Balance, die Eltern zwischen dem Engagement für sich und dem Engagement für die Kinder herstellen müssen, nicht gelingt, führt dazu, daß viele Kinder in ihrer individuellen Entwicklung gestört sind. Sie bedürfen einer begleitenden Betreuung durch außerfamiliale Instanzen. Die Schule ist gezwungen, sich auch darauf einzustellen.
Sie kann diesen Anforderungen zur Zeit zum Teil aus systematischen Gründen nur schwer gerecht werden. Ihre organisatorische Struktur steht dem entgegen. Strukturelle Zwänge der Bildungsorganisation behindern eine angemessene, die Selbstwirksamkeitserfahrungen der Kinder, aber auch der Lehrer fördernde Schulorganisation und Pädagogik. Die beschriebenen Probleme, die sich aus dem familialen Alltag auf die Schule übertragen, stellen Schulleiter und Lehrer daher häufig vor unüberwindbare Probleme der Disziplinierung und der Aufrechterhaltung kooperativer Zusammenarbeit zwischen Schülern und Lehrern. Lehrer und Schulleitung – ähnlich wie Eltern –

I Politische und gesellschaftliche Herausforderungen

sehen sich gezwungen, eigenes Engagement, Erziehungsvorstellungen und Selbstwirksamkeitserfahrungen mit strukturellen Zwängen einer institutionell organisierten Erziehung zu vereinbaren. Vor allem die Einschätzung persönlichkeitsbildender Faktoren, die einerseits durch den pädagogischen Auftrag definiert, andererseits aber auch auf subjektive Handlungsorientierungen und Selbstwirksamkeitserfahrungen bezogen sind, stellen ein beträchtliches Problem dar.

Angesichts der beschriebenen Problemlagen scheinen die Forderungen nach einer Umgestaltung schulischer Organisationsstrukturen gerechtfertigt. So stellt der Modellversuch selbstwirksamer Schulen einen Versuch dar, den beschriebenen Handlungsanforderungen des schulischen Alltags aus der Perspektive der Schulleitung, der Lehrer und der Schüler möglichst dadurch gerecht zu werden, den schulischen Entscheidungs- und Organisationsstrukturen eine erhöhte Plastizität zu geben mit dem Ziel, Erfahrungen individueller Gestaltbarkeit schulischer Lernprozesse bei allen Beteiligten zu stärken (OSER 1995). Es darf aber auch nicht übersehen werden, daß sich die Anforderungen an den Sozialisationskontext Familie und Schule im Zuge des beschriebenen Strukturwandels angenähert haben. Allzu sehr haben sich – nicht zuletzt auch wegen des Strukturwandels der Kindheit und den damit einhergehenden Erwartungen an eine »selbständige« Kindheit die Erfahrungs- und Lebenswelten angeglichen. Familie und Schule ergeben zunehmend eine sich ergänzende Einheit moderner kindlicher Erfahrungsräume. Gerade die Möglichkeiten der Schule, sich als Lebensraum für Kinder zu öffnen, erlaubt Kindern, das Nebeneinander unterschiedlicher Anforderungen in Familie, Schule und Freizeit in einen gemeinsamen Kontext einzubinden. Das würde erleichtern, die unterschiedlichen Perspektiven und Probleme der Erwachsenen und die kindlichen Bedürfnisse besser aufeinander zu beziehen. Die Mitwirkung der Kinder an der Gestaltung ihrer Lebenswelt würde verstärkt. Wichtig ist dabei auch, daß diese Öffnung der verschiedenen Erfahrungswelten der Kinder nicht als Abwertung der familialen Erziehung, sondern im Gegenteil als eine sinnvolle und für die Kinder wichtige Ergänzung angesehen wird. Sie soll über soziale und strukturelle Grenzen hinweg Kindern helfen, den Anforderungen der modernen Welt durch Handlungskompetenzen zu begegnen, die auf fürsorgliche Anteilnahme, Fairneß und Ausgleich unterschiedlicher Interessen beruhen.

II Rahmenbedingungen von Schulleitung

MICHAEL SCHRATZ

Ist ein neues Aufsichtsverständnis auch ein anderes Aufsichtsverhältnis?

Staatspolitische Veränderungen im Bildungswesen

Nachdem Schule in ihrer historischen Entwicklung zur Staatsaufgabe geworden war, stellte die Schulaufsicht den Garanten für die Leistungserbringung der (einzelnen) Schule gegenüber den staatlichen Ansprüchen dar. Im Rahmen der zentralen Steuerung des Schulsystems – je nach föderaler Ausrichtung der Länder auf Bundes- bzw. Länder- oder Kantonebene – war Bildungspolitik immer ein »innenpolitischer Aufgabenbereich« (HEIDENHEIMER 1996, S. 586), d. h., die Qualität der Ausbildung richtete sich an internen Standards aus. Die zentral vorgegebenen Lehrpläne bildeten den jeweiligen Standard für Schulqualität; deren Einhaltung wurde über ein hierarchisch organisiertes Aufsichtssystem kontrolliert, das sich über mehrere Ebenen erstreckte und ein System aufsteigender Macht repräsentierte. In Österreich ergab sich beispielsweise nebenstehende Hierarchisierung (vgl. Abb. 1).

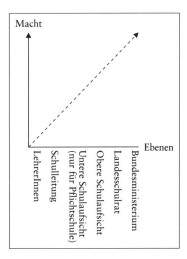

Abb. 1: *Aufsteigendes Hierarchiesystem*

Diese hierarchische Einflußnahme beschränkte sich aber vorwiegend auf das Allgemein(gültig)e. Aus der Organisationstheorie wissen wir, daß nur das allgemeine Wissen ohne große Probleme zu vermitteln und zu kontrollieren ist. Im Bereich Schule betrifft dies jene Aspekte, welche die Schule als Organisation betreffen: das sind Kenn- und Grenzwerte für Stundendeputate für LehrerInnen, für Klassen- und Gruppengrößen, Lehr- und Stundenpläne etc. Sie beziehen sich auf das, *was* zu tun ist. Viel schwieriger zu vermitteln und kontrollieren ist allerdings das *Wie* (»Wie werden allgemeine Vorgaben in der spezifischen Situation wirksam um-

47

II Rahmenbedingungen

gesetzt?«). Dieses spezifische Wissen ist nicht zentral vermittelbar und kontrollierbar, weshalb das Steuerungswissen an den Ort der Handlung, d. h. die Schule delegiert werden muß (vgl. JENSEN/MECKLING 1996, S. 17). Mit der Erkenntnis, daß es keine allgemeingültigen Lösungen für spezielle Probleme vor Ort geben kann, und dem Druck aus der Peripherie ist in den meisten Staaten eine (Teil-) Autonomisierung des Bildungswesens in Gang gesetzt worden, welche den Einfluß der zentralen Steuerung im Bildungswesen verringerte. Dazu kommt nach WILLKE (1996, S. 68–69) die Einsicht, »daß die bekannten Merkmale einer differenzierten, hierarchischen Struktur – seien dies Bürokratien oder Unternehmen – wie insbesondere Ressort-Egoismen, interne Rivalitäten, unproduktiver Wettbewerb um Ressourcen, Abschottung nach »oben«, Budget-Maximierung etc. nicht in erster Linie von den Ressorts, Abteilungen, Divisionen oder Subsystemen selbst produziert werden, sondern eben von den systematischen Verzerrungen der Kommunikationsstruktur durch eine starre Hierarchie selbst. Und das bedeutet: Mit einer Änderung der Systemstruktur, z. b. zu einem heterarchischen Netzwerk, werden die genannten Merkmale für die Teile selbst dysfunktional. Sie brauchen sich nicht mehr gegen eine als kontrollierend perzipierte Zentrale »verteidigen«; vielmehr können sie nun die Unterstützung, Beratung, Vermittlung, generell: die Hilfe der Leitung in eigener Verantwortung in Anspruch nehmen«. Ein hervorragendes Beispiel für den Abbau der Hierarchie zugunsten eines heterarchischen Netzwerks findet sich in der Neustrukturierung des Durham Board of Education in Ontario, Kanada, das sich innerhalb von fünf Jahren aus einem Bildungsghetto zum innovativsten Schulsystem der Welt entwickeln konnte, was über die Verleihung des CARL BERTELSMANN PREISES 1996 für innovative Schulsysteme im internationalen Vergleich zum Ausdruck gebracht wurde. Der Strukturplan zur Förderung von Lehrer- und Schulentwicklung des Durham Board of Education (Abb. 2; aus BERTELSMANN STIFTUNG 1996, S. 86) zeigt auf, daß die Schulaufsicht (Superintendent) zusammen mit der Schulverwaltung zwar für strategische Direktiven zuständig ist, die operative Arbeit aber jeweils für die Region bzw. den einzelnen Schulstandort zuständige Teams leisten.

Schulaufsicht

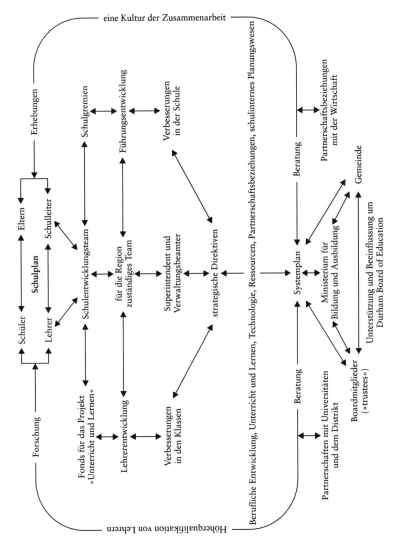

Abb. 2: *Strukturplan zur Förderung von Lehrer- und Schulentwicklung (Durham Board of Education)*

II Rahmenbedingungen

Die Kür des Durham Board of Education zum innovativsten Bildungssystem durch die BERTELSMANN STIFTUNG im Jahr 1996 ist nicht zuletzt auch ein Ausdruck dafür, daß die Globalisierung der Wirtschaftsräume zunehmend auch eine Öffnung des Bildungswesens mit sich bringt, so daß sich die Qualität der (Aus-)Bildung mehr nach externen Kriterien ausrichtet. Beispiele dafür sind etwa die internationalen Rankings, ausgelöst durch die Bewertung nationaler Bildungssysteme durch die OECD oder TIMSS. Die (zumindest ersten) Reaktionen darauf lassen erkennen, daß der Weg zur Qualitätssteigerung dabei nicht so sehr über die Schulaufsicht angestrebt, sondern in der Einführung von Vergleichsdaten über Leistungsstandards an Schulen gesucht wird. Am weitesten gegangen ist dabei das englische Bildungswesen, das im Rahmen der Privatisierungsbestrebungen über die sogenannte »Parent's Charter« in Richtung »Kundenorientierung« umgestaltet wurde (vgl. SCHRATZ 1993, S. 9). So wundert auch nicht weiter, daß ein Wirtschaftsberatungsunternehmen dem Kultusministerium von Nordrhein Westfalen den »Verzicht auf die untere Schulaufsichtsebene, die in der Folge der übrigen Veränderungen zwischen standardsetzender Zentralfunktion und managementfähiger Einzelschule funktionslos wird«, vorzuschlagen (KIENBAUM-GUTACHTEN 1991, S. 3). Derartige Vorschläge stehen aber auch in Zusammenhang mit der relativen Wirkungslosigkeit der bisherigen Form von Schulaufsicht.

Das Problem der Wirksamkeit von Schulaufsicht

Mit der zunehmenden Autonomisierung des Bildungswesens ist die Rolle der Schulaufsicht im Hinblick auf ihre Wirksamkeit verstärkt ins Blickfeld bildungswissenschaftlicher und -politischer Diskussionen gekommen. So konstatiert etwa BIEWER (1993, S. 176): »Trotz zentralisierter Steuerung und Kontrolle des Schulwesens in (den Ländern) der Bundesrepublik, im Vergleich zu angelsächsischen Ländern, wird vermutet, daß der Einfluß der Schulverwaltung auf die Ausprägungen der Verwaltungsvorgaben bei den Schulleitern und Lehrern gering ist, und daß das Verwaltungshandeln an den Schulen nicht von einem zentralen Kriterium allein, sondern von verschiedenen Organisations- und Managementbedingungen abhängt«. Eine aufrüttelnde Studie von HEINZ ROSENBUSCH (1994) hat auf das »strukturell gestörte Verhältnis« zwischen LehrerInnen und Schulräten hingewiesen und damit die Diskussion um die Wirksamkeit schulaufsichtlichen Handelns weiter angeheizt.
Mehrere Untersuchungen liefern Belege dazu: Die Aarauer Bildungsforsche-

rin MARGIT STAMM (1993): »Rund die Hälfte der Lehrkräfte fühlt sich beim Besuch des Inspektors oder der Inspektorin blockiert bis gefährdet« (zitiert nach STRITTMATTER 1995, S. 2). Ähnlich resümiert HEINZ ROSENBUSCH aufgrund seiner Untersuchungen in Bayern, »daß sich der größte Teil der Lehrer durch Schulratsbesuche, seien sie im Zusammenhang mit Beurteilung oder »beurteilungsfrei«, weder angeregt noch beruflich vorangebracht fühlt. Sie versuchen, in einem Akt der persönlichen und pädagogischen Selbstverleugnung, sich den Wünschen und Vorlieben von Schulräten anzupassen, um den besten Eindruck zu erwecken. Probleme und Schwierigkeiten werden nach Möglichkeit kaschiert« (ROSENBUSCH 1994, S. 68).

Die heute praktizierte Fremdbeurteilung in Form der üblichen Inspektionstätigkeit ist also von geringer Wirksamkeit; aber auch am konkreten Nutzen der Rückmeldungen auf Unterrichtsbesuche darf gezweifelt werden. STRITTMATTER (1995, S. 3) zitiert die Ergebnisse einer Magisterarbeit, in der 500 Inspektionsberichte inhaltsanalytisch untersucht wurden. Die Verfasserin der Arbeit kommt zum Schluß, daß die Feedbacks der InspektorInnen fast durchweg unverbindlich-positiv, sehr stereotyp abgefaßt seien und ein stark eingeschränktes Gesichtsfeld zeigen würden. Damit seien aber alle zufrieden: die Behörde, »denn die Kontrolle wird offiziell durchgeführt (...); die Inspektorinnen und Inspektoren, denn sie garantieren den Lehrkräften die Freiräume und beraten je nach persönlichem Engagement mehr oder weniger intensiv; die Lehrerinnen und Lehrer, denn sie haben einen Bericht, der sich als Referenz eignet, und werden ansonsten in Ruhe gelassen...« (LEIMGRUBER 1992, zitiert nach STRITTMATTER 1995, S. 3).

In einer vom österreichischen Unterrichtsministerium in Auftrag gegebenen Untersuchung zur Rolle der Schulaufsicht in der autonomen Schulentwicklung, wurde die Einschätzung der gegenwärtigen Tätigkeitsbereiche und der wünschenswerten Veränderungen von SchulinspektorInnen und LehrerInnen in einer flächendeckenden Fragebogenerhebung erforscht (vgl. SCHRATZ 1996). Die dabei gewonnenen Ergebnisse weisen in ihrer Gesamtheit – sowohl aus der Selbsteinschätzung (Schulaufsicht) als auch aus der Fremdeinschätzung (LehrerInnen) – darauf hin, daß die Rolle der Schulaufsicht neu zu bewerten ist. Die Wirksamkeit von Schulaufsicht leidete bislang unter

- der Zufälligkeit von Momentaufnahmen,
- der Einschränkung der Aufsichtstätigkeit auf Einzelpersonen,
- den oft nur punktuellen und sporadischen Kontakten,
- der starken Fixierung auf den Status Quo des fachlichen Unterrichts,
- den fehlenden Kriterien für eine systematische Evaluation auf Systemebene,

II Rahmenbedingungen

- der vielfach fehlenden Möglichkeit, festgestellte Mängel im System zu beheben,
- der Überfrachtung des derzeitigen Aufgabenprofils von Schulaufsicht (Kontrolle, Beratung, Qualifikation, Krisenmanagement, Evaluation etc.), oder wie es die Antwort eines Schulaufsichtsbeamten auf eine offene Frage ausdrückt: »*Bin für alles zuständig*«.

Nicht so eindeutig ist aufgrund der Datenlage allerdings die Richtung, in welche die Neubestimmung der Rolle der Schulaufsicht gehen soll, was nicht zuletzt darin begründet liegt, daß sich aufgrund autonomer Entwicklung im Schulwesen ein Spannungsfeld zwischen Staat und Markt auftut. Durch die Rücknahme zentraler Regelung verliert die Schulaufsicht ihre ursprüngliche Funktion als *Controller* der Einheitlichkeit im Schulsystem, soll dennoch aber die Qualität von Schule und Unterricht sicherstellen. Dies führt nicht zuletzt zu einer »Identitätsbedrohung« im Berufsbild der Schulaufsicht, denn wenn sie an der Schule nicht mehr gebraucht (gewünscht?) wird, verliert sie den Bezug zur pädagogischen Arbeit. Daher will der Großteil der Schulaufsicht gleichzeitig im Mikro- und Makrobereich von Schulentwicklung tätig, d. h. sowohl an der Steuerung der Einzelschule als auch an der Systemsteuerung beteiligt sein. Dies erscheint aus der Warte der Schulaufsicht zwar nachvollziehbar, ist aber kaum realisierbar, zumindest nicht, wenn es um mittel- bzw. langfristige Konzepte von Schulentwicklung geht. Dafür gibt es zumindest zwei Begründungen:

- *Erstens* ist dieser Anspruch allein schon zeitlich nicht einzulösen: Werden alle Tätigkeitsbereiche, für welche die Schulaufsicht nach SCHRATZ 1996 (sehr) viel Zeit aufwenden möchte, in der Praxis von ihr umgesetzt, können sie – nach dem Motto »Wer alles möchte, schafft gar nichts« – allesamt nur oberflächlich wahrgenommen werden. Das wörtliche Zitat »*Ich bin für alles verantwortlich*« eines Inspektors aus der Befragung würde zum Grundprinzip schulaufsichtlichen Handelns erhoben. Wer Verantwortung für alles übernimmt, nimmt sie jemand anderem ab. Eine derartige Übernahme von »Verantwortung für alles« erscheint aber gerade im Übergang von einem zentral gesteuerten zu einem autonomer werdenden Schulsystem problematisch. Damit die Schulaufsicht ihren Auftrag im Sinne der künftigen Aufgabendefinition auch wirklich erfüllen kann, ist stattdessen eine professionelle Fokussierung erforderlich!
- *Zweitens* haben die Erfahrungen mit Reformen in den letzten Jahrzehnten gezeigt, daß Schulen Innovationen nicht einfach nach dem Modell »Reform von der Stange« von außen übernehmen. Die ursprünglichen, d. h. die von außen gesetzten Zielvorgaben werden nicht nach dem Strick-

muster eines »Masterplanes« umgesetzt, sondern die Schulen integrieren sie in die jeweils vorherrschende Schulkultur. Das heißt bei ohnehin aktiven Schulen, daß sie sich engagiert mit Neuerungen auseinandersetzen, bei weniger aktiven Schulen aber, daß sich eine schulkulturelle Pufferzone bildet und alles so bleibt, wie es immer war (vgl. KRAINZ-DÜRR u. a. 1997).

Aus diesen Prämissen ergeben sich Konsequenzen für ein neues Aufsichtsverständnis im Rahmen der Gestaltungsautonomie von Schulen.

Auf der Suche nach einem neuen Aufsichtsverständnis

Schulentwicklung, die am Einzelstandort beginnen und dorthin zurückwirken soll, benötigt ein Unterstützungssystem, das sich von der bisherigen Steuerung, die durch Reformen von oben getragen war, so unterscheidet, daß sich daraus neue Herausforderungen und Aufgabenstellungen für die Schulverwaltung bzw. Schulaufsicht ergeben. Sie sind in einem vernetzten System mehrerer Steuerungselemente für autonome Schulentwicklung anzusiedeln, was folgende Darstellung (Abb. 3) veranschaulicht.

Abb. 3: *Steuerungsprinzipien für autonome Schulentwicklung*

II Rahmenbedingungen

Schulen, die im Rahmen autonomer Gestaltungsmöglichkeiten pädagogische Maßnahmen zu ihrer Weiterentwicklung setzen, sind durch zwei Bewegungen gekennzeichnet. Die erste Bewegung wirkt sich nach innen aus, wenn es zu internen Auseinandersetzungen über die Richtung des Weges kommt, in die sich die einzelne Schule bewegen soll. Hierfür spielen die Akteure innerhalb der Schule eine große Rolle: Das Beziehungsgefüge zwischen SchülerInnen, LehrerInnen und Schulleitung prägt die schulinterne soziale Architektur. Die Schulleitung ist aufgrund ihrer Funktion für das »change management« (vgl. DOPPLER/ LAUTERBURG 1994) verantwortlich; zu dessen Unterstützung wird meist eine sogenannte »Steuergruppe« gebildet, in der neben der Schulleitung RepräsentantInnen der relevanten Gruppierungen an der Schule vertreten sind. Die zweite Bewegung geht nach außen, indem einerseits die Schulpartner stärker in die Entscheidungsprozesse eingebunden sind, andererseits die Rolle der Schulaufsicht neu definiert wird, wodurch sich das Spannungsfeld zwischen »Kontrolle« und »Beratung« auftut (vgl. SCHRATZ 1993). In zahlreichen Fällen wird – vor allem in der Anfangssituation von Schulentwicklung – von der Schule externe Beratung in Anspruch genommen, die den Entwicklungsprozeß unterstützend begleitet, ohne selbst Teil des inneren Systems Schule zu sein (vgl. ENDER u. a. 1996). Während die Schulpartner eher ihre Interessen und Bedürfnisse einbringen, um die Richtung einer möglichen Entwicklung mitzubeeinflussen (z. B. Forderung der Eltern nach stärkerer Berücksichtigung der Probleme ihrer Kinder bei der Schuleingangsphase, Bekämpfung der Vernachlässigung sozialer Lernprozesse oder Unterricht in einer bestimmten Fremdsprache) gewinnt im Rahmen der autonomen Schulentwicklung das Umfeld insgesamt an Bedeutung. Die Anpassung an lokale und regionale Voraussetzungen bewirkt eine stärkere Gemeinwesenorientierung. Beispielsweise legt die Integration von sog. behinderten Kindern oder von Jugendlichen, welche die deutsche Sprache nicht beherrschen, eine Vernetzung mit örtlichen Unterstützungseinrichtungen nahe.

Aus der Systemtheorie ist bekannt, daß nur das Zusammenspiel der einzelnen Teile eines Systems insgesamt eine nachhaltige Systemänderung herbeiführen kann. Daher läßt sich auch das Schulsystem nicht nur über ein neues Aufsichtsverständnis sowie ein geändertes Rollenbild von Schulaufsicht entwickeln. Veränderungen im Bereich Schulaufsicht sind immer im Gesamtgefüge schulischer Entwicklung zu sehen. Erst das Zusammenspiel aller, die für die Schule verantwortlich sind, von der ministeriellen Hoheitsverwaltung bis zu den am einzelnen Schulstandort Tätigen, läßt Schulentwicklung zu einer produktiven Entwicklung im Spannungsfeld zwischen Freiheit und

Verantwortung (vgl. LIKET 1993) werden. Nach ROLFF (1991, S. 10) würde sich die Qualität der Schulen »kraß auseinanderentwickeln, die Sozialisation gesamtgesellschaftlich bedeutsamer Werte, Qualifikationen und Kommunikationsfertigkeiten wären gefährdet, und vermehrte Ungleichheit träte ein. Ein zeitgemäßes öffentliches Bildungswesen muß demgegenüber zwar nicht auf Gleichheit, aber doch auf Vergleichbarkeit der Lebensumstände bedacht sein und damit auch auf Qualitätssicherung aller Bildungseinrichtungen. Wenn es allerdings stärker als bisher die Selbständigkeit der Einzelschulen und die professionelle Autonomie der Lehrertätigkeit berücksichtigen soll, muß auch die Kontrolle professioneller werden«.
Daraus ergibt sich für die Systemsteuerung ein Spannungsfeld zwischen der Profilierung der Einzelschule, etwa über die Erstellung eines Schulprogramms (vgl. SCHRATZ 1997) und der staatlichen Kontrolle des Schulsystems. Gemäß der Systemtheorie kann es zwischen der Umwelt und einem selbstbezüglichen System keine instruktive Kommunikation geben, wodurch sich ein System von außen nicht gezielt steuern, bestenfalls irritieren läßt. »Es gerät in eine Krise und verläßt den Ruhezustand. Jede derartige Krise ist ambivalent, sie kann negativ wie auch positiv bewertet werden. Alte Strukturen, Verhaltensmuster und Problemlösestrategien verlieren ihre Nützlichkeit, was zunächst nur negativ erscheint. Es sind Störungen von Ruhe und Ordnung. Doch ergibt sich aus solchen Störungen auch die Notwendigkeit zur Weiterentwicklung, neue Strukturen und Verhaltensmuster werden nötig und möglich. Ein System, das in eine Krise gerät, muß sich verändern, wenn es überleben will. Ohne Krisen und Perturbationen, ohne Störungen von Ruhe und Ordnung, gibt es keine Entwicklung. Sie sind aber stets Störung und Anregung, Chance und Gefahr, da das Ergebnis solch einer Entwicklung positiv wie negativ sein kann« (SIMON 1993, S. 81).
Das – systemtheoretisch – autonome System Schule wird dadurch irritiert, daß am Ruhezustand seiner bisherigen Autonomie, in dem sich die einzelnen Systemelemente so eingerichtet hatten, daß sie ihre Tagesgeschäfte nach eigenen Vorstellungen erledigen konnten, gerüttelt wird. Wir haben in einer Studie zur Auswirkung der autonomen Gesetzgebung auf den einzelnen Schulstandort herausgefunden, daß diese Irritationen von denjenigen Schulen positiv bewertet wird, die schon immer an der (Weiter-)Entwicklung interessiert waren – zum Teil geht diesen der (neue) Autonomierahmen zuwenig weit, während sie von jenen eher negativ bewertet wird, die von außen erwirkte Aktivitäten innerhalb der Schule als Bedrohung des inneren Friedens sehen (vgl. KRAINZ-DÜRR u. a. 1997).
Für die Schulleitung ergibt sich daher die wichtige Aufgabe, den Umgang der Schule mit den Irritationen an den Schnittstellen zwischen System und

II Rahmenbedingungen

Umwelt so zu steuern, daß diese als Anregung und Chance für Entwicklung gesehen werden (vgl. Abbildung 4).

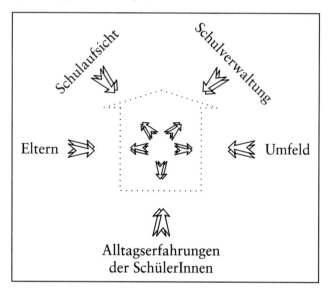

Abb. 4: Schnittstellen zwischen System und Umwelt

Da der bewußte Umgang mit den Schnittstellen innerhalb und außerhalb des Systems ein wichtiges Qualitätsmerkmal einer lernenden Schule im Sinne einer *learning organization* darstellt, benötigt sie diesbezüglich eine operationale Geschlossenheit, d. h. einen vereinbarten und von allen getragenen Gemein-Sinn. Je klarer die Nahtstellen der möglichen Interaktionen definiert sind, um so besser können sich die Betroffenen orientieren und damit interagieren (vgl. Abbildung 4). Dieses Denken aus den Nahtstellen des Systems schafft Klarheit und setzt dadurch Energie frei für die Inhalte, die kommuniziert werden. Diese Klarheit wird über entsprechende Verfahrensregelungen hergestellt, die von den Beteiligten auch ernst genommen werden. Wenn sie mündlich festgelegt werden, besteht die Gefahr, daß sie rasch an Verbindlichkeit verlieren. Werden sie schriftlich (etwa in einem Schulprogramm) kommuniziert, kann auch die Schulaufsicht sich im Falle einer Inspektion an den jeweiligen Ausgangsbedingungen der Schule ausrichten.

Schulaufsicht

Ein neues (altes?) Aufsichtsverständnis?

Wollen wir mit HARTMUT VON HENTIG (1993) »die Schule neu denken«, müssen wir auch die Schulaufsicht neu denken. In Zeiten eines autonomer werdenden Bildungswesens stellt sich demnach die Frage: »Wie muß behördliche Führung beschaffen sein, damit die Schulen Verantwortung übernehmen«? Zur Beantwortung dieser Frage erweist sich ein Blick auf die übergeordneten Funktionsbereiche von Schulaufsicht hilfreich, die ANTON STRITTMATTER (1995) in seinem »4F-Modell der Schulaufsicht und Schulevaluation« darstellt. Die folgende Abbildung beruht auf diesen Überlegungen und wurde bei der Tagung einer internationalen Netzwerkgruppe[1] im Frühjahr 1995 in Soest in dieser Form diskutiert.
Oberhalb des Längsstrichs liegt das Führungssystem, auf der sich das *Steuerungswissen* des Schulwesens befindet. Unter **1** ist der einzelne Schulstandort angesiedelt, an dem die *Schulleitung* Verantwortung für das *interne Controlling,* die Selbstevaluation im Rahmen von Schulentwicklung und die Personalförderung trägt. Die Schule kann dazu auch externe Beurteiler einladen, die außerhalb des Sanktionssystems stehen und die als eine Art externes Echo, als ein Spiegel für die eigene Arbeit an der Schule dienen (**1 b**). Man spricht auch von »peers«, die beigezogen werden; in der Aktionsforschung ist von »kritischen Freunden« die Rede. Wie immer sie genannt werden mögen, wichtig dabei ist, daß sie nicht als Kontroll-Organe auftreten.
Im Makro-Bereich des Schulwesens trägt die Behörde **2** die Verantwortung für **3** die *externe Vorschriftenkontrolle,* **4** das System-Monitoring und **5** die Krisenintervention.
3 Die externe Vorschriftenkontrolle trägt vor allem dazu bei, daß die Aufgaben, die der Gesetzgeber an die Schule stellt, vom einzelnen Standort erfüllt werden. Sie ist vor allem Prozeßkontrolle, d. h. der externe Blick auf die an der Schule durchgeführten Maßnahmen einer Selbstevaluation.
4 Das *System-Monitoring* hat die Aufgabe, die Qualitätsstandards im jeweiligen Aufsichtsbereich zu überprüfen, etwa das gegenwärtig erreichte Niveau der Schülerinnen und Schüler in den einzelnen Unterrichtsfächern oder die von den Schulen gesetzten Maßnahmen zur Berufsorientierung. Damit soll die Qualität an den einzelnen Schulen sichergestellt werden. Wenn hier Defizite festgestellt werden, müssen gegebenenfalls unterstützende Maßnahmen angeboten werden. Für dieses System-Monitoring gibt es

---
[1] Ihr gehören an: H. BUCHEN, N. MARITZEN, F. OGGENFUSS, H. PELZELMAYER, E. RADNITZKY, H.-G. ROLFF, K. SATZKE, M. SCHRATZ, A. STRITTMATTER.

II Rahmenbedingungen

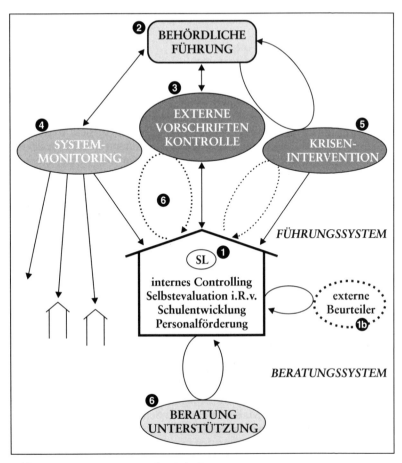

Abb. 5: *Steuerungssystem des Schulwesens*

sehr unterschiedliche Möglichkeiten der Umsetzung. Sie reichen von gesamtstaatlich organisierten Prüfungen in bestimmten Schulstufen, wie sie in einigen Ländern durchgeführt werden, über den Besuch von Schulaufsichtskommissionen an Schulen in regelmäßigen Abständen (von etwa 3–5 Jahren) bis zum Einsatz von Fachbereichssystemen, die sich um die Qualitätssorge und -entwicklung kümmern.

Schulaufsicht

Wie sinnvoll sind solche Maßnahmen? Das hängt meines Erachtens davon ab, ob es dabei um bloße Kontrolle geht, oder ob die Entwicklungsperspektive mitberücksichtigt wird. Nationale Tests eignen sich dazu wohl am wenigsten, da sie dem Autonomiegedanken zuwiderlaufen.»Entwicklungsgruppen«, die sich aus VertreterInnen der Aus- und Fortbildung, der Schulbehörde sowie der Wissenschaft zusammensetzen, erscheinen mir dafür bedeutend besser geeignet.

5 Die *Krisenintervention* kann entweder von der Behörde eingesetzt werden (bei Problemen mit einzelnen Lehrerinnen und Lehrern, mit der Leitung, mit Schülerinnen und Schülern oder bei Problemen anderer Art) oder die Schule selbst ordert diese Hilfe in Krisenfällen. Die Krisenintervention arbeitet nach dem *Task Force Prinzip*, das heißt, sie prüft und gibt nach ihrer Überprüfung entsprechende Empfehlungen. Drei Varianten sind möglich:

- es kommt nach einer Überprüfung zur Entwarnung, da sich das ursprüngliche Problem nicht orten läßt (z. B. bei *Mobbing*, Rufmord u. ä.);
- es wird eine Korrekturmaßnahme empfohlen, deren Einsatz nach vorgegebener Zeit überprüft wird;
- es kommt zum Antrag auf Entlassung oder Versetzung der betreffenden Lehrperson, wenn sich keine Problemlösung abzeichnet.

Natürlich benötigt die Krisenintervention dazu ein entsprechendes Sanktionspotential, um das Problem auch tatsächlich lösen zu können.
6 bezeichnet die *externe Beratung* bzw. Unterstützung der Schule bei ihrer Entwicklung. Sie erfolgt nach dem Hol-Prinzip und basiert auf freier Wahl und Abwahl der Beratung. Dafür kommen Expertinnen und Experten für den Bereich Schul- und Organisationsberatung in Frage. Inzwischen können in den einzelnen Bundesländern an den Pädagogischen Instituten Beraterinnen und Berater angefordert werden, die für die standortbezogene und autonome Schulentwicklung ausgebildet worden sind. Ist eine entsprechende Vertrauensbasis gegeben, kann auch die Schulaufsicht von einer Schule um diese Unterstützung gebeten werden (auch hier gilt natürlich das Hol-Prinzip!). Bevor ein solcher Beratungsprozeß einsetzt, wird meist ein Vertrag (Kontrakt) ausgearbeitet, der die Rollen der Vertragspartner klärt, Zeitrahmen und Art der Zusammenarbeit fixiert. Damit werden auch entsprechende Verantwortlichkeiten festgelegt.
Derartige Überlegungen lassen sich natürlich nicht von heute auf morgen in die Praxis umsetzen, denn die Steuerung des komplexen Systems Schule in autonomer Entwicklung ist nicht bis ins Letzte berechenbar. Daher ist es wichtig, die Neuorientierung von Schulaufsicht mit kleinen Schritten zu beginnen und auch entsprechende Fortbildungsangebote zu konzipieren,

II Rahmenbedingungen

welche beide Partner, die Schulen und die Schulaufsicht, auf ihrem Weg in Richtung autonomer Schulentwicklung begleiten. Dabei ist nicht zuletzt zu klären, ob es der Schulaufsicht bei der Schulentwicklung mehr um das Ausüben von Macht oder das Einflußnehmen geht. Im Zusammenhang mit Bewahren bzw. Verändern als Aufgabe von Schule ergeben sich daraus unterschiedliche Handlungsmodelle (vgl. Abb. 6).

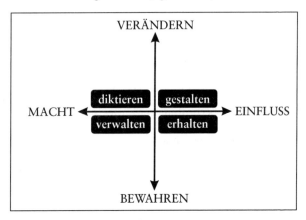

Abb. 6: Aufsichtshandeln zwischen Macht und Einfluß

Wieweit es der Schulaufsicht gelingt, ihr Aufsichtsverständnis aus einer Position der Macht (diktieren bzw. verwalten) in den Bereich des Einflußnehmens (gestalten bzw. erhalten) zu verlagern, steht in engem Zusammenhang mit den veränderten Rahmenbedingungen von Schule überhaupt. In einem Klima des Mißtrauens, das über den Weg einer »Müssenskultur« Schulentwicklung verordnet, wird die Frage der Macht eine größere Rolle spielen, als wenn sich die Schule zu einer Vertrauensorganisation entwickelt. Letztere setzt nach WILLKE (1996, S. 71) voraus, daß hierarchische Ebenen zugunsten einer Selbststeuerung der dezentralen Einheiten abgebaut und Kompetenz und Verantwortung in autonome Arbeitsgruppen verlagert werden, integrative Mechanismen und Rollen zunehmend an Bedeutung gewinnen und Leitungsaufgaben sich zu Unterstützungsfunktionen für selbstorganisierte Koordinationsprozesse verändern. Insofern ist ein neues Aufsichtsverständnis nicht nur das Problem einer Neudefinition, sondern ein politisches Anliegen, welches das ganze Schulsystem betrifft!

INGEBORG WIRRIES

Die Verantwortung des Schulleiters für gute Schulqualität – Möglichkeiten und Grenzen im Rahmen der Schulverfassung(en)

In einer Vielzahl von Bundesländern wurden in den letzten Jahren die Schulgesetze novelliert, insbesondere in ihrem Kernstück, der Schulverfassung. Für die neuen Bundesländer ergab sich diese Notwendigkeit aus den politischen Ereignissen von 1989. Für die alten Bundesländer sind diese Novellierungen der Schulverfassungen Ausdruck eines Paradigmenwechsels. Eine zentrale Einsicht aus der Bildungsreform der 60er und 70er Jahre besteht darin, daß die damalige Gesamtsystem-Strategie nicht geeignet war, die staatliche Einzelschule (IST-Schule) in Richtung auf bessere Qualität ihrer »Produktion« in Bewegung zu bringen. Dies gelingt nur – so die neue Hoffnung – durch den Blickwechsel von der Makroebene auf die Einzelschule als die operative Produktions- und Handlungseinheit innerhalb des gesamten »Bildungsapparates«. Mit diesem Blickwechsel auf die Einzelschule kommen nicht nur die Entscheidungs- und Verantwortungsstruktur ihrer Arbeitsorganisation ins Bild und die Details des schulspezifischen Prozesses der Leistungserstellung in der Unterrichtsorganisation (Abb. 1). Es kommen damit vor allem die Individuen ins Bild, die in der Schule ihren Arbeitsplatz haben sowie diejenigen, die als Erziehungsberechtigte mit der jeweiligen Schule befaßt sind, und auch die Schulaufsicht als weisungsbefugte Steuerungsstelle. Mit dem Blick auf die Individuen wird nun auch wahrnehmbar, inwieweit sich unterhalb der Schulverfassungstheorie eine eigene Schulverfassungswirklichkeit entwickelt hat. Und vor allem wird nun beurteilbar, ob diese Theorie bzw. die von ihr geschaffene Wirklichkeit die Erzeugung von guter Schulqualität befördert oder behindert.

II Rahmenbedingungen

Arbeits-Organisation	»Die Schule« – Die Einzelschule – Unterrichts-Organisation
– diskutieren – entscheiden – planen – organisieren – koordinieren – evaluieren – korrigieren – Ressourcen beschaffen	– unterrichten – bilden – erziehen – Schulleben gestalten – Vermittlung von Fertigkeiten und Kenntnissen – Entwicklung von Fähigkeiten – Hilfen zur Persönlichkeitsentwicklung junger Menschen
»Entscheidungsbereich« (Gesamt)verantwortung	»Zentraler Aufgabenbereich« Leistung der Schule
————————————————————> durchführen Transformationsprozeß	

Abb. 1: Die beiden Organisationsbereiche der Einzelschule

Die Reformer der 60er und 70er meinten, von den realen Menschen abstrahieren zu können. Sie sahen ihn technisch-einfach als »unkomplizierten« Funktionsträger. Nun weiß man es besser: Man *muß* diesen realen Menschen zur Kenntnis nehmen. Er ist nicht der unkomplizierte Funktionsträger, der »einfach« macht, was vorgeschrieben ist.

Zum zweiten wurden die Novellierungen der Schulverfassungsgesetze von der weiteren Einsicht geleitet, daß die traditionelle zentrale Steuerung der Gesamtheit der Einzelschulen »von oben« nicht geeignet ist, um gute Qualität von Schule zu erzeugen. Der »Produktionsapparat« vor Ort, der Vorgaben und Ressourcen in Leistungen für seine Schüler umsetzen soll, braucht mehr administrative Bewegungsfreiheit, um dies zielgenauer als bisher tun zu können.

Wie immer also der Bildungs- und Erziehungsauftrag der Schule, wie immer auch die Grundsatzerlasse für die einzelnen Schulformen und wie immer auch die Rahmenrichtlinien von »der Politik« für die Arbeit in der Unter-

Schulverfassung

richtsorganisation formuliert werden. Erstes und oberstes Ziel jeglicher Schulverfassung muß (bzw. müßte) es sein, die Organisationsstruktur der Arbeitsorganisation der Einzelschule so zu gestalten und ihre Elemente so auszustatten, daß sie dessen Auftrag bestmöglich und landesweit und dauerhaft erfüllen kann[1]. Aus verhaltenswissenschaftlicher Perspektive formuliert: »Organisationsstrukturen dienen der Zweck- und Zielerreichung von Organisationen; sie sollen das Verhalten der Organisationsmitglieder primär auf die Zielerreichung der Organisation ausrichten, dabei aber auch die Befriedigung persönlicher Ziele ermöglichen. Unter (formaler) Organisationsstruktur wird hier das Ergebnis einer bewußten, zielgerechten Gestaltung von Regeln der Zusammenarbeit in sozialen Gebilden verstanden...« (STAEHLE 1994, S. 426). Bestmögliche Qualität der von der Einzelschule zu erbringenden Leistungen möglich zu machen – dazu muß auch eine Schulverfassung ihren Beitrag leisten. Insoweit hat eine Schulverfassung dienende Funktion, und ihre Aussagen sind sozusagen in Paragraphen gegossene Organisationsregeln. Sie muß daraufhin befragt werden, ob sie – jenseits sonstiger Intentionen – dazu beiträgt, daß die Menschen, die sie handhaben, dies mit großer Wahrscheinlichkeit zum Nutzen guter Schulqualität auch tun[2]. Insbesondere ist zu prüfen, ob der von der Schulqualitätsforschung anerkannte Erfolgsfaktor Schulleiter in der rechten Weise in die Architektur der Arbeitsorganisation der Einzelschule installiert ist.
Der Begriff »Schulqualität« ist in diesem Zusammenhang also zu präzisieren. »Qualität« heißt zunächst nur »Beschaffenheit, Güte, Wert«. Ein Schulwesen kann aber nur als zukunftsfähig angesehen werden, wenn es gute, ja bestmögliche Qualität relativ stabil zu erzeugen in der Lage ist. Auf den Einwand, eine Schule sei keine Konservenfabrik und deshalb sei die Beschaffenheit ihres Produktes »Wissen, Bildung und Erziehung« schwerlich zu beurteilen, ist zu entgegnen: Wenn man wirklich, vorurteilsfrei und ohne Scheu-

---

[1] »Ausstattung« meint insbesondere: Anerkennung/Honorierung der individuell erbrachten Leistungen, Personalentwicklung und zusätzlich für den Schulleiter: angemessene Leitungszeit, stellvertretender Schulleiter, professionelle Ausbildung u.a.m.

[2] »Gute Schulqualität« meint deutlich mehr als gute fachunterrichtliche Leistungen (im Sinne des US-amerikanischen »effective schooling«, abgestellt auf hohe Testleistungen). Dieses Gesamt der von der Einzelschule zu erbringenden Leistungen läßt sich differenzieren in die »vier Leistungsbereiche der Einzelschule«: 1. Die fachunterrichtliche Leistung, 2. die pädagogisch/erzieherische Leistung, 3. das Schulleben, 4. Hilfen zur Persönlichkeitsentwicklung des jungen Menschen (WIRRIES 1989, S. 17–42).

II Rahmenbedingungen

klappen will, dann lassen sich aussagekräftige Indikatoren finden, die eine hinreichend zutreffende Einschätzung der Qualität der erbrachten Leistung erlauben. Das europäische Ausland hat die emotionale Hemmschwelle in dieser Frage längst überwunden. Auch die leistungsbehindernden Schwachstellen in dem ja einzelnen Produktionsapparat lassen sich per Indikatoren sichtbar (und damit behebbar) machen. Die Schulqualitätsforschung kann genug Ausgangswissen für diese Arbeit bereitstellen. Festzuhalten bleibt: Wenn die Einzelschulen ihren wie auch immer formulierten Auftrag in bester Qualität erfüllen sollen, dann muß ihnen per Schulverfassung eine Organisationsstruktur, insbesondere eine Entscheidungs- und Verantwortungsstruktur gegeben sein, um dieses Ziel störungsfrei verfolgen zu können, also ohne Zielkonfusion und ohne Reibungsverluste[3].

Es bietet sich an, den Begriff »Schulverfassung« zu differenzieren: Jenkner bezeichnet als »Schul*betriebs*verfassung«, was HECKEL/AVENARIUS als »die Gesamtheit der Rechtsnormen, die die innere (Hervorhebung S. J.) Organisation der Schule, ihre Organe und die Mitwirkung der an ihr beteiligten Personen regeln« beschreiben (JENKNER 1995, S. 42). In der Schulbetriebsverfassung ist die Entscheidungs- und Verantwortungsstruktur des strukturellen Gefüges der Arbeitsorganisation festgelegt. »Welche Rechte aber von der Schule in Anspruch genommen und auf die Mitwirkenden verteilt werden können, hängt von den jeweiligen *äußeren* gesellschaftlich-politisch-rechtlichen Rahmenbedingungen ab, insbesondere vom Verhältnis von Schule und Staat. Hier geht es um die Schul*system*verfassung...« (JENKNER 1995, S. 42). Hier steht die Schulbetriebsverfassung im Mittelpunkt, die Struktur der innerschulischen Willensbildung, d. h. die Regelungen über Zuständigkeiten (Entscheidungs- und Mitwirkungsbefugnisse).

Im Folgenden sollen zunächst anhand ausgewählter Schul(betriebs)verfassungen die Kennzeichen der Entscheidungs- und Verantwortungsstruktur der Arbeitsorganisation der Einzelschule dargestellt werden. Insbesondere:

---

[3] Die derzeitigen Schul(betriebs)verfassungen leiden aus Praktikersicht an einem Antagonismus: Einerseits wollen sie die qualitätsbestimmenden Entscheidungsprozesse nach demokratischen Grundsätzen verlaufen lassen. Andererseits ist offenkundig, daß solche quasi-politischen Prozesse Eigenheiten zeigen, die das Erfordernis, gute Schulqualität auf stabilem Fundament zu erzeugen eher behindern als befördern. So gesehen gibt es auf die Frage, »Wozu ist die Schul(betriebs)verfassung da?«, derzeit keine einheitliche Antwort. Vor allem aber: Dieser Antagonismus, diese Zielkonfusion ist geeignet, die Schule zwischen beiden widerstreitenden Ansprüchen zu »zerreißen«.

Wie ist in dieser Architektur der Erfolgsfaktor Schulleiter installiert? Anders gefragt: Wer wird in dieser Architektur vom Gesetzgeber als der Garant von (guter) Schulqualität angesehen?

- Aus der Sicht der verhaltenswissenschaftlichen Entscheidungstheorie sollen die »Möglichkeiten und Grenzen« einer optimalen Zielerreichung ausgeleuchtet werden. Es wird also die Alltagstauglichkeit der ganzen Konstruktion geprüft, und welches tendenzielle Verhalten der Akteure vor Ort die gegebene Schul(betriebs)verfassung generiert.
- Abschließend wird zusammengefaßt, welcher Handlungsbedarf sich für die politisch Verantwortlichen sowohl im Hinblick auf die Architektur der Arbeitsorganisation als auch bezüglich der Ausstattung ihrer Elemente aus den beiden ersten Schritten »eigentlich« ergibt – jedenfalls solange bestmögliche Schulqualität das erklärte Ziel ist, dem als erstes auch eine Schul(betriebs)verfassung zu dienen hat.

Kennzeichen der Entscheidungs- und Verantwortungsstruktur der Arbeitsorganisation der IST-Schule

Die Entscheidungs- und Verantwortungsstruktur einer Organisation legt offen, wer in diesem »zielorientierten Handlungssystem mit interpersoneller Arbeitsteilung« (Lück 1983, S. 821) welche Entscheidungen zu treffen und zu verantworten hat. Von besonderer Bedeutung für den Erfolg der Organisation (d. h. für den Grad der Zielerreichung) sind dabei die qualitätsbestimmenden Entscheidungsfragen.
In den Schulverfassungen der Länder wird unterschieden zwischen dem »obersten Beschlußgremium« der Einzelschule, den möglichen Teilkonferenzen sowie den möglichen Ausschüssen. Auf die beiden letzten wird hier nicht eingegangen; sie befassen sich nur mit den Angelegenheiten, die den jeweiligen Bereich betreffen (z. B. Klassen-/Stufen-/Fach(bereichs)konferenzen). Ihr gemeinsames Kennzeichen in allen Landesschulverfassungen ist, daß hier die Lehrkräfte der jeweiligen Schule zahlen- und stimmrechtsmäßig (beratend und beschließend) gegenüber den übrigen Personengruppen überwiegen.
Die einzelnen Bundesländer haben unterschiedliche »oberste Beschlußgremien« entwickelt. Diese unterscheiden sich vor allem hinsichtlich ihrer Befugnisse (Aufgabenkatalog), der Ausgestaltung des Stimmrechts (beraten/ vorschlagen/Antragsstellung/entscheiden/beschließen), ihrer zahlenmäßigen Besetzung mit verschiedenen Personengruppen (Lehrkräfte/Eltern- und

II Rahmenbedingungen

Schülervertreter – mehrheitlich/paritätisch/drittelparitätisch), der Zuordnung der Gremien zueinander, den Befugnissen des Schulleiters und schließlich in ihren Bezeichnungen. Insgesamt hat sich die Arbeit aller Schulgremien im Rahmen der staatlichen Verantwortung und der Rechts- und Verwaltungsvorschriften zu bewegen und die pädagogische Verantwortung respektive Freiheit der Lehrkräfte zu berücksichtigen. In Niedersachsen beispielsweise ist die »Gesamtkonferenz« oberstes Beschlußgremium. Sie hat über »alle wesentlichen Angelegenheiten der Schule (zu beschließen)«, soweit sie nicht in den Zuständigkeitsbereich einer Teilkonferenz oder des Schulleiters fallen (§ 34 Nr. 1 und § 35 Nr. 1 NSchG vom 27. 9. 1993). Stimmberechtigte Mitglieder der Gesamtkonferenz sind insbesondere alle Lehrkräfte und der Schulleiter der Schule sowie der deutlich geringere Anteil der Eltern- und Schülervertreter (§ 36 NSchG).

Welcher Konferenz welche der »wesentlichen Angelegenheiten der Schule« zugeordnet werden soll, bestimmt im Zweifelsfall die Gesamtkonferenz (§ 35 Nr. 5 NSchG). Der Aufgabenkatalog, über den die Konferenzen nur Grundsätze beschließen dürfen, umfaßt sieben Punkte. Die Einzelentscheidungen liegen hier entweder bei den Lehrkräften (z. B. Leistungsbewertung und Beurteilung) oder beim Schulleiter (z. B. Unterrichtseinteilung, Regelung der Vertretungsstunden).

Der Aufgabenkatalog, über den in der Regel die Gesamtkonferenz berät und beschließt, umfaßt 28 Punkte. Sie betreffen zum einen die unterrichtlich-pädagogische Arbeit, z. B. Unterrichtsdifferenzierung, Einrichtung zusätzlicher schulischer Veranstaltungen, Projekt-/Frei- und Wochenplanarbeit, Reformen innerhalb der Schule, Einführung alternativer Stundentafeln, Gesamtplanung der Schulfahrten und Schüleraustauschfahrten, Entwicklung eines eigenständigen Schulprofils u.a.m. Zum anderen betreffen sie Maßnahmen zur Unterstützung dieser Arbeit, z. B. Schulordnung, Ordnungsmaßnahmen, Regelung gegenseitiger Unterrichtsbesuche und ihre Auswertung, Zusammenarbeit mit den Eltern, usw. Dieser Katalog befindet sich im Erlaß »Konferenzen und Ausschüsse der öffentlichen Schulen« vom 29. 3. 1995. Damit soll in amtlicher Interpretation die »Allzuständigkeit« der Konferenzen verdeutlicht werden (GALAS 1993, S. 13). Die Gesamtkonferenzen »sollen mindestens viermal im Jahr« tagen (§ 38 NSchG). Der Schulleiter führt die laufenden Verwaltungsgeschäfte, führt die Beschlüsse der Konferenzen aus, sorgt für die Einhaltung der Rechts- und Verwaltungsvorschriften und der Schulordnung. Er ist Vorsitzender der Gesamtkonferenz mit Stimmrecht, bereitet deren Sitzungen vor und ist berechtigt, an den Sitzungen der Teilkonferenzen und Ausschüsse teilzunehmen. Er hat neben dem Weisungs- ein Einspruchsrecht, wenn nach seiner Meinung ein Beschluß einer Konferenz (oder eines Ausschusses) gegen Rechts- und Verwaltungsvorschriften bzw. gegen eine behördliche Anordnung verstößt (§ 43 NSchG).

Sachsen folgt einem anderen Konferenzmodell mit zwei zentralen Gremien nebeneinander. Oberstes Beschlußgremium ist die »Gesamtlehrerkonferenz« in jeder Einzelschule (neben möglichen Teilkonferenzen und möglichen Ausschüssen). Die Gesamtlehrerkonferenz »berät und beschließt unbeschadet der Zuständigkeit der Schulkonferenz über alle Angelegenheiten, die für die Schule von wesentlicher Bedeutung sind und ihrer Art nach ein Zusammenwirken der Lehrer erfordern« (§ 2 Nr. 1 LKonfO vom 12. 7. 1994). Dies geschieht z. T. in Form von Grundsätzen (z. B. einheitliche Maßstäbe bei der Leistungsbewertung und Versetzung) oder als »allgemeine Empfehlungen« (z. B. Unterrichtsverteilung, Angelegenheiten der Fort- und Weiterbildung der Lehrer) sowie zur Beratung des Schulleiters (z. B. Zusammenarbeit mit dem Schulträger). Mitglieder der Gesamtlehrerkonferenz sowie der Teilkonferenzen sind alle Lehrkräfte, jedenfalls keine Eltern- und Schülervertreter (§ 7 LKonfO). Diese Lehrerkonferenzen »beraten und beschließen alle wichtigen Maßnahmen, die für die Unterrichts- und Erziehungsarbeit der Schule notwendig sind« (§ 44 Nr. 1 SchulG für den Freistaat Sachsen vom 3. 7. 1991).

Die Lehrerkonferenzen beschließen auch über folgende schulqualitätsbestimmende Fragen, wobei diese Beschlüsse jedoch das Einverständnis der »Schulkonferenz« benötigen: z. B. wichtige Maßnahmen für die Erziehungs- und Unterrichtsarbeit der Schule, das Angebot der nicht verbindlichen Unterrichts- und Schulveranstaltungen, schulinterne Grundsätze für außerunterrichtliche Veranstaltungen (z. B. Klassenfahrten, Wandertage), Schulpartnerschaften (§ 43 Nr. 2 SchulG). Die Gesamtlehrerkonferenz tagt mindestens viermal im Schuljahr (§ 10 LKonfO).

Der Schulleiter »leitet und verwaltet die Schule und sorgt im Rahmen der gesetzlichen Vorschriften... für einen geregelten und ordnungsgemäßen Schulablauf« (§ 42 Nr. 1 SchulG). Insbesondere gehören dazu: Verteilung der Lehraufträge, Aufstellung der Stundenpläne, Sorge für die Einhaltung der Rechts- und Verwaltungsvorschriften, der Hausordnung und der Konferenzbeschlüsse (§ 42 SchulG). Er hat neben dem Weisungsrecht ein Einspruchsrecht, wenn nach seiner Meinung insbesondere ein Konferenzbeschluß gegen eine Rechtsvorschrift/Verwaltungsanordnung verstößt bzw. er für die Ausführung des Beschlusses nicht die Verantwortung übernehmen kann (§ 44 Nr. 2 SchulG). Im amtlichen Kommentar heißt es dazu: »Im Rah-

II Rahmenbedingungen

men ihres Zuständigkeitsbereichs stehen die Lehrerkonferenzen zum Schulleiter im Verhältnis der Gleichordnung. Die Lehrerkonferenzen beschließen, der Schulleiter vollzieht die Beschlüsse« (HOLFELDER/BOSSE 1992, S. 113). Die »Schulkonferenz« ist »das gemeinsame Organ der Schule. Aufgabe der Schulkonferenz ist es, das Zusammenwirken von Schulleitung, Lehrern, Eltern und Schülern zu fördern, gemeinsame Angelegenheiten des Lebens an der Schule zu beraten und dazu Vorschläge zu unterbreiten« (§ 43 Nr. 1 SchulG). Mitglieder der Schulkonferenz sind sechs Vertreter der Lehrer, je drei Vertreter der Eltern und der Schüler mit Stimmrecht sowie der Schulleiter als Vorsitzender (ohne Stimmrecht) (§ 43 Nr. 3 SchulG). Die Schulkonferenz tagt mindestens einmal im Schulhalbjahr (§ 43 Nr. 6 SchulG).

HOLFELDER/BOSSE erläutern diese Konstruktion der sächsischen Schulverfassung so: »Der Schulkonferenz kommt im Rahmen der Mitwirkungsrechte der am Schulleben beteiligten Lehrer, Eltern, Schüler ... eine hervorragende Stellung zu. In den übrigen bei der Schule gebildeten Gremien (Lehrerkonferenzen, Elternbeirat und Schülermitwirkung) sind jeweils nur die einzelnen Gruppen vertreten. Divergierende Interessen und Auffassungen sollen daher in einem Gremium, in dem alle Gruppen vertreten sind, ausgeglichen werden« (HOLFELDER/BOSSE 1992, S. 109). »Das Mitglied der Schulkonferenz ist ... nicht mehr einfach Glied seiner Gruppe, sondern Mitglied des kollegialen gemeinsamen Organs der Schulkonferenz« (HOLFELDER/BOSSE 1992, S. 111).

Zusammengefaßt: Die schulqualitätsbestimmenden Entscheidungsprozesse erfolgen gemäß allen Landesschulverfassungen durch Gremien. Dabei sind zwei Konferenzmodelle unterscheidbar:

- Ein zentrales Gremium, bei dem die Entscheidungsbefugnisse konzentriert sind. Mitglieder sind mehrheitlich die Lehrkräfte der Schule (z. B. Niedersachsen).
- Zwei zentrale Gremien nebeneinander. Neben der »Lehrerkonferenz« (bestehend nur aus Lehrkräften) gibt es die »Schulkonferenz« mit Vertretern der Lehrkräfte, Eltern und Schüler der Schule in paritätischer Besetzung (z. B. Sachsen).

Diese Gremien haben z. T. eine beachtliche zahlenmäßige Größe und sind gekennzeichnet durch im Vergleich zur Aufgabenfülle relativ seltene Sitzungstermine. Der Schulleiter trägt die »Gesamtverantwortung« für die Schule. Das heißt vor allem: für den geordneten und störungsfreien »Betriebsablauf« der Schule und für die Einhaltung der Rechts- und Verwaltungsvorschriften. Für diese Aufgaben besitzt er ein Weisungsrecht und ein

Schulverfassung

Einspruchsrecht (im engeren Sinne einer Rechtsaufsicht). Er hat die Beschlüsse der Schulgremien auszuführen und für das Zusammenwirken der Lehrkräfte zu sorgen. Die gegebene Konstruktion der Entscheidungsstruktur und die Aufgabenbeschreibung des Schulleiters machen bereits deutlich, daß der Gesetzgeber von ihm nicht ernsthaft die Übernahme der Verantwortung für die Qualität der in seiner Schule erzeugten Leistungen erwartet.

Mit anderen Worten: Als Garanten für (gute) Schulqualität sehen die Gesetzgeber aller Bundesländer die von ihnen installierten »obersten Beschlußgremien« an, jedenfalls nicht den von der Schulqualitätsforschung erkannten und anerkannten »Erfolgsfaktor Schulleiter«.

Überdies können die perfektionistisch ausgetüftelten Schulbetriebsverfassungen und die Fülle der hier und in den einschlägigen Rechtsverordnungen (insbesondere den Konferenzordnungen) ausgewiesenen Aufgaben »der Schule« nicht über entscheidende Konstruktionsmängel hinwegtäuschen: Die beiden für den Erfolg von Schule inzwischen anerkannten Erfolgsfaktoren »Schuleigene Handlungskonzeption«/Schulprogramm (WIRRIES 1991) und ihr Komplement »Rechenschaftspflicht der Schule« sind in der Architektur der IST-Arbeitsorganisation nirgends verankert (WIRRIES 1997).

Insgesamt fokussieren alle Schul(betriebs)verfassungen auf Verfahren, nicht auf (gute) Ergebnisse. Alle Beteiligten sind auf formal korrektes Handeln festgelegt, nicht auf die Erzeugung von (guter) Schulqualität – eine problematische Ausgangsposition für einen Schulleiter, der diesen Anspruch hat.

Schließlich: Eltern- und Schülervertreter haben zwar bei bestimmten Fragen und in bestimmter Weise einen dosierten Einfluß auf die Entscheidungen. Aber weder sie noch die Eltern- und Schülerschaft der Einzelschule als Gesamt haben institutionalisierte Möglichkeiten zur Artikulation ihrer Einschätzung der von der »Arbeitsgruppe Lehrerkollegium« als der operativen »Produktionseinheit« in der Unterrichtsorganisation erzeugten Schulqualität. Weil diese Rückkoppelung fehlt, haben sie auch keinen wirklichen Einfluß auf die Qualität der künftig erzeugten Leistungen.

Solange die genannten drei Erfolgsfaktoren nicht wirkungsvoll (und eben nicht nur formal, wie dies beim Schulleiter der Fall ist) in die Architektur der Arbeitsorganisation der Einzelschule eingebaut sind, wird es weiterhin und auf labilem Fundament in das Ermessen der Akteure vor Ort als den »Produzenten« der Leistungen der Schule gestellt sein, auf welchem Qualitätsniveau sie ihre Leistungen erbringen, ohne daß ihnen, wie anschließend ausgeführt wird, ein wirklicher Vorwurf daraus zu machen ist.

II Rahmenbedingungen

Einschätzung der Alltagspraxis aus verhaltenswissenschaftlicher Perspektive

Wie sieht nun »unterhalb« der Schul(betriebs)verfassungstheorie die Schul-(betriebs)verfassungswirklichkeit aus? Welche Alltagspraxis haben die in der IST-Schule arbeitenden Menschen entwickelt? Wie gehen diese Menschen mit der gegebenen Entscheidungs- und Verantwortungsstruktur um, in der sie sich befinden? Und aus Schulleiter-Perspektive: Wie gangbar ist also für ihn der von der Schulverfassung vorgeschriebene Weg »zur Entwicklung von (guter) Schulqualität«?
Mit Hilfe der »Verhaltenswissenschaftlichen Entscheidungstheorie« soll ein tendenzielles Bild gewonnen werden über die Leichtigkeit bzw. Schwierigkeit des »Schulqualität-Managens«.
Vorweg das Spezifische der Arbeitsweise einer Schule:

1. Die Zielvorgaben, die die Akteure vor Ort realisieren sollen, können vom Auftraggeber typischerweise nur vage formuliert werden. Es bedarf der permanenten Re-Definition und Konkretisierung der Aufgaben vor Ort, was durchaus nicht konfliktfrei abläuft.
2. Der komplexe Leistungserstellungsprozeß ist gekennzeichnet durch ein hohes Maß an Arbeitsteilung. Um trotzdem ein gutes Endergebnis zu erzielen, müssen (bzw. müßten) die Akteure ständig intensiv miteinander kooperieren.
3. Die Entscheidungsträger müssen kontinuierlich und immer wieder viel Energie und Zeit für die erforderlichen Zielbildungs-, Aushandlungs- und Entscheidungsprozesse aufbringen. Das ist der oft zitierte »große Gestaltungsfreiraum« der Schule, dessen Nichtnutzung ebenso oft beklagt wird.
4. Die arbeitsrechtlichen Rahmenbedingungen für das Schulpersonal sind blind für individuelle Mehr- oder Minderleistungen (kein Arbeitsplatzrisiko, leistungsunabhängige Entlohnung, usw.)[4].

Die Verhaltenswissenschaftliche Entscheidungstheorie befaßt sich mit den realen Entscheidungsprozessen in Organisationen und akzentuiert den Menschen als nur teilweise vernunftgesteuerten Entscheidungsträger, insofern »sie primär (...) auf menschliche Beschränkungen und Grenzen, nämlich auf die beschränkten kognitiven und motivationalen Kapazitäten der (...) Organisa-

---

[4] Die abweichende Situation in den neuen Bundesländern ist differenzierend zu berücksichtigen.

tionsmitglieder, abhebt: Sie baut auf den zwei Prämissen auf, daß Menschen nur über begrenzte Informationsverarbeitungskapazitäten verfügen, und daß ihre Bereitschaft, sich in Organisationen zu engagieren, beschränkt ist« (BERGER/BERNHARD-MEHLICH 1993, S. 127 ff.). Es wird eine prinzipielle Differenz angenommen zwischen den Bestandserfordernissen und Zielen der Organisation einerseits und den persönlichen Bedürfnissen und Zielen der Individuen andererseits. Dies hat zur Folge, daß bei schlecht strukturierten Problemen (dazu gehört zweifellos auch der Bildungs- und Erziehungsauftrag der Schule) nicht nach optimalen, sondern nach befriedigenden Lösungen gesucht wird (»Anspruchsanpassung«). Zweitens werden eher naheliegende Lösungen erarbeitet und nur fragmentarisch auf ihre Konsequenzen untersucht (»Durchwursteln«).

Im Blick auf den obigen vierten Punkt kann die Anreiz-Beitrags-Theorie eine Vielzahl der in der Arbeitsorganisation der IST-Schule beobachtbaren Phänomene erklären: Zwischen Individuum und Organisation besteht eine Tauschbeziehung. Individuelle Entscheidungen über die Teilnahme an bzw. (engagierte) Mitarbeit in einer Organisation werden in diesem Ansatz gesehen als nutzorientiertes Abwägen zwischen den Anreizen/Belohnungen, die die Organisation bereithält und den von ihr geforderten Beiträgen/Leistungsbereitschaft. Sinkt nach Meinung des Mitgliedes der Anreiz unter den Beitrag, werden Teilnahme und Leistungsentscheidung infrage gestellt. Organisationen sind so gesehen lernende Systeme, die als Koalition ihrer Mitglieder aufgefaßt werden können und die Konfliktlösemechanismen zum Ziel- und Interessenausgleich entwickeln.

Mit Blick auf die »Arbeitsgruppe Lehrerkollegium«, verantwortlich für das tägliche Geschäft der Realisierung von Aufgaben und Konferenzbeschlüssen, ist in der verhaltenswissenschaftlichen Perspektive noch mitzubedenken, daß »Gruppen... ihre Ziele und Normen (entwickeln), die mehr oder weniger von denen des Managements oder der vorgesetzten Linieninstanzen (hier: Schulleiter, Schulaufsicht; I.W.) abweichen können« (STAEHLE 1994, S. 258). Eine allgemeine Beobachtung aus einer Vielzahl klassischer Untersuchungen ist, »daß Arbeitsgruppen ihre geplante Leistungsabgabe auf einem Niveau fixieren, das i.d.R. unterhalb der von der Organisation erwarteten Standards liegt« (STAEHLE 1994, S. 258). Für das Management bedeutet das potentiell abwärtsgeneigte Leistungsverhalten der Gruppe, Strategien zu entwickeln, um die Konformität von Gruppenzielen mit Managementvorgaben zu erhöhen. Dazu gehören insbesondere:

- Die klare Definition und Operationalisierung der Ziele;

II Rahmenbedingungen

- die Beteiligung aller Gruppenmitglieder an der Formulierung von Zielen, die herausfordernd, aber erreichbar sein sollen;
- häufiges Feedback über Qualität der Arbeitsergebnisse;
- positive Verstärkung;
- Entwicklung eines Anreizsystems, das die Erfüllung der Zielvorstellungen honoriert (nach STAEHLE 1994, S. 259).

Der IST-Schulleiter hat allerdings keines der in der Arbeitswelt üblichen Instrumente zur extrinsischen Verstärkung (sprich: Anreizsystem) zur Verfügung; intrinsische Motive spielen nach STAEHLE (1994, S. 218) in der Arbeitswelt nur eine geringe Rolle. Dieser Mangel und die Notwendigkeit der Re-Definition der Aufgabe durch die »Arbeitsgruppe Lehrerkollegium« (insbesondere angesichts des Fehlens der Erfolgsfaktoren »Schuleigene Handlungskonzeption« und »Rechenschaftspflicht«) enthält also die realistische »Versuchung« für alle Beteiligten, sich eher leistungsrestriktiv zu verhalten. Irgendwann führen die Erfahrungen, die die Mitglieder mit ihrer »Organisation Schule« machen, zu dysfunktionalem Verhalten, etwa: Die Leistungsanforderungen, insbesondere aus den obigen drei Spezifika der schulischen Leistungserstellung, werden kaum noch kontinuierlich und oft eher symbolisch als mit dem Ziel, gute Schulqualität zu erzeugen erfüllt, der Terminkalender bleibt in der Tasche, die Zusammenarbeit beschränkt sich auf das Unvermeidliche u.a.m.

Der Schulleiter, der hier Besserung erreichen will, sitzt letztlich am kürzeren Hebel: »Der Schulleiter ist zwar mit hinreichend formaler Macht ausgestattet, um Konferenzen zu bestimmten Themen, beispielsweise zum pädagogischen Konzept der eigenen Schule zu erzwingen. Die Qualität der Diskussion, praktische Folgerungen und das Ausmaß der Reichweite und Gültigkeit von Absprachen ist jedoch nach wie vor von der individuellen Bereitschaft des einzelnen Lehrers abhängig. Schulleiter, die Kooperationsprozesse intensivieren wollen, sind damit weiterhin auf das Wohlwollen des Kollegiums angewiesen« (STEFFENS/BARGEL 1993, S. 135). So ist an »die Politik« der Vorwurf zu richten, durch den Verzicht auf ein Konzept der Personalentwicklung den Bedürfnissen der Akteure vor Ort (Lehrkräften wie auch Schulleiter) nicht gerecht zu werden – und eben damit die optimale Zielerreichung permanent zur Disposition zu stellen. Für die schulqualitätsbestimmenden Entscheidungsprozesse sind also Schulgremien zuständig. Deren Entscheidungen sind als Gremien-/Gruppen-/Kollektiventscheidungen anzusehen. Wo in diesen Gremien mehrheitlich Lehrkräfte vertreten sind, heißt das auch: Mit ihren (Nicht-)Entscheidungen definieren die Lehrkräfte quasi in Personalunion zugleich Qualität und Quantität ihres Arbeitspensums in

Schulverfassung

beiden Organisationsbereichen der Schule. Wo in diesen Gremien mehrheitlich andere Personengruppen vertreten sind, bleibt es doch in der Hand der »Arbeitsgruppe Lehrerkollegium« als der operativen »Produktionseinheit«, auf welchem Qualitätsniveau ein Beschluß realisiert wird. Kollektiventscheidungen am Arbeitsplatz haben grundsätzlich eine eigene Problematik im Hinblick auf die Qualität der zu erzeugenden Leistung. Dies gilt im verstärkten Maße für den Arbeitsplatz Einzelschule, wegen des Fehlens (bzw. der nur formalen Installation) der genannten Erfolgsfaktoren und wegen der besonderen arbeitsrechtlichen Absicherung des Schulpersonals. Allgemein gesprochen »verfügen die am Entscheidungsprozeß Beteiligten einerseits über eine unterschiedliche subjektive Sicht der realen Problemsituation, andererseits über eine unterschiedliche Präferenz- und Wertordnung, so daß sie von verschiedenen Wertprämissen ausgehen und somit unterschiedliche Interessen verfolgen. Die Herstellung des für kollektives Entscheiden jeweils erforderlichen Grades an Handlungskonsens zwischen den am Entscheidungsprozeß beteiligten Personen geschieht mittels Konflikthandhabungs- und Konsensbildungsaktivitäten« (LÜCK 1983, S. 313). Eine der Besonderheiten bei derartigen sozialen Entscheidungsprozessen ist die Verdrängung weicher zugunsten harter Informationen. Daneben entstehen Probleme in den Kommunikationsbeziehungen, bei der Machtausübung und im Rollenverhalten (nach LÜCK 1983, S. 597). So kommen in den Schulgremien bekannterweise längst nicht alle Themen/Gegenstände auf die Tagesordnung, die die Schul(betriebs)verfassungen, die Konferenzverordnungen usw. vorsehen bzw. deren Behandlung für den Erfolg der Sacharbeit in der Unterrichtsorganisation erforderlich sind. WISSINGER beobachtet, daß Lehrerkonferenzen sich thematisch eher im »unverfänglichen Rahmen bewegen«. Und bei Themen, die wenig oder gar nicht in den Konferenzen verhandelt werden, handelt es sich »um solche (...), die eine gewisse Brisanz für das Verhältnis der LehrerInnen untereinander haben und insofern konfliktreich sein können, weil sie die Arbeit und die individuellen Handlungsspielräume, ja die »Tiefenstruktur« der zwischenmenschlichen Beziehungen in den Kollegien berühren... Schulleitung und Lehrerschaft (scheinen) die Lehrerkonferenzen in den meisten Fällen eher nicht zur gemeinsamen, auf der Organisationsebene angesiedelten pädagogischen Gestaltung der Lernprozesse von Kindern und Jugendlichen zu nutzen« (WISSINGER 1996, S. 125 ff.). So gibt es in den Schulgremien vermutlich eine Vielzahl von »Nicht-Entscheidungen«, die für das Ergebnis schulischer Arbeit nicht minder bedeutsam sind.

Angesichts der oben skizzierten Rahmenbedingungen kann es daher nicht verwundern, wenn die Kollektiventscheidungen der Schulgremien eine eher

II Rahmenbedingungen

qualitätsabwärtsgeneigte Tendenz (auf labilem Niveau) zeigen und sich oft genug durch Beliebigkeit auszeichnen, auch dort, wo die Lehrkräfte zahlenmäßig nicht in der Mehrheit sind. Einige Beobachtungen können davon eine Vorstellung vermitteln:

- »Die Beziehungen innerhalb des Kollegiums mögen gut sein, sie umfassen jedoch keine Kooperation im engeren Arbeitsbereich. Ein abgestimmtes Zielkonzept gibt es ebenso wenig wie ein konsistentes System von Strategien... Persönliche Konflikte, Interessenkonflikte, Wert- und Normenkonflikte sind in den Schulen alltäglich. Schulnormen führen dazu, daß Konflikte oft vermieden werden, und die Ergebnisse sind dann geringe Produktivität und persönliche Frustration« (DALIN/ROLFF 1990, S. 36).
- »Aber in Kenntnis schulischen Geschehens drängt sich der Eindruck auf, daß Schulen nicht selten im Hinblick auf den Arbeitsplatz des Lehrers ausgestaltet werden und daß Schule als ein Lernort für Schüler einen nachgeordneten Stellenwert einnimmt« (STEFFENS/BARGEL 1993, S. 18).
- »... die Durchführung der Konferenzen liegt – abgesehen von wenigen Mindestvorgaben – im persönlichen Ermessen des Schulpersonals«. Und insgesamt »kann gefolgert werden, daß Aushandlungs-, Zielfindungs- und Problemlösungsprozesse auf der Schulebene bzw. im Schulkollegium keinen besonderen Stellenwert zuerkannt bekommen« (STEFFENS/BARGEL 1993, S. 67).

Kollektiventscheidungen, insbesondere unter den Bedingungen des öffentlichen Dienst- und Laufbahnrechts fördern offenbar bestimmte Verhaltensweisen der »Entscheider« als realen Menschen (und auch der Realisatoren von Entscheidungen). Was ROEDER schon 1977 hellsichtig für die in der öffentlichen Verwaltung Tätigen ausführt, ist sichtlich übertragbar auf die Situation in der IST-Arbeitsorganisation: »Gruppenarbeit und Gruppenentscheidungen sind nicht a priori demokratischer als ihre Konzentration auf einzelne Personen, wenn entsprechende Kontrollmöglichkeiten sichergestellt sind«. Denn:

»Die Arbeit in Gruppen, Gremien oder Kollegialorganen mit gleichberechtigten Mitgliedern bringt allzuhäufig unbefriedigende Ergebnisse, weil die damit verbundenen hohen motivationsmäßigen und arbeitstechnischen Anforderungen nicht bewältigt werden. Unter dem Titel demokratischer Entscheidungsfindung in Gruppen wird es oft zu sehr erleichtert, bequeme Entscheidungen zu fällen, für die niemand konkret Rechenschaft abzulegen hat... In Routinesitzungen mit zwanzig und mehr Vertretern »zu befassender« Instanzen zeigt sich deutlich,

Schulverfassung

welche Tendenzen zu Energievergeudung und konservierender Mentalität die extensive Auslegung einer Gruppenverantwortung üblicher Prägung mit sich bringt. Beanspruchte Mitwirkungsrechte werden hier nur selten in Frage gestellt und Kompetenzordnungen werden immer komplizierter, ohne daß deswegen dem Mitbestimmungsgedanken besser entsprochen wird und die möglichen negativen Konsequenzen solcher ungesteuerten Entwicklung erkannt werden: zunehmender Verlust einer persönlichen Verpflichtung, schrankenlose Möglichkeiten zur Verantwortungsabwälzung, Diskreditierung einer Teamarbeit im innovativen, problemlösenden Sinn« (ROEDER 1977, S. 36).

Andererseits ist nicht zu übersehen, daß »an sich« in der »Arbeitsgruppe Lehrerkollegium« genug Sachverstand und Potential vorhanden ist – er muß nur eben aktiviert bzw. es muß entwickelt werden (Stichwort: Personalentwicklung).

Die Erfahrungen mit der Schulrealität führen AVENARIUS zu folgender Einschätzung, verbunden mit strukturellen Verbesserungsvorschlägen:

»Es ist zu beachten, daß Kollektivorgane – gerade auch, wenn Eltern und Schüler mitwirken – kaum zur Rechenschaft gezogen werden können. Deshalb ist es wichtig, die individuelle Verantwortung zu stärken. Mit anderen Worten: Dem Schulleiter sollte eine herausgehobene Stellung eingeräumt werden. Das Recht und die Pflicht, Gremienbeschlüsse zu beanstanden, darf ihm nicht nur bei Verstoß gegen geltende Bestimmungen zustehen, sondern – den Voraussetzungen für ein Eingreifen der Schulaufsicht entsprechend – auch dann, wenn es zur sachgerechten und geordneten Bildungs- und Erziehungsarbeit der Schule erforderlich ist. Dabei ist in erster Linie auf das pädagogische Programm der Schule als Maßstab abzuheben. Im Sinne der Eigenständigkeit der Schule wäre es zu begrüßen, wenn der Schulleiter bei Fehlentwicklungen Gremienbeschlüsse nicht nur beanstanden könnte (...), sondern unter bestimmten Bedingungen und Verfahrensregelungen auch aufzuheben vermöchte« (AVENARIUS 1995).

Fazit

Kollektiventscheidungen als solche, in Kombination mit der defizitären Architektur der IST-Arbeitsorganisation und der demotivierenden arbeitsrechtlichen Ausstattung der Akteure vor Ort, die letztlich für die Erzeugung von guter Schulqualität verantwortlich sind – das ist offenbar nicht das Erfolgsrezept »zur Entwicklung von Schulqualität«. Anders gesagt: Die Schul(betriebs)verfassung(en) in ihrer derzeitigen Verfaßtheit sind nicht geeignet, die an sich richtige Idee einer größeren Selbständigkeit der Einzel-

II Rahmenbedingungen

schule zum Nutzen ihrer Schüler bzw. letztlich der Gesellschaft zu unterstützen. Ebensowenig sind auch die arbeitsrechtlichen Rahmenbedingungen mit ihrer Blindheit für individuelle Mehr- und Minderleistungen und ihrer Mißachtung der Motivationsbedürfnisse des arbeitenden Individuums und seinem legitimen Wunsch nach Anerkennung der erbrachten Leistung dafür geeignet. Beide Defizite muß derzeit der Schulleiter auszugleichen versuchen – wahrhaft eine Sisyphusarbeit.»Eigentlich« darf die Gesellschaft»der Politik« nicht (mehr) durchgehen lassen, daß in ihren Staatsschulen unter derart anachronistischen Bedingungen und wider besseres organisationstheoretisches Wissen gearbeitet wird, daß gute Schulqualität eher – wer weiß wie oft? – nur als Zufallsergebnis günstiger Umstände oder außerordentlicher Anstrengungen der dort Tätigen anzusehen ist.

MANFRED LÜDERS

Die Bedeutung der Professionalisierung des Lehrers für die Qualitätssicherung von Schule

Im Zentrum der aktuellen bildungspolitischen und fachwissenschaftlichen Diskussion über Schulentwicklung, Schulautonomie und Qualitätssicherung von Schule steht der Gedanke, daß Schulqualität durch Schulentwicklung als Verfahren gewährleistet bzw. verbessert werden könnte. Einzelne Verfahrensschritte sind die Erstellung von Schulprogrammen, die Entwicklung von Schulprofilen, die Durchführung von Maßnahmen der Selbstevaluation, die Auseinandersetzung mit externer Evaluation und die Rechenschaftslegung gegenüber Schulträgern, Pädagogischen Diensten, Ministerien und der Öffentlichkeit. Mit der Institutionalisierung des Verfahrens der Schulentwicklung verbindet sich die Erwartung, eine bessere Anpassung der Einzelschule an die Bedürfnisse ihrer Klientel an regionale Besonderheiten und an sich ständig wandelnde gesellschaftliche Herausforderungen zu ermöglichen. Die Annahme, daß Schulentwicklung als Verfahren Schulqualität eher zu gewährleisten vermag als das bisherige System der Beaufsichtigung der Schule durch übergeordnete staatliche Instanzen, beruht einerseits auf der Überlegung, daß die gewünschte Anpassung der Einzelschule an regionale Bedingungen und heterogene Problemlagen von den höheren Ebenen der Schulverwaltung nicht hinreichend gesteuert werden kann, andererseits auf der Überzeugung, daß die Beteiligten und Betroffenen vor Ort über größere Problemlösungskompetenz verfügen als die übergeordneten Dienststellen: »Nicht bei den staatlichen Aufsichtsbehörden – und hier möglichst weit oben im System – wird die größte Kompetenz zur Lösung der Probleme angenommen, sondern zunächst bei den Beteiligten und Betroffenen vor Ort« (BILDUNGSKOMMISSION NRW 1995, S. 154). Schulentwicklung ist deshalb auch ein Verfahren der Personalentwicklung. Sie soll zur Freisetzung vorhandener, bisher aber kaum oder nur unzureichend genutzter professioneller Kompetenzen des pädagogischen Personals beitragen.
Vor diesem Hintergrund stellt sich die Frage, inwieweit die Implementation des Verfahrens der Schulentwicklung als ein Verfahren der Qualitätssicherung auf bereits vorhandene Kompetenzen des pädagogischen Personals bauen kann. Ist der Lehrerberuf in der Tat so weitgehend professionalisiert

II Rahmenbedingungen

und liegt hierin eine bisher ungenutzte Ressource des Systems öffentlicher Erziehung, daß es sozusagen »nur noch« einer Organisationsstrukturreform bedarf, um die mit Lehrerprofessionalität verbundenen Kompetenzen der Berufsinhaber zu entbinden und dadurch Schulqualität zu sichern? Für die Beantwortung dieser Frage ist eine Erörterung wenigstens einiger Bedingungen professionellen Handelns erforderlich. Zugleich ist zu problematisieren, inwieweit diese Bedingungen im Fall des Lehrers realisiert sind. Hinsichtlich des Realisierungsaspektes bietet es sich an, von Erfahrungen mit der Lehrerbildung und der pädagogischen Arbeit in der Organisation Schule auszugehen. Im Interesse der Überprüfung der Ressourcenhypothese, daß qualitative Schulentwicklung eine Freisetzung professioneller Kompetenzen des pädagogischen Personals bewirken könne, will ich deshalb untersuchen, welche Voraussetzungen Lehrerinnen und Lehrer für eine professionelle Berufsausübung mitbringen, und wie sie ihre in Ausbildung und Beruf erworbenen professionellen Kompetenzen für die Gestaltung von Handlungs- und Entscheidungsspielräumen, die ihnen die Schule in ihrer herkömmlichen Gestalt bereits gewährt, bisher genutzt haben. Dabei beschränke ich mich auf drei Punkte, die in der Diskussion über Lehrerarbeit der letzten Jahre besondere Beachtung gefunden haben und die mir für die Untersuchung des Zusammenhangs von Lehrerprofessionalität und Qualitätssicherung von besonderer Relevanz zu sein scheinen: erstens auf die *wissenschaftliche Lehrerbildung* als eine Voraussetzung für die Rationalisierung der zentralen Arbeitsvollzüge, zweitens auf die *Habitusformation* als eine Voraussetzung für die Bewältigung der Theorie-Praxis-Problematik im Fall klientenorientierten Handelns, drittens auf die Autonomie des Professionellen als eine Voraussetzung für die Realisierung einer an fachlichen Kriterien orientierten Entscheidungs- und Handlungskompetenz (*Autonomieproblem*).

Wissenschaftliche Lehrerbildung

Aus der Perspektive der soziologischen Professionsforschung ist die Verwissenschaftlichung der Ausbildung und der Arbeitsvollzüge nur ein typisches Merkmal der Professionalisierung eines Berufs; die Erörterung allein dieses Merkmals bzw. gar eine Gleichsetzung von Verwissenschaftlichung und Professionalisierung würde eine Verkürzung des klassischen Professionalisierungsbegriffs bedeuten und Irrtümer wiederholen, die für die frühe bundesrepublikanische Diskussion über Lehrerbildung und Lehrerberuf charakteristisch sind (vgl. kritisch hierzu TERHART 1992). Als ein Kennzeichen typischer Professionalisierungsprozesse verdient die Verwissenschaftlichung der Ausbildung hier gleichwohl besondere Beachtung, weil die im Zuge der Modernisierung des bundesrepublikanischen Bildungswesens vollzogene Verwissenschaftlichung der Lehrerbildung durch Auflösung der Pädagogischen Hochschulen und Verlagerung der gesamten Lehrerbildung an die Universitäten – die Lehrerbildung umfaßt heute einheitlich das wissenschaftliche Vollstudium zweier Unterrichtsfächer und das erziehungswissenschaftliche Begleitstudium – erheblich zur Qualitätsentwicklung von Schule und Unterricht beigetragen hat.

Für das fachwissenschaftliche Studium ist dies unbestritten: Die weitgehende Vereinheitlichung der fachwissenschaftlichen Studienanforderungen für alle Lehrämter hat die Angleichung der Lehrpläne von Haupt-, Realschulen und Gymnasien ermöglicht; das Fachlehrerprinzip konnte weitgehend realisiert werden, und das Prinzip der volkstümlichen Bildung ist durch das der Wissenschaftsorientierung des Unterrichts ersetzt worden. Dadurch ist es nicht nur zu einer allgemeinen Anhebung des Leistungsniveaus gekommen; auch sind die lehrplanbedingten Übergangsbarrieren zwischen den Schulformen gefallen, so daß zumindest auf struktureller Ebene heute mehr Chancengleichheit verwirklicht wird als früher (ARBEITSGRUPPE BILDUNGSBERICHT 1994, S. 259 ff.).

Dagegen wird die Bedeutung des erziehungswissenschaftlichen Begleitstudiums für die Qualitätssicherung von Schule und Unterricht nicht selten in Frage gestellt. Eine sowohl in der Öffentlichkeit als auch unter Experten verbreitete Skepsis hinsichtlich des praktischen Nutzens akademisch pädagogischer Bildung kann sich im wesentlichen auf zwei Erfahrungen berufen: Zum einen hat die empirische Unterrichtsforschung bisher für keine der verfügbaren Lehr-Lern-Methoden den Nachweis erbringen können, für bestimmte Klienten oder für die Erfüllung bestimmter Zwecke besonders geeignet oder ungeeignet zu sein. Die These des Bestehens eines Technologiedefizits der Erziehung (LUHMANN/SCHORR 1979) findet deshalb weithin Zustimmung. Zum anderen ist die akademisch pädagogische Lehrerbildung kein Äquivalent der praktischen Lehrerbildung der Pädagogischen Hochschulen; das erziehungswissenschaftliche Begleitstudium zielt auf die Einübung in die Theorien und Methoden der Erziehungswissenschaften als Voraussetzung für eine reflektierte Berufsausübung und nicht schon auf die Beherrschung der korrespondierenden Praxis selbst. Dies erscheint insbesondere dann als Nachteil, wenn man die Praxisferne der universitären Lehrerbildung dafür verantwortlich machen möchte, daß die Lehrerschaft den aktuellen Herausforderungen einer ständig im Wandel begriffenen modernen Gesellschaft nicht gewachsen sei: der Ermöglichung vernetzten Denkens, der Eindämmung von Jugendgewalt und Ausländerfeindlichkeit,

II Rahmenbedingungen

der Vermittlung stabiler Wertorientierungen und der Kompensation der negativen Folgen des Strukturwandels von Familie und Jugend (ETZOLD 1997). Solchem Skeptizismus möchte ich hier zweierlei entgegenhalten. Die These des Bestehens eines Technologiedefizits der Erziehung bestätigt zunächst nur die ältere Kritik an instrumentalistischen Vorstellungen pädagogischen Handelns. Sie sollte nicht zu dem Fehlschluß verleiten, daß es für den Ausgang schulischer Bildungsprozesse beliebig wäre, wie Lehrer sich im Unterricht verhalten. Jüngere Untersuchungen zeigen immerhin, daß der Einfluß des Unterrichts auf die Entwicklung der Leistungsunterschiede von Schülern verschiedener Schulklassen im Durchschnitt bei 45 Prozent liegt (WEINERT/ HELMKE 1987). Abweichungen vom Durchschnitt ergeben sich aus der unterschiedlichen Ausprägung einzelner Unterrichtsmerkmale wie effiziente Klassenführung, hohe Lehrstofforientierung, Klarheit des Unterrichts, Binnendifferenzierung, high-level Fragen, Variation der Anforderungen, intensive Zeitnutzung, Langsamkeitstoleranz, individuelle fachliche Unterstützung etc. Interessant ist, daß sich sogenannte Optimalklassen identifizieren lassen, in denen die schwer zu vereinbarenden Zielsetzungen der Leistungssteigerung und des Ausgleichs von Leistungsunterschieden realisiert werden und in denen der Unterricht die genannten Merkmale in einem hohen Maße aufweist (HELMKE 1988).

Natürlich muß man einräumen, daß die angeführten Untersuchungen nur einen statistischen Zusammenhang zwischen Unterrichtsqualität und einzelnen Merkmalen des Lehrerhandelns herstellen und primär die Nichtbeliebigkeit pädagogischen Handelns im Unterricht dokumentieren; für die Begründung einer rationalen Methodenlehre ist dies zu wenig, und die Erziehungswissenschaften sind von der Begründung einer solchen Lehre noch weit entfernt. Daß eine Verwissenschaftlichung des unterrichtsmethodischen Handelns des Lehrers beim derzeitigen Stand der Methodenforschung überhaupt möglich ist, erscheint deshalb auch mehr als fraglich.

Allerdings gibt es andere Theorien, insbesondere über schulische Sozialisation, über unterrichtliche Kommunikation, über die Entwicklung der kognitiven Urteilsfähigkeit von Kindern und Jugendlichen, über methodisches Verstehen und über die Möglichkeiten und Grenzen pädagogischer Diagnostik, deren Kenntnis die Unsicherheit des Unterrichtshandelns einschränken kann. Daß das Erlernen solcher Theorien zunächst Distanz zur Praxis erzeugt, gehört zum Charakter einer wissenschaftlichen Ausbildung. Die theoretische und methodische Erforschung eines bestimmten Ausschnittes der sozialen Wirklichkeit gehorcht schließlich anderen Regeln als die alltägliche oder professionelle Beherrschung einer bestimmten Praxis. Die im Rahmen einer wissenschaftlichen Ausbildung zu leistende Einübung in die

Theorien und Methoden der fortgeschrittenen Sozial- und Erfahrungswissenschaften kann deshalb ausschließlich der Entwicklung einer an universalistischen Standards orientierten fachlichen Urteilsfähigkeit dienen; das Praktischwerden der Theorie ist demgegenüber eine cura posterior und hat in einem zweiten Ausbildungsschritt zu geschehen. Wenn es gelingt, die fachliche Autonomie der Berufsaspiranten zu begründen, dann hat die wissenschaftliche Ausbildung – zumindest aus der Perspektive der Professionsforschung – ihren Zweck erfüllt.

Mit diesen Einwänden soll nicht geleugnet werden, daß die zweiphasige Lehrerbildung reformbedürftig ist. Der ersten Phase fehlen ein systematisierter Lehrplan und eine ausgewogene fächerübergreifende Prüfungsordnung. Ein angehender Lehrer kann im erziehungswissenschaftlichen Begleitstudium derzeit »fast alles studieren, was irgendwie mit Mensch, Welt und Umwelt zusammenhängt« (TILLMANN in: FRANKFURTER RUNDSCHAU 27. 3. 1997), und die Anforderungen des Begleitstudiums sind verglichen mit denen des Fachstudiums zu gering bemessen.

So ist die Entwicklung einer fachautonomen pädagogischen Urteilsfähigkeit heute vorwiegend eine Sache des individuellen Engagements und kann keineswegs für alle Lehramtsstudenten unterstellt werden. Es verwundert deshalb auch nicht, wenn sich die zweite Phase fast ausschließlich um die Planung und Durchführung von Unterricht dreht, während der theoriegeleiteten Reflexion – im Interesse der Ausbildung einer fallbezogenen hermeneutischen und diagnostischen Kompetenz – kaum Aufmerksamkeit geschenkt wird: Für eine anspruchsvolle theoretische Durchdringung der Praxis fehlen oft die nötigen Voraussetzungen.

Habitusformation

Wenn es oben hieß, daß eine wissenschaftliche Ausbildung nicht das einzige Kriterium der Professionalisierung eines Berufes ist, dann stellt sich die Frage, welche weiteren Bedingungen von Bedeutung sind und ob sich mit ihnen entscheidende Konsequenzen für die Qualitätsentwicklung der professionellen Arbeit verbinden. In der Regel wird an dieser Stelle entweder auf das Prinzip der Habitusformation (OEVERMANN 1981, 1996; DEWE u. a. 1990, 1992) oder auf die Autonomie des Professionellen verwiesen (SCHWÄNKE 1988).

Der Begriff der Habitusformation bezeichnet in der Professionsforschung jene Phase der Berufssozialisation der Berufsaspiranten, in der die Klientenarbeit und die Gestaltung der zentralen Arbeitsvollzüge nach wissenschaftli-

II Rahmenbedingungen

chen Kriterien, d. h. die Vermittlung von Theorie und Praxis gelernt werden. Die Notwendigkeit der Formation eines professionellen Habitus ergibt sich nicht nur aus dem bereits erwähnten Umstand, daß die universitäre Ausbildung in erster Linie Theoriewissen vermittelt und allenfalls in einem forschungstechnischen Sinne praktisch ist; sie ergibt sich auch aus dem Umstand, daß professionelles Handeln im Unterschied zum Handeln des Ingenieurs, Architekten oder Naturwissenschaftlers personenbezogenes Handeln (STICHWEH 1992) ist und als solches auf die Restitution der Autonomie einer beschädigten Lebenspraxis (OEVERMANN 1996) abzielt: Die Klienten professioneller Dienstleistungen erwarten dementsprechend, daß ihnen Ärzte und Psychologen Gesundheit, Anwälte Recht und Lehrer Bildung verschaffen.

Beim Versuch der Erfüllung dieser Erwartungen muß der Professionelle mit zwei Schwierigkeiten rechnen, deren Bewältigung im Rahmen der Habitusformation zu erlernen ist.

Die erste Schwierigkeit besteht darin, daß sich Autonomie nicht in jeder Hinsicht durch stellvertretende Maßnahmen – Therapieren, Prozessieren, Unterrichten – restituieren läßt; die Klienten professioneller Dienstleistungen müssen die Restitution ihrer Autonomie wünschen und aktiv am Prozeß ihrer Autonomieentwicklung mitwirken, wenn professionelle Hilfe erfolgreich sein soll. Nach OEVERMANN, an dessen Konzeption der Habitusformation ich mich hier orientiere, muß der angehende Professionelle deshalb lernen, die Klienten in Form von Arbeitsbündnissen in seine Arbeit einzubeziehen und für jeden Einzelfall im Behandlungsverlauf wiederholt entscheiden, ob und in welchem Umfang stellvertretende Maßnahmen – Deuten, Therapieren, Prozessieren, Unterrichten – noch produktiv sind und nicht etwa notwendig vom Klienten einzufordernde Eigenleistungen ersetzen. Die Balance zwischen Autonomie und Abhängigkeit, zwischen dem, was an Selbständigkeit verlangt werden kann und dem, was an Hilfestellung gewährt werden muß, entscheide insofern über Erfolg bzw. Mißerfolg einer professionellen Dienstleistung, als eine eventuelle Überforderung (zu wenig Hilfe) ebenso wie eine eventuelle Unterforderung (zu viel Hilfe) zur Deautonomisierung der Klienten führe und gemessen am Ziel der Restitution von Autonomie kontraindiziert sei.

Die zweite Schwierigkeit, mit der die Konstitution einer professionellen Praxis rechnen muß, ergibt sich aus der Tatsache, daß die Adressaten professionellen Handelns Personen und nicht natürliche oder künstliche Objekte sind, daß die Fallarbeit selbst also nicht in einem technischen Sinne standardisierbar ist – der chirurgische Eingriff am narkotisierten Patienten bildet hier den Grenzfall professionellen Handelns. Nach OEVERMANN muß der

Professionalisierung des Lehrers

angehende Professionelle deshalb zweitens die Fähigkeit der hermeneutischen Fallrekonstruktion erwerben. Zwar mache die Bezugnahme auf ein systematisiertes und erfahrungswissenschaftlich begründetes Wissen den Kern einer verwissenschaftlichten Praxis aus; aber die Nichtstandardisierbarkeit der personenbezogenen Arbeit erfordere, daß sich der Professionelle durch ergänzende hermeneutische und rekonstruktive Operationen stets auch der jeweiligen Besonderheit und Einzigartigkeit des ihm zur Bearbeitung angetragenen Problems vergewissert.

Ob die zweite Phase der Lehrerbildung oder eine spätere Berufsphase in irgendeiner Weise Funktionen der Habitusformation erfüllen, kann beim derzeitigen Forschungsstand zum Lehrerberuf nicht mit Sicherheit gesagt werden[1]. Zwar geht vor allem die jüngere pädagogische Professionsforschung davon aus, daß die Habitusformation des Lehrers im Anschluß an die wissenschaftliche Ausbildung in der zweiten Phase der Lehrerbildung bzw. in den nachfolgenden Berufsjahren erfolgt: Die Vermutung, daß es ausweisbare Merkmale professionellen Lehrerhandelns gibt, die im Prozeß des Lehrer-Werdens erworben werden, erstreckt sich auf drei Dimensionen der Berufsarbeit. Es wird angenommen, daß der professionelle Lehrer über ein nur in der schulischen Praxis zu erwerbendes Professionswissen verfügt, daß es eine spezifische Strukturlogik professionellen pädagogischen Handelns gibt und daß sich die Professionalisierung des Lehrers in einem gestuften, entwicklungslogisch zu rekonstruierenden Prozeß vollzieht (DEWE u. a. 1990, 1992; TERHART 1987, 1992, 1995). Aber de facto ist die pädagogische Professionsforschung bis heute nicht über das Stadium einer theoriegeleiteten Hypothesenbildung hinausgekommen[2]. Zudem erscheint es höchst unwahrscheinlich, daß dies in absehbarer Zeit der Fall sein wird. Aufgrund der defizitären Konzeption des erziehungswissenschaftlichen Begleitstudi-

---

[1] Zum Vergleich: Die Habitusformation des Psychoanalytikers geschieht in der Lehranalyse, die des Arztes nach dem Physikum und während der Assistenzzeit.

[2] Mit einer Ausnahme: Auf der Basis einer qualitativ empirischen Studie über »Pädagogische Professionalität und Lehrerarbeit« haben K.-O. BAUER u. a. (1996) die These zu begründen versucht, daß die praktische Lehrerarbeit in vielen Fällen zur Entwicklung eines professionellen Selbst führt und der professionalisierte Lehrer über ein differenziertes und vor allem effektives Handlungsrepertoire verfügt. Die Studie ist jedoch nicht überzeugend. Sie enthält keine Kriterien zur Unterscheidung effektiven und uneffektiven Lehrerhandelns, vielmehr werden einzelne Handlungsvollzüge von Lehrern idealisiert bzw. zu Mustern professionellen Lehrerhandelns aufgewertet.

II Rahmenbedingungen

ums haben angehende Lehrerinnen und Lehrer das die Habitusformation erfordernde Problem der Theorie-Praxis-Vermittlung nicht in dem Umfang wie angehende Ärzte, Psychologen oder Juristen; für eine wissenschaftliche Durchdringung der beruflichen Praxis, dies war bereits das Fazit des ersten Punktes, fehlen den angehenden Lehrerinnen und Lehrern vielfach die theoretischen Voraussetzungen. Zweitens spielt die Herstellung von Arbeitsbündnissen für die Gestaltung der Lehrer-Schüler-Beziehung eine nur untergeordnete Rolle. Die Schüler müssen sich ihrer Angewiesenheit auf professionelle Hilfe nicht notwendig bewußt sein, um überhaupt unterrichtet zu werden. Durch die Schulpflicht sind sie immer schon als erziehungsbedürftig definiert. Mehr als mit der Balance von Abhängigkeit und Autonomie dürften Lehrer es deshalb auch mit dem Ausgleich negativer Nebenwirkungen der Schulpflicht zu tun haben, z. B. damit, daß Schüler sich für unabhängiger halten als sie eigentlich sind, und die Belehrung durch den Lehrer, die eigentlich als ein Beitrag zu ihrer Autonomisierung gedacht ist, als deautonomisierend erleben.

Das Autonomieproblem

Das zweite Professionskriterium, das wie die Habitusformation über die wissenschaftliche Ausbildung als eine Bedingung professionellen Handelns hinausweist, ist das Kriterium der Autonomie. Autonomie heißt, daß die Professionsinhaber institutionell ungebunden, also freiberuflich tätig und deshalb weisungsunabhängig sind, daß sie ihre Urteile ohne Ansehen der Person nach wissenschaftlichen Standards bilden, daß ihre Expertenrolle öffentlich anerkannt ist, daß sie über eine verbindliche Berufsethik verfügen und eine verbandsinterne Selbstkontrolle praktizieren. Eine Qualitätsbedingung professioneller Arbeit ist Autonomie insofern, als der Professionelle durch keine Dienstvorschriften in seiner Entscheidungskompetenz eingeschränkt wird und die Vertretung der Klientel ohne Gefahr der Interessenkollision mit übergeordneten Dienststellen möglich ist. Angesichts dieses Zusammenhangs liegt es nahe, die berufliche Unselbständigkeit des Lehrers als eine restriktive Bedingung seiner Professionalisierung zu begreifen. Einerseits werden der Zuständigkeitsbereich des Lehrers und seine professionelle Entscheidungskompetenz durch administrative Vorgaben wie Lehrpläne und Prüfungsordnungen nicht unerheblich eingeschränkt; andererseits sind Interessenkollisionen durchaus normal, da eine doppelte Verpflichtung gegenüber den Schülern und dem Staat besteht. Die Doppelverpflichtung und die hiermit verbundenen widersprüchlichen An-

Professionalisierung des Lehrers

forderungen der Förderung und der Selektion bewirken, daß sich der Lehrer im faktischen Berufsleben in einem permanenten Rollenkonflikt befindet (REINHARDT 1972). Zudem wird es für ihn außerordentlich schwierig, unzweideutige Kommunikationssituationen herzustellen: Jede Verständigung über einen Sachverhalt verweist auf anschließende Selektion; kommunikatives und strategisches Handeln vermischen sich ständig; verzerrte Kommunikation ist an der Tagesordnung (WISSINGER 1988).

Nun ist verschiedentlich darauf hingewiesen worden, daß Schulen keine streng bürokratischen Organisationen mit stark abgestuften Hierarchien und hochgradig standardisierten Entscheidungs- und Handlungsprozeduren sind, sondern als sogenannte *loosely coupled systems* den Organisationsmitgliedern beträchtliche Freiheiten lassen (TERHART 1986). Dieser Auffassung entspricht, daß die Allgemeine Schulordnung und die Rahmenrichtlinien für den Unterricht über die Bestimmung allgemeiner Lernziele, eine grobe Vorzeichnung der inhaltlichen Anforderungen der Fächer und einige eher rudimentäre Angaben zur pädagogischen Diagnostik und Leistungsbewertung nicht hinausgehen.

Auf der Ebene der unmittelbaren Arbeit am Organisationszweck verfügt das Schulpersonal somit über beträchtliche Freiheiten und Spielräume, und zwar (a) bei der Auswahl der Unterrichtsinhalte und Methoden, (b) bei der Konzeption von Prüfungen und Leistungstests, (c) der Festlegung des unterrichtlichen Anforderungsniveaus und schließlich (d) bei der Normierung der Zwischenräume zwischen den Noten sowie der Gewichtung formell und informell erbrachter Leistungen. Die im Vergleich mit den klassischen Professionen oft behauptete Einschränkung der Entscheidungs- und Handlungskompetenz des Lehrers durch die Organisation Schule darf – vom Problem des doppelten Klientenbezugs einmal abgesehen – also nicht überschätzt werden: Lehrerinnen und Lehrer können ihren Beruf relativ autonom ausüben; die Tatsache der abhängigen Beschäftigung widerspricht nicht der Möglichkeit professionellen Lehrerhandelns in der Organisation Schule.

Gleichwohl muß man einräumen, daß die Lehrer ihre Autonomie kaum für professionelles Handeln nutzen. HAGE u. a. konnten in einer Untersuchung zum »Methoden-Repertoire von Lehrern« (1985) zeigen, daß sich über alle Schulformen hinweg und in allen Fächern eine methodische Monostruktur des Unterrichtens verfestigt hat; charakteristisch für diese Monostruktur sind eine hohe Gleichförmigkeit der Lehrerdominanz – 75 Prozent des beobachteten Unterrichts war Frontalunterricht – und eine Kombination aus gelenktem Unterrichtsgespräch im Klassenverband mit produktiver Schüler-

II Rahmenbedingungen

tätigkeit; die Autoren fanden zudem keine Anhaltspunkte für eine verbreitete Anwendung des Konzepts der Binnendifferenzierung.

Fehlende Professionalität kann man an diesen Befunden insofern ablesen, als sie eine quasi technische Standardisierung der pädagogischen Praxis indizieren; der Heterogenität der Klientel wird kaum Rechnung getragen. Unprofessionell gestaltet sich auch die Praxis der pädagogischen Diagnostik. Zwar werden hier – teils in Deckung durch die Allgemeine Schulordnung, teils in Ermangelung einer pädagogisch diagnostischen Ausbildung sowie aufgrund der beschränkten Verfügbarkeit valider Tests – bestehende Freiheiten recht umfangreich ausgeschöpft, aber dies geschieht eher zum Nachteil der Schüler. Die Vergleichbarkeit der Schulnoten und Zeugnisse ist nach wie vor gering, und von Beurteilungsgerechtigkeit kann keine Rede sein (INGENKAMP 1995). Zudem hat die pädagogische Diagnostik im Arbeitsfeld Schule keine Funktion in einem differenzierten und aufstiegsorientierten Fördersystem. Das Personal ist deshalb nicht genötigt, seine professionelle pädagogische Kompetenz an besonderen Fällen oder gar Problemfällen unter Beweis zu stellen. Solche Fälle werden entweder gar nicht sichtbar, weil kriterienorientierte Tests nicht zur Anwendung kommen und das klassenbezogene Bewertungssystem in Verbindung mit einer flexiblen Niveauregulierung alle Besonderheiten einzuebnen vermag, oder sie können als Sonderfälle nach dem Delegationsprinzip behandelt und abgestuft bzw. auf andere Schulformen verwiesen werden.

Schluß

Ohne Zweifel ist die Professionalisierung des Lehrers eine Bedingung der Qualitätssicherung von Schule. Es hängt von der professionellen Kompetenz der Lehrerinnen und Lehrer ab, ob sich eine Schule zunächst programmatisch und dann auch pädagogisch effektiv auf die Bedürfnisse ihrer Klientel, auf heterogene Problemlagen und neue Herausforderungen einstellen kann oder nicht. Hier ging es um die Beantwortung der Frage, ob die Implementation des Verfahrens der Schulentwicklung als Verfahren der Qualitätssicherung auf die Professionalität des pädagogischen Personals bauen kann. Die Darlegungen sprechen gegen überhöhte Erwartungen. Es hat sich gezeigt, daß bestimmte Bedingungen professionellen Handelns im Fall des Lehrerberufs nur mit Abstrichen oder gar nicht erfüllt sind bzw., wenn sie erfüllt sind, nicht zur Freisetzung professionellen Handelns führen. So verfügen Lehrer zwar über eine wissenschaftliche Ausbildung, aber die defizitäre Konzeption des erziehungswissenschaftlichen Begleitstudiums trägt nicht dazu bei, daß alle Lehrer gleichermaßen und selbstverständlich zu einer wissenschaftlichen Durchdringung der schulpädagogischen Praxis befähigt sind. Ob der angehende Lehrer einen Prozeß der Habitusformation durchläuft, ist deshalb auch mehr als fraglich; zugleich darf man sich unter diesen Voraussetzungen nicht wundern, daß das pädagogische Personal der Schulen die ihm gewährte Autonomie bisher kaum für die wissenschaftliche Rationalisierung der schulpädagogischen Praxis genutzt hat und vielmehr eine unsystematische pädagogische Diagnostik und methodische Monostrukturen den Berufsalltag bestimmen. So wichtig pädagogische Professionalität für die Qualitätssicherung von Schule auch sein mag – daß die Qualitätssicherung von Schule auf bereits vorhandene professionelle Kompetenzen des pädagogischen Personals bauen könnte, ist derzeit nicht mehr als eine große Hoffnung.

III Anforderungen an Konzepte schulischer Binnenorganisation

PETER HÜBNER

Differenzierungsprozesse in Schulorganisation und Schulkultur unter den Bedingungen sozialstrukturellen Wandels

Fragestellung

Autonomisierung der Einzelschule als Programm signalisiert eine Umstellung der schul- und allgemeiner der bildungspolitischen Semantik. Sie muß als Reaktion auf tiefgreifende sozialstrukturelle wie soziokulturelle Wandlungen gelesen werden, die die bundesrepublikanische Gesellschaft seit dem Beginn der 80er Jahre erfaßt haben, und die sich in den 90er Jahren fortgesetzt beschleunigt haben: Dieser Wandel ist gekennzeichnet durch das Anwachsen sozioökonomischer Ungleichheit (COFFIELD 1996, S. 61) durch sich polarisierende Entwicklungen in der Einkommensverteilung (NOLL/ HABICH 1990, S. 172–173; SEMRAU 1990, S. 118) sowie durch Absorptionsprobleme des Beschäftigungssystems (BMBF 1996, S. 18–19) gerade auch höher qualifizierter Arbeitskraft, die Teile der Mittelschichten der Gefahr sozialen Abstiegs aussetzen und im intergenerativen Prozeß die Möglichkeiten des Statuserhalts zu verringern scheinen. Zugleich wird durch eine eher horizontale Ausdifferenzierung soziokultureller Milieus die Erodierung der alten ständisch verfaßten Klassenlagen und der ihnen entsprechenden Mentalitäten bewirkt (GLUCHOWSKI 1987, S. 21; VESTER/OERTZEN 1993, S. 16).

Autonomisierung der Einzelschule als Programm ist damit auch als ein Versuch zu verstehen, die aus diesen Entwicklungstendenzen erwachsenden, höchst widersprüchlichen Anforderungen an das Schul- und Bildungssystem mit den Erfordernissen der Beseitigung seiner Rationalisierungsrückstände zu integrieren.

Unter dem Stichwort »Steigerung der Leistungsfähigkeit und der Konkurrenzfähigkeit des Schulsystems im internationalen Vergleich« verbinden sich gestiegene funktionale Anforderungen an die Erzeugung kognitiver Leistungen mit Interessen der Sicherung oder Erlangung von Marktvorteilen im Beschäftigungssystem durch Ausschließung von Konkurrenz, mindestens aber ihrer Moderierung durch Differenzierung in zunehmendem Maße in den höheren Bildungsgängen.

III Schulische Binnenorganisation

Unter dem Stichwort »Programmentwicklung, Profilbildung und Regionalisierung« (FLEISCHER-BICKMANN/MARITZEN 1996, S. 12) der Einzelschule gewinnen hingegen soziokulturelle Milieus, die sich in den letzten Jahrzehnten zum Teil quer zu den sozialen Schichtstrukturen oder diese zum Teil übergreifend ausgebildet haben, zunehmend an Einflußfähigkeit auf die Schule. Sie werden als neuer Partikularismus im Innenraum der Schule wirksam. Tendenzen der horizontalen wie der vertikalen Differenzierung sind in der Schulentwicklung auf eine kaum durchschaubare Weise miteinander verbunden, und sie bilden gleichzeitig zum Universalismus und Individualismus der gesellschaftlichen Wertbasis ein spannungsreiches und konfliktträchtiges Verhältnis auch im Bildungssystem. Dabei scheint es der Bildungspolitik zunehmend unmöglicher zu werden, die Voraussetzungen für die soziokulturelle Integrationsfunktion der Schule aufrechtzuerhalten und sicherzustellen, daß die gegenseitige Anerkennung des Rechts auf kollektive soziokulturelle, immer partikulare soziale Identitäten mit dem Recht auf Gleichbehandlung in der Staatsbürgerrolle vermittelt bleibt und sich gleichzeitig nicht im Schulsystem neue, quasi ständische Strukturen durchsetzen, die diese Gleichberechtigung hintertreiben. Schulpolitik steht vor der paradoxen Aufgabe, im Innenraum der Schule gleichzeitig kollektive soziokulturelle Identitäten zum Ausgangspunkt wie zum Zielpunkt individueller Bildungsprozesse zu nehmen. Gleichzeitig muß sie universelle und spezifische Leistungsnormen sichern, die als Maßstab und Orientierung individueller Bildungsprozesse gelten, und an denen sich Erfolg wie Mißerfolg individuell zurechnen lassen (HÜBNER 1995, S. 22).
Es ist nun unsere These, daß die hier nur angedeuteten Tendenzen horizontaler wie vertikaler gesamtgesellschaftlicher Differenzierungen Entsprechungen in der Schulentwicklung haben, die insgesamt, vor allem unter dem Druck regionaler Disparitäten, deutlicher werdende Züge zunehmender Segmentierung tragen. Sie machen sich bemerkbar

- in weiteren schulstrukturellen Differenzierungen, die vertikal die soziale Selektivität verstärken,
- in Tendenzen, die horizontal die Ausbildung unterschiedlicher, partikularisch fundierter Schulkulturen fördern.

Da unter diesen Bedingungen die Erwartungen und Ansprüche an Schule sich selbst ausdifferenzieren und nur sehr schwer schulorganisatorisch zusammengehalten werden können, da die Bildungswünsche der Eltern sowie die soziokulturellen Rahmenbedingungen in Einzugsgebieten von Schulen sich zunehmend voneinander stärker unterscheiden durch einen

Prozeß der regionalen sozialen Entmischung, vor allen Dingen in großstädtischen Schulsystemen, werden die Bedingungen für ein erfolgreiches Schulehalten von den soziodemographischen Umfeldbedingungen immer abhängiger. Autonomisierung der Einzelschule kann dann als Versuch verstanden werden, ihr jene Spielräume zu geben, die es ihr ermöglichen, ihre eigenen Schulprofile unter Beachtung dieser Rahmenbedingungen zu entwickeln, und intern durch eine erhöhte Selbststeuerungsfähigkeit auf diese produktiv zu reagieren.

Ergebnisse und Folgen der Bildungsexpansion und die gegenwärtige Destabilisierung des Verhältnisses von Bildungs- und Beschäftigungssystem

Das Bildungssystem der Bundesrepublik Deutschland hat, wie im übrigen das aller modernen Industrienationen, eine erhebliche Expansion erfahren. Während der Anteil der Abiturienten unter den Schulabgängern von 1960 mit 8,9 % auf 19,4 % im Jahre 1980 und auf 33,8 % im Jahre 1990 stieg, hat sich der Anteil der Abgänger mit und ohne Hauptschulabschluß von 72,9 % im Jahre 1960 über 43,7 % in 1980 auf 31,2 % im Jahre 1990 vermindert. Die Zahl der Schulabgänger mit einen mittleren Schulabschluß ist von 18,2 % (1960) auf 35,0 % (1990) gestiegen. Der Prozentsatz der Schulabgänger, die mindestens einem mittleren Schulabschluß erreichen, ist also von 27,1 % auf 68,8 % im Jahre 1990 gestiegen. Die Zahl der Studienberechtigten hat sich in der gleichen Zeit mehr als verdreifacht. Der Prozentsatz derjenigen, die tatsächlich mit einem Studium beginnen, schwankt nicht unbeträchtlich zwischen 86 % und 75 % (1980 bzw. 1990). Die Zahl der bestandenen akademischen Abschlußprüfungen hat sich zwischen 1960 und 1990 ebenfalls mehr als verdreifacht (BMBF 1997, S. 86–217).
Folgerichtig hat sich auch die berufliche Qualifikationsstruktur der Erwerbstätigen in den letzten dreißig Jahren erheblich verbessert. Der Anteil der Erwerbstätigen ohne jeden formalen Ausbildungsabschluß sank allein zwischen 1976 und 1985 von 34,4 % auf 27,2 %. Die Quote von Erwerbstätigen mit abgeschlossener Berufsausbildung stieg von 58,5 % auf 63,1 % und die Zahl derjenigen mit einem Hochschulabschluß von 7,2 % auf 9,6 %. Der intergenerative Austauschprozeß im Beschäftigungssystem reflektiert also zugleich die gestiegene formale Qualifikation der ins Erwerbsleben Eintretenden (HANESCH 1990, S. 195).
Gleichwohl hat die soziale Selektivität des Bildungssystems eine erstaunliche

III Schulische Binnenorganisation

Stabilität behalten. Nach wie vor sind Kinder aus Arbeiterfamilien in gymnasialen Bildungsgängen erheblich unterrepräsentiert. Gerade einmal 10 bis 13 % von ihnen besuchen heute ein Gymnasium, während die übergroße Mehrheit der Kinder der »neuen Mittelschichten« sich auf dem Gymnasium befinden. Die Expansion der gymnasialen Bildungsgänge führt unter solchen Bedingungen aber doch zu einem starken Ansteigen soziokultureller Heterogenität in der Schülerpopulation (KÖHLER 1992, S. 72–80).

Obwohl die enorme Expansion im wesentlichen in den alten Strukturen des gegliederten Schulsystems erfolgt ist – bundesweit besuchen knapp 3 % der Schüler eine Gesamtschule – sind Strukturelemente des Schulsystems reformiert worden, die diese Expansion wenigstens teilweise verstärkt zu haben scheinen, und die zugleich seine soziale Kanalisierungsfunktion etwas abgemildert haben.

Strukturelle Änderungen zielten dabei darauf ab, zu frühe Festlegungen der Bildungskarrieren zu vermeiden. Durch die Einführung der Orientierungsstufe wie die Stärkung des Schulwahlrechts der Eltern wurde die Übergangsauslese durch die Grundschule temporalisiert, durch die »Harmonisierung« der Lehrpläne der einzelnen Schularten sollten nicht nur die Differenzen von »volkstümlicher Bildung« und »wissenschaftlicher Bildung« aufgehoben werden. Vielmehr sollte die Angleichung des Bildungskanons der drei Schularten auch die Durchlässigkeit zwischen den schulartspezifischen Bildungsgängen erhöhen und einmal eingeschlagene Bildungsgänge ohne größeren Zeitverzug revidierbar gestalten. Der Ausbau von Fachhochschulen, die Schaffung von Möglichkeiten zum Erwerb fachgebundener Hochschulreife, der Auf- und Ausbau des zweiten Bildungsweges, die Schaffung von Aufbauklassen oder Aufbaugymnasien erzeugen eine gestiegene Durchlässigkeit und Revidierbarkeit der einzelnen Bildungsgänge, die die Bildungsexpansion jedenfalls stützen. Wenngleich ihr Beitrag nur sehr schwer abschätzbar bleibt, so haben sie jedoch zur systeminternen Differenzierung geführt, die ihrerseits die Bildungskarrieren insgesamt stärker individualisiert haben. Nicht zuletzt hat auch die Reform der gymnasialen Oberstufe zu einer weitreichenden Individualisierung im Bereich der Sekundarstufe II beigetragen.

Zusammen mit der Expansion sind diese Strukturänderungen Ausdruck und Folge des Abbaues ständischer Strukturen des Bildungssystems und zugleich Hinweis auf dessen Meritokratisierung (KRAIS 1996, S. 129). Zu keinem Zeitpunkt der Bildungsentwicklung in Deutschland ist eine strukturelle wie soziokulturelle Umstellung des Schulsystems so tiefgreifend gewesen. Sie hat in größeren Teilen der Bevölkerung ein Orientierungsmuster ver-

allgemeinert und durchgesetzt, welches Aufstieg durch Bildung im Generationswechsel als rationale Strategie und als Antwort auch auf die unübersehbare sozioökonomische Ungleichheit und erlebte Unterprivilegierung plausibel gemacht hat. Dies war nicht zuletzt auch deshalb möglich, weil eine bildungsökonomische und bildungspolitische Argumentation zunächst wirksam gewesen ist, die eine gleichsam prästabilisierte Harmonie von Bildungsexpansion, Beschäftigung und wirtschaftlichem Wachstum postulierte. Sie ließ den Blick auf ein viel komplizierteres und in sich durchaus widersprüchliches Verhältnis gar nicht zu, bei dem die individuelle Rationalität einer Aufstiegsorientierung durch Bildung unter bestimmten Bedingungen durch die Rationalität des Beschäftigungssystems konterkariert zu werden vermag, wodurch die Konkurrenz um qualifizierte Arbeitsplätze zunimmt, und es dadurch unter anderem auch zur Penetration niedriger qualifizierter Arbeitsplätze durch höher qualifizierte Arbeitskräfte jedenfalls außerhalb des Staatsapparates kommt. Dort gilt nach wie vor ein hierarchisch ausdifferenziertes Laufbahn- und Besoldungsrecht, das gleichsam ständisch verfaßt bleibt, und das gerade deshalb – jedenfalls gegenwärtig – die größten Absorptionsprobleme akademisch ausgebildeter Arbeitskräfte hat. Wenn die Rationierung des Zu- und Abgangs bei höheren Bildungsgängen nicht mehr mit dem Beschäftigungssystem abgestimmt ist, kommt es zu einer relativen Entwertung der Bildungsabschlüsse, bei der zu einer bloß notwendigen Bedingung des Zugangs zu privilegierten Positionen wird, was bis dahin hinreichende Bedingung gewesen war. Dieses Problem, das sich als »Überfüllungskrise« spätestens seit der zweiten Hälfte des 19. Jahrhunderts immer wiederholt hat, kann nun aber weder durch die Erhöhung der Bildungszeiten noch durch die Anhebung der Abschlußniveaus insgesamt, also auch kaum durch eine Erhöhung der bildungssystemspezifischen Selektivität bildungspolitisch bearbeitet werden. Gerade in der nun eingetretenen Situation bleibt das individuelle Nutzenkalkül triftig mindestens in seiner neuen Form: Vermeidung von Abstieg durch Bildung.
Diese Destabilisierung (LUTZ 1983, S. 242) des Verhältnisses von Bildungssystem und Beschäftigungssystem, die meines Erachtens nicht bloß einen transitorischen Charakter besitzt, sondern von dauerhafterer Natur zu sein scheint, speist sich folgerichtig aus dem sicher kaum nachlassenden Andrang zu höherer Bildung, und sie erzwingt auf dem Hintergrund systemspezifischer Ressourcenknappheit wie zunehmender Beschäftigungsprobleme eine Verschärfung und Differenzierung der Selektionsmechanismen, um von Bildungsgängen abzulenken, die früher zu privilegierten Berufspositionen geführt haben. Ohne die Bildungszeit insgesamt auszudehnen, ist der Versuch heute schon unübersehbar, daß mindestens im Bereich der Hochschule

III Schulische Binnenorganisation

zusätzliche Abschlußstufen eingeführt werden könnten. Indem auf diese Weise der Selektionsdruck verstärkt wird, erhöht sich auch der Konkurrenzdruck im Innenraum der Schule und erzwingt eine dominante Orientierung an den Leistungs- und Auslesekriterien der Schule. Erwartbar ist eine sich wieder verstärkende Tendenz auch zu sozialer Selektivität.

Gegenwärtig gibt es zwei besonders problematische Schnittstellen im Verhältnis von Bildungs- und Beschäftigungssystem: Schüler mit Hauptschulabschluß, vor allem aber ohne Hauptschulabschluß, treffen zunehmend auf eine Situation, die für sie einen Ausbildungsplatz fast unerreichbar macht. Bereits 1988 blieben 225 000 Jugendliche auf dem Ausbildungsbereich unversorgt (HANESCH 1990, S. 191). Seit Jahren nimmt ein erheblicher Teil der Jugendlichen eines Entlaßjahrganges das sogenannte vorberufliche Bildungswesen in Anspruch. Seit Mitte der 70er Jahre bereits wird das Angebot von Sonder- und Notmaßnahmen – berufsvorbereitende Lehrgänge wie vollzeitschulische Angebote, das Berufsvorbereitungsjahr, das Berufsgrundbildungsjahr und die einjährige Berufsfachschule – quantitativ erheblich ausgebaut, in dem die Jugendlichen in Warteschleifen gehalten werden, um schließlich wieder auf dem Ausbildungsmarkt zu landen oder endgültig in Arbeitslosigkeit oder ungelernte Erwerbstätigkeit entlassen zu werden. Allein für das Jahr 1987 errechnet HEIDEMANN 1,5 Millionen Jugendliche im Alter zwischen 18 und 27 Jahren, die ohne einen Ausbildungsabschluß geblieben waren. Das wären somit 15 % aller in diesem Zeitraum ins Beschäftigungssystem eingetretenen Jugendlichen. Dabei liegt die Quote vor allem der Jugendlichen nichtdeutscher Herkunft mit 48,6 % viermal so hoch wie die bei deutschen Jugendlichen (12,1 %). Die Arbeitslosigkeit bei Jugendlichen unter 20 Jahren hat sich von 1980 auf 1996 praktisch verdreifacht, nämlich von 3,2 % auf 9 % (HEIDEMANN 1989, S. 215).

Die zweite problematische Schnittstelle bildet der Übergang von der Hochschule ins Beschäftigungssystem. Zwischen 1980 und 1995 hat sich der Anteil arbeitsloser Akademiker an der Gesamtzahl der Arbeitslosen von 4,7 % auf 6,7 % erhöht (BMBF 1997, S. 18–19). Gleichzeitig haben sich die Studienzeiten verlängert, ca. 30 % aller Studenten verlassen die Hochschule ohne Abschlußexamen, und 37 % der Studienanfänger betreten die Hochschule mit einer bereits abgeschlossenen Berufsausbildung (BMBF, 1997, S. 216). Der Übergang ins Beschäftigungssystem hat sich stark individualisiert. Mehrere Untersuchungen haben gezeigt, daß die Einfädelung in das Beschäftigungssystem auch Studienabbrechern nicht schlechter gelingt als Absolventen mit einem Examen. Es ist auch keineswegs so, daß der Übertritt in das Beschäftigungssystem bei Vorliegen eines ersten Abschlusses problemloser wäre. Durch Absorptionsprobleme im Bereich des staatlichen Beschäftigungssystems, das bislang der größte Abnehmer akademisch ausgebildeter Arbeitskraft gewesen ist, kommt es im privaten Beschäftigungssektor, der bei der Einstellung akademisch qualifizierter Arbeitskraft historisch eher von geringerer Bedeutung gewesen war, zu Penetrationsprozessen, die folgerichtig die horizontale wie die vertikale Arbeitsteilung verstärken, und die eher, vor allen Dingen in Großbetrieben, Prozesse der Polarisierung der Qualifikationsstruktur auch im Bereich der Dienstleistungen auslösen. Dabei wird es zunehmend unwahrscheinlicher, daß hierdurch die Nachfrage nach höherer Bildung auch nur gedämpft wird. Der hieraus erwachsende Angebotsdruck von Arbeitskräften mit höherer Bildung bewirkt dann, daß sich immer weitere Bereiche des Wirtschaftssystems an formalen Bildungsabschlüssen orientieren und hierarchische Strukturen und entsprechende Organisationsformen bürokratisch hierarchischen Charakters durchsetzen. Für das Bildungssystem haben aber solche Entwicklungen wiederum die Folge einer zusätzlichen Differenzierung von Bildungsgängen und Bildungsabschlüssen, nun aber vor allem im Bereich der höheren Bildung und einer damit verbundenen Ab- bzw. Höherwertung bisher privilegierender Bildungsgänge und Abschlüsse, die gleichzeitig vor allem bei der Ressourcenknappheit den Selektionsdruck abermals verstärken.

Autonomisierung als Rationalisierung, Ressourcenverknappung und Externalisierung von Kosten

Eines der in der öffentlichen Diskussion eher verschwiegenen, unter Spezialisten des Schulverwaltungssystems umso intensiver behandelten Motive der Autonomiedebatte ist der durch die staatliche Finanzkrise erheblich gewachsene Rationalisierungsdruck, der sich als Kritik an der mangelnden Steuerungsfähigkeit des Schulsystems, besonders aber an seiner ineffizienten Ressourcensteuerung und -nutzung niederschlägt. Demnach wäre das festgestellte Rationalisierungsdefizit vor allem eines des zentralistisch bürokratisch organisierten Verwaltungssystems von Schule. Es gehört nämlich zu den eigentümlichen Erfahrungen in der gegenwärtigen Situation, wenn gerade reformfreudige Schulleiter und Lehrer sich darüber wundern, daß ihnen »von oben« gewährt werden soll, was sie längst zu haben glauben: Autonomie. Es ist die im gegenwärtigen Schulsystem gleichsam naturwüchsig entstandene Autonomie, die mit Hilfe eines lediglich am Input orientierten traditionellen Verteilungsmechanismus die Ressourcenverteilung aufgrund bloßer Wirksamkeitsvermutungen im Rahmen des überhaupt Finanzierba-

III Schulische Binnenorganisation

ren vornimmt und gegenüber den Finanziers des Schulsystems (Parlament und Bürger) bisher durch bloße Wirksamkeitsbehauptungen sich eher erfolgreich legitimiert hat. Es ist diese bloße Wirksamkeitsvermutung, die nun im Angesicht einer unübersehbaren Kritik an der Schule und der Grenzen der Finanzierbarkeit des gesamten Bildungssystems nicht länger der Beweislast und des damit einhergehenden größer werdenden Legitimationsdefizits standzuhalten vermag. Denn ob zwei oder drei Stunden weniger oder mehr in der Stundentafel, ob drei Schüler mehr oder weniger überhaupt einen Effekt machen, wird zwar behauptet, aber nicht geprüft oder etwa gar belegt, macht aber doch gleichzeitig bei der Festsetzung des Schuletats einen beträchtlichen Unterschied.
Im allgemeinbildenden Schulsystem des Landes Berlin mit seinen ca. 398 900 Schülern, 30 000 Lehrern und 911 Schulen (1995/96) machte die Verkürzung der Stundentafel um nur eine Stunde in den Klassenstufen eins bis sechs der Grundschule etwa 339 Lehrerstellen frei. Die Anhebung der Schüler-/Lehrerrelation um nur einen Punkt in der Grundschule würde wiederum 393 Lehrerstellen sparen. Die positive oder negative Veränderung in den Ausstattungsstandards in solchen Größenordnungen macht wahrscheinlich eher kaum einen pädagogischen Effekt, während ihre Wirkung auf den Schulhaushalt des Landes gravierend ist. Selbst dann, wenn man die durch eine Absenkung freiwerdenden Ressourcen nicht einfach nur einsparen müßte, ließen sich durch einen konzentrierteren Ressourceneinsatz für bestimmte Schwerpunktprogramme – etwa die Erhöhung der Strukturausgleichsmittel für Schulen in sozialen Brennpunkten – ganz andere pädagogische Effekte erzielen und damit insgesamt eine höhere Rationalität des Mitteleinsatzes erreichen (LANDESSCHULAMT BERLIN 1997, S. 1)
Durch die strukturelle Unterdeterminiertheit des überkomplexen pädagogischen Prozesses aber im Organisationszusammenhang von Schule, durch den Mangel einer auf quantitative wie qualitative Dimension zielenden Outputkontrolle werden Ressourcen auch einfach absorbiert, ohne daß sie irgendeinen aufgabenbezogenen Effekt machten.
Rationalisierung heißt unter diesen Bedingungen zunächst einmal die Umstellung des traditionellen inputorientierten Steuerungssystems zu einem outputorientierten, welches qualitative wie quantitative aufgabenbezogene Leistungsmaßstäbe zum Ausgangspunkt der Ressourcenverteilung nimmt. Sie setzt damit notwendig einen dispositiven Spielraum für Entscheidungen über den Mitteleinsatz auf der Ebene der Einzelschule voraus, innerhalb dessen nach Maßgabe seiner Effektuierung eigenverantwortlich entschieden werden kann. Überspitzt formuliert hieße das, kontrolliert wird nicht mehr, ob die Mittel nach vorab festgesetzten Regeln entsprechend verwendet wer-

Differenzierungsprozesse

den, sondern ob die Schule die quantitativen wie qualitativen Leistungsziele, die sie sich im Rahmen staatlich gesetzter inhaltlicher Vorgaben in ihrem eigenen Schulprogramm operationalisiert hat, erreicht oder verfehlt, und in welchen Umfang dies geschieht, welche Faktoren hierfür jeweils verantwortlich gemacht werden können. Aufgabenorientierte Selbststeuerung und Selbstkorrektur aufgrund von Zustands- und Leistungsanalysen sind danach Aufgaben jeder Einzelschule. Gegenüber dieser erhalten aber auch Beratungs- und Unterstützungsfunktionen der Schulaufsicht eine erheblich größere Bedeutung, als sie heute besitzen.

Solche Modelle der Steuerung, die ihre Nähe zu Formen des sogenannten new public management deutlich hervortreten lassen, verlangen erhebliche organisatorische Umstellungen nicht nur in der Einzelschule (ERZIEHUNGSDIREKTION DES KANTONS ZÜRICH 1997, S. 3). Sie erfordern die Ausbildung spezifischer Kompetenzen zur mikroökonomischen Steuerung bei den Schulleitungen. Nicht zuletzt aber erfordern sie den Umbau der noch immer vorherrschenden segmentären Arbeitsorganisation, die Lehrer gerade im Zentrum ihrer Berufstätigkeit – dem Unterrichten – gegeneinander isoliert und die die Kontinuität von Bildungsprozessen und einer darauf gerichteten Reflexivität außerordentlich schwächt. Horizontale wie vertikale Kooperations- und Kommunikationsstrukturen müssen daher auch sehr viel stärker mit funktionalen Formen der Arbeitsteilung verknüpft werden, wenn die Selbststeuerungsfähigkeit wie die Leistungsfähigkeit und Qualitätssicherung des Gesamtsystems Einzelschule verbessert werden sollen.

Alle diese erforderlichen Umbauprozesse sind überhaupt erst in Ansätzen erkennbar. Der Wandlungsprozeß der Schulkultur, die hierfür erforderlichen Umstellungen in dem beruflichen Selbstverständnis, den habituellen Grundlagen beruflichen Handelns wie den dazugehörigen beruflichen Mentalitäten sind jedenfalls einem anderen Zeitrhythmus unterworfen und erfolgen sehr viel langsamer als der Umbau der Organisationsstruktur. Aber natürlich ist auch dieser organisatorische Umbau nicht konfliktfrei, verbinden sich mit ihm doch etwa im Bereich der Schulaufsicht nicht nur organisationspolitische Auseinandersetzungen. Den Hintergrund kann man politikwissenschaftlich geradezu als den Kampf »alter« und »neuer« Eliten im Verwaltungsapparat des Schulsystems auffassen. Denn mit der Änderung etwa der Aufgaben der Schulaufsicht gewinnen neue Kompetenzen an Bedeutung (mikroökonomische und psychologisch/soziologische), die den Mitgliedern der »alten« Fachverwaltung, die ja bis heute im wesentlichen vor allen Dingen pädagogisch/fachunterrichtlich orientiert ist, die Vorherrschaft streitig

III Schulische Binnenorganisation

machen. Zu erinnern ist hier an den weithin gescheiterten Versuch in den späten 60er Jahren, durch Einbau von Planungsabteilungen mit entsprechenden Kompetenzen ihres Personals die Definitions- und Einflußmächtigkeit der Schulaufsicht zu brechen. Es ist aber auch keineswegs ausgemacht, ob ein solcher Umbau gelingt, zumal Folgen wie vor allem Nebenfolgen bisher nicht eindeutig sind. Ob die Effekte überhaupt eintreten, die man sich mit einem solchen Wechsel des Organisationsparadigmas verspricht, ist eher ungewiß.

Die Finanzierungskrise führt selbstverständlich auch zu einer Verknappung in den Schuletats von Ländern und Gemeinden (BUDDE/KLEMM 1994, S. 99–102). Die Mittelkürzungen bei der Personalausstattung, bei der verfügbaren Unterrichtszeit wie bei den Lehr- und Lernmitteln sind dann defensiv, wenn die Schule das Ansteigen von Schülerzahlen bei gleichbleibendem Schuletat bewältigen muß; offensiv können sie dort genannt werden, wo die Haushaltslage es erzwingt, selbst bei relativ gleichbleibenden Schülerzahlen das Niveau der Ausstattungsstandards abzusenken. Für unsere Fragestellung ist die Ressourcenverknappung deswegen von besonderer Bedeutung, weil sie im Prozeß des Umbaues des Schulsystems mehrere Funktionen gleichzeitig erfüllt. Sie setzt das Schulsystem unter den Druck zunehmender Mittelknappheit bei gleichzeitiger Steigerung der Aufgabenanforderungen, indem sie als Rationalisierungsgewinn einbehält, was durch einen Umbau sowohl seiner zentralen Steuerung sowie durch strukturelle Änderungen auf der Mikroebene der einzelschulischen Organisations- und pädagogischen Prozeßgestaltung zukünftig überhaupt erst »erwirtschaftet« werden soll. Damit löst sie aber einen Anpassungsdruck aus, der nicht mehr strukturkonform durch bloßen Rückbau abgearbeitet werden kann, ohne daß es zu defizitären Leistungsbilanzen käme, und der deshalb die Bereitschaft zu einem strukturellen Umbau gleichsam erzwingen soll. Insofern kann die Ressourcenverknappung selbst als ein Teil einer koerzitiven Implementationsstrategie aufgefaßt werden, die diesen Umbau beschleunigt in Gang setzen soll. Bei gleichzeitiger Steigerung der Leistungsanforderungen auch in ihren qualitativen Dimensionen setzt er sowohl auf der Ebene der Schüler wie der Einzelschule Konkurrenz frei und befördert Differenzierungsprozesse innerhalb etablierter Schulstrukturen. Unter Bedingungen schulsysteminterner Verteilungskonflikte, die bei einer solchen Strategie zunehmen, nimmt die Ressourcenverknappung einen selektiven Charakter an – nicht alle Schulsystemteile werden von ihr in gleicher Weise betroffen – und sie führt damit ihrerseits zu einer Verstärkung des Selektionsdrucks im Schulsystem selbst.
Diese Effekte werden bei der Absenkung der pädagogischen Ausstattungs-

Differenzierungsprozesse

standards im Berliner Schulsystem besonders deutlich. Bezogen auf das Schuljahr 1988/89 beträgt die verfügbare Unterrichtszeit nach Stundentafeln in der Grundschule im Schuljahr 1996/97 nur noch 93 %. Sie wird um zehn Stunden oder 7 % gekürzt. In der Sekundarstufe I beträgt die Unterrichtszeit im Schuljahr 1996/97 nur noch 90 % der im Schuljahr 1988/89 ausgewiesenen Unterrichtszeit. Das sind zwölf Stunden oder 10 % weniger. In der gleichen Zeit wird die mittlere Einrichtungsfrequenz in der Grundschule von 24 auf 25 Schüler angehoben, die Durchschnittsfrequenz in der Sekundarstufe I von 26,5 auf 29 Schüler. Diese Absenkung der verfügbaren Unterrichtszeit betrifft vor allem in der Grundschule die Sachkunde und den Technikunterricht, der vollständig gestrichen wird. Es sind dies vor allem jene Lernbereiche, denen in der Lehrplanreform der 70er Jahre auch eine soziokulturell kompensatorische Aufgabe zugeschrieben worden war. Dadurch verschieben sich auch die Gewichte für die übrigen Lernbereiche. Der Anteil von Deutsch und Mathematik in der Grundschule steigt um ca. 5 %, ohne daß die absolute Unterrichtszeit für einen dieser beiden Bereiche selbst gestiegen wäre. Wenn nun auch noch in dem gleichen Zeitraum die verfügbaren Teilungsstunden auf die Hälfte gekürzt werden, in dem Unterricht in kleineren Lerngruppen bisher möglich gewesen ist, wenn die Mittel für Fördermaßnahmen für Schüler nichtdeutscher Herkunftssprache ebenfalls um 50 % gekürzt werden, wenn die »Strukturzuschläge«, mit denen bis dahin Schulen in sozialen Brennpunkten überdurchschnittlich mit Ressourcen ausgestattet werden konnten, um die negativen kontextuellen Rahmenbedingungen innerschulisch ausgleichen zu können, gar um 75 % abgesenkt werden, und wenn schließlich 50 % der Mittel gekürzt werden, die bisher der schulpsychologischen Beratung zur Verfügung standen, treten zwei Tendenzen deutlich sichtbar hervor: Einmal kommt es zu einer Verdichtung schulisch organisierter Lernzeit sowie zu einem erhöhten Lerntempo, weil die Lehrpläne inhaltlich überhaupt nicht in ausreichendem Maße angepaßt worden sind, und durch den Wegfall der Mittel für die Organisierung kompensatorischer differenzieller Programmteile kommt es gleichzeitig zu einer Verschärfung des Selektionsdrucks, der es wahrscheinlich macht, daß auch die soziale Selektivität wiederum ansteigen wird, weil unter solchen Bedingungen »langsame Lerner« eher scheitern dürften (HELMKE 1989, S. 88). Es ist dieser Selektionsdruck, der innerhalb der existierenden Struktur der Bildungsgänge und Schulabschlüsse zu weiteren organisatorischen Differenzierungen im Schulangebot führt. Die Zahl der Schulen, die sich durch besondere schulische Bildungsangebote profiliert haben, hat in der Grundschule in den letzten Jahren erheblich zugenommen. Aber er ist auch in der Sekundarstufe gestiegen. Dabei werden zugleich die regionalen Disparitäten

III Schulische Binnenorganisation

dadurch verschärft, daß sich Schulen zunehmend auf die regionalen Kontextbedingungen mit entsprechenden Profilbildungen einzustellen scheinen. In der Grundschule führt die Einführung von sogenannten Europa-Schulen zu einem bilingualen Sprachangebot, das in der Sekundarstufe I zukünftig zu einem eigenen Schulangebot führen muß. Die fakultative Einführung von Englisch als erster Fremdsprache in der Klasse 3 im Unterschied zur Regeleinführung ab Klasse 5 führt wiederum zu organisatorischen Differenzierungen, die auch für die Gestaltung der Sekundarstufe I folgenreich sein müssen. Auch die im Rahmen um die Neugestaltung der Klassenstufe 5 und 6 geführte Diskussion zeigt sehr starke Tendenzen zur Durchsetzung bestimmter Formen der äußeren, auf Leistung bezogenen Differenzierungen in Fächern, die für den weiteren schulischen Bildungsgang von entscheidender Bedeutung sind: Mathematik, Deutsch und Fremdsprachen. Die Einführung eines gymnasialen Bildungsganges, mit dem bereits nach dem 12. Schuljahr das Abitur erreicht werden kann, differenziert nun auch den gymnasialen Bildungsgang, wobei die Verkürzung der Schulzeit um ein Jahr, anders als in der bisherigen Schulentwicklung, zu einem privilegierenden Merkmal wird.
Alle die hier angesprochenen Profilbildungen, die schulorganisatorisch segregierend wirken, vertikalisieren Differenzierungsprozesse, ohne daß dabei die Zahl der Bildungsgänge und der darauf bezogenen Abschlüsse im gegliederten Schulsystem erhöht werden müßte. Bildungspolitisch sind sie relativ konfliktfrei, weil sie als Angebote nur dort eingeführt werden, wo aus bestimmten sozialen Milieus heraus eine sich bildungspolitisch artikulierende, organisationsfähige Minderheit von Eltern ihre Interessen als Nachfrage erscheinen lassen kann. Ihre auch sozial segregierenden Folgen erscheinen nicht als solche eines bildungspolitischen Interesses, weil sie vordergründig nur als Ausdruck eines spezifischen, inhaltlich bestimmten individuellen Bildungsinteresses im Rahmen eines Gesamtlehrplanes Ausdruck finden, dessen polarisierende Ursache sie zugleich selbst sind.

Mit dieser Ressourcenverknappung geht zugleich eine Externalisierung von Kosten einher. Nicht nur steigert der zunehmende schulinterne Konkurrenzdruck die Umsätze auf dem Markt des Nachhilfeunterrichts, schon heute wird dieser von gut einem Fünftel aller 12- bis 18jährigen Schüler in Anspruch genommen (KLEMM 1994, S. 127).
Vielmehr wird auch ein zunehmender Teil der Lehrmedien von einzelnen Schulen durch »Sponsoring« eingeworben, wobei vor allem Schulen, die einen »guten Ruf« besitzen, im Vorteil sein dürften. Die Eigenbeteiligung der Eltern nimmt gleichzeitig ständig zu. So errechnet die Landesregierung von

Berlin einen Bedarf von etwa hundert Millionen Mark, um sämtliche Berliner Schulen mit Computern ausstatten zu können. Gleichzeitig erklärt sie sich nicht in der Lage, diese Summen in den nächsten fünf Jahren im Haushalt hierfür auszuweisen und fordert daher eine Beteiligung der Industrie und eine Zusatzfinanzierung aus Lottomitteln. Offensichtlich wird auch hierbei, daß die Externalisierung von Kosten sehr wahrscheinlich zu Verteilungsungerechtigkeiten führen wird.

Pluralisierung, Partikularisierung und gesellschaftliche Integration

Die Bildungreform der 60er und 70er Jahre war ganz darauf abgestellt, die alten ständischen Strukturelemente im Bildungssystem zu beseitigen. Neben bildungsökonomischen Motiven spielten gesellschaftspolitische Motive, die an die erste Aufklärung anknüpften, eine besondere Rolle. Der Einzelne sollte zur Wahrnehmung seiner Staatsbürgerrolle durch Bildung in einer freien und offenen Gesellschaft befähigt werden, deren Basis in einer an den Grundrechtsnormen ausgebildeten universalistisch und individualistisch geprägten Wert- und Normenkultur hängt.»Bildung als Bürgerrecht« (DAHRENDORF 1965, S. 24) war hierfür das Stichwort. Die Modernisierung des Bildungssystems war eingebettet in Prozesse der Modernisierung der Gesamtgesellschaft. Und nur solange sie dies blieb, war sie auch erfolgreich. Sie stieß aber unter anderem dort an ihre Grenze, wo sie die aus der sozialen und ökonomischen Ungleichheit resultierenden, kollektiven soziokulturellen Identitäten, in die die Einzelnen eingebunden blieben, als Defizite eines bloß individuellen Bildungsprozesses auffassen mußte. Während sie noch die aus sozialer und ökonomischer Ungleichheit resultierende Differenz zwischen Bildungsanforderungen und Lernvoraussetzungen mit Hilfe von bildungssystemspezifischen kompensatorischen Strategien aufzulösen suchte, hatte die Gesellschaftspolitik den Pfad größerer sozialer Gerechtigkeit und Gleichheit bereits verlassen. Das von seinen Beschränkungen zu einer allgemeinen Verstandesfähigkeit befreite Individuum blieb eine abstrakte Fiktion, oder – um es weniger unfreundlich zu sagen – eine bloß regulative Idee. Sie wurde relativ früh in der Reformationsdebatte kritisiert, insbesondere die darin enthaltene Auffassung, die faktische Bindung des Einzelnen an soziostrukturelle Kontexte und damit an kollektive Identitäten sei Ausdruck bloßer Defizite in der Persönlichkeitsentwicklung. In dieser Auffassung wurde der komplexe Zusammenhang zwischen dem je individuell Besonderen und dem abstrakten Allgemeinen zugunsten des letzteren aufgebrochen. Ein gutes Beispiel für diesen

III Schulische Binnenorganisation

Aspekt der Debatte ist die Auseinandersetzung um die sogenannte kompensatorische Spracherziehung. Erst der fortschreitende Prozeß der sich horizontal und zum Teil über die alten Schichtstrukturen hinweg ausdifferenzierenden soziokulturellen Milieus und individuellen Lebenslagen sowie einer sich gleichzeitig verstärkenden ethnisch-kulturellen Pluralisierung führt auch schulpolitisch wie schulpädagogisch zu einer neuen Bewertung partikularer gruppenspezifischer Orientierungen und Wertsysteme sowie der damit verbundenen sozialen Identitäten. Es sind gerade die neuen sozialen Bewegungen – ihr Entstehen kann auch als Reflex auf die soziostrukturellen Differenzierungsprozesse gesehen werden –, die das Eigenrecht partikularer soziokultureller Gruppenidentitäten gegenüber dem unter den Regeln des Universalismus und Individualismus des gesamtgesellschaftlichen Wertesystems stehenden, aus allen sozialen Bindungen gleichsam freigesetzten abstrakten Individuums betonen. Soziokulturelle Herkunft wird nun nicht länger als dezifitär aufgefaßt, so daß die je schon immer und vor aller öffentlichen Erziehung in ihrer sozialen Einbindung gebildete Person des Schülers durch den Bildungsprozeß in der Schule von ihrem eigenen lebensgeschichtlichen Hintergrund emanzipiert werden muß, um schließlich als freies Individuum – Gleicher unter Gleichen – wieder aufzutauchen. Diese Neubewertung und die Anerkennung des Partikularismus als eines konstitutiven Elementes der gesellschaftlichen Ordnung und als ein solches der individuellen Bildungsgeschichte der Schüler führen freilich zu einem Spannungsverhältnis der Geltungsansprüche nicht nur der verschiedenen partikularen Norm- und Wertordnungen, sie steht auch in einem Spannungsverhältnis zu den in der Schule geltenden universalistischen Werten und Normen. Weder können diese Spannungsverhältnisse verharmlosend harmonisiert werden, noch können sie einfach nur verdrängt werden. Sie sind konstitutiver Bestandteil schulischer Bildungsprozesse. In ihrer Verarbeitung liegt sowohl institutionell wie individuell der Sinn von Bildungsprozessen überhaupt. Daß die Schule sie anerkennt, daß die Anerkennung des Anderen im Rahmen »egalitärer Differenz« (FRIEDEBURG 1997, S. 45) selbst Ziel einer Erziehung zur Toleranz ist, macht die Bedeutung von Schule aus.

Für unsere Problemstellung bleiben zwei Fragen: Ist die Annahme triftig, daß die gesellschaftliche Entwicklung die alten ständischen Klassenlagen auflösen und in horizontaler Ausdifferenzierung soziokulturelle Milieus und Lebenslagen entstehen, die an Klassenlagen nicht mehr rückgebunden sind, und die sich durch ihre eigene Wert- und Normenmuster voneinander unterscheiden, welche ihrerseits auch jeweils unterscheidbare Erziehungs-

Differenzierungsprozesse

muster, Bildungsinteressen und Motive implizieren? Wirken diese sich als jeweils soziokulturelle Rahmenbedingungen des Schulehaltens auch auf die Differenzierung der Schulkulturen selbst aus? Zunächst einmal muß man festhalten: Prozesse der horizontalen Ausdifferenzierung, die sich in schichtgleichen, unterscheidbaren sozialen Milieus niederschlagen, sind nachweisbar. VESTER und OERTZEN machen insgesamt neun sich in Habitus- und Mentalität unterscheidbare soziale Milieus aus (VESTER/OERTZEN 1993, S. 16). Dies gilt auch für die Untersuchung von GLUCHOWSKI (1987, S. 20). Diese Ausdifferenzierungen werden als Ergebnis der Modernisierung der Struktur des Berufssystems interpretiert, das sich unter anderem vor allen durch die Expansion des Dienstleistungssektors auszeichnet (VESTER/OERTZEN 1993, S. 45). Diese Ausdifferenzierungen finden allerdings vorwiegend und weitgehend im Rahmen der existierenden Struktur sozialer Ungleichheit – der alten Klassenlagen also – statt. Nach wie vor existiert die Struktur sozialer Ungleichheit. Die horizontalen Differenzierungsprozesse selbst führen jedoch zu einer tendenziellen Entkopplung von Ungleichheitserfahrungen und Klassenlage. Gleichwohl zeigen sie auch Tendenzen der Polarisierung. Prozesse der Individualisierung mit ihren eher postmaterialistischen Orientierungsmustern stehen Prozessen der »Deklassierung«, die sich vor allem in den kleinbürgerlichen Milieus und in den traditionellen Arbeitermilieus niederschlagen, gegenüber. Hier versagen auch die Systemintegrationsleistungen der Schule. Die Ergebnisse legen aber auch den Schluß nahe, daß solche integrativen Prozesse bisher jedenfalls nicht zur Ausbildung von Parallelgesellschaften geführt haben. Welche Auswirkungen diese Prozesse horizontaler Ausdifferenzierung auf Erziehungs- und Bildungsvorstellungen und das Bildungsverhalten selber haben, ist bisher nicht systematisch untersucht worden. Gleichwohl lassen sich hierüber einige Vermutungen anstellen, die auch die wachsende Auseinandersetzung über die Werteerziehung, über Erziehungsformen und Bildungsgehalte von Schule erklären können. In den sogenannten hedonistischen Milieus der Mittelklasse gibt es gegenüber dem aufstiegsorientierten Milieu oder dem eher kleinbürgerlichen Milieu sehr viel stärkere permissivere Erziehungsvorstellungen, bei denen die Erwartungen an die Eigentätigkeit und Selbststeuerungsfähigkeit der Schüler einen höheren Stellenwert besitzen, als das für die anderen beiden Milieus der Fall sein mag. Es ist deshalb auch kein Zufall, daß hieraus unterscheidbare Erwartungen und Anforderungen an Schule entstehen, und vor allen Dingen solche Differenzierungen Einflüsse auch auf die schulkulturelle Entwicklung von Einzelschule haben, zumal die verschiedenen Milieus hinsichtlich ihrer Artikulationsfähigkeit der Bildungsinteressen für ihre Kinder sich ebenfalls voneinander unterscheiden dürften. Je

III Schulische Binnenorganisation

nach dem soziokulturellen Einzugsbereich von Schulen können sich deshalb sehr unterschiedliche Schulkulturen entwickeln und die Schullandschaft innerhalb der traditionellen Schulstruktur selbst differenzieren. Dieser Prozeß der Ausdifferenzierung wird sich dort verstärken, wo die Autonomisierung von Schule den soziokulturellen Kontext der Einzelschule nicht nur als Bedingung ihrer Unterrichts- und Erziehungskonzeption nimmt, sondern diesem Kontext stärkere Einflußmächtigkeit durch Mitentscheidung über das Schulprogramm gibt. Diese Einflußmächtigkeit bleibt selbst aber ungleich verteilt.

Nach wie vor bedeutsamer aber für die Partikularisierung der Schulkulturen bleibt die soziale Ungleichheit im System der Sozialstruktur selbst. Ja, sie wird eher noch durch Vertikalisierung zunächst horizontaler Differenzierungen verstärkt.

Mit Prozessen der sozialen Entmischung, der regionalen Homogenisierung der Schulbevölkerung, wie sie in Großstadtregionen sich verstärkt wieder zeigen, entstehen homogene regionale Schulkulturen auf der Ebene der Einzelschule. Prozesse der Ghettoisierung, sich verstärkende Tendenzen der »Selbstethnisierung« bei Schülern nichtdeutscher Herkunft treten deutlich hervor. Denen gegenüber versagt in zunehmendem Maße die Systemintegration von Schule, weil sie solche Prozesse der Ausgrenzung und Abgrenzung schulpädagogisch nicht mehr auffangen kann. Worauf zu achten ist: daß die Autonomisierung von Einzelschule nicht bloß zu einem Alibi für das wird, was ohnedies geschieht, daß die Autonomisierung nicht bloß die schon bestehenden schichtspezifischen und regionalen Disparitäten im Schulangebot verstärkt.

UWE HAMEYER/JOCHEN WISSINGER

Schulentwicklungsprozesse

Fragwürdigkeit und Sinn von Qualitätsstandards

Kein Tag vergeht, an dem Presse und andere Medien die Schule nicht unter Kritik stellen. Die versteckten Schulbilder in manchen Pressestimmen gleichen dem Szenario eines Tatorts, wo sich Gewalt ausbreite, Drogenkonsum die Regel sei, ganze Kollegien an Disziplinschwierigkeiten scheiterten, wo umtriebiges Intrigantentum herrsche und dem Leistungsanspruch zugesetzt werde. Jeder streite gegen jeden, und die Mehrheit verkrieche sich in die Inselwelt ihrer Klassenzimmer. Solche plakativen Bilder sind untauglich für jede vernünftige Sachdiskussion. Sie spalten und verzerren die Wirklichkeit, und sie sind ungerecht gegen die unzähligen, zumeist stillen, unaufgeregten Schulen, die ausgezeichnete Arbeit leisten. Leider sind wir auch in der Wissenschaft nicht frei von vorschnellen, unkundigen Urteilen über »die« Qualität der Schule vor allem dann, wenn wir nicht genau beachten, was sich in der Schule wirklich ereignet, welchen eigenen Standards sie sich unterzieht oder welche zukünftigen Pläne sie formuliert, ohne gleich ein Patent auf ihre erreichten Profilbesonderheiten anzumelden.

Suchen wir nach Qualitätsstandards für Schule, kann man daher nicht einfach in Forschungsbüchern und Journalen nachblättern, was für alle Schulen aus wissenschaftlicher Sicht Gültigkeit beansprucht. Wir müssen den Spuren verborgener, dadurch nicht minder wirksamer Qualitätsstandards an einzelnen Schulen nachgehen, auch wenn sie nicht dokumentiert sind. Wir würden sehen, wie eine Schule mit ihren eigenen Standards umgeht, indem sie zum Beispiel das fremdsprachliche Lehr- und Lernangebot erweitert oder außerschulisches Lernen verstärkt, vielleicht berufsfeldorientierende Betriebspraktika einrichtet oder in Jahrgangsstufenteams arbeitet, ihre Planungskompetenzen ausweitet oder aus sich einen offen gestalteten Initiativraum für tragfähige Innovationsideen macht (HAMEYER/AKKER/EKHOLM/ANDERSON 1995; HAMEYER 1997 a; Heft 2 (1997) des »journal für schulentwicklung« mit Fallstudien über schulhausinterne Schulprogramme).

Mit kasuistisch-vergleichendem Wissen über schulische Innenansichten las-

III Schulische Binnenorganisation

sen sich primäre Beweggründe und Tiefendimensionen schulischen Handelns erschließen. Und wir können – was zugleich wichtig ist – die authentischen Selbstbilder der Lehrenden, ihre Berufsidentität und Optionen, ihre Ängste und Wünsche besser nachvollziehen als über Umfrageserien, deren Sinn für andere Funktionen völlig unbestritten ist. Ohne Beachtung der primären Parameter des Lehrerhandelns wird jede Qualitätsdiskussion leicht zu einer zwar reizvollen, jedoch entrückten Spielwiese, weil Standards keine Dokumentations- oder Verordnungssache sind, sondern auf ihren originären Wert für die Schule, auf ihre dortige Akzeptierbarkeit und Triftigkeit sowie auf praxisorientierte Umsetzungsmöglichkeiten angewiesen sind.

Ganz fern von diesem Standpunkt ist die Schulqualitätsforschung insoweit nicht, als sie mit umfangreichen Standortanalysen, die allerdings überwiegend nicht kasuistisch-vergleichend, sondern systematisch-empirisch durchgeführt worden sind, einige Gütezeichen »guter« Schulen herausgefiltert hat. Internationale Forschungsstudien haben teils zeitgleich, teils später untersucht, inwieweit die Qualität der Schulentwicklungs*prozesse* über die Qualität der *Ergebnisse* entscheidet. Das *Wie* prägt das *Was*. Vieles spricht heute für diesen Befund (MILES/EKHOLM 1985; MILES/EKHOLM/VANDENBERGHE 1987; STEFFENS/BARGEL 1987; WIECHMANN 1992 und HAMEYER 1995). Bei allem steht fest, daß unser Bild von Schule das prägt, was wir von ihrer Wirksamkeit erwarten (WEICK 1976; CLARK/LOTTO/ASTUTO 1984). Es ist ein Unterschied, ob wir Schule als Empfangsstation für Bildungsansprüche betrachten oder als lernende Organisation mit erweiterten Gestaltungsbefugnissen und weitgehenden Kontrollrechten.

Schulbilder

Wir sagten eingangs, daß unser Bild von Schule und auch das Bild der eigenen Schule im Kollegium Einfluß nimmt auf das, was an ihr entwickelt wird, welche Standards sie sich zu eigen macht und welche nicht. Es macht einen Unterschied, ob ich von einer berufsorientierenden Schule oder einer Wissensschule rede. Solche Vorstellungen sind *unsere inneren Konstruktionen,* von denen wir ausgehen oder geleitet werden, wenn wir über Schule reden, wenn wir uns in ihr orientieren oder in ihr tätig sind. Solche Konstruktionen oder Wahrnehmungsformen sind natürlich subjektive Filter. Sie entscheiden maßgeblich mit über die Gütesiegel, die wir einer Schule verleihen. Nachfolgend sind Schulbilder in verdichteter, zugespitzter Form festgehalten, so wie Bilder in der Vorstellung entstehen¹. Nichts ist an ihnen systematisch. Es sind Skizzen oder Grundrisse, mehr nicht. Jeder mag von solchen Bildern mehr oder weniger erheblich abweichen. Wir möchten nur veranschaulichen, was sich in einem Bild von Schule verdichtet und inwieweit Qualitätsstandards in ihnen mitgedacht sind.

Erfahrungsschule

Viele sehen – teils unter Berufung auf reformpädagogische Denktraditionen – in der Schule einen Raum, wo Kinder aus Erfahrungsanlässen lernen, auch mit dem Ziel der Selbstorganisation ihrer Lernprozesse. Entdeckendes Lernen durch Selbsttätigkeit ist eine Facette des Bildes von einer Erfahrungsschule. Die Selbsttätigkeit fordert *und* fördert mehrkanaliges Lernen durch didaktische Integration aller Sinne. Erlebnisse des Kindes und seine Lebenspraxis bilden einen pädagogischen Angelpunkt. Erfahrungsschulen können gedanklich auch als Kinderschulen in Erscheinung treten, in der ganzheitliche Methoden zentral sind. Eine Pädagogik aktiven Erkundens von Wirklichkeit ist der Malgrund in diesem Bild. Allerlei Lernhilfen sind eine Basis für die eigentätige Organisation individuellen und sozialen Lernens. Unterricht ist als flexible Komposition aus Themen und Lernanlässen gedacht, um Grundbildung durch erfahrungsintensiven Unterricht sicherzustellen. Qualitätsstandards an derart gedachten Erfahrungsschulen sind überwiegend didaktisch-methodischer Natur. Sie beziehen sich auf die Qualität der Lernanlässe, auf den Anregungswert des Erfahrungsraums Schule, auf die Güte der Lernangebote *und* des pädagogischen Verhältnisses zwischen den Schülern und Lehrenden.

Lernhausschule

Kinder und Jugendliche sollen in diesem Modell, wie es die BILDUNGSKOMMISSION NORDRHEIN WESTFALEN vertritt (BILDUNGSKOMMISSION 1995), fachübergreifende Methoden des Umgangs mit Information und Problemen lernen. Nach dem Curriculum sollen sie in den Lerngebieten und Fächern Lernkompetenzen aufbauen, die geeignet sind, das eigene Lernen zu planen, Informationen zu recherchieren, den Prozeß und Ergebnisse des Lernens zu bewerten. Die Schulqualität ist im Lernhausmodell weitgehend zur Sache

---

[1] Teile dieses Beitrags, insbesondere die Typologie der Schulbilder, sind der Idee nach einem Beitrag über die Sicherung der Schulqualität entnommen (HAMEYER, U.: Schulqualität sichern – Organisationsentwicklung als systemisches Modell für professionelles Handeln. In: BUCHEN, H./HORSTER, L./ROLFF, H.-G. (Hrsg.): Schulleitung und Schulentwicklung. Berlin 1996, Loseblatt-Ausgabe, E 3.1, S. 1–20).

III Schulische Binnenorganisation

der Wirksamkeit der Lernprozesse erklärt. Sie ist verbunden mit der Identitätsentwicklung und der Differenzierung individueller Lernfähigkeiten. Im Haus des Lernens lernen die Schülerinnen und Schüler in erheblichem Umfang fächerübergreifend. Qualitätsstandards beziehen sich daher stark auf diesen Bereich, auf den Aufbau von Lernkompetenzprofilen und auf schulintern gestaltete Bedingungen hoher Lernwirksamkeit von Unterricht und Erziehung.

Wissensschule
Wissen ist Bildung – Bildung ist Wissen: So könnte man das klassische, etwas bigott ausgedrückte Leitbild einer Wissensschule bezeichnen. Die Wissensschule setzt Fachwissen, wissenschaftliche Methoden und heuristisches Denken an die Spitze schulischer Lernleistungen. Kognitive Fähigkeiten in den Fächern sind nach wie vor ein Kernstück des wissenschaftlichen Bildungsideals. Das Bild der Wissens- und Bildungsschule ist überwiegend in der Sekundarstufe I und II vertreten, dort vor allem an Gymnasien und Realschulen. Im Primarbereich begegnen wir jedoch auch diesem Bild, wenngleich versteckt hinter den Besorgnissen von Eltern, ihre Kinder würden nicht mehr ausreichend lernen, und wer auf die weiterführenden Schulen vorzubereiten sei, müsse in der Grundschule mit den wichtigen Wissensgebieten rechtzeitig beginnen. Qualität ist nach diesem grobkörnig abgelichteten Leitbild mit akademischem Wissen und einer allgemeinen Bildung verbunden, mit der Ordnung des Wissens im Fächer- und Lehrkanon allemal. Qualitätsstandards formulieren nach diesem Bild der Schule ein verbundenes System von Grundbildung und vertiefender Bildung über das als notwendig erachtete kategoriale Schulwissen. Dieses Schulwissen ist nicht eindeutig kodifiziert, und bei näherem Hinsehen streiten sich die Diskutanten über Lehrpläne und Schulbuchwerke oder neue Curriculumsysteme.

Arbeitsschule
Die Arbeitsschule – nicht unbedingt identisch in diesem Bild mit der Idee von KERSCHENSTEINER – will zur *Berufsorientierung* und *Berufsfindungsfähigkeit* beisteuern, die Arbeitswelt in die Lehr- und Lernangebote einbeziehen und auf sie vorbereiten. Solche Vorstellungen sind zum Beispiel in der Arbeitslehre an Haupt- oder Regelschulen vertreten, auch im Hinblick auf das Ziel, den Übergang von der Schule zur Arbeit zu erleichtern. Entsprechend anders als in den bisherigen Bildern haben Qualitätsstandards das Ziel sicherzustellen, daß Schülerinnen und Schüler für die Berufswahl vorbereitet werden. Projekte mit Wirtschaft, Handwerk und Industrie fügen sich in dieses Bild ein, ebenso betriebspraktische Studien. Die Bedeutung von Projektlernen und Fallstudien

Qualitätsstandards

wächst aufgrund der ihnen zugeschriebenen Lernwirksamkeit und der Motivation, die solche explorativen Methoden anzuregen versprechen. Qualitätsstandards werden nicht in erster Linie im Fachwissensbereich gesehen, sondern eher in der Verbindung von Sozialfähigkeit, Grundwissenserwerb, Selbstkompetenz und methodischem Können.

Gemeinwesenschule
Gemeinwesenorientierte Schulen betonen die Beziehungen zwischen einer Schule und ihrem Umfeld. Erwünscht sind reale Lernumgebungen; Elternmitarbeit ist ein zentraler Punkt. Eine Vielfalt kultureller Aktivitäten findet in der Schule statt. Schule ist Lernzentrum *und* Kulturraum. Sie bezieht Kulturangebote in das Schulleben ein und fördert Begegnungsanlässe zwischen Schule und Gemeinde. Qualitätssicherung richtet sich auf das gemeinsame, teils interkulturelle Lernen. Lernanlässe, die aus der Kulturarbeit hervorgehen, sind zentral; Ereignisse in der Stadt oder Gemeinde werden im Unterricht regelmäßig aufgegriffen. Projekte werden auf Lebenssituationen der Jugendlichen bezogen. Es geht um Zusammenarbeit mit Künstlern, Handwerkern und dem Reisebüro, um eine Multimediashow; oder man arbeitet mit der ortsansässigen Bäckerei oder den Lokalnachrichten vertraglich zusammen, entweder um die Schule mit Backwaren zu versorgen oder die Kinder eine Zeitungsseite pro Woche gestalten und redaktionell betreuen zu lassen.

Profilschule
Primar- und Sekundarbereich entwickeln nach diesem Bild eigene Schulstandortprofile. Von Schulen mit Qualitätsprofil wird erwartet, daß sie besondere Lernangebote über das hinaus anbieten, was im Lehrplan normalerweise verlangt wird, beispielsweise integrativer Sachunterricht, jahrgangsübergreifendes Lernen, multimediale Arbeitsformen, Umsetzung der Idee einer Europaschule, ökologische Maßnahmen bei der Umgestaltung des Schulgeländes durch einen kleinen Bach mit Laboratorium in einem eigens dafür hergerichteten kleinen Holzhäuschen. Profilschulen können gegebenenfalls Anreize wie etwa eine Reduktion der Lehrerbelastung wahrnehmen. In der Regel erarbeiten sie sich jedoch ihr Profil ohne diesen zusätzlichen Rahmen. Eine Profilschule setzt auf ihre Selbsterneuerungsfähigkeit und Selbstverantwortung. Querdenken, etwas Umdenken, Perspektivenwechsel, neue Initiativen sind erwünscht. Profilschulen können Magnetschulen sein, sofern – wie in den USA – attraktive überregional ausstrahlende Lernangebote bestehen wie z. B. im Falle einer bilingualen Schule oder einer integrativen Institution, in der Kinder mit gravierenden Lernproble-

III Schulische Binnenorganisation

men mit besonderen Förderungen zu guten Erfolgen kommen. Die Qualitätsstandards richten sich auf Profilbesonderheiten der Schule und ihre Umsetzungsprozesse. Dies bedeutet nicht, daß andere Standards wie Leistung oder Lernklima ausgeblendet werden, im Gegenteil – gute Profilschulen betrachten Leistung und Lernen im Verbund mit dem, was ihr Profil zu einer erhöhten, aber auch erweitert definierten Lernwirksamkeit beiträgt.

Stadtteilschule
Eine Stadtteilschule hat meist große Schülerzahlen und wird vielfach – wenn auch fälschlicherweise – als Schule der Massenerziehung gesehen. Große Stadtteilschulen werden je nach sozialgeographischem Einzugsgebiet als Brennpunkt sozialer und interkultureller Konflikte apostrophiert. Aggression und Gewalt seien verbreitet. Eine andere Sicht auf Stadtteilschulen erkennt die Chance der Vielfalt, weil die Lerngruppen in besonderer Weise heterogen sind und das Lernangebot aufgrund des »Gesetzes der großen Zahl« breiter gefächert ist. Qualitätsstandards in diesem wiederum sehr grob gerasterten, damit nur angedeuteten Bild sind u. a. fokussiert auf das differenzierte Curriculum und die Qualität sozialer und interkultureller Lernkonstellationen.

Miniaturschule
Das Bild einer Miniaturschule bezieht sich überwiegend auf den Grundschulbereich und Hauptschulen mit Einrichtungen zwischen 30 und 100 Kindern. Meistens schätzen insbesondere die Grundschuleltern »ihre« Miniatur- oder Zwergschule. Das Lehrer-Schüler-Verhältnis gilt als weitgehend harmonisch. Miniaturschulen genießen ein auffallend positives Image. Eltern können vieles an Zwergschulen besser übersehen als in großen Systemen. Sie haben vielfach direkten Zugang auf das schulische Geschehen. Aufgrund der Übersichtlichkeit kleiner Systeme scheint es leichter zu sein, ein Vertrauensverhältnis aufzubauen. Die Vorzüge einer Miniaturschule bestehen in ihrer räumlichen, psychischen und sozialen Nähe. Diese Wertung mag jedoch nicht immer von den Lehrerinnen und Lehrern geteilt sein. Die Qualität einer Miniatur- oder Zwergschule sichern bedeutet, ihre ungezwungene Seite des Lernens zu betonen, Zufriedenheit oder »Glück« der Kinder sichtbar zu machen, ihre individuelle und soziale Entwicklung möglichst einzelfallgenau zu begleiten, den Kindern einen zeiträumlichen Ruhepunkt zu bieten und – aus der Sicht der Eltern – die Kinder aufgehoben zu wissen, wenn sie zur Arbeit gehen.

Dimensionen von Qualitätsstandards

Die Frage nach Qualitätsstandards müssen wir nach diesen schlaglichtartig beleuchteten Skizzenbildern nun differenzierter betrachten: Qualitätsstandards einer guten Schule können nicht nur im Vergleich untereinander sehr verschieden sein, sondern sehen aus schulinterner Sicht möglicherweise anders aus als aus der Sicht externer Personen oder Behörden. Diese Gütezeichen sind nochmals zu unterscheiden nach der *Qualität der Prozesse,* durch die Schulbildung zustande kommt, und der *Qualität dessen, was Schulbildung erreicht* oder *Schule bewirkt,* soweit dazu Aussagen überhaupt möglich sind. Schulentwicklungsprozesse können nur so gut sein, wie sie es leisten, die interne und externe Ebene zu verbinden, Entwicklungsschritte zu unterstützen oder zu begleiten, Verantwortliche auf breiter Basis einzubeziehen, eine breite Verständigung über Qualitätsstandards zu erreichen, Rückkopplungsprozesse im System und zwischen diesem mit ihrem Umfeld sicherzustellen.

Die Standarddiskussion macht bei allem nur Sinn, wenn sie der Schule nicht aufgedrückt wird, sondern in Auseinandersetzung mit dem Wissen über gelingende Lehr- und Lernprozesse stattfindet. Keine professionelle Schule würde in solchen Fällen auf externe Unterstützung oder Rat verzichten. Die Standarddiskussion ist keine reine schulhausinterne Angelegenheit, aber auch nicht vornehmlich Sache des Vergleichs von Bildungsleistungen in der Schulregion, im Sitzland oder im Bundesländervergleich.

So verstanden, ist die Diskussion über Qualitätsstandards weiterführend, wenn sie in konstruktive Beratungs- und Entscheidungsprozesse in der Schule und mit der Schule eingebunden wird. Fragwürdig wird sie, wenn sie ohne Schule stattfindet und wir grundlegende Dimensionen von Qualitätsstandards wie zum Beispiel folgende ausblenden:

Standortspezifische Standards – schulübergreifende Standards
Standards für Entwicklungsprozesse – Bildungsstandards der Schulwirksamkeit
Standards für Lehr- und Lernformen – Unterrichts- und Curriculumstandards
Standards zur Professionalisierung – Leitbildstandards und Schulprogramm

III Schulische Binnenorganisation

Standards der Schulqualität

Die Schulqualitätsdebatte hat sich mit Merkmalen guter Schulen beschäftigt. Die angloamerikanischen Studien sind dabei nach relativ einfachem Muster vorgegangen. Sie rekonstruierten die Merkmalsbesonderheiten von Schulen, an denen hohe Schulleistungen erzielt wurden. Unser Standard der Schulwirksamkeit ist damit angesprochen, nicht jedoch die Frage nach den Standards für schulische und unterrichtliche Entwicklungsprozesse. Einfacher gesprochen, es fehlt der Erklärungsversuch, wie es die betreffenden Schulen zu dem brachten, was sie auszeichnet. Die Standards für Entwicklungsprozesse fehlen in der ersten Phase der Schulqualitätsdiskussion.

Vor etwa zwei Jahrzehnten haben Schulforscher nun herausgefunden, daß die einzelnen Schulen stärker voneinander abweichen als es die Systeme untereinander zu tun scheinen. Einfacher gesprochen – *schools make a difference*. Die Einzelschule steht seitdem unter dem Druck vergleichend formulierter Bildungsansprüche. Damit sind wir beim nächsten Standard unserer oben genannten Dimensionen, den schulübergreifenden Standards, obwohl paradoxerweise die Autonomieentwicklungen in einzelnen Ländern ja gerade das Individuelle einer Schule sehen. Faktisch jedoch wird die verstärkte Selbständigkeit sich nie dem Vergleich mit anderen Schulen entziehen können, zumal wenn größere Variationen der Bildungsangebote in einer Region entstehen und damit die Neugier wächst, welche Schule aus Sicht der Eltern die für ihre Kinder interessantere zu sein scheint.

Beschwerlich bleibt dieser Weg verstärkter Einzelverantwortung von Schulen für ihre Leistungen und Standards allemal, zumal angesichts leerer Staatskassen und eines mangelnden bildungspolitischen Impetus, und es sind gerade in einer ökonomischen Krise Schwerpunkte zu bilden und Anreizsysteme zu entwickeln. Gleichwohl ist unsicher, ob die einzelnen Schulen sich wirklich systematisch voneinander unterscheiden, oder ob sie nicht doch teilweise nach noch nicht hinreichend aufgeschlüsselten *Analogmustern* aufgebaut sind[2]. Da ist zum Beispiel das Muster des professionellen Selbstbilds, dann die heimliche Suche und Sehnsucht der Lehrenden nach mehr Berufszufriedenheit, und die stillen Bemühungen, die Schülerinnen und Schüler im Rahmen der internen und externen Leistungsstandards zu selbständigen Personen mit wissensgestützter Orientierungsfähigkeit und eigener Identität zu erziehen. Es besteht Grund zu der Annahme, daß der Wirkungsgrad solcher informellen Standards nicht nur sehr hoch sein kann,

---

[2] Diesen begründeten Hinweis verdanken wir SUSANNE POPP.

sondern sich gar nicht so sehr zwischen den Schulen unterscheidet. Aber genau wissen wir das nicht.

Fest steht im Moment: die einzelne Schule steht im Blickpunkt der partiellen Neuordnung des Verhältnisses von Schule und Staat. Die Autonomiedebatte ist das Stichwort. Wenngleich empirisch nicht erwiesen ist, daß autonome Schulen auch gute Schulen sind, soll die Einzelschule verstärkt Eigenverantwortung in pädagogischen Angelegenheiten übernehmen, und damit auch Verantwortung für die Einhaltung und Kontrolle von Standards. Ziel ist es, der Einzelschule dafür eine schulrechtlich gesicherte Basis zu bieten, damit sie auf jeweilige Kontextbedingungen flexibel reagieren kann. Von Schulen mit erweiterter Verantwortung wird erwartet, daß sie ein pädagogisches Profil und eigene Programme entwickeln (vgl. dazu kritisch OSTERWALDER i. d. Bd.).

Dieser Aspekt der Autonomiedebatte enthält für die Schulen zunächst nicht viel Neues, da Lehrerinnen und Lehrer schon immer für die Güte der Lehr- und Lernprozesse verantwortlich sind und auch die Lehrerkonferenz einen pädagogischen Auftrag zur Qualitätssicherung hat. Eher neu ist, daß sich mit der pädagogischen Verantwortung eine steuerungspolitisch motivierte Entwicklungsperspektive verbindet. Sie sieht vor, der Einzelschule zusätzliche Verantwortung in personellen und finanziellen Angelegenheiten zu übertragen – *school-based management* ist eines der eher unscharfen Zauberwörter. Qualitätssicherung wird damit vor Ort zur Aufgabe schulischen Managements (vgl. WISSINGER/HÖHER i. d. Bd.).

Wohin soll sich die Schule entwickeln? Diese Frage erübrigt sich nicht angesichts einer deutschen Verfassung, die den Staat in die Schulaufsichtspflicht nimmt und Schulen mit erweiterter Verantwortung, um der Chancengerechtigkeit sowie Vergleichbarkeit der Leistung willen, nur auf der Basis von Rahmenvorgaben des Staates (z. B. Lehrpläne) vorstellbar macht. Der Auftrag zur Profilbildung richtet sich unter den Bedingungen erweiterter Verantwortung als Auftrag zur Kooperation und Koordination an die Adresse jedes Kollegiums. Der Auftrag weist weit über den individuellen Horizont didaktischer Entscheidungen von Lehrpersonal hinaus. Profilbildung verbindet staatliche Bestrebungen mit Selbstorganisation – mit Verständigung über pädagogische Ziele, Inhalte und Methoden, mit dem Abgleich von Verantwortlichkeiten, mit in Unterricht hineinreichender Kooperation, mit Selbstkontrolle und Rechenschaftslegung (vgl. auch WISSINGER/Rosenbusch 1993). Profilbildung setzt voraus, daß Lehrerkollegien im Hinblick auf die Arbeitsresultate wie auf das Handeln eine Soll-Ist-Analyse erstellen, um eine Vorstellung von der Güte ihres Tuns als Handlungseinheit zu entwickeln.

III Schulische Binnenorganisation

Bislang schienen als Grundlage der Selbsteinschätzung die Lehrpläne und die Vorgaben von Verordnungen auszureichen. Nun aber stellt sich einem Kollegium, das auf Problemlösung und Profilbildung hinarbeitet, unter anderem die Frage: *Auf der Grundlage welcher Kriterien wollen wir den Ist-Stand unserer Arbeit bewerten? Welches Gewicht messen wir unseren Zielperspektiven und Leitideen bei? Woran wollen wir den Fortschritt in der Qualität unserer Arbeit messen oder einschätzen? Welche Kriterien sind standortübergreifend und müssen daher erfüllt sein, damit Chancengerechtigkeit in Bildung und Erziehung für Kinder und Jugendliche und eine Vergleichbarkeit der Leistungen von Kindern und Schulen gewahrt bleiben?*

Qualitätssicherung in der Schule

Ein Mosaik schulischer Leitbilder steht für eine Vielfalt von Sichtweisen von Schule. Es nimmt die Überlegung auf, daß es mindestens zwei Möglichkeiten gibt, sich ein Bild von Schule zu machen, eine *externe* und eine *interne* Sicht. So sehen Außenbetrachter anderes als etwa das Kollegium einer Schule. Eine Verständigung über die Qualität einer Schule im Kollegium setzt voraus, daß dieses die Leitbilder von Schule und Vorstellungen für zukünftiges Lernen berät. Ergebnis dieser Beratungen und Entwicklungsschritte kann ein eigenes Schulprogramm sein. Der Weg zu diesem Programm ist gleich bedeutsam wie das Resultat (HAMEYER 1997 b), weil über die Verständigungs- und Gestaltungsprozesse eine kollegiale Entwicklungsarbeit entsteht, professioneller Austausch stattfindet und Rückkopplungen der Verfeinerung einer konkreten Vision und ihrer Umsetzbarkeit dienen. Schule wird zum pädagogischen Planungs- und Kommunikationsraum, sofern sie nicht schon längst ohne solche kategorialen Versuche entsprechend tätig ist.
Vor diesem Hintergrund wird deutlich, daß die Entscheidung über die Güte des Lernens heute nicht mehr von wenigen Personen getroffen werden kann. Schule gestalten ist ein aktiver Prozeß des vereinbarten Zusammenwirkens vieler Menschen, ein Weg gemeinsamen Gestaltens, kooperativer Mitverantwortung und Partizipation (vgl. WISSINGER/ROSENBUSCH 1991). Das neue Schulgesetz in Bremen beispielsweise hat die Qualitätssicherung im Gesetz mit Blick auf das Gebot für die Schule verankert, sich der eigenen Organisationsentwicklung anzunehmen. Schulprogramme seien auszuarbeiten und mit dem Leitbild der eigenen Schule im Sinne einer *corporate identity* abzustimmen. Dabei stellen sich folgende Fragen:

- Was ist für uns guter Unterricht?

Qualitätsstandards

- Welches sind die Schätze unserer Schule?
- Wo gehen wir weiter auf Schatzsuche?
- Was haben wir erreicht?
- Was wollen wir weiterentwickeln?

Dimensionen, die eine Verständigung über Schulqualität strukturieren können oder Impulse bieten, sind folgende, wobei wir oben Gesagtes in eine vereinfachende Übersicht zu bringen versuchen:

Unterrichtsqualität
Die Unterrichtsqualität betrifft das Lehr- und Lerngeschehen in der Schulklasse und im Umfeld. Zugehörig sind Aspekte wie Methodenvielfalt, Teamteaching, Lebensbedeutsamkeit der Lernangebote, die Flexibilität des Curriculums, die Sicherung einer Grundbildung für alle, das Lernarrangement, die Differenzierung durch Medien, die Qualität der Lernmittel und Lernhilfen.

Lernqualität
Lernqualität betrifft das, was sich Schüler aneignen. Hier ist die Frage nach Kompetenzprofilen zu stellen, die die Schüler aufbauen. Insbesondere ist auch die Frage zu sehen, welche Lernkompetenzen in den Fächern und fächerübergreifend vorbereitet werden. Die Frage nach Lernqualität bedeutet immer, die Prozesse des Lernens und ihre Auswirkung auf Ergebnisse zu betrachten, nicht nur Lernerfolge als solche festzuhalten.

Schulqualität
Diese Kategorie bezieht sich auf Lernereignisse, die teils klassenübergreifend stattfinden. Darunter fallen Feste und Feiern, Veranstaltungen aus besonderen Anlässen, gemeinwesenorientierte Projekte und Kooperationen, Besonderheiten wie die Einrichtung eines Sound- und Musikstudios, Mediothek, besondere Lern- und Rekreationsräume, Lernwerkstätten und pädagogische Inseln usw.

Vernetzungsqualität
Jede Schule steht in einer gewachsenen oder gestalteten Beziehung zu ihrem Umfeld, zur Gemeinde, zu den Eltern, zu Kultureinrichtungen, zu Industriebetrieben, zur Wirtschaft. Unter Vernetzungsqualität ist die Frage zu stellen, inwieweit eine Schule Möglichkeiten nutzt, das Umfeld und dortige Lernanlässe in die pädagogische Arbeit einzubeziehen.

III Schulische Binnenorganisation

Professionalisierungsqualität
Unter dem Gesichtspunkt der Professionalisierungsqualität werden Anstrengungen betrachtet, sich fort- und weiterzubilden, Erfahrungen auszutauschen, Rückkoppelungsprozesse im Berufsfeld Schule zu verstärken, sich Zusatzqualifikationen anzueignen. Professionalisierung erfolgt durch Tätigkeiten wie Beraten, Helfen, Informationen bereitstellen, Kontrollieren, Rückkoppeln und Dokumentieren.

Ausblick

Schulleitungen können die Verständigung über solche Qualitätsdimensionen anbahnen, in Konferenzen aufnehmen und anderenorts bestreiten. Das alles wäre nicht sonderlich neu, allenfalls ist es der Versuch, im Sinne der Systematisierung auf Dimensionen aufmerksam zu machen, die wir heute aus der Schule nicht mehr wegdenken können. Die Diskussion allein jedoch reicht nicht. Wenn wirklich gestaltungswirksame Verständigungsprozesse stattfinden sollen, so sind diese mit professionellen Methoden zu sichern, sei es, daß sich die Schule professionellen Rat von außen sucht, oder sie führt eine Ideenwerkstatt für die Umsetzung ihrer zentralen Standards durch, oder – was Professionalisierung angeht – sie veranlaßt eine schulinterne Qualifikationsvereinbarung, derzufolge jedes Mitglied des Kollegiums für ein Schuljahr zwei Qualifizierungsoptionen für sich formuliert, diese mit der Schulleitung berät, sie dort vorstellt und umsetzt. Auf diese Weise würden in einer Schule pro Schuljahr mindestens doppelt soviele besondere Kompetenzen im Kollegium vertreten sein wie das Kollegium Personen zählt.

Wie ein solches Verfahren aussieht und welches seine Erfolgsbedingungen sind, ist im 2Q-Modell von KARL FREY genauer ausgeführt (s. auch LIMACHER/MÜLLER 1998).
Sinn machen solche Ideen immer nur, wenn sie breiten Konsens finden, praktisch realisierbar sind, gründlich und gut vorbereitet werden, Rückhalt von Schlüsselpersonen in der Schule bekommen, und die Schulleitung es versteht, mit überzeugenden Argumenten Mitstreiter zu gewinnen. Qualitätsstandards in der Schule und für Schule sind bei allem immer nur so gut wie sie von den Menschen umgesetzt und ausgestaltet werden können, die mit ihnen verantwortlich umgehen. Und das sind die Kollegien und die Schulleitung. Daher ist jede Standarddiskussion nur so gut und hilfreich, wie sie nicht nur etwas fordert, sondern Verständigungs- und Entscheidungsprozesse anbahnt, in denen sich alle Mitglieder der Schule – auch die Schülerinnen

und Schüler – äußern und an ihrer standortspezifischen Formulierung und Umsetzung mitwirken können. Standards sind schließlich keine über den Wolken schwebenden Ideale, sondern konkrete Fixpunkte einer breiten und transparenten Verständigung über das, was wir intern und extern von der Schule erwarten. Und diese Erwartungen sind nicht frei von unseren inneren Bildern oder Entwürfen dessen, was wir gut finden. Im Grundsatz ist das nicht problematisch, sondern sogar hilfreich, solange wir diese Bilder nicht in uns verstecken, sondern über sie reden und gegebenenfalls diese zu korrigieren bereit sind.

HEIKE ACKERMANN

Eltern – Ratgeber für Schulqualität?

Über die Rolle der Eltern im Prozeß der Schulentwicklung

»Improving the Quality of Schools – ask the clients?« (DAVIES/ELLISON 1995). Diese im europäischen Ausland gestellte Frage nach der Einbindung der Adressaten in die Entwicklung von Schulqualität wird hierzulande kaum erörtert. Es scheint in der deutschen Schulreformdiskussion eher außergewöhnlich zu sein, zu fragen, inwiefern die Schule Wünschen und Bedürfnissen von Eltern und Schülern entsprechen (soll) und wie zufrieden diese mit der öffentlichen Bildung und Erziehung sind. Der Grund hierfür liegt neben der administrativen Entwicklung der Schulaufsicht wesentlich darin, daß Eltern wie Schüler aufgrund der Schulpflicht keine Wahl haben und ein »Bildungsmarkt« entgegen mancher neo-liberalistischen Forderung (noch) nicht existiert[1]. Zumindest für die Grundschulzeit ist die Schule durch den Schulsprengel vorgegeben. Da die an die Grundschule anschließenden Selektionsprozesse die Schullaufbahnen der Kinder und Jugendlichen präformieren, kann auch – einmal abgesehen von regionalen Disparitäten in der Bildungsversorgung (BARGEL/KUTHE 1992) – von einer Wahlfreiheit der weiterführenden Schulen nicht gesprochen werden[2].

---

[1] Die in der Schweiz und in Österreich herrschende *Unterrichts*pflicht hat Eltern andere Optionen eröffnet. Dennoch beginnt auch dort erst infolge der internationalen Schuleffektivitätsforschung (vgl. MORTIMORE 1994) eine Diskussion über die Schulqualität.

[2] An diesem Punkt setzen Marktideologien an, nach denen eine Konkurrenzsituation die Stellung der Nachfrager stärken solle. OELKERS hat folgende Beschreibung des Marktes zitiert, die die Vorstellung von individueller Wahlfreiheit entlarvt: »Man erhält ein Angebot, aber man kann nicht wählen, denn die Wahl ist dadurch beschränkt, daß die angebotenen Güter ununterscheidbar sind. Zugleich *muß* man sich entscheiden, der Kunde ist auf das Produkt existentiell angewiesen; in einer Autogesellschaft, so das Beispiel, kann man auf alles mögliche verzichten, nur auf Benzin nicht. Man ist einem Zwang ausgesetzt, der mit dem Schein der Freiheit verbunden wird« (OELKERS 1995, S. 135, Hervorhebung i.O.).

Rolle der Eltern

Diese verläßliche Zuweisung von Schülern wurde institutionell so interpretiert, daß »die« Schule sich kaum um ein spezifisches pädagogisches Programm und um individuelle Erwartungen kümmern mußte. Die Schule »funktionierte« in relativer Autonomie, und erst der Problemdruck durch veränderte Sozialisationsbedingungen der Kinder rief pädagogische Initiativen vor allem im Grundschulbereich auf den Plan.

Wem auf Basis dieser Bedingungen als Eltern von Schulkindern die Schule zu »uniform« erscheint, wer aufgrund eines schlechten Rufes einer Schule eine Alternative sucht, oder wer eigene, eventuell biographisch bedingte oder milieuspezifisch konturierte Vorstellungen über das pädagogische oder weltanschauliche Konzept einer Schule besitzt, für den besteht bisher einzig die verfassungsrechtlich gesicherte Möglichkeit, sein Kind in eine »Schule in nichtstaatlicher Trägerschaft« zu schicken (Art. 7 Abs. 4 GG). Zwar wird dieser Weg von einer wachsenden Zahl von Eltern eingeschlagen, aber gemessen an der Gesamtzahl ist dies nur ein geringer Prozentsatz. Privatschulen spielen im deutschen Schulsystem im Unterschied etwa zu den Niederlanden nur eine geringe Rolle, dies war politisch erwünscht und gesellschaftlich akzeptiert.

Die Schule (Lehrpersonen und Schulleitungen) hat die Eltern bisher nicht als »Erwartungsträger« bestimmter pädagogischer Qualitätsansprüche wahrgenommen, im Gegenteil: eine Orientierung an Elternwünschen gilt eher als Gefährdung für die allgemeine Bildungsqualität. Grundgelegt in der Spannung zwischen staatlichem Erziehungsauftrag und elterlichen Bildungsvorstellungen werden im Unterschied zum niederländischen Schulwesen (HEYTING/TENORTH 1994) die an Schulen herangetragenen pluralen Wertmaßstäbe bisher als mit dem Sozialstaatspostulat der Chancengleichheit unverträglich angesehen. Die staatlich verbürgte Teilhabe an öffentlicher Bildung und Erziehung, deren Inhalte »Neutralität« gegenüber »weltanschaulichem Partikularismus« sichere, führte bisher nur selten zu einer Analyse der Qualität der Volksbildung.

Elternrechte grenzen Eltern aus

Die schulische Perzeption der Eltern beruht vornehmlich auf deren staatlich fixierter Rolle als Erziehungsberechtigte (Art. 6 Abs. 2 GG), mit denen sich die Schule den Einflußbereich der Erziehungsaufgaben teilt[3], nicht aber auf

---

[3] Dieses Teilen ist durchaus als Relativierung des elterlichen Erziehungseinflusses auf schulische Wissensvermittlung zu verstehen, wie am Urteil des BVG zum Sexualkundeunterricht ersichtlich wird.

III Schulische Binnenorganisation

einem pädagogischen Verständnis der Eltern als Erziehenden. Während den Eltern in den Angelegenheiten der Schule nur eine eher subalterne Rolle zukommt, bestehen umgekehrt seitens der Schule massive Erwartungen an familiale Unterstützungsleistungen zur Erfüllung schulischer Leistungsanforderungen. In welch geringem Ausmaß dabei die Eltern von den Lehrern unterstützt werden, damit diese ihren Kindern bei schulischen Lernproblemen helfen können, zeigt eine aktuelle Untersuchung von KRUMM (1996). Im Bereich der Schule sind den Eltern kollektiv in den Länderschulgesetzen formalisierte Rechte eingeräumt worden. Als »echte« Mitwirkungsrechte beziehen sie sich vorwiegend auf Fragen der Schul- und Hausordnung und der Schulwegsicherung. Bezüglich der Unterrichtsplanung und -gestaltung sind ihnen Anhörungs- und Beratungsrechte gewährt worden (JACH 1992, S. 138). Die bloß formalen Kollektivrechte der Eltern, die höhere Sozialschichten begünstigen, haben eine umgreifende Demokratisierung und Erneuerung der Schule verhindert (MELZER 1987).
Seit der juristischen Aufhebung des obrigkeitsstaatlichen Schulverständnisses als einer nicht grundrechtsfähigen Lehranstalt[4], die sich einem gesellschaftlich umgreifenden Modernisierungsprozeß verdankt, wird es zwar verstärkt für erforderlich erachtet, Konflikte, die aus der Funktion der Schule als Instanz sozialer Plazierung entstehen, mit elterlichen Ansprüchen an Bildung und Qualifizierung ihrer Kinder kommunikativ zu vermitteln. Bislang bedeutete diese Aushandlung von Interessen jedoch nur, daß die Eltern – unbeschadet ihrer erwünschten Hilfsdienste bei Klassenfahrten, Festen oder Feiern – aus pädagogischen Entscheidungen und Belangen der Schule »rausgehalten« worden sind. Eine inhaltliche Mitwirkung und Teilhabe der Eltern an der pädagogischen Schulgestaltung, die seit langem als unabdingbar für den Erfolg pädagogischer Verbesserungen gilt (vgl. DEUTSCHER BILDUNGSRAT 1973), und die die unterschiedlichen Lebensweltbezüge der Schüler in Elternhaus und Schule miteinander zu vermitteln strebt, kam aufgrund eines vornehmlich auf die Wissensvermittlung im Unterricht und weniger auf die Erziehungsaufgabe gerichteten Schulverständnisses kaum ins Blickfeld.

---

[4] Dieses begriff die Schule als »besonderes Gewaltverhältnis«, in dem die Rechte des einzelnen durch innerschulische Maßnahmen nicht berührt werden konnten (G. LENHARDT 1993). LUDWIG VON FRIEDEBURG sagt darüber nicht sehr trennscharf: Aus »einem Gewalt- wurde ein Rechtsverhältnis« (1996, S. 41). Auch das Gewaltverhältnis war in einem Rechtsverhältnis begründet, und dem veränderten Rechtsverständnis liegt gleichfalls die öffentliche Gewalt zugrunde.

Das Schulwahlverhalten von Eltern orientiert sich an den Zukunftsperspektiven

In der aktuellen Diskussion um die innere Schulreform wird in Wiederbelebung des reformpädagogischen Topos von der »Schulgemeinde« den Eltern nunmehr eine verstärkte Mitwirkung an der inneren Schulgestaltung zugestanden. Damit ist intendiert, die Eltern im Schulgeschehen stärker in die Verantwortung einzubinden, sie aus ihrer »Zuschauerrolle« zum aktiven Beteiligten zu machen und die »corporate identity« zu stärken. Dahinter steckt aber auch ein Bewußtsein von der Relevanz der Eltern, daß diese in ihrer Gesamtheit einen bildungspolitisch relevanten Einfluß auf die Schulentwicklung ausgeübt haben. Als individuelle Akteure der Schulwahlentscheidungen bescherten die Eltern den Schularten eine Konkurrenzsituation, indem sie aufgrund der gewachsenen gesellschaftlichen Bedeutung einer höherwertigen Schulbildung für ihre Kinder einen mittleren Schulabschluß oder das Abitur anstreben. Die Hauptschule wurde zur Schulart mit der geringsten Nachfrage und hat in der jüngsten Umfrage des Instituts für Schulentwicklungsforschung in Dortmund (1996) in der Elterngunst weiter verloren. »Mit 51 % der Nennungen (auf die Frage, welchen endgültigen Schulabschluß ihr Kind nach ihren Wünschen erreichen soll, H.A.) ist (das Abitur) weiterhin der am häufigsten präferierte Abschluß im Westen, 44 % der interviewten Schülereltern aus den neuen Ländern wünschen sich, daß ihr Kind die Schule mit der Hochschulreife abschließt.« »So niedrig wie noch nie hingegen sind die Zustimmungswerte für den Hauptschulabschluß, der nur noch von 9 % im Osten und 5 % im Westen genannt wird« (IFS-UMFRAGE 1996, S. 15). Diese Umfrage erfaßt zwar nur die Schulart*wünsche,* die Bildungsaspirationen. Aber auch die tatsächlich realisierten Schulwahlentscheidungen, die eine »Geschichte von Wunschreduzierungen« sind, lassen seit längerem von einer Krise der Hauptschule sprechen. Und auch die Gesamtschule, die besondere Funktionen im Hinblick auf die Verwirklichung sozialer Chancengleichheit erfüllen sollte, kann sich bei Übergangsentscheidungen *in einem viergliedrigen Schulsystem* nur schwer neben dem traditionellen Gymnasium oder der Realschule behaupten (TILLMANN 1986, S. 17). In einer rheinland-pfälzischen Schuluntersuchung von 1980 haben Eltern, wenig überraschend, diejenigen Schularten mit hohen Bewertungen versehen, die bessere Abschlußperspektiven versprechen (DITTON/KRECKER 1996).
Die Schulwahlentscheidungen zeigen denn auch die wesentliche Orientierung von Eltern an, die auf der Hierarchie der Schularten beruht. Qualitative

III Schulische Binnenorganisation

Unterschiede der Schulen spielen offenbar für sie vorerst nur eine geringe Rolle. Selbst die in ihrem curricularen Bildungsprogramm freieren Privatschulen werben gegenüber den Eltern mit der Vergabe von höherwertigen Abschlüssen, zu denen sie auch Schüler mit Lernschwierigkeiten führen würden. Neben der Abschlußperspektive stellt der Faktor Erreichbarkeit einer Schule im regionalen Schulangebot eine weitere Determinante in der elterlichen Schulwahl dar.

Das Schulwahlverhalten hat sich wohl nicht nur infolge der Bildungsexpansion insgesamt geändert.»Unabhängig von den Übergangsregelungen der Länder und deren politischen Intentionen hat sich bundesweit ein nahezu gleiches Übergangsverhalten zum Gymnasium eingestellt« (WEISHAUPT/ ZEDLER 1994, S. 403). Der bildungspolitische Versuch, in einigen (auch in den neuen) Bundesländern das Elternrecht bei Übergangsentscheidungen einzuschränken, hat die Dynamik dieser gestiegenen Bildungsnachfrage nicht eingrenzen können. Es ist nicht absehbar, daß diese Entwicklung an Fahrt verliert, da bekannt ist, daß Eltern in der Schulpräferenz für ihren Nachwuchs das Niveau ihres eigenen Schulabschlusses nicht unterschreiten wollen. Maßnahmen wie die Zusammenlegung von Haupt- und Realschulen stellen bildungspolitische Umgangsweisen mit diesem Trend dar.

Die Bildungsaspirationen der Eltern sind mit dem vielzitierten gesellschaftlichen»Wertewandel« verkoppelt, der auch die Erziehungsnormen und -ziele der Schule tangiert. Eltern drücken in ihren veränderten Wertorientierungen »die objektiv notwendige Anpassung der Sozialpsyche an die Herausforderungen eines übergreifenden sozioökonomischen Modernisierungsprozesses« aus (HEPP 1996, S. 23). Beeinflußt vom Wandel in der Arbeitswelt sind in diversen Lebenssphären der Individuen »die Selbständigkeitserwartungen an die einzelne Person gewachsen« (ebda. S. 21). Ausgehend von dieser gesellschaftlich vermittelten Erfahrung wünschen sich Eltern von der heutigen Schule, daß ihre Kinder dabei unterstützt werden, frühzeitig selbständig und entscheidungsfähig zu werden, um künftigen, in ihren Dimensionen und Perspektiven weitgehend unklaren beruflichen und sozialen Anforderungen gerecht werden zu können. Die Rationalität der elterlichen Bildungsentscheidungen besteht darin, möglichst lange die Bildungswege und damit die Entwicklungs- und Zukunftschancen für ihre Kinder offen zu halten. In ihrem Streben, die Lebensentwürfe ihrer Kinder nicht frühzeitig zu fixieren, spiegeln Eltern das Bewußtsein davon wider, daß für die Selbstbehauptung des einzelnen auf dem Lehrstellen- und Berufsmarkt eine gute Schulbildung unerläßlich, wenn auch immer weniger eine Garantie ist.

Die Offenheit der Bildungslaufbahn als strukturelle Bedingung der Elternpartizipation

Die Offenheit der Bildungswege hat sich als wichtige Voraussetzung der Bereitschaft von Eltern erwiesen, in der Schule aktiv mitzuwirken. »Eltern sind auf die Laufbahnmuster beschränkt, die dem Kind offen stehen oder die sich das Kind durch seine schulischen Leistungen eröffnen kann« (NEUBAUER 1985, S. 64). So ist das Interesse der Eltern an der Schule zu Beginn der Schullaufbahn ihres Kindes hoch, ebenso wenn Übergangsentscheidungen anstehen oder wenn der Schüler die Schulart gewechselt hat, oder die Einmündung in eine berufliche Ausbildung bevorsteht. In Schularten, wo der Abschluß klar vorgezeichnet scheint, geht die Elternbeteiligung vergleichsweise zurück.
Eine Beteiligung der Elternschaft ist auch in denjenigen Gesamtschulen festgestellt worden, deren Lehrer sich aktiv in der Elternarbeit engagieren. In der Hauptschule bemühen sich die Lehrpersonen aufgrund der erzieherischen und beruflichen Orientierung der Schulart stärker als im Gymnasium und der Realschule um eine Mitwirkung von Eltern.
In der Gesamtheit ist die Praxis der Elternarbeit als defizitär anzusehen. Die tieferliegenden Gründe sind in den unterschiedlichen Zielsetzungen öffentlicher und privater Erziehung und der jeweiligen Bezugnahme auf das Kind zu suchen (ULICH 1989).
Eltern werden von den Lehrern in der Regel als schulpädagogisch nicht kompetente Kontrolleure ihrer Arbeit angesehen und befürchten eine Einmischung in ihre unterrichtlichen Entscheidungen[5]. Die Qualität der Elternarbeit zeigt sich als abhängig vom Engagement des einzelnen Lehrers und beschränkt sich oftmals in Erfüllung der gesetzlichen Vorgaben auf die Information der Eltern über den Leistungsstand und das schulische Verhalten ihrer Kinder.

Die Familie auf dem erzieherischen Rückzug?

In der Kontroverse über das »kulturelle Kapital« der Familie und ob diese an Sozialisationskraft verliere (vgl. HERRMANN 1994), ist wissenschaftlich unstrittig wohl nur der Wandel sowie die Pluralisierung der Familienstruktur konstatierbar (vgl. HUININK/GRUNDMANN i. d. Bd). Zunehmend sind bei-

---

[5] GRABBE (1985) weist auch anhand von Erfahrungen mit der Elternmitarbeit im Unterricht auf die Gefahr hin, daß die Lehrer sich an elterlichen Vorstellungen von Unterricht und nicht an den Schülerbedürfnissen orientieren.

III Schulische Binnenorganisation

de Elternteile erwerbstätig, und die Zahl der Alleinerziehenden wächst an. Dies bedeutet, daß die Verlagerung und Erfüllung schulischer Leistungsansprüche in das Elternhaus nicht ohne weiteres aufrecht erhalten werden kann. Die Gründe dafür liegen in einer umgreifenden Vergesellschaftung der Familie durch Berufstätigkeit unter ökonomischem Mobilitäts- und Flexibilitätsdruck auf der einen Seite sowie einem Einkommensrückgang bis in die mittleren Soziallagen hinein sowie eine Dynamisierung von Arbeitszeiten, die auf Familienpflichten nicht abgestimmt sind[6]; zum anderen in einem gesellschaftlichen Anwachsen der Arbeitslosigkeit, die jede Familie erreichen kann und die sie vor erhebliche materielle und psychische Belastungen stellt. Durch Risikolagen, die zunehmend die Breite der Gesellschaft erreichen, werden die sozialisatorischen Funktionen der Familie in stärkerem Maße beansprucht.

Die Bereiche Gesellschaft, Familie und Schule zeigen enge Interdependenzen, aus denen heraus auch der öffentlichen Bildung und Erziehung neue Ansprüche erwachsen sind. Seitens der Gesellschaft werden aufgrund der gesellschaftlichen Bürden der Familie Anforderungen an die Schule gestellt, die ihrer gesellschaftlichen Überforderung Ausdruck verleihen und die bisherigen Aufgaben der Schule verändern. So nennt z. B. das Bremer Schulgesetz als Aufgabe der Schule zuerst die Betreuung der Kinder und Jugendlichen, erst dann die der Erziehung und zuletzt die der Qualifizierung: »Die Schule ist Lebensraum ihrer Schülerinnen und Schüler, soll ihren Alltag einbeziehen und eine an den Lebensbedingungen der Schülerinnen und Schüler und ihrer Familien orientierte Betreuung, Erziehung und Bildung gewährleisten« (§ 4 Abs. 2 BremSchG).

In diesem Sinne wird derzeit eine quantitative und qualitative Lücke der öffentlichen Erziehungseinrichtungen entdeckt, und die Schulen werden mit einem anderen Zuschnitt von Funktionen konfrontiert. Die betreute Grundschule, – wie sie in Hessen kürzlich zur Normalität erhoben ist und die auch in anderen Bundesländern angeboten wird –, oder die Forderungen nach Ganztagsschulen reflektieren auf eine Berufstätigkeit der Eltern. Welche Erziehungsziele sich mit einer umfassenderen Betreuung verbinden, inwiefern die Schule in ihrer pädagogischen Gestaltung Kindern und Jugendlichen

---

6 Eine vom Institut für Schulentwicklung durchgeführte Schülerbefragung zeigt eine große Differenz in der familiären Betreuung von Schulkindern. 76 % der Schulkinder in Westdeutschland sind nicht allein, wenn sie nach Hause kommen. Dies trifft nur bei 43 % der Schulkinder in Ostdeutschland zu. Nach Angaben der Kinder sind in den neuen Bundesländern 60 % der Mütter ganztags erwerbstätig (vgl. KANDERS/RÖSNER/ROLFF 1996, S. 72).

zugleich einen Erfahrungsraum für eigenes Handeln, für ihre persönliche Entwicklung bietet, ist jedoch in gesamtgesellschaftlicher und in bildungstheoretischer Hinsicht noch ungeklärt (vgl. SCHÖNWEISS 1994). Bislang konkurrieren die unterschiedlichsten Schulvorstellungen miteinander (vgl. FAUSER 1996).

Neue Verantwortlichkeiten durch Einbindung in die pädagogische Schulgestaltung

In der institutionellen Reaktion auf die gesellschaftlichen Änderungen in Kindheit, Jugend und Familie bleiben die Eltern nicht vor der Schultür. Im Rahmen neu geschaffener schulischer Mitwirkungsorgane wie der Schulkonferenz in Hessen, Niedersachsen, Bremen und Hamburg werden Eltern in die Verantwortung für das Schulprogramm eingebunden. Dies ungeachtet dessen, daß die Verbreitung von Risikolagen, von der die Rede war, zumindest in Teilen zur Überforderung der Familie führen kann. Die verstärkte In-Pflichtnahme der Eltern entspricht einer vorhandenen gesellschaftlichen Tendenz zur Übertragung von Verantwortung im Rahmen der »Bürgergesellschaft« und der Verlagerung von Entscheidungen an untere Instanzen in der Hierarchiestruktur von Organisationen. Kritisiert wird, daß das individuelle Elternrecht durch die Stärkung des kollektiven Rechts beschnitten wird (WOLLENWEBER 1997, S. 126). Ein Gegenstand der Schulforschung wäre es, die Effekte sowohl auf die Elterngruppen, zeitlichen Ressourcen, Kompetenzen und Verhaltensbereitschaften, als auch auf die Schulkultur zu beobachten. Die Einbeziehung von Eltern, die Kooperation der Schule mit ihrer Umwelt gelten ebenso als moderierende Variablen »guter« Schulen wie das Schulklima, die Qualität des Unterrichts und die Qualität der Schulleitung (vgl. THONHAUSER 1996, S. 399).

Gravierend ist, daß die Individuen auf ihre neuen Aufgaben der Alltagsarbeit in sozialen Kontexten, die auf sie zukommen, noch nicht vorbereitet sind. Es gilt, die nahezu ausschließlich auf Klassenebene sich beziehende Elternarbeit der Lehrer, für deren pädagogische Gestaltung diese bereits im herkömmlichen Rahmen kaum ausgebildet sind, in ein pädagogisches Gesamtkonzept der Schule einzubinden und weiterzuentwickeln. Hierbei sind künftig Initiativen der Schulleitung gefordert.

III Schulische Binnenorganisation

Die Mitwirkung der Eltern am Schulprogramm

Eltern sollen beispielsweise bei Fragen der pädagogischen Zielsetzung der einzelnen Schule im Rahmen eines Schulprogramms mitwirken, bei der Entscheidung über die Organisation eines flexibilisierten Stundenplans im Rahmen einer Jahresstundentafel, der Zusammenfassung von Fächern zu Lernbereichen, bei Entscheidungen über freiwillige Unterrichtsveranstaltungen, über Samstagunterricht; bei der Frage, ob bis zur dritten Jahrgangsstufe auf Ziffernoten zugunsten anderer Beurteilungsformen verzichtet werden soll, über Grundsätze der Zusammenarbeit mit anderen Schulen bis hin zur Verwendung von Haushaltsmitteln oder der Wahl der Schulleitung – Aufgaben also, die bisher hoheitlich der Bildungsadministration vorbehalten waren und nun der »Schulgemeinde« überantwortet werden.

Die Schule bekommt in diesen Mitentscheidungen für Eltern einen komplexeren Charakter, der den Rahmen der einzelnen Schulkasse ihres Schulkindes übersteigt. Auf der Klassenebene konnten Eltern bereits ein Korrektiv zu Lehrerentscheidungen darstellen, wenn sie beispielsweise monierten, daß soziale Lernprozesse in der Klasse zu kurz kämen oder die Kinder mit der Fülle oder dem Anforderungsniveau der Hausaufgaben überfordert seien. In einer Perspektive der gesamten Schule werden Lern- oder Integrationsprobleme verschiedener Schülergenerationen oder Altersstufen thematisiert werden, Stärken oder Schwächen des schulischen Bildungsangebotes, Vergleichbarkeiten schulischer Abschlüsse, die Offenheit von Bildungswegen, die berufliche Vorbereitung durch die Schule, die Notwendigkeit der Kooperation mit anderen Schulen, um Übergänge zu erleichtern, oder mit außerschulischen Bildungsträgern, die Probleme von Schülerinnen und Schülern mit bestimmten Fächern oder die Art und Weise der Leistungsbeurteilung.

Wenn seitens der Lehrer aber auch über das mangelnde pädagogische Verständnis der Eltern geklagt wird, weil diese in der Perspektive auf den Übergang zu anderen Schularten oder von Abschlüssen pädagogische Zielsetzungen gering schätzten und nach ihrem jeweiligen Leistungsverständnis pädagogische Maßnahmen beurteilten, so machen diese ganz normalen Schwierigkeiten in der Lehrer-Eltern-Beziehung deutlich, welche komplexe Entwicklungs- und Bildungsarbeit im Hinblick auf die Schule geleistet werden müßte. Die Diskussionen in einer Schule betreffen die Wertigkeit der Bildung im gesellschaftlichen Kontext und die Schwierigkeiten und Probleme einer Schule, Schülerinnen und Schüler zu qualifizieren, mit offenen und ungewissen Situationen umgehen zu können, die ständiges Lernen von ihnen erfordern.

Die Eltern sollten im Rahmen einer kooperativen Organisationsentwicklung in die Entwicklungsprozesse der einzelnen Schule einbezogen werden (ACKERMANN 1997). Indem das Schulprogramm mit allen am schulischen Geschehen beteiligten Gruppen diskutiert wird, und Kontroversen über Ziele, Inhalte und Wege des pädagogischen Programms zum produktiven Moment der Schulentwicklung werden, kann die Gefahr einer rein verfahrensmäßigen formalen Beteiligung und deren »Overruling« vermieden sowie die Expertise der an der Schulgestaltung Beteiligten gestärkt werden. Von Lehrern und Schulleitungen wird bisher viel zu wenig gesehen, daß gerade die Eltern als Schulöffentlichkeit bei aller Unterschiedenheit in Milieus und Lebensstilen als politische Kraft ein Reservoir für die Unterstützung der pädagogischen Ziele einer Schule darstellen. In ihre Beurteilung der Schule beziehen die Eltern sowohl die jeweilige Schulkasse mit ihrem Lernklima als auch die Merkmale der gesamten Schule ein (vgl. DITTON/KRECKER 1996). Laut einer Befragung (ACKERMANN 1997) befürchten Eltern die Verschlechterung der Lehr-/Lernbedingungen durch größere Klassen und kritisieren die Kürzungen im Bildungsbereich (IFS-UMFRAGE 1996, S. 41). Sie plädieren für verstärkten persönlichen Kontakt und mehr pädagogische Interaktionen in der Schule.

Eltern als Einflußgrößen für schulisches Lernen

Die Überlegungen zu einer inhaltlich umgreifenden Form der Elternbeteiligung werden nicht nur durch zahlreiche Arbeiten zur schulischen Elternpartizipation befürwortet. Untersuchungen im Umkreis der Kindheits-, Jugend- und Familienforschung über differenzierte Erziehungsmilieus der Kinder und Jugendlichen, die sich wechselseitig beeinflussen, thematisieren die Eltern als wichtige soziale Umwelt (vgl. ZINNECKER 1997). Eine intensive elterliche Anteilnahme am Leben der Kinder gilt als positive Bedingung für die schulische Motivation (WILD/WILD 1997). Ebenso hat sich gezeigt, daß die Schulleistungen der Kinder mit dem Ausbildungsstand der Eltern korrelieren (WILD/KRAPP 1995, S. 589), was als Ansatzmöglichkeit einer »von Lehrern und Schulpsychologen geleisteten Elternarbeit gesehen wird, die auf eine Aufhebung sozialer Ungleichheiten hin orientiert ist« (WILD/WILD 1997, S. 74). Die erzieherischen Milieus des Elternhauses beeinflussen die Eingangsvoraussetzungen und die weiteren Schulleistungen der Kinder (KRUMM 1996). Allerdings gilt es als Vorurteil, daß allein Eltern mit höherer Bildung »durchweg bessere Partner oder Eltern sind« (GRUNDMANN u. a. 1994, S. 71). Vor allem wenn Eltern »sich für die Bedürfnisse und Aktivitäten ihres Kindes interessieren und dessen Selbständigkeit unterstützen, ein

III Schulische Binnenorganisation

ausgeprägtes Engagement in schulischen Belangen aufweisen und hohe Erwartungen an ihr Kind in bezug auf den von diesem zu erreichenden Schulabschluß richten« (WILD/WILD 1997, S. 69), scheint dieses Erziehungsverhalten eine wichtige Rolle für die Intensität zu spielen, mit der sich Schüler mit schulischen Lerninhalten auseinandersetzen.

Verschiedenen Faktoren führen insofern dazu, daß sich langsam auch in der Sicht der Schule das Eltern-Verständnis wandelt. Sie werden nunmehr zu wichtigen schulischen Kooperationspartnern (vgl. RISSE 1995). Die schulförderlichen Aspekte einer Elternbeteiligung werden gleichfalls in internationalen Arbeiten über die Effektivität der Schule thematisiert (vgl. MORTIMORE 1994) und wurden zum Gegenstand von Konferenzen über staatliche Initiativen für bessere Schulen. Auf internationaler Ebene habe sich fast »überall die Auffassung durchgesetzt, daß eine moderne und effektive Schule nicht mehr unter Ausschluß der Öffentlichkeit gestaltet und entwickelt werden kann« (HAENISCH 1995, S. 9), weshalb die Eltern unter Rechenschaftsgesichtspunkten zunehmend für wichtig erachtet werden.

Schulen als Bildungsghettos?

Eine weitere Problemstellung deutet sich mit der veränderten Rolle der Eltern jedoch bereits an: Infolge der in Gang kommenden Pluralisierung der Schulen durch eine Schulprofilbildung (vgl. MARITZEN i. d. Bd.) wird anhand der Ergebnisse der angloamerikanischen Schulforschung diskutiert, inwiefern sich durch einen quasi »naturwüchsig« entstehenden Bildungsmarkt die soziale Zusammensetzung sowie die Erziehungsmilieus der Eltern- und Schülerschaft ändern und die Schulen vor neue Herausforderungen stellen werden (vgl. OSTERWALDER i. d. Bd.; OELKERS 1995; PREUSS-LAUSITZ 1997). Denn wenn es richtig ist, daß auf Grundlage einer freien Schulwahl eine Homogenisierung der sozialen Zusammensetzung und der Erziehungsmilieus der Schülerschaft eintritt, wie dies bei Privatschulen der Fall zu sein scheint (vgl. PREUSS-LAUSITZ 1997), könnten damit Bildungsghettos entstehen. Neue Ungleichheiten werden aufgrund einer öffentlich wenig beachteten Umakzentuierung der staatlichen Sozialverantwortung durch Deregulierung und Dezentralisierung auch im Bildungsbereich befürchtet (FRIEDEBURG 1996, AHLHEIM/BENDER 1996). Wie die Schulleitung eine stärkere Differenzierung im sozialstrukturellen Wandel der Schülerschaft bei gleichzeitiger Öffnung der Schule zu kontrollieren vermag, um »nicht alle Probleme des Stadtteils zu Problemen der Schule werden zu lassen« (RISSE 1995,

S. 17), ist noch nicht absehbar. Bereits der »Umbau der Sekundarstufe« zum Nachteil der Schülerschaft von Haupt- und Gesamtschulen vollzog sich unter den Augen der Schulleitung.

Die Elternkooperation im Kontext von Programm und Situation einer Schule

Eltern sind eine sozial heterogene Gruppe, für deren spezifische Bildungsaspirationen und das damit verknüpfte Schulengagement soziale Milieus und Lebensstile ausschlaggebend scheinen (LÜDERS 1997). Es werden Untersuchungen angemahnt, die auch die bildungspolitisch eingeleitete Entwicklung beobachten, wie sich die Einzelschulen auf das sie umgebende soziale Milieu einstellen werden. Weil hierüber noch keine Erkenntnisse vorliegen und sich die jeweiligen Erziehungswirklichkeiten der Schulen voneinander unterscheiden (PREUSS-LAUSITZ 1997, S. 591), sind pauschale Gestaltungsvorschläge der Elternkooperation nicht sinnvoll.

Für jede Schulart und für jede Schule liegen aufgrund der regionalen Situierung, aufgrund ihres Einzugsbereichs, der jeweiligen Eltern- und Schülerschaft, ihrer Ausstattung und den Unterstützungsleistungen durch Schulträger und Gemeinde und ihrem Schulprogramm andere Bedingungen für eine Elternkooperation vor. Die Elternkooperation ist sowohl in die gesellschaftliche Situation der Verwertungsperspektiven von Bildungszertifikaten, die damit verbundenen subjektiven Ansprüche und Erwartungen an Bildung und Qualifizierung als auch in die jeweilige Erziehungswirklichkeit der Schule eingebunden. So wird z. B. eine Kooperation mit Eltern ethnischer Minderheiten anders aussehen und andere Wege einschlagen müssen (NIACE 1997) als eine Kooperation mit Eltern, die dem Ziel dienen soll, das naturwissenschaftliche Lernen von Mädchen zu befördern.

Einer Schulleitung, die das Gespräch mit den Eltern optimieren möchte, die sich zunächst eine Bestandsaufnahme der in der Schule vorherrschenden Elternarbeit vornimmt, auf die sich weitere Überlegungen gründen, in welcher Art und Weise die Eltern in das Schulgeschehen eingebunden werden sollen und können, könnte die Beantwortung der folgenden Fragen hilfreich sein:

- Wie engagieren sich Eltern gegenwärtig im Schulalltag? Geht das Engagement über die Teilnahme an Elternabenden und Elternsprechtagen hinaus?
- Welche Berührungspunkte gibt es zwischen Elternhaus und Schule? Was

III Schulische Binnenorganisation

erfahren die Eltern über das Schulgeschehen? Welche Kommunikationswege gibt es? Wie häufig und worüber werden Eltern informiert? Gehen diese Informationen über die Klassenebene hinaus? Wünschen Eltern mehr und öfter Informationen?
- Wie können die Berührungspunkte zwischen Elternhaus und Schule erweitert werden? Wie kann die Kommunikation weiter verbessert werden?
- Welche gesellschaftlichen Erfahrungsbereiche repräsentieren Eltern durch Herkunft, Beruf und Engagement in der Gemeinde? Welche Brükken könnten zur schulischen Lebenswelt geschlagen werden?
- Welche Elterngruppen werden mit der schulischen Informationspolitik nicht erreicht? Wie könnte z. B. das Engagement von Eltern ethnischer Minderheiten und sozial benachteiligter Eltern gefördert werden? Wieviel Eltern sind alleinerziehend? Welche Eltern benötigen welche Unterstützungsleistungen? Welche Angebote und Hilfsdienste im regionalen Umfeld könnten angesprochen werden?
- Wie werden Eltern gefördert, die sich im Schulleben besonders engagieren?
- In welchem Maße haben Eltern Einfluß auf das Schulgeschehen? Wie wird dieser Einfluß von allen Gruppen in der Schule bewertet: als ausreichend, zu gering, zu stark? In welche Entscheidungsprozesse sollten Eltern verstärkt eingebunden werden? Was soll und muß vom Kollegium und der Schulleitung allein entschieden werden?
- Wird langfristig eine Elternmitwirkung im Bereich von Arbeitsgemeinschaften, Lernfördergruppen, Mittagstisch und Betreuung oder bei Unterrichtsgängen gewünscht? Was muß getan werden, um dies zu realisieren?
- Welche pädagogischen Fragen tangieren sowohl Elternhaus als auch Schule? In welcher Form könnten diese aufgegriffen und behandelt werden?
- Soll eine Elternbildung zusammen mit anderen Instanzen, z. B. der Volkshochschule betrieben werden? Gibt es eine schulische Kooperation mit organisierten Elternvereinen?

Eltern für die Schulerfahrungen ihrer Kinder öffnen – die Schule für die Lebenswirklichkeit der Kinder sensibilisieren

Gerade die Befürchtung, Elternwünsche könnten schulferne Gesichtspunkte in die Schule tragen oder durch ihre Wertmaßstäbe die Universalität von Allgemeinbildung untergraben, hat eine Auseinandersetzung mit Vorstellungen der Eltern bisher behindert. Es wird jedoch zunehmend notwendig sein, die unterschiedlichen Perspektiven der beiden pädagogischen Realitäten Elternhaus und Schule miteinander zu vermitteln. Die Zusammenarbeit von Elternhaus und Schule ist im Interesse an der Förderung von schulischen Lehr-/Lernprozessen und den Entwicklungs- und Entfaltungsmöglichkeiten von Kindern und Jugendlichen unerläßlich.

Der selbstverständliche Ausgangspunkt der Elternkooperation sollte sein, daß Eltern selbständige Erzieher ihrer Kinder sind und diesen basale Fertigkeiten, Fähigkeiten und Kenntnisse vermittelt haben, auf denen die Schule aufbaut (GRUNDMANN u. a. 1994; KRUMM 1996). Pädagogische Kompetenzen der Eltern sind ebenso weiterzuentwickeln wie die von Lehrpersonen und Schulleitungen. Während eine Pädagogisierung sozialer Umwelten längst vorangeschritten ist, scheut sich die Schule, ihr Erziehungs- und Bildungsverständnis zu thematisieren und eine Verständigung über pädagogische Ziele anzustreben. Die Einbeziehung von Eltern in die Schule und das Schulleben soll dem doppelten Ziel dienen, Eltern für die Schulerfahrungen ihrer Kinder zu öffnen, ebenso wie sich die Schule der Lebenswirklichkeit der Kinder öffnen muß. VON HENTIG postuliert, die Lernprobleme nicht isoliert von den Lebensproblemen der Kinder zu lösen, die diesen aus der Erwachsenenwelt erwachsen. Insofern ist es plausibel, die verschiedenen sozialen Umwelten Elternhaus und Schule unter Berücksichtigung von pädagogischen Qualitätsmaßstäben miteinander ins Gespräch über gemeinsam interessierende pädagogische Fragen zu bringen, um nach Gründen und Ursachen für die Lebens- und Lernprobleme der Kinder und Jugendlichen zu suchen.

Es ist eine Binsenweisheit, daß eine Kooperation, die sich von der bisherigen unbefriedigenden Elternpartizipation unterscheidet, nicht verordnet werden kann. Sie kann der Schule ebensowenig oktroyiert werden wie den Eltern, die bisher diese Gelegenheiten nur – erzwungenermaßen durch ihr Interesse am Fortkommen ihres Kindes – als eine sie eben nicht persönlich bereichernde Angelegenheit wahrgenommen haben. Die Zustimmungswürdigkeit des in der wissenschaftlichen Literatur verbreiteten Postulats der Elternkooperation hat oftmals die gesellschaftlichen Ursachen der Distanz

III Schulische Binnenorganisation

beider Erziehungswirklichkeiten aus dem Blick geraten lassen. Von einer Interessenidentität von Elternhaus und Schule kann nicht ausgegangen werden (ULICH 1989), da die Erziehungsaufgabe von Elternhaus und Schule durch den Widerspruch zwischen Fördern und Auslesen überformt wird, der in den gesellschaftlichen Funktionen der Schule, der Selektion, der Allokation und der Legitimation (FEND 1981) begründet liegt. Seitens der Schule ist es unfruchtbar, Eltern den Vorwurf zu machen, häufig zu ehrgeizig am Fortkommen ihrer Kinder interessiert zu sein und diese durch Leistungsansprüche zu überfordern, da der Vorwurf an die Schulen zurückzuwenden wäre, Defizite im Lernstand bis in Bildungskarrieren hinein festzuschreiben, anstatt sie als Herausforderungen für pädagogische Hilfen zu verstehen (HEID 1989, 1986). Es handelt sich insofern vorerst nur um eine Forderung, das gemeinsame Anliegen von Eltern und Schule bestehe in der Förderung schulischer und häuslicher Lehr-/Lernprozesse. Wenn zur Zeit öffentlich darüber diskutiert wird, welche Kenntnisse heutigen Schülerinnen und Schüler vermittelt werden (z. B. BAUMERT/LEHMANN u. a. 1997), ob und wie es der Schule gelingt, nicht nur abfragbares kurzlebiges Wissen, sondern Lernen als sinnhafte und persönlichkeitsbildende Erfahrung zu vermitteln, ist dies ein kritischer Befund über die Realität. Es besteht darüber vermittelt auch die Chance, daß die Schulen ihren pädagogischen Auftrag als gesellschaftliche Bildungseinrichtung, als pädagogische Instanz des Lehrens und Lernens stärker reklamieren und ihre unterrichtliche Professionalität unter Einbeziehung der Lernumwelten der Kinder und Jugendlichen weiterentwickeln wollen. Dies erfordert auch eine andere Elternarbeit.

NORBERT MARITZEN

Schulprogramm und Rechenschaft – eine schwierige Beziehung

Profil, Programm, Konzept, Leitbild, Corporate Identity... Im Kontext der Debatte um Schulautonomie haben zunehmend Schlagwörter Konjunktur, die den Standort der Einzelschule, ihre Identität oder auch ihr pädagogisch-programmatisches Outfit auf den Begriff zu bringen trachten. Die Debatte ist zur Zeit bestimmt durch die übliche Unübersichtlichkeit: Die Begriffsverwendung geht durcheinander; bildungs- und schultheoretische Prämissen werden selten ausgewiesen; das Reden »über« hat die Praxis »in« längst abgehängt; Politiker und Juristen gießen bereits in Gesetzessprache, wofür erfahrungsgesättigte und reflektierte Anschauung noch fehlt. Folge des inflationären Begriffsgeklimpers ist eine Desorientierung, die Schulpraktiker ebenso wie Berater, Fortbildner oder Bildungsplaner ratlos läßt.
Was tut not? Erstens konzeptionell nachvollziehbare begriffliche Klärung, zweitens eine Funktionsbestimmung dessen, was mit »Programm« oder »Profil« gemeint sein kann, drittens eine vorläufige inhaltliche Füllung der Begriffe, viertens die Verortung der neuen Konzeption im Kontext des sich verändernden Systemzusammenhangs (Bildungs- bzw. Schulpolitik, Behördenreform, Steuerungsmodelle), fünftens und vor allem die Veröffentlichung, Auswertung und Konzeptualisierung von exemplarischen Praxiserfahrungen. Für letzteres ist an dieser Stelle kein Platz (siehe z. B. MARITZEN/ WASSENER 1997). Mit dem Mut zum Holzschnitt soll daher versucht werden, in aller Kürze ein paar Ordnungsvorschläge zu machen, die allenfalls heuristischen, d. h. problemstrukturierenden Wert beanspruchen können. Dies ist bereits ein schwieriges Unterfangen, da die Entwicklungskontexte in vielen Bundesländern weitgehend präjudiziert sind durch Gesetze und Verordnungen, die entscheidende Vorgaben in Sachen Schulprogramm und Schulprofil machen.

III Schulische Binnenorganisation

Versuch einer Begriffsklärung

Der Rede vom *Schulprofil* unterliegen im wesentlichen drei semantische Konstrukte:

- Jede Schule hat »irgendwie« ein »Profil«. Damit kann der Ruf oder das Image einer Schule gemeint sein (»Elitegymnasium«, »Restschule«, »Leistungsschule« usw.), oder man verweist mit dem Begriff auf einen traditionellen thematischen Schwerpunkt einer Schule (z. B. naturwissenschaftliches Gymnasium), der vielleicht nur noch wenig über die innerschulische Wirklichkeit aussagt, aber dennoch weiterlebt und wirksam ist.
- Eine Schule »profiliert« sich durch besondere Schwerpunktmaßnahmen (z. B. bilingualer Zweig, Nachmittagsbetreuung, usw.). »Profil« heißt hier vor allem: sich unterscheidbar machen von den Schulen im Umfeld, sich in besonderer Weise positionieren zum Zwecke der Akquirierung einer bestimmten Schülerklientel. Dieser Profilbegriff wird bestimmt durch das Außenverhältnis der Schule, den Markt, auf dem sich Schulen (Wer in der Schule?) durch Profilgebung Vorteile im Konkurrenzkampf um Schüler erhoffen.
- Eine Schule entwickelt ein »Profil«, das die innere Entwicklung einer Schule in unterschiedlichen Bereichen koordiniert und auf einem Konsens in pädagogischen Zielen gründet. »Profil« bezieht sich hier eher auf das Binnenverhältnis einer Schule: Alle für den Unterricht und das Schulleben Verantwortlichen erarbeiten eine pädagogische Grundorientierung als Ausweis ihrer Identität als Organisation Schule.

Diese letzte Bedeutung ist gemeint, wenn zum Beispiel im Bremischen Schulgesetz von Schulprofil die Rede ist (vgl. § 9 BremSchulG). Dort wird der Profilbegriff auch in spezifischer Weise mit dem Begriff des Schulprogramms verknüpft, indem es heißt: »das ... zu entwickelnde Profil soll durch ein Schulprogramm gestaltet und fortgeschrieben werden«. Während Profil also auf den von den Schulmitgliedern intendierten Sollzustand einer Schule verweist, ist Schulprogramm das Mittel, mit dem dieses Ziel, von der je gegebenen Ausgangslage startend, erreicht werden soll. Schulprogramm ist also ein Instrument, gleichsam das Drehbuch, das die innere Entwicklung einer Schule steuert und orientiert (siehe zur Begriffsbestimmung FLEISCHER-BICKMANN/MARITZEN 1996). Es ist ein schriftliches Dokument der Entwicklungsziele, -schritte und -maßnahmen einer Schule.

Funktionen des Schulprogramms

Aber auch das Schulprogramm, hier also als Schulentwicklungsinstrument verstanden, entkommt nicht dem Spannungsverhältnis, das sich in den widersprüchlichen Bedeutungsschichten des Profilbegriffs schon andeutete. Es lohnt sich deshalb, genauer nach möglichen Funktionen des Schulprogramms zu fragen. Es liegt nahe, drei Bereiche auszuweisen, in denen Schulprogrammen besondere Funktionen zukommen können:

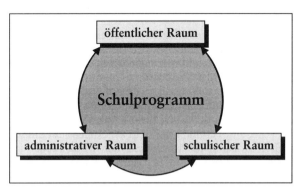

Abb. 1:

Am naheliegendsten ist es, im innerschulischen Raum Funktionsbestimmungen für ein Schulprogramm vorzunehmen. Hier hat die Arbeit an einem Schulprogramm zuallererst eine Entwicklungsfunktion, indem die standortspezifische Herausbildung von zukunftsorientierten pädagogischen Schwerpunkten systematisch vorangetrieben wird. Weitere wesentliche Funktionen könnten in diesem Zusammenhang sein: interne kollegiale Orientierung und Konsensbildung, Anregung von Innovationsprozessen, Stimulierung und Planung von Kooperationszusammenhängen, das Verbindlich-Machen von Initiativen, Bereitstellung von partizipativen Gestaltungsmöglichkeiten usw.

Im öffentlichen Raum kommen dem Schulprogramm Aufgaben im Hinblick auf außerschulische Partner und Institutionen zu. Schulen haben verstärkt ein Interesse daran, über ihre Angebote und Konzeptionen zu informieren, wobei dem Marketing-Aspekt ein zunehmend größerer Stellenwert beigemessen wird. Für Eltern hält das Schulprogramm wichtige Informationen bereit, die ihnen bei der gezielten Auswahl von Schulstandorten Entscheidungshilfen bereitstellen könnten. Auch für außerschulische Partner (z. B. Vereine, freie Träger im Sozialbereich usw.) können Schulprogramme Orientierung bieten, indem sie Kooperationsmöglichkeiten öffentlich machen. Dies gilt auch für die Zusammenarbeit mit Unterstützungssystemen (z. B. Fortbildungs- und Beratungseinrichtungen), da Schulprogramme die Möglichkeit eröffnen können, Unterstützungsbedarf zu präzisieren und maßgeschneiderte Hilfsangebote zu erstellen.

Im Bezug zum administrativen Raum erhält das Schulprogramm eine wichtige Steuerungsfunktion, insofern es Grundlage für die interne und externe Evaluation der schulischen Arbeit wird. Was im Schulprogramm festgeschrieben ist, kann mit offengelegten Kriterien überprüft werden. Erfolg oder Mißerfolg der Umsetzung von Schulprogrammen werden beschreib- und vermittelbar, und zwar im Innern der Schule ebenso wie gegenüber vorgesetzten Dienststellen. Mit Schulprogrammen lösen Schulen – wie noch genauer skizziert werden soll – auch ihre Rechenschaftspflicht ein. Darüber hinaus eröffnet der standortübergreifende Vergleich von Schulprogrammen Schulverwaltungen potentiell auch die Chance dezentraler Steuerung der Bildungsangebote, um regional vergleichbare Angebotsstandards zu halten und die regionale Angebotspalette insgesamt auszutarieren.

Alle drei Bezugsgrößen werden immer gleichzeitig präsent sein bei der Entwicklung von Schulprogrammen. Es liegt aber nahe, zu vermuten, daß die Dominanz der einen oder anderen Funktionsbestimmung ganz wesentlich das Aussehen der Schulprogramme bestimmen wird, d. h. auf den Charakter der im Programm ausgewiesenen Zielsetzungen, die innerschulischen Prozesse und die vereinbarten Maßnahmen (Produkte) durchschlagen wird. Auch höchst problematische Entwicklungen sind in allen drei Funktionsbereichen denkbar. Ob Schulprogramme nun vornehmlich auf Werbewirkung durch Hochglanzbroschur bedacht sind, ob sie als trockene Rapporte ungelesen in Behördenregalen verstauben, oder ob sie zum Zankapfel innerschulischer Ideologiekämpfe werden, es sind genug Szenarien denkbar, in denen die Entwicklungschancen, die Schulprogramme bereithalten können, verspielt werden.

Struktur von Schulprogrammen

Welches könnten nun Merkmale sein, die eine inhaltliche Füllung des hier entwickelten Programm-Begriffs versprechen? Wenn das Schulprogramm sich letztlich keinem der oben genannten Funktionsbereiche entziehen kann, dann liegt es nahe, sie in abgewogener Weise in der Struktur des Schulpro-

gramms zu berücksichtigen, indem folgende Anforderungen an ein Schulprogramm formuliert werden:
- Im Schulprogramm drückt sich die pädagogische Grundorientierung einer Schule aus.
- Ein Schulprogramm enthält auf der Basis einer beschriebenen schulischen Ausgangslage klare Zielvorstellungen. Die Kriterien der Zielerreichung werden benannt.
- Das Schulprogramm nennt die Maßnahmen zur Zielerreichung, entwirft einen Zeitplan, benennt Verantwortliche für die Umsetzung und weist die notwendigen Ressourcen im Rahmen des Schulbudgets aus.
- Das Schulprogramm setzt Schwerpunkte im Unterricht und Schulleben und nimmt dabei Bezug auf curriculare und sonstige Rahmenvorgaben oder schulinterne Verabredungen.
- Das Schulprogramm enthält Aussagen über die Durchführung und die Referenzkriterien der internen Evaluation.
- Bei der Erarbeitung des Schulprogramms werden alle schulischen Gruppen (Lehrer/innen, Schulleitung, nichtunterrichtendes Personal, Schüler/innen, Eltern) angemessen einbezogen.
- Das Schulprogramm wird regional mit den benachbarten Schulen abgestimmt.

Die folgende Abbildung soll in sehr verdichteter Form den Zusammenhang dieser Strukturelemente darstellen und anhand einiger Beispiele Konkretisierungen andeuten (s. Abb. 2, Seite 140):

Zwischen Rechtschaffenheit und Rechenschaft

Es wurde implizit bereits angedeutet: Die Idee, Schulentwicklungsarbeit relativ umfassend in Schulprogrammen zu dokumentieren, bekommt ein problematisches Vorzeichen insofern, als sie derzeit in einem Kontext verschärften Rechtfertigungsdrucks propagiert wird, der von Lehrerinnen bzw. Lehrern und Schulleitungen als mehr oder weniger diffuser Kontrollanspruch erlebt wird. Das Schulprogramm wird in dieser Perspektive weniger als pragmatisches Entwicklungsinstrument oder Werkzeug der Selbstvergewisserung wahrgenommen denn als etwas, was »für Außenstehende« oder »für die da oben« aufgeschrieben werden soll. In der Tat legen auch Schulbehörden besonderen Wert auf die Schriftlichkeit von Schulprogrammen, eine Anforderung, die nicht nur dem schulischen Personal erhebliche Mühe und relativ ungewohnte Schreibarbeit bereitet, sondern vermutlich auch Rück-

III Schulische Binnenorganisation

Abbildung 2:

Bereiche der Schule	Maßnahmen			Evaluationsfragen
Unterricht Pflicht- und Wahlbereich	Verschiedene Unterrichtsformen, Wochenplanarbeit	z.B. verstärkte Medienerziehung		*Warum?* – Impulse von außen? – Impulse von innen? *Wozu?* – Auswertung von Einzelmaßnahmen – Entscheidungen über Prioritätensetzung – laufende Verbesserung von Maßnahmen – Revision des SP *Welche Kriterien?* Beurteilungsmaßstäbe *Was?* – Ziele der Maßnahmen – Input (z.B. Zeit, Ressourcen, Fortbildung) – Rahmenbedingungen – Prozesse – Ergebnisse – Nebenfolgen *Wie?* – Zielklärung – Beauftragung einer Gruppe – Methoden – Instrumente – Umgang mit Daten – Rückkopplung der Ergebnisse
	z.B. Stärkung des Fremdsprachenunterrichts	z.B. Projektarbeit		
		z.B. ...		
Schulöffnung nach innen/außen	z.B. Betreuungsangebote	z.B. Kooperation mit Wirtschaft		
	z.B. Kooperation mit anderen Schulen u. Institutionen	z.B. ...		
Strukturen/ Organisation	z.B. selbständige Ressourcenverwaltung	z.B. Team-Kleingruppen-Modell		
	z.B. kollegiale Schulleitung	z.B. ...		

Merkmale des Schulprogramms
Ausgangsbedingungen, Ziele, Prioritäten, Vorhaben, Zeitplanung, Ressourcen, Verantwortliche, Evaluation, Beteiligung, regionale Abstimmung

Unterstützung z.B. durch Schulleiterfortbildung, SCHILF, Organisationsentwicklung

Das gemeinsame Dach
z.B. »Europaschule«, »Die gesundheitsbewußte Schule« ...

Schulprogramm und Rechenschaft

wirkungen auf die Programme selbst haben wird: Im Programm steht – so ist zu befürchten – nur das, was sich (bequem) aufschreiben läßt, und Papier ist bekanntlich geduldig. Darin kommt die durchaus verständliche Abwehrhaltung derjenigen zum Ausdruck, die ihr rechtschaffenes Bemühen um die Gestaltung der schulischen Entwicklungsarbeit nicht durch von außen daherkommende Offenlegungszumutungen mit Mißtrauen belegt sehen wollen.
Der Abwehrstrategien gibt es – so zeigen erste Erfahrungen mit Diskussionen in Lehrerkollegien – sehr viele. Sie kommen in einer Vielzahl argumentativer Figuren daher:

- Ohne besondere Stundenentlastung ist das nicht zu leisten.
- Jetzt sollen wir uns wohl selber kontrollieren. Ich säge mir doch nicht den Ast ab, auf dem ich sitze.
- Was geht denn die anderen an, wie ich meinen Unterricht mache. Es gibt ja wohl immer noch die pädagogische Freiheit.
- Schulprogramm, nein danke. Nichts als Leistungsverdichtung bei knapper werdenden Ressourcen.
- Na gut, wenn's sein muß, dann beauftragen wir halt zwei Kollegen.
- Schulprogramm wird uns schon wieder von oben aufgedrückt.
- Ständig deckt uns die Behörde mit Aufträgen ein, nun auch das noch.
- Wir denken doch immer über unseren Unterricht nach. Ist das keine Schulprogrammarbeit?
- Wenn die Abstimmung über die Schulprogrammentwicklung im Kollegium 50 zu 50 läuft, was dann?
- Wir haben so viele Alltagssorgen, laßt uns damit erst mal in Ruhe.
- Wir sind im Schnitt über 50. Da fällt es schwer, Neues zu beginnen.
- Schulprogrammarbeit und Elternbeteiligung? Die kennen uns doch oder interessieren sich immer weniger für unsere Arbeit.

Solche ernst gemeinten Einwände führen Bildungsplanern vor Augen, daß die frohe Botschaft vom Schulprogramm ein ähnliches Schicksal zu ereilen droht wie in der Vergangenheit schon andere zentral vorformulierten Innovationszumutungen, wenn nicht viel dezidierter am Gestaltungspotential, den Erfahrungen und Handlungsbedingungen der Schulen und dort vor allem der Lehrerinnen und Lehrer selbst angeknüpft wird. Von ermutigenden Beispielen, die es in großer Zahl gibt, müßte gelernt werden, um das Nützlichkeitsversprechen, das in der Idee vom Schulprogramm mittransportiert wird, anschaulich werden zu lassen.
Ein anderes wird ebenso deutlich: Im deutschsprachigen Raum mangelt es offensichtlich – anders als in Ländern, in denen die schulische Arbeit stärker

III Schulische Binnenorganisation

und direkter an Anspruchshalter (Übersetzung des englischen Wortes stakeholders: z. B. Eltern, Schulgemeinden, school-boards usw.) rückgebunden ist – besonders an einem nicht-defensiven, d. h. konstruktiven Umgang mit legitimen internen und externen Informationsansprüchen. Die oftmals frustrierende Erfahrung, die Eltern mit der Durchsetzung ihres Anspruchs auf Unterrichtshospitation machen, ist dafür nur ein Beispiel. Als ähnlich schwierig erweist es sich nicht selten, die Arbeit an Schulprogrammen innerhalb der Schule plausibel erscheinen zu lassen, fällt diese Anforderung doch angesichts der angedeuteten Wahrnehmungsmuster sofort dem Kontrollverdacht anheim. Von außen an die Schule oder an einzelne Lehrerinnen und Lehrer herangetragene Ansprüche haben zunächst einmal ihre pädagogische Legitimation unter Beweis zu stellen. Der legalistische Hinweis auf die Rechtslage (»Ihr müßt es aber tun!«) verfängt da zunächst wenig und wirkt sich vermutlich eher kontraproduktiv aus.

Was kann nun Rechenschaftslegung im Zusammenhang mit der Erarbeitung von Schulprogrammen bedeuten? In einem ersten Zugriff erscheint es sinnvoll, den Begriff der Rechenschaft, der in den angelsächsischen Ländern als accountability – obwohl semantisch leicht abweichend – über eine ältere Tradition verfügt (vgl. zum englischen Kontext KOGAN 1986 und WAGNER 1989), gegen den bürokratischen Kontroll-Begriff abzusetzen. Kontrolle meint in administrativen Kontexten gemeinhin Fremdbestimmung, oft einhergehend mit Vorstellungen von vertikalen Steuerungsmustern. Rechenschaft könnte demgegenüber allgemein als Bringschuld bezeichnet werden, die dadurch eingelöst wird, daß Anspruchshaltern professionelle Aufklärung und Information über geplante oder erbrachte Leistungen gegeben wird. Eine Rechenschaftspflicht besteht in diesem Sinne nicht nur – wie meist unterstellt – gegenüber einem »Außen« und »Oben« (z. B. Schulaufsicht), sondern ebenso gegenüber allen schulischen Interessengruppen. Für das Schulprogramm heißt dies beispielsweise, daß im Prozeß seiner Entwicklung ebenso wie durch das schriftliche Dokument

- Schülerinnen und Schüler angemessen in die Gestaltung der schulischen Arbeit und die Darstellung ihrer Ergebnisse einbezogen werden;
- Eltern mit Informationen, die ihnen Entscheidungen zur Planung der konkreten Schullaufbahn ihrer Kinder erleichtern, versorgt werden;
- Lehrerinnen und Lehrer ihre Unterrichts- und Erziehungstätigkeit viel systematischer als bisher untereinander offenlegen und gemeinsam planen, sich regelmäßig ein professionelles Feedback geben und lernen, ihre individuelle Arbeit in einen Zusammenhang mit dem Organisationszweck ihrer besonderen Schule zu setzen;

- Schulbehörden über regionale schulische Bildungsangebote genauere qualitative Informationen erhalten, die sie zur strategischen Bildungsplanung und Sicherung einer ausgewogenen Angebotsstruktur benötigen.

Rechenschaftsbeziehungen ergeben sich also in allen Bereichen, in denen dem Schulprogramm Funktionen zukommen, innerhalb der Schule ebenso wie gegenüber der Öffentlichkeit und der Schulverwaltung.

Schulprogramm als Instrument der Qualitätssicherung

Schulprogramme werden also in vielfältiger Weise in einen Systemkontext eingebunden sein, der sich gegenwärtig radikal verändert, wofür die Autonomie-Debatte nur ein Ausdruck ist. Es ist keinesfalls Zufall, daß die Rede vom Schulprogramm derzeit en vogue ist. Vielmehr werden derartige Konzepte virulent, weil in einer Landschaft selbständiger werdender Schulen, in der auch das Handlungsrepertoire klassischer Schulaufsicht immer weniger wirksam ist, nach neuen Instrumenten dezentraler Selbststeuerung von Schulen gesucht werden muß.

Die Qualitätsentwicklung und -sicherung für selbständigere Schulen wird in Zukunft immer weniger wirksam mittels der Instrumentarien klassischer Durchgriffsaufsicht geleistet werden können, die sich in die Ablauforganisation der Schule qua höherer, d. h. allgemeine Interessen inkarnierender Einsicht maßregelnd einmischt. Gegenüber selbstbewußteren Schulen verfangen eben zentralistisch vorformulierte Detailregulierungen nicht mehr; sie werden im Gegenteil kontraproduktiv, indem sie erfolgreiche Steuerungsleistungen der Zentrale suggerieren, wo die Selbständigkeit der dezentralen Einrichtungen im Alltag längst ein Ausmaß angenommen hat, von dem die meisten Ministerialen kaum etwas ahnen. Wenn diese Diagnose richtig ist, wenn die Frage der externen Beeindruckbarkeit von Schulen als Organisationen sich immer radikaler stellt, dann müssen einerseits Steuerungsleistungen in neuer Form und effektiver als bisher von den Schulen selbst erbracht werden. Andererseits muß die unbestreitbare zentrale, politisch legitimierte Systemverantwortung wesentlich stärker durch kontextstrukturierende Rahmensetzungen, dezentrale Unterstützung und Ergebniskontrolle sichergestellt werden (zur impliziten Steuerungstheorie siehe WILLKE 1995; MARITZEN 1996 a; FLEISCHER-BICKMANN 1996).

Das Schulprogramm wird in dieser Hinsicht zum Element eines neuen Regelkreises der Qualitätssicherung:

III Schulische Binnenorganisation

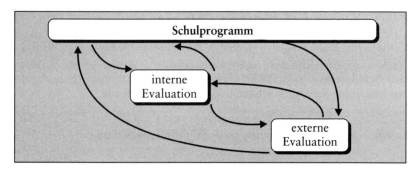

Abbildung 3:

Der Regelkreis von Schulprogramm, interner und externer Evaluation versucht also einem neuen schulpolitischen Steuerungsparadigma Rechnung zu tragen. Die Schulen entwickeln ihre standortspezifischen Profile, indem sie auf der Grundlage interner Konsensbildung in Schulprogrammen Ziele und Bereiche der inhaltlichen Entwicklung von Unterricht und Schulleben strategisch festschreiben, Schwerpunkte setzen, curriculare Vorgaben spezifizieren, Handlungsperspektiven zeitlich festlegen, Verantwortlichkeiten personell zuordnen und Erfolgskriterien festlegen. Schulprogramme sind also nicht Texte, die auf Nimmerwiedersehen in einer behördlichen Berichtesammlung verschwinden. Schulprogramme haben vielmehr eine ganz pragmatische instrumentelle Funktion im Hinblick auf die interne Entwicklungsplanung der Einzelschule. Schulprogramme sind damit auch der Bezugsrahmen für die interne Evaluation (vgl. mit weiteren Literaturhinweisen MARITZEN 1996 b), mit der die Einzelschule die Erreichung der vorgegebenen und selbstgesetzten Ziele überprüft. Schulprogramme sollten also ohne billige Marketingprosa so konkret ausfallen, daß sie sich als pragmatische Regieanweisung für die interne Entwicklungsplanung und Überprüfung der Zielerreichung eignen, eine Überprüfung, die auch in die Revision von Teilen oder des kompletten Schulprogramms münden kann.

Bis hierher liegt die Verantwortung für die Qualitätssicherung bei der Einzelschule, konkreter bei den schulischen Entscheidungsträgern, auf die die Schulgesetze die Kompetenzen für die Programmentwicklung und die interne Evaluation verteilen. Interne Evaluation bleibt aber vermutlich wenig wirksam, wenn sie nicht gespiegelt wird durch den Blick externer Schul- und Evaluationsexperten. Ein mögliches Szenario der externen Evaluation läßt sich knapp so skizzieren: Mit den Schulen werden die Gegenstände und Kriterien für eine Validierung der schulischen Selbstevaluation vereinbart, die dann auf der Grundlage eines Evaluationsberichtes der Schulen und vereinbarter zusätzlicher Daten einer kritischen Prüfung unterzogen wird. Das Ergebnis dieser Prüfung einschließlich bestimmter Empfehlungen wird in vorher verabredeten Verfahren mit den Schulen zurückgekoppelt und anschließend in einem Evaluationsbericht veröffentlicht. Entscheidend für die Wirksamkeit wird sein, den Prozeß transparent und fachlich unabhängig zu organisieren und die Durchführungsverantwortung klar zu institutionalisieren (vgl. dazu MARITZEN 1997). Auf diese Weise soll sich die Verantwortung für die Sicherung der Qualität schulischer Arbeit neu verteilen: Die Arbeit am Schulprogramm und an der internen Evaluation erfolgt in der Schule und durch die Schule. Diese hat die Verantwortung für Durchführung und Ergebnisse. Vorgesetzte Behörden mischen sich nicht ins Procedere ein, sondern nehmen die Ergebnisverantwortung der Schulen ernst, indem sie die Resultate der schulischen Entwicklung nach offengelegten Kriterien analysieren, bewerten und rückmelden.

Schulprogrammentwicklung – so ahnt man vielleicht – ist ein sehr anspruchsvolles Unterfangen. Der Blick auf's Ganze ist genauso nötig wie Kreativität, Frustrationstoleranz und Geduld im Detail. Profilneurotiker, das ist sicher, werden mit diesem Programm Schiffbruch erleiden.

IV Managementkompetenz – Herausforderungen, Probleme, Perspektiven

HANS-PETER FÜSSEL

Schulleitung zwischen staatlicher Steuerung und schulischer Handlungsautonomie

Von Polstern, die den Druck verteilen

Nicht nur Sportler wissen um die Existenz der Menisken im Kniegelenk, jenen »mondförmigen Körpern« (um deren wörtliche Übersetzung aus dem Griechischen zu verwenden). Sie dienen »dem Ausgleich von Stoß und Druck«[1] und viele kennen besonders auch das diesen innewohnende Verletzungsrisiko. Und wer hat nicht schon nach dem Skiurlaub von jenen gehört, die sich einer Meniskusoperation oder einer Arthroskopie unterziehen mußten? In der medizinischen Fachliteratur finden wir zu den Menisken etwa folgende Aussagen: »Das Kniegelenk ist das komplizierteste Gelenk des menschlichen Körpers. In ihm stoßen distales Ende des Femurs (i.e.: das rumpfentferntere Ende des Oberschenkelknochens – *H.-P.F.*) und proximale Epiphyse der Tibia (i.e: das rumpfnähere Gelenkende des Schienenbeins – *H.-P.F.*) zusammen und werden durch eine Reihe äußerst wichtiger Einrichtungen zu einem tragfähigen und statisch zuverlässigen Gelenk verbunden« (RICKLIN/ RÜTTIMANN u. a. 1980, S. 1).
Und: »Die Menisci sind verschiebliche Polster, die den Druck des Oberschenkels auf größere Flächen der Tibia (i.e: das Schienenbein – *H.-P. F.*) verteilen und die Elastizität des Gelenks erhöhen« (RICKLIN/RÜTTIMANN u. a. 1980, S. 2).

Kräfte, die von außen wirken

Man ist leicht versucht, diese orthopädische Beschreibung auf die Rolle von Schulleitungsmitgliedern zu übertragen, zumal der Vergleich mit medizinischen Tatbeständen durch das Auffinden von einschlägigen, berufsspezifischen Krankheiten wie der »Schulleiterkrankheit« (»morbus rectoralis«)[2] noch zusätzlich nahegelegt wird...

---

[1] So die Beschreibung der Funktion unter dem Stichwort »Kniegelenk«. In: Meyers Großes Taschenlexikon, Band 12, Mannheim 1983, S. 35.
[2] Bremer Lehrerzeitung Nr. 11/1991.

IV Managementkompetenz

Menisken sind Polster, die aufeinanderwirkende Kräfte abpuffern. Läßt sich so nicht auch eine Funktion der Mitglieder einer Schulleitung beschreiben? Aus der medizinischen Darstellung läßt sich entnehmen, welche Kräfte gegeneinander wirken und des Ausgleichs bedürfen. Und bei der Schulleitung? Bereits an dieser Stelle scheint der Vergleich mit dem »kompliziertesten Gelenk des menschlichen Körpers« fragwürdig zu werden, denn es ist durchaus fraglich, ob ebenso klar und eindeutig bestimmbar ist, zwischen welchen »Kräften« Schulleitungsmitglieder abpuffernd und ausgleichend wirken sollen. In der einschlägigen Literatur zur Rolle der Schulleitungsmitglieder finden wir die Aussage, daß zumindest von der Rechtslage her klar ist, was deren Aufgabe ist (WISSINGER 1995, S. 15). Ein schlanker – und im übrigen historisch tradierter (NEVERMANN 1982, S. 186 ff., S. 217 ff.) – Satz in den Schulgesetzen der Länder und den jeweiligen Dienstanweisungen für Schulleitungen soll dies ausdrücken, daß nämlich der Schulleiter oder die Schulleiterin die Schule »nach außen« vertreten[3]. Schulleitung federt demnach also von »außen« auf die einzelne Schule kommenden Stoß und Druck ab. Nur: wer ist »außen« in diesem Sinne?

In der Vergangenheit wurde die Schule als Institution in einem klaren Hierarchieverhältnis[4] innerhalb der staatlichen Institutionen verstanden, in den über 40 Jahre alten Worten HELLMUT BECKERS über die »Verwaltete Schule« also »auf einer ähnlichen Stufe des Verwaltungsaufbaus wie das Finanzamt, das Arbeitsamt, die Ortspolizei und in einem deutlichen Gegensatz zur Selbstverwaltung der Ortsgemeinde« (BECKER 1993, S. 130). Bei einem derartigen Verständnis ist dann auch klar, wem gegenüber als dem »Außen« eine Vertretung stattfindet: wenn Schulleitung in einem Linienmodell als der Schulaufsicht nachgeordnet und den Lehrkräften übergeordnet verstanden wird, dann ist die Pufferfunktion in diesem Zusammenhang der Ausgleich zwischen diesen beiden.

Wenn »Vertretung nach außen« auch diejenige gegenüber der Schulaufsicht meint, dann muß unter den sich verändernden Bedingungen von Schule gefragt werden, welche Inhalte denn eine Schulleiterin oder ein Schulleiter in diesem Sinne zu vertreten hat. Nach den Schulgesetzen der Länder ist es regelmäßig so, daß die Aufgabenwahrnehmung der Schulleitung u. a. in dem Rahmen erfolgt, der durch Konferenzbeschlüsse der einzelnen Schule gesetzt

---

[3] Vgl. insoweit § 33 Abs. 1 Satz 5 des Thüringischen Schulgesetzes vom 6. August 1993 und § 43 Abs. 2 Nr. 2 des Niedersächsischen Schulgesetzes vom 27. September 1993.

[4] Zum Hierarchiebegriff: vgl. etwa ROSENBUSCH 1995, S. 79.

ist[5]. Beanstandungsrechte gegen entsprechende Beschlüsse bestehen ebenso nur, wenn diese gegen bestehende schulrechtliche Bestimmungen verstoßen[6], nicht aber, wenn diese etwa gegen die Überzeugung eines Schulleiters zustandekommen.
Was aber ist, wenn Schulen insgesamt zu bestimmtem Handeln verpflichtet sind, dies aber nicht erfüllen? So ist beispielsweise in Bremen jede Schule »aufgefordert«, das von ihr entwickelte Schulprofil durch ein Schulprogramm zu gestalten und fortzuentwickeln[7] sowie innerhalb von Rahmenvorgaben »die notwendigen Standards« festzulegen[8]; zuständig für die Bestimmung dieser Inhalte ist die Schulkonferenz[9], zusammengesetzt aus Vertretern der Schülerschaft, der Lehrerschaft, der Elternschaft und des nichtunterrichtenden Personals sowie dem Schulleiter als Mitglied ohne Stimmrecht[10].
Wenn nun in Bremen die Schulkonferenz, obwohl gesetzlich dazu »aufgefordert«, keine entsprechenden Beschlüsse faßt – vertritt dann auch der Schulleiter insoweit die Schule »nach außen«[11]? Und: was bedeutet diese Vertretung dann?
Dem Schulleiter oder der Schulleiterin in Bremen »obliegt es in Verantwortung für die inhaltliche Gestaltung des übrigen schulischen Lebens,... zur Weiterentwicklung der Schule... die erforderlichen Beratungs- und Entscheidungsverfahren einzuleiten und zu Ende zu führen« – so die gesetzliche Bestimmung[12]. Wie nur, so läßt sich fragen, macht der einzelne Schulleiter dies nun? Wie – und was! – vertritt er oder sie in einem solchen Falle nach außen?
Und: was macht die Schulaufsicht? Wird sie dann diesen Schulleiter oder diese Schulleiterin in Bremen anweisen[13], die ja zweifellos geltenden Rechts-

---

5 Als Beispiel sei nur auf die entsprechende Bestimmung im § 22 Abs. 1 Satz 1 des Berliner Schulverfassungsgesetzes i.d.F. vom 26. Januar 1995 verwiesen.
6 Vgl. § 22 Abs. 5 Satz 1 des Berliner Schulverfassungsgesetzes.
7 § 9 Abs. 1 Satz 2 Nr. 1 des Bremischen Schulgesetzes vom 20. Dezember 1994.
8 § 9 Abs. 5 Satz 1 des Bremischen Schulgesetzes.
9 So § 33 Abs. 2 Satz 3 Nr. 1 des Bremischen Schulverwaltungsgesetzes vom 20. Dezember 1994.
10 Dazu § 34 des Bremischen Schulverwaltungsgesetzes.
11 Vgl. § 63 Abs. 3 Satz 2 des Bremischen Schulverwaltungsgesetzes.
12 Dies die Formulierung im § 63 Abs. 6 Nr. 1 des Bremischen Schulverwaltungsgesetzes.
13 Die Aufsicht greift ein, wenn gegen Rechtsvorschriften verstoßen worden ist, so § 12 Abs. 2 Nr. 1 des Bremischen Schulverwaltungsgesetzes.

IV Managementkompetenz

vorschriften, innerhalb derer er oder sie ja die Schule leiten soll[14], an seiner Schule durchzusetzen?

In Anbetracht dieser Aufgabenstellung wird inhaltlich undeutlich, welche Inhalte denn im Verhältnis zur Schulaufsicht als einem klaren »Außen« im Verhältnis zur einzelnen Schule vertreten werden sollen.
Aber es läßt sich auch weiter fragen, wer denn sonst noch mit diesem Begriff von »Außen« gemeint ist? Auch die gesamte Öffentlichkeit rund um die Schule? Darüber hinaus auch diejenigen, die ein Teil der Schule sind, notwendig sein müssen? Konkret: Sind »außen« diejenigen, die an der Schule insgesamt interessiert sind, oder nur diejenigen, die mit der konkreten Schule in irgendeiner Form von Kontakt stehen, aber selbst nicht unmittelbar am Zweck der Schule, nämlich Kinder zu unterrichten und zu erziehen, beteiligt sind? Oder sind »außen« diejenigen, die schulische Einrichtungen nutzen – wie Sportvereine oder die örtliche Volkshochschule –, und auch die, die von der Schule »beansprucht« werden – wie Vereinigungen oder auch Betriebe im Umfeld der Schule[15], z. B. im Rahmen von Betriebspraktika und als Lernorte im Rahmen von dualen Ausbildungsgängen oder auch soziale Einrichtungen im Rahmen eines schulisches Sozialpraktikums[16]?
Für manche Institutionen mag die Klärung, daß sie »außen« sind, noch einigermaßen klar sein – doch bereits das Beispiel von beruflichen Schulen zeigt, daß derartige Grenzen sich verwischen, wenn etwa die Mitwirkung der Ausbildungsbetriebe auch in den innerschulischen Gremien zu den schulrechtlichen Vorgaben zählt[17] und damit die Unterscheidung zwischen »innen« und »außen« undeutlich wird.
Durch die Wandlung der Rolle der Schule hat sich diese geöffnet und öffnet sich zunehmend stärker[18]. Und mit einem solchen Modell von offener Schule wird es zwangsläufig schwieriger zu bestimmen, wer denn als »außen« im

---

[14] § 63 Abs. 1 Satz 1 des Bremischen Schulverwaltungsgesetzes.
[15] Vgl. insoweit die unterschiedlichen und vielfältigen Beispiele, die im Rahmen der Bewerbung um den Sonderpreis »Innovative Schulen« der BERTELSMANN STIFTUNG vorgestellt wurden; dazu BERTELSMANN STIFTUNG 1996, S. 63 ff.
[16] Dazu jüngst den Bericht von RENNER/VOLLERTSEN 1997.
[17] So heißt es etwa im § 17 Abs. 1 Satz 2 des Saarländischen Schulordnungsgesetzes vom 21. August 1996: »An Berufsschulen sind die für die fachpraktische Ausbildung Verantwortlichen der Ausbildungsstätten angemessen zu beteiligen«.
[18] Vgl. zur Veranschaulichung statt vieler nur etwa die Beiträge im Heft 4/1991 der Zeitschrift »Pädagogik« und im Heft 5/1992 der Zeitschrift »Pädagogische Führung«.

Verhältnis zur Schule und wer als schon »innen« zu definieren ist; die Grenzen zwischen diesen beiden Kategorien verschwimmen.
»Außen« im Verhältnis zur Schule, so ließe sich schließlich sagen, sind alle diejenigen Institutionen, zu denen die Schule aufgrund ihrer zentralen Aufgabe, zu unterrichten und zu erziehen, keine zwangsläufigen Kontakte hat. Aber wie ist das mit dem Kontakt einer Schülerarbeitsgemeinschaft zu einer überregionalen Zeitung oder zur lokalen Radiostation? »Innen« oder »außen«?
Noch schwieriger wird diese Abgrenzung im Hinblick auf die Gruppe der Eltern, deren Kinder die jeweilige Schule besuchen. Sind diese, die doch ein unmittelbares Interesse an der Schule haben und haben müssen, dem »Innenbereich« der Schule zuzuordnen? Schließlich wirken sie in allen Bundesländern in zwar unterschiedlicher Weise, aber doch letztlich in irgendeiner Weise an der Gestaltung der Einzelschule mit; zumindest Anhörungsrechte der Eltern sind in allen Bundesländern rechtlich vorgesehen. Gleichzeitig sind sie jedoch Teil der an der Schule interessierten Öffentlichkeit – jedenfalls solange, als ihre Kinder die entsprechende Schule besuchen.
An sich müßte doch zumindest im Hinblick auf die begriffliche Klärung und Abgrenzung der Blick in die rechtlichen Bestimmungen eine eindeutigere Antwort erbringen, aber hier zeigt sich das bunte Bild der föderalen Vielfalt. In Berlin gehören die Eltern offenbar nicht zum Bereich des »Außens« im Sinne von Öffentlichkeit, denn dort wird bei der Aufgabenfestlegung für die Schulleitung deutlich zwischen der Vertretung »gegenüber der Öffentlichkeit, den Behörden und den Eltern« unterschieden[19]; anders in Hessen, wo zusammenfassend nur von der Vertretung »gegenüber der Öffentlichkeit« die Rede ist[20] und dann wohl die Eltern mit eingeschlossen sind.
Dies mag sich fast wie eine semantische – oder im medizinischen Sinne: sezessive – Auseinandersetzung um Begriffe darstellen, aber dahinter verbirgt sich ein grundsätzliches Problem, nämlich bezogen auf die heutige Schule nicht mehr genau bestimmen zu können, was den »inneren« und was den »äußeren« Bereich ausmacht. Wenn aber dem so ist, wird es um so schwieriger, die Aufgaben der Schulleitung in ihrer Beziehung nach »außen« konkret zu bestimmen.

---

[19] So im § 22 Abs. 1 Satz 1 des Schulverfassungsgesetzes; ähnlich im Saarland, vgl. § 16 Abs. 2 Nr. 5 des Schulmitwirkungsgesetzes i.d.F. vom 21. August 1996.
[20] So im § 87 Abs. 3 Nr. 5 des Hessischen Schulgesetzes vom 17. Juni 1992.

IV Managementkompetenz

Innere Kräfte

Um so deutlicher müßte sich dann eigentlich der »Innenbereich« einer Schule bestimmen lassen. Daß die Beziehungen zu den Lehrkräften eindeutig dieser Kategorie zuzuordnen sind, machen die Schulgesetze der Länder übereinstimmend deutlich: Schulleiter und Schulleiterinnen sind zur Beratung und Unterstützung der Lehrkräfte verpflichtet, als Vorgesetzte aber auch zugleich zu dienstlichen Weisungen berechtigt[21]. Auch Aufgaben als Dienstvorgesetzte und damit Entscheidungskompetenzen im Bereich der persönlichen Angelegenheiten von Lehrkräften werden in einigen Bundesländern bereits heute Schulleitern übertragen[22] – und die Übertragung dieser Funktionen ganz generell auf Schulleiter gehört zum aktuellen Repertoire der Forderungen von Schulleiterverbänden im Rahmen eines Konzeptes der »Stärkung der Schulleitung« (CAMMANS 1997, S. 4).

Das dienstrechtlich so deutlich beschreibbare Verhältnis zu den an einer Schule tätigen Lehrkräften bedarf jedoch zumindest einer Korrektur in rechtlicher Beziehung: Schulleiter und Schulleiterinnen unterliegen bei der Ausübung ihrer Vorgesetzteneigenschaft Grenzen, die sich aus dem Anspruch der Lehrkräfte auf Anerkennung ihrer jeweiligen »pädagogischen Freiheit« oder »pädagogischen Verantwortung«[23] ergeben. Diese ist zu achten und zu beachten; und dabei gilt als Handlungsmaxime auch dort, wo dies nicht gesetzlich verankert ist, daß Schulleiter und Schulleiterinnen ihre Maßnahmen so zu gestalten haben, daß »die pädagogische Aufgabe, Verantwortung und Freiheit von Lehrkräften... weitestmöglich gewahrt und gestützt werden«[24].

Aber die Wahrnehmung von Vorgesetztenfunktionen durch Schulleitungsmitglieder unterliegt zunehmend auch in anderer Hinsicht Begrenzungen,

---

[21] Siehe etwa § 63 Abs. 2 Satz 1 und Abs. 5 Satz 1 des Bremischen Schulverwaltungsgesetzes oder § 44 Abs. 2 des Sächsischen Schulgesetzes vom 3. Juli 1991.

[22] Etwa in Bayern an Realschulen, Gymnasien und beruflichen Schulen; und auch dort, wo – wie in Sachsen – Schulleiter dienstliche Beurteilungen über die Lehrkräfte an ihren Schulen abzugeben haben, übernehmen sie Aufgaben, die typischerweise Dienstvorgesetzten zukommen (vgl. nur SCHEERBARTH/HÖFFKEN 1985, S. 401 m.w.N.).

[23] So der heute gebräuchlichere Begriff, etwa im § 50 Abs. 1 Satz 1 des Niedersächsischen Schulgesetzes oder im § 67 Abs. 2 Satz 1 des Brandenburgischen Schulgesetzes vom 12. April 1996.

[24] Um insoweit § 12 Abs. 4 Satz 2 des Bremischen Schulverwaltungsgesetzes zu zitieren.

Rolle der Schulleitung

die sich allerdings weniger aus den rechtlichen Umfeldbedingungen des Tätigwerdens als aus einer veränderten Rolle und Stellung von Schulleitern und Schulleiterinnen ergibt. Wenn Schulleitung nicht nur »in der Schule..., sondern an ihr und mit ihr« arbeiten soll (BUCHEN/HORSTER/ROLFF 1995, S. 6), dann offenbart dieses Bild ein neues Verständnis der Aufgabe von Schulleitungen. Die Schulleitung wird nach dieser Vorstellung in ganz anderer Weise zum Zentrum einer Schule, ihre Mitglieder nunmehr zu »Agenten« für Entwicklungs- und Erneuerungsprozesse (ROLFF 1993, S. 185 unter Bezugnahme auf HALL) an einer Schule. Im Gegensatz zur alten, hierarchischen Vorstellung von der Schulleitung wird nach diesem Modell von Schulleitung eine aktive und Entwicklungen anregende Rolle der Schulleitung und ihrer Mitglieder eingefordert. Und dabei läßt sich fragen, ob denn diese neue Rolle bereits wahrgenommen werden kann, ob und inwieweit denn die »alten« Vorstellungen und Vorgaben des (Dienst-)-Vorgesetztenmodells überwunden werden können und überwunden werden – wo doch, wie beschrieben, zumindest die rechtlichen Ausgangsbedingungen für Schulleitungen im Innen- wie im Außenverhältnis unverändert fortgelten.

Es scheint darüber hinaus, daß ein weiterer Konflikt in der vorgebenen Rolle auch der Mitglieder einer Schulleitung angelegt und nach wie vor nicht adäquat gelöst ist: deren doppelte Rolle als Berater oder Beraterin von »Lehrkräften, Schülerinnen und Schülern, Eltern und Ausbildungsbetrieben sowie allen am Schulleben Beteiligten in allen die Schule betreffenden Fragen«[25] einerseits und andererseits als der- oder diejenige zu wirken, der oder die Vorgesetzteneigenschaft wahrzunehmen und damit auch gegebenfalls »zur Umsetzung der getroffenen Entscheidungen anzuhalten und... die erforderlichen Weisungen zu erteilen« hat[26].

Diese Anforderung eines »Spagats« ist im Bereich der Schuladministration zwar nicht ungewöhnlich, prägt er doch auch die Aufgabenbeschreibung der Mitarbeiter und Mitarbeiterinnen der Schulaufsicht – und es ist sicherlich nicht vermessen festzustellen, daß es auch dort bisher nicht adäquat gelungen ist, diese doppelte Aufgabe zu erfüllen[27].

Die Gründe für die Problematik sind vielfach beschrieben worden (vgl. statt vieler nur ROLFF 1991, S. 871 ff.). Sie finden ihren Kern letztlich in der Besonderheit des Schule-Haltens, im pädagogischen Prozeß: dieser ist eben

---

[25] § 63 Abs. 2 Satz 1 des Bremischen Schulverwaltungsgesetzes.
[26] § 63 Abs. 6 Nr. 2 des Bremischen Schulverwaltungsgesetzes.
[27] Vgl. insoweit nur GÖNDÖR (1996, S. 11), der insoweit den Begriff eines »Mißtrauensmanagements« verwendet.

IV Managementkompetenz

mehr als nur Stoffvermittlung, sondern zentral durch das persönliche Moment der Beziehung zwischen Erzieher und zu Erziehendem geprägt. Das Ziel der Erziehung ist in einer Weise umschrieben, die äußerst vage und unbestimmt ist, ja sein muß (ROLFF 1991, S. 876 m.w.N.): denn was etwa beinhaltet konkret eine Erziehung, der die Aufgabe zukommt, »die Entwicklung der Persönlichkeit, selbständiges Denken und Handeln, Achtung vor der Würde, dem Glauben und den Überzeugungen anderer, Anerkennung der Demokratie und Freiheit, den Willen zu sozialer Gerechtigkeit, die Friedfertigkeit und Solidarität im Zusammenleben der Kulturen und Völker und die Verantwortung für Natur und Umwelt zu fördern«[28]? Wie überprüft man, ob ein oberstes Bildungsziel wie das der »Aufgeschlossenheit für alles Wahre, Gute und Schöne«[29] erreicht wurde?

»Aufsicht« und »Weisung« zur Durchsetzung des Erreichens einer entsprechenden Zielsetzung scheitern im konkreten Einzelfall an der Unbestimmtheit und Unklarheit der Zielvorgabe: es gibt ihn eben nicht, den einzigen und wahren, den Königsweg zum Erreichen der entsprechenden Vorgaben. Andere Formen der Erfolgssicherung müssen an die Stelle treten – und von daher ist es nicht zufällig, daß zum Aufgabenspektrum von Schulaufsicht, aber auch von Schulleitung die Funktion der »Beratung« zählt. Und wenn man auf das Selbstverständnis von Schulaufsicht sieht, dann zeigt sich, daß der Schul-Rat eher mehr »Rat« geben möchte (schon EVERS 1985, S. 264 ff.), denn über Beurteilungen von Lehrkräften »Aufsicht« auszuüben – aber die Realität dem nicht entspricht (HOPF/NEVERMANN/RICHTER 1980, S. 115 ff.).

Veränderte Formen des Umganges mit der Einzelschule, deren Erkennen als ein dynamisches Gesamtsystem (ROLFF 1995, S. 43 ff.) prägen die gegenwärtigen Überlegungen hin zu einer Neubestimmung des Verhältnisses von Schulaufsicht und Einzelschule (HOFFMANN/LÜCKERT 1994, S. 278). Und derartige Überlegungen schlagen sich dann auch praktisch nieder, etwa dergestalt, daß schulrechtlich abgesichert die Aufgaben der »Aufsicht« von denen der »Beratung« organisatorisch getrennt werden[30].

Der verstärkte Blick auf die Einzelschule als ein Ganzes verlangt dann aber notwendig auch eine neue »Innen-« Struktur für diese Institution – und damit eine neue Aufgabenbestimmung für die Schulleitung und ihre Mitglie-

---

[28] Art. 28 der Verfassung des Landes Brandenburg vom 20. August 1992.
[29] So im Art. 131 Abs. 2 der Verfassung des Freistaates Bayern vom 2. Dezember 1946 enthalten.
[30] Beispielsweise in Bremen durch die Einrichtung einer sog. Schulinspektion nach § 13 des Bremischen Schulverwaltungsgesetzes.

der (WISSINGER 1996, S. 58 ff.). Gerade in der spezifischen Form der Kommunikation mit den Lehrerinnen und Lehrern der Schule drückt sich aus, inwieweit Schulleiter und Schulleiterinnen ihr Verständnis von der Schule als einer Handlungseinheit zu erkennen und umzusetzen in der Lage sind (WISSINGER 1996, S. 127 ff.). »Instructional-Leadership« oder »pädagogische Führung« (BESSOTH 1990, S. 6; auch SEIDEL 1997, S. 57) beschreibt diese neue Anforderung an Schulleitungsmitglieder; Schulleiter und Schulleiterinnen werden zu »Moderatoren der Gestaltung« (HABECK 1993, S. 170) in den von ihnen geleiteten Schulen[31].
Die Schulforschung hat darüber hinaus aufgezeigt, daß nicht nur die Wahrnehmung der neuen Schulleiterrolle als »Entwicklungshelfer« (ROLFF 1993, S. 184 unter Bezugnahme auf FULLAN) für die Qualität der innerschulischen Arbeit von entscheidender Bedeutung ist, sondern auch, daß gute Schulleiter eine Grundvoraussetzung für gute Schulen sind: ohne oder gegen Schulleiter sind pädagogische Reformvorhaben im Raum der Schule nicht zu verwirklichen, um insoweit auf ROSENBUSCH (1989) Bezug zu nehmen.

Was nun macht die »Güte« im Hinblick auf die Arbeit von Schulleitungsmitgliedern aus?
»Die einzige Herangehensweise an die Leitungsrolle ... ist ein Führungshandeln, das auf Verständigung mit den LehrerInnen und unter den LehrerInnen beruht« (WISSINGER 1996, S. 175) – und, so ist zu ergänzen, gerade nicht die Vorgesetztenrolle in den Vordergrund stellt.
Aber, so ist weiter zu fragen, wie kann und muß eine solche Verständigung aussehen, bei der Führung gleichzeitig vorhanden und nicht als schlichtes Laissez-Faire-Verhalten verstanden wird?
»Die Menisci sind verschiebbare Polster, die den Druck ... auf größere Flächen ... verteilen und die Elastizität ... erhöhen«, so war oben zitiert worden.
Sind gute Schulleiter und gute Schulleiterinnen vielleicht doch ähnlicher den Menisken als normalerweise vermutet?

---

[31] Dabei könnte es durchaus von Interesse sein, einmal näher zu prüfen, inwieweit neuere Verfahren der juristischen Streitschlichtung wie diejenigen der Mediation (dazu etwa MÄHLER/MÄHLER 1997) auch für den Schulbereich fruchtbar gemacht werden könnten.

IV Managementkompetenz

Risiken

Unter der Überschrift »Pathogenese der Meniskusläsionen« (i.e.: Entstehung der Meniskusschäden – *H.-P.F.*) können wir in der medizinischen Fachliteratur lesen: Es »ist zu betonen, daß die für eine Meniskusverletzung entscheidenden Faktoren vor allem in der Kombination brüsker oder unkontrollierter Flexions-Extensionsbewegungen (i.e.: Beugungs-Streckungsbewegungen – *H.-P.F.*) mit Drehbewegungen zu suchen sind, die die normale Beweglichkeit der Menisci beeinträchtigen, so daß diese durch abnorme, die Elastizitätsgrenze übersteigende Zug- und Druckkräfte geschädigt werden können« (RICKLIN/RÜTTIMANN u. a. 1980, S. 7). Und als erläuterndes Beispiel für eine derartige Meniskusschädigung wird benannt, daß »sich entweder der Körper gegenüber dem am Boden fixierten Fuß verschiebt oder aber umgekehrt der Unterschenkel bei fixiertem Oberschenkel plötzlich rotiert« (RICKLIN/RÜTTIMANN u. a. 1980, S. 9).

»Brüske« und »unkontrollierte« Bewegungen in gleichzeitig verschiedene Richtungen führen also leicht zu Knieverletzungen. Und bei dem Handeln von Schulleitern und Schulleiterinnen?

Vorstehend wurde deutlich, daß sowohl im zwar in seinem Inhalt als auch seinem Adressatenkreis nur noch schwer exakt bestimmbaren, gleichwohl vorhandenen »Außen«-Bereich als auch im Handeln im »Innen-« Bereich von den Mitgliedern einer Schulleitung Anpassungs- und Ausgleichsmaßnahmen erwartet werden – und dies unter Einbeziehung gleichzeitig nach wie vor noch bestehender hierarchischer Strukturelemente wie denjenigen der Vorgesetzteneigenschaft. Schulleitung heute ist damit in erheblichem Maße widersprüchlich erscheinenden Erwartungsvorstellungen ausgesetzt und aufgefordert, diese auszubalancieren und auszugleichen (ROLFF 1993, S. 180 unter Bezugnahme auf BAUMERT/LESCHINSKY): »Hierarchie und Kollegialität, obwohl von ihren semantischen Grundgedanken her im Widerspruch zueinander, sind im Bereich des Bildungs- und Schulsystems vereinbar, ja Voraussetzung für den Erfolg« – so ROSENBUSCHS mehr appellative als deskriptive Aussage zu dieser Situation (ROSENBUSCH 1995, S. 89).

Wie aber sieht die Perspektive aus, eine Perspektive ohne voraussichtliche Läsionen?
Zunächst einmal ist bei allen Veränderungsüberlegungen zur Rolle und Funktion von Schulleitung deutlich, daß das Prozeßhafte einer entsprechenden Neugestaltung in allen dementsprechenden Ansätzen und Überlegungen betont wird. Allein schon das Verständnis einer Einzelschule als Organisation und deren Wandlungsfähigkeit und Entwicklungsmöglichkeit verweist

auf die notwendige Stetigkeit, aber auch Langfristigkeit eines entsprechenden Prozesses; denn auch für die Entwicklung der Einzelschule gilt

- es ist ein geplanter Wandel,
- es ist ein langfristiger Wandel,
- es ist ein organisationsumfassender Wandel,
- es ist ein von den Betroffenen (mit)getragener Prozeß,
- der Wandel geschieht durch erfahrungsgeleitete Lern- und Problemlösungsprozesse,
- dieses Lernen und Problemlösen wird durch Verfahren der angewandten Sozialwissenschaften induziert und unterstützt,
- durch diesen Prozeß soll nicht nur die Produktivität, sondern auch die Lebensqualität und Problemlösefähigkeit innerhalb einer Organisiation erhöht werden (v. ROSENSTIEL/MOLT/RÜTTINGER 1995, S. 313).

Bezogen auf die einzelne Schule beschreibt WISSINGER die Anforderung an Schulleitung als »die Zuständigkeit ... für Maßnahmen der »Organisationsentwicklung« an ihrer Schule und damit (für) operatives, verständnisorientiertes kommunikatives Handeln« (WISSINGER 1996, S. 185) und verlangt gleichzeitig, seine empirischen Befunde und weitergehenden Überlegungen bilanzierend, daß »die zentrale Konsequenz ... (sei), SchulleiterInnen im Hinblick auf Erfolgserwartungen nicht zu überfordern« (WISSINGER 1996, S. 179).

Folgt also eine auf Weiterentwicklung ihrer Schule orientierte Schulleitung den genannten Grundsätzen und erkennt das Prozeßhafte dieser Gestaltungsaufgabe, so wird sie »brüske oder unkontrollierte« Bewegungen und Belastungen zu vermeiden suchen. Zu Schädigungen von Schule und von Schulleitungsmitgliedern sollte es dann nicht kommen.

LUISE WINTERHAGER-SCHMID

Zum Selbstverständnis künftiger Schulleiterinnen

Schulleitung als Aufgabe für Frauen – Die niedersächsischen Orientierungskurse

Seit dem Jahr 1985 werden in Niedersachsen vom Niedersächsischen Landesinstitut für Fortbildung und Weiterbildung im Schulwesen und Medienpädagogik (NLI) regelmäßig Schulleitungsfortbildungen durchgeführt. Sie wurden später zu einem System an Einführungs- und Fortbildungsangeboten im Bereich Schulleitung erweitert.

In einem Seminar, das sich speziell an Schulleiterinnen wandte, entstand die Idee, Kurse für Frauen anzubieten, die sich für (Schul-)Leitungsaufgaben[1] interessieren, aber bislang noch nicht in einer solchen Position arbeiten. Hintergrund dieser Idee war, daß die massive Unterrepräsentanz von Frauen in Schulleitungspositionen nicht auf die mangelnde Qualifikation von Lehrerinnen zurückzuführen ist, sondern auf äußere und innere Gründe, die Frauen daran hindern, diese Positionen zu erreichen. Erkenntnisse aus der Frauenforschung und der Managementforschung wurden ebenfalls mit einbezogen.

Der erste Orientierungskurs »Schulleitung als Aufgabe für Frauen« fand im August 1991 statt. Seitdem sind die Kurse in regelmäßiger Folge – in der Regel viermal im Jahr – vom NLI angeboten worden.

---

[1] In den folgenden Kapiteln wird an verschiedenen Stellen von Leitungsposition bzw. (Schul-) Leitungsposition die Rede sein. Diese Begriffe wurden von uns gewählt, da die Kurse mit dem Titel »Schulleitung als Aufgabe für Frauen« nicht nur Teilnehmerinnen ansprechen, die sich gezielt mit den Aufgabenbereichen einer Schulleiterin auseinandersetzen wollen, sondern auch Teilnehmerinnen, die sich – zumindest vorerst – für weitere Leitungspositionen interessieren.
Deshalb umfaßt der Begriff »Leitungsposition« im Rahmen dieser Erhebung die Positionen als SchulleiterIn, KonrektorIn, KoordinatorIn und StufenleiterIn. Nicht darunter fallen z. B. FachkonferenzleiterInnen und FachseminarleiterInnen, auch wenn diese von ihrem Aufgabenfeld her den Bereich Leitung berühren.

Selbstverständnis

Konzeption der Kurse

Die eine Woche umfassenden Kurse[2] »Schulleitung als Aufgabe für Frauen«[3] richten sich an niedersächsische Lehrerinnen aller Schulformen – einschließlich der Sonderschule und der berufsbildenden Schulen –, die sich für (Schul-)Leitungsaufgaben interessieren.

Ziel der Orientierungskurse ist es – im Zusammenspiel mit den anderen Fortbildungssäulen[4] – »die Unterrepräsentanz von Frauen in Macht- und Entscheidungspositionen im Schulbereich durch eine aufklärerische Bewußtseinsbildung zur demokratisch-emanzipatorischen Gleichstellung von Frauen im Schulleitungsbereich zu verringern« (NLI 1995).

Das *Leitungsteam* eines Kurses besteht aus drei bis vier Frauen, die als Schulleiterin, Schulamtsdirektorin, Regierungsschuldirektorin oder als Schulpsychologin in der Schulbehörde arbeiten und Erfahrungen mit unterschiedlichen Hierarchieebenen in der Schule gemacht haben[5]. Ein Kursleitungsteam sollte die verschiedenen Kompetenzbereiche wie: Kenntnisse über die Ergebnisse der Frauenforschung, vielfältige Kompetenzen im Bereich der Erwachsenenpädagogik, Informationen über administrative Vorgaben und frauenspezifische Aspekte des Bewerbungsverfahrens, Wissen über die Individualität und Prozeßhaftigkeit von persönlicher Entscheidungsfindung, Moderationsfähigkeit zur Steuerung von Gruppenprozessen, bildungspolitisches

---

[2] Bei den im folgenden dargestellten Informationen zur Konzeption der Kurse beziehen wir uns besonders auf eigene Erfahrungen aus der teilnehmenden Beobachtung von sechs Orientierungskursen (durchgeführt im Zeitraum von August 1993 bis Ende 1994), der Teilnahme an drei Weiterbildungsveranstaltungen der Teamerinnen und auf den »Leitfaden Orientierungskurse für Lehrerinnen«, der vom NLI im Rahmen des Teil A des Modellprojekts erstellt wurde.
[3] Seit 1995 wurde im Kurstitel der Ausdruck Schulleitung durch Leitung ersetzt, um zu verdeutlichen, daß das Kursangebot nicht nur Frauen anspricht, die direkt Schulleiterin werden wollen, sondern daß ebenfalls eine Auseinandersetzung mit den Aufgaben von Konrektorinnen und Koordinatorinnen im Rahmen des Kurses möglich ist.
[4] Es handelt sich um insgesamt drei Fortbildungssäulen. Neben den Orientierungskursen für Frauen gibt es Schulleiterinnen- und Schulleitereinführungsfortbildungen und Begleitfortbildungen für Schulleiterinnen und Schulleiter.
[5] U.a. in diesem Punkt unterscheiden sich die Kurse von ähnlichen Angeboten anderer Bundesländer (vgl. NDS. KULTUSMINISTERIUM 1996).

IV Managementkompetenz

Engagement (NLI 1995, S. 13)[6] vereinen und sich ggf. in diesen Bereichen zusätzlich weiterqualifizieren. Die Teamerinnen bilden den Anfang eines berufsbezogenen Netzwerks für an Leitung und Schulinnovation interessierte Frauen und repräsentieren dies auch in den Kursen. Sie sind zum einen allgemein Rollenvorbilder für die an Leitung interessierten Lehrerinnen. Besonders deshalb, da immerhin 25 % noch keine Erfahrungen mit Frauen in Leitungspositionen haben. Zum anderen ist jede Teamerin zugleich *Modell für einen teamorientierten Führungsstil*. Die Themenauswahl und die Entwicklung der einzelnen Kursbausteine durch die Teamerinnen beruhen neben der langjährigen Berufspraxis und den eigenen Erfahrungen als Frau, die diesen Karriereschritt schon gemacht hat, auf der Einbeziehung fachwissenschaftlicher Erkenntnisse aus der pädagogischen Frauenforschung. Innerhalb eines Bausteines wird in die jeweilige Thematik eingeführt, diese als leitungsrelevant herausgehoben, und insbesondere bei komplexen Themen wie Konferenzleitung und Schulrecht werden von den Teamerinnen Wege zur vertieften Erschließung des Themas aufgezeigt. Auf jährlich stattfindenden Fortbildungstagungen der Teamerinnen wurden nach den ersten Kursen die Bausteine weiter verändert und ausdifferenziert. Schlagwortartig beschrieben setzen sich die Orientierungskurse aus folgenden Bausteinen zusammen:

- Begrüßung / Vorstellung,
- Programmabsprache / Planung der Woche,
- Aufgaben einer Schulleiterin,
- Tages-, Wochen- und Jahresplan einer Schulleiterin,
- Überprüfungsverfahren,
- »Weibliche« Führungsstile,
- Reflexion eigener Fähigkeiten / Entscheidungsanbahnung,
- Konferenzleitung,
- Kommunikation,
- Beratung,
- Gestaltungsaufgaben in der Schule,

---

[6] In der Darstellung des NLIs wird diese Kompetenzansammlung für jede Teamerin gefordert; einige der derzeitigen Kursteamerinnen haben nach eigenen Aussagen z. B. ihre Kenntnisse in der Frauenforschung erst durch die Anregung zur Vorbereitung dieser Kurse erworben und sich so für die Kursdurchführung qualifiziert.

- Büchervorstellung,
- Auswertung / Abschlußrunde[7].

Die Anordnung, die Methodenwahl und die Gewichtung der einzelnen Bausteine liegt in der Verantwortung jedes einzelnen der derzeit fünf Leitungsteams. Daraus ergibt sich eine jeweils spezifische Akzentuierung des Kurskonzeptes.

Es gibt bei den Orientierungskursen keine einheitliche *Methoden*vorgabe, die an die Vermittlung des jeweiligen Bausteininhalts gebunden ist. Die Grundidee, durch die die Methodenauswahl geleitet ist, besteht in der Absicht, die Kursteilnehmerinnen gleichzeitig mit Methoden der Erwachsenenbildung vertraut zu machen.

Verschiedene Prinzipien der Kursgestaltung werden von den Teamerinnen bei der Auswahl der Methoden berücksichtigt und bestimmen deren Einsetzbarkeit. So sollen neben den zu vermittelnden Informationen die Teamerinnen die Kursteilnehmerinnen zur Selbstklärung anregen und ihnen dazu unterstützende Methoden anbieten. Biographisches Lernen anhand einer Reflexion der beruflichen und privaten Entwicklungen im Leben der Teilnehmerin ist ein Bestandteil dieser Selbstklärung.

Die *Kurszusammensetzung aus Lehrerinnen aller Schulformen* ist eine Seltenheit im Fortbildungsprogramm des NLIs, in dem die Mehrzahl der Kurse schulformspezifisch ausgeschrieben sind. Diese Form des Kursangebots soll verdeutlichen, daß die Probleme, die Frauen haben können, wenn sie sich auf eine Leitungsposition bewerben, nicht typisch für diese Schulform sind, sondern daß hier ein gesellschaftliches Problem vorliegt. Dieses Problem ist strukturell, geschichtlich und sozialisationsbedingt. Die Heterogenität der Kurse führte dazu, daß aufgrund der unterschiedlichen Interessen und Ausgangsbedingungen eine stärkere Differenzierung in verschiedene Untergruppen nötig wurde als anfänglich geplant war. So wurden z. B. für einzelne Aufgaben bei Bedarf schulartspezifische Kleingruppen eingerichtet.

Als *Erwartungen an den Kurs* sind zu unterscheiden drei grundlegende Motivationen: Da ist erstens die Gruppe, die sich orientieren will, welche Aufstiegsmöglichkeiten es im Schulwesen gibt, welche Aufgaben mit den einzelnen Positionen verbunden sind und wie der Weg dorthin ist. Zum zweiten gibt es die Gruppe derjenigen, die sich schon entschieden haben,

---

[7] Eine kurze Beschreibung der einzelnen Bausteine erfolgt ausführlich im »Leitfaden« des NLI. In diesem wird die Kurskonzeption beschrieben, die einen Querschnitt aus den verschiedenen Kurskonzepten der einzelnen Teams darstellt.

IV Managementkompetenz

eine Leitungsposition anzustreben, und die jetzt Unterstützung von fachkompetenten Frauen und Austausch mit Gleichgesinnten suchen, um ihren Entschluß zu festigen und zu verwirklichen. Die dritte Gruppe umfaßt die zahlenmäßig geringste Gruppierung. Es sind die bereits (seit kurzem) auf einer Leitungsposition *Arbeitenden* - z. B. als Konrektorin – und die Hilfestellung für ihre jetzige Tätigkeit erwarten sowie sich mit weiteren Aufstiegsmöglichkeiten auseinandersetzen wollen.

Nach ersten Impulsen vom NLI sind jetzt in den einzelnen Bezirksregierungen größere *Netzwerke* von an (Schul-)Leitung interessierten Lehrerinnen entstanden, die sich regelmäßig – unabhängig vom NLI – zum Informationsaustausch und zur Weiterqualifikation treffen. Die Netzwerke haben eher informellen Charakter und stoßen bei den Bezirksregierungen auf unterschiedliche Akzeptanz.

Frühestens ein Jahr nach dem Kursbesuch bietet das NLI den Teilnehmerinnen einen Workshop zur Vorstellung längerfristig bestehender und nach dem Kursbesuch neu entstandener Projekte, zum Erfahrungsaustausch und zur Fortbildung untereinander an. Außer für das Angebot der Orientierungskurse sind aber so gut wie keine finanziellen Mittel vorhanden, um weitere Initiativen – wie z. B. die Netzwerke – zu unterstützen.

Welches Interesse haben leitungsbereite Lehrerinnen an Schulleitungsämtern?

Bis zum Ende des Jahres 1994 hatte mit 330 Lehrerinnen jede 125. Lehrerin aller niedersächsischen Schularten einen Orientierungskurs besucht. Bis zum jetzigen Zeitpunkt, nach Abschluß des BLK-Modellversuchs, haben weitere etwa 150 Lehrerinnen einen Orientierungskurs besucht. In einem wissenschaftlichen Modellversuch mit wissenschaftlicher Begleitung, finanziert vom BMBWFT und vom Land Niedersachsen, wurden an 330 Teilnehmerinnen von Orientierungskursen der Jahre 1991 bis 1994 Fragebögen verschickt und ausgewertet, zusätzlich wurden mit 17 ausgewählten Teilnehmerinnen Intensivinterviews durchgeführt. Die Ergebnisse unserer Studie sind veröffentlicht in: WINTERHAGER-SCHMID, LUISE U. A. (1997). Aus dieser Studie können im Folgenden hier nur einige Ergebnisse in einem sehr knappen Überblick skizziert werden.

Die in der Literatur immer wieder begegnende These, Lehrerinnen hätten kein Interesse daran, Schulleiterinnen zu werden, sie seien ebenfalls desinteressiert, Ämter und Aufgaben im Umkreis von Schulleitungsaufgaben zu übernehmen (FLAAKE 1989; TERHART/CZERWENKA 1994), wird allein schon durch die rege Beteiligung niedersächischer Lehrerinnen an den Orientierungskursen »Schulleitung als Aufgabe für Frauen« widerlegt. Besonders hoch ist der Anteil der Lehrerinnen aus Gymnasien, Sonderschulen und Berufsbildenden Schulen; Lehrerinnen aus diesen drei Schularten nahmen überproportional teil an den Kursen.

Unter den auslösenden Faktoren zur Anmeldung bzw. zur Beschäftigung mit der Frage, ob »Schulleitung reizvoll« für die Teilnehmerinnen sei, gehört Ärger über die eigene Schulleitung, Unzufriedenheit mit dem Leitungsstil, den die Lehrerinnen an ihren Schulen erleben, das Gefühl, an innovativer Arbeit bei der Gestaltung von Schule behindert zu werden durch die eigene Schulleitung sowie der Eindruck beruflicher Unterforderung. Es handelt sich bei diesen Teilnehmerinnen im übrigen um sehr berufszufriedene Frauen, die zu mehr als 70 % Kinder und Familie haben. Ihr Alter liegt zwischen 30 und 53 Jahren, die größte Gruppe stellen die 36- bis 45 jährigen Lehrerinnen.

Die große Mehrheit von 80 % hat bereits eine über zehnjährige Berufserfahrung. Die Teilnehmerinnen zeigen sich beruflich überdurchschnittlich stark engagiert und bezeugen ihr hohes Kompetenzpotential durch langjährige Arbeit in z. T. mehreren Funktionsstellen. Bei genauerer Untersuchung der Berufszufriedenheit dieser Frauen zeigte sich, daß diejenigen, die bereits in leitenden Funktionen beschäftigt sind, deutlich berufszufriedener sind, als die noch nicht in Leitungsämter des Schulwesens aufgerückten Lehrerinnen der Untersuchungspopulation.

Die große Mehrheit fühlt sich »in ihrem jetzigen Kollegium an der Schule« »ausgesprochen wohl« oder »wohl«, deutlich aber nicht gleichermaßen wohl mit der »jetzigen Schulleitung«. Nicht wenige haben den Eindruck, sie könnten Schulleitung »besser machen«. Dabei steht im Vordergrund ihrer Kritik und ihres eigenen Wunsches, das Heft nun selber in die Hand zu nehmen, vor allem der Wunsch nach einer pädagogisch »wirkungsvolleren Gestaltung von Schule« mit dem Ziel einer »Intensivierung der schulinternen Kommunikation« und der Teamorientierung der Schulleitungsarbeit.

Haben qualifizierte Lehrerinnen an ihren Schulen genügend Einfluß auf Entscheidungsprozesse, können sie innovative pädagogische Arbeit leisten. Fühlen sie sich dabei von ihrer Schulleitung unterstützt, so streben sie nicht unbedingt für sich selbst ein Schulleitungsamt an. Dort aber, wo sich Lehrerinnen mit hohem Engagement, mit großem Kompetenzpotential pädagogisch gebremst, bevormundet, eingeengt fühlen, wo sie meinen, sie seien in ihrer Arbeit unterfordert, wird der Wunsch nach »mehr Macht und Einfluß«

IV Managementkompetenz

aktiviert. Diese Lehrerinnen mit Leitungsambitionen verbinden ihren Karrierewunsch mit einer ausdrücklichen berufsethischen Motivation, die sich zusammenfassen läßt unter Stichworten wie »Schule nicht nur verwalten, sie pädagogisch gestalten« wollen, Schule zu einem lebenswerten Raum werden zu lassen, die vorhandenen Potentiale in den Kollegien aktiver zu nutzen, Partizipation der an Schule Beteiligten zu vergrößern.

Allerdings zeigt sich bei denen, die leitende Positionen an ihren Schule innehaben, daß sie keineswegs bereit sind, ihren eigenen Entscheidungsspielraum als Leiterinnen oder Konrektorinnen aufs Spiel zu setzen, wo sie Ziele verfolgen, die ihnen besonders wichtig sind. Sie gehen jedoch davon aus, daß ihre Durchsetzungs- und Überzeugungsstrategien in einem kooperativen Leitungskonzept mit sozial sensibler Kommunikation wirkungsvoller seien als hierarchische monozentrische Formen von Leitung (vgl. WISSINGER 1996).

Unterschiede in den Führungsstilen von Männern und Frauen im Schulwesen beobachten oder vermuten die Teilnehmerinnen vor allem darin, Frauen seien offener, gesprächsbereiter, sensibler in ihrem Kommunikationsverhalten als Männer, sie seien weniger hierarchie- und statusbewußt und daher besser geeignet für kooperative Leitungsformen. Dennoch finden sich auch Teilnehmerinnen, die angeben, sie hätten schlechte Erfahrungen mit Frauen in Leitungsämtern gemacht. Die sehr kritischen Äußerungen dazu lassen sich zusammenfassen als Kritik an solchen Frauen in Führungspositionen, die sich übermäßig stark angepaßt haben an »männliche« Leitungsstile des bürokratischen bzw. monokratischen Typs. Die Teilnehmerinnen empfinden solche Leitungsstile als »typisch männlich« und kritisieren Schulleiterinnen, von denen sie den Eindruck haben, sie verleugneten ihre weiblichen Seiten zugunsten eines »männlichen« Führungsstils. Allerdings ist der Anteil derer unter den Befragten sehr groß, der überhaupt noch keine Erfahrungen mit weiblichen Schulleitungskräften machen konnte.

»Das würde ich anders machen« – Schulleitung ist eine Aufgabe, die mich reizt. Unsere Untersuchung beschäftigte sich genauer mit den Motiven, die die Teilnehmerinnen veranlassen, Schulleitungsaufgaben für sich selbst als reizvoll anzusehen. Diese Frage wurde den Teilnehmerinnen in einem Fragebogen zu Beginn eines jeden Orientierungskurses vorgelegt. Die freien Antworten wurden in Cluster zusammengefaßt.

»Schulleitung ist eine Aufgabe, die mich reizt« (Frage I.28, Mehrfachnennungen möglich, Antworten nicht vorgegeben)

Motive	im Kurs abs. (N=93)	
»habe mich dafür qualifiziert« durch Vorerfahrungen mit Funktionsstellen		
innerhalb der Schulleitung	13	
innerhalb der Schule	7	22
außerhalb der Schule	2	
biographische Neuorientierung/Suche nach neuen beruflichen Perspektiven	21	
aufgrund schlechter Erfahrungen (ggf. Konflikt) mit der Schulleitung; der Gedanke: »das kann ich besser«, »das würde ich anders machen«	19	
Pädagogischer Gestaltungswille	17	
Wunsch nach Einflußmöglichkeiten/ Verantwortung	11	
aufgrund von Beobachtungen, mehr Einblick, der Gedanke: »das kann ich auch, das würde mir auch Spaß machen«	7	
Statuszugewinn/mehr Geld	4	
Spaß am Organisieren	4	
keine Angabe von Motiven	27	

Die freien Antworten spiegeln das Motivspektrum der im Kurs befragten Teilnehmerinnen, das sie veranlaßt, Schulleitung für sich als reizvoll ins Auge zu fassen. Vorrangig sind zwei Motivebenen: der biographische Wunsch nach beruflicher Neuorientierung und die Unzufriedenheit mit (überwiegend männlicher) Schulleitung, jeweils verbunden mit dem *Wunsch, stärkeren Einfluß auf die pädagogische Gestaltung von Schule zu nehmen*. Der Gedanke, »das kann ich besser« oder »das kann ich auch« ver-

IV Managementkompetenz

knüpft sich mit dem Bewußtsein, sich für diese Leitungsaufgabe ausreichend qualifiziert zu haben. Das Motiv »mehr Status, mehr Geld« spielt dagegen nahezu keine bzw. eine sehr nachrangige Rolle.

Die Ergebnisse entsprechen den Vorannahmen des Forschungsdesigns zwar durchaus, allerdings erweist sich das Motiv »biographische Neuorientierung« als weniger ausschlaggebend für den Schritt in Richtung Schulleitung als in den Vorannahmen vorausgesetzt. Dies wird besonders deutlich in den Antworten der befragten Teilnehmerinnen zum auslösenden Ereignis für ihr Interesse an Schulleitung. Überraschend – und in unseren Untersuchungshypothesen vorweg vernachlässigt – zeigt sich die Unzufriedenheit mit erlebter (überwiegend männlicher) Schulleitung als hochrelevant für das Interesse an dieser Position. Das Motiv »das kann ich besser, das würde ich anders machen« wird auch in den Intensivinterviews, die mit 17 ausgewählten Kursteilnehmerinnen durchgeführt wurden, häufig genannt.

D. F.: »Als ich den Führungsstil meines Schulleiters eines Tages als sehr autoritär durchschaute, hat mich diese Erkenntnis bestärkt nach dem Motto: Das würde ich anders machen.«

H. Cr.: »Aushebeln von Kolleginnen, die konstruktive Kritik zur pädagogischen Gestaltung von Schule äußerten – erfolgreiche Demotivation anderer durch Schulleitung männlich.«

H. Lr.: »Der neue Schulleiter war nicht kompetent, unterrichtete wie vor Jahren, als er in den Dienst eintrat, hat nichts dazu gelernt.«

Z. Ar.: »Frauen haben größeres Fingerspitzengefühl im Umgang mit Menschen (KollegInnen, Schüler, Eltern). Bisherige Schulleiter habe ich nur als Technokraten kennengelernt.
Ereignis: schwerwiegende Fehlentscheidungen der Schulleiter.«

H. P.: »Als ich merkte, daß an meiner jetzigen Schule keine pädagogische Arbeit geleistet werden kann, weil die Schulleitung Verwaltungsarbeit als ihre vordringlichste und inzwischen einzige Aufgabe ansieht, war für mich klar, daß man als Schulleitung einer Schule ein Profil geben kann und sie gestalten kann.«

Von Bedeutung sind dabei häufig Erfahrungen, die aufgrund der Übernahme einer Funktionsstelle gemacht werden konnten. Der dadurch gewonnene Einblick in Strukturen führte bei manchen Teilnehmerinnen dazu, daß sie »Unzulänglichkeiten« erlebter Schulleitungen klarer einschätzen konnten. Allerdings äußern ebenfalls nicht wenige Teilnehmerinnen, daß ihnen nach Erreichen einer Funktionsstelle manches, was der Schulleiter tat, plausibler und einsichtiger wurde als zuvor, als sie noch keinen Einblick in dessen Tätigkeitsspektrum gehabt hatten.

Zu vermuten ist, daß die befragten Teilnehmerinnen einen recht hohen Anspruch an sich selbst und damit verbunden auch hohe Erwartungen an andere Frauen stellen, was den bereits oben erwähnten kritischeren Blick auf die in Leitungspositionen erlebten Frauen erklären könnte.

Umgang mit Konflikten

In der Fragebogenerhebung – der während des Orientierungskurses befragten Lehrerinnen – gaben annähernd 40 % der Teilnehmerinnen an, daß ein für sie als schwierig vermuteter Aspekt in der Tätigkeit als Schulleiterin im Bereich »Konfliktfähigkeit/Durchsetzung« liegt. Diese realistische Einschätzung möglicher auftretender Probleme ist im Zusammenspiel mit der stark favorisierten und angestrebten Teamarbeit zu sehen. Teamorientierung in Leitungsmodellen erfordert in der Umsetzung sicherlich eine hohe Kommunikationsbereitschaft und eben auch Konfliktfähigkeit. Im Vordergrund stehen dabei *konsensuelle Konfliktlösungsstrategien* und ein hohes Maß an Transparenz der Entscheidungsfindung. Zugleich muß jedoch die Ebene der Entscheidungsverantwortlichkeit als Kennzeichen von Leitungstätigkeit durchschaubar bleiben. Diese hier knapp umrissenen Fragestellungen galt es nun anhand der Intensivinterviews vertiefend zu bearbeiten.

Anlaß, die Problematik von Konflikten und Problemen der Durchsetzung anzusprechen, war die Frage nach zu erwartenden Schwierigkeiten bei der Übernahme einer Leitungsfunktion. Die Intensivinterviews wurden mit 17 ausgewählten Teilnehmerinnen durchgeführt (zu Auswahl und Durchführung der Interviews vgl. WINTERHAGER-SCHMID u. a. 1997).

Die Auseinandersetzung der Interviewten mit dem Aspekt »Konflikte« erfolgt in den Gesprächen auf zwei Ebenen. Zum einen in den – auch durch die Interviewerinnen angeregten – allgemeinen Äußerungen über Konflikte auf der Ebene der Metakommunikation. Die Interviewten beschreiben in unterschiedlicher Intensität und Ausführlichkeit ihre persönliche Position und Einstellung zu Konflikten, ihre damit verbundenen Gefühle und ansatzweise Konfliktlösungsstrategien, die sie für geeignet halten.

Über die Hälfte der Befragten legt im Interview zudem beispielhaft berufliche Konflikte dar, mit denen sie z. Z. oder in der Vergangenheit Erfahrungen gemacht haben. Dabei geht es ihnen zum einen um den direkten oder indirekten Einfluß dieser Konflikterfahrungen auf ihr Berufsleben, und zum anderen drücken die Befragten in ihren Darstellungen auch ihre Gefühle und Einstellungen in der Auseinandersetzung mit erlebten Konflikten aus. Frau P. setzte sich zum Beispiel nach dem Orientierungskurs zusammen mit

IV Managementkompetenz

anderen Kolleginnen für eine Änderung des Beförderungsmodells zugunsten einer Gleichstellung von Lehrerinnen an ihrer Schule ein. Den durch diese Initiative im Kollegium entstandenen Konflikt beschreibt sie als einen sehr belastenden Prozeß, von dessen Schärfe sie überrascht wurde und an dem letztendlich auch kollegiale Freundschaften zerbrochen sind.

»Und – dann war ich eben eine der Initiatorinnen, um – zu versuchen, dieses – Beförderungsmodell einfach mal ein bißchen anders zu gestalten, daß so bestimmte Aspekte bei Frauen mit berücksichtigt werden, daß sie eben durch – ihre Halbtagsstellen und durch ihre – ja durch die Kinder nicht ständig zurückstehen müssen, sondern eben genau die gleiche Chance haben befördert zu werden, und das hat eben in, äh, ja, und da sind die Männer total auf die Barrikaden gegangen, ne? *mhm* Und – es hat sich tatsächlich 'ne Front in der Schule entwickelt Männer gegen Frauen, so war nachher auch die Abstimmung, *mhm* und da wir nur 40 % sind, sind wir nun ja auch unterrepräsentiert, *ja* das heißt also, die Abstimmung war so, daß das Beförderungsmodell nicht geändert wurde / und das alte Beförderungsmodell ist geblieben, so daß weiterhin nur Männer befördert werden, also für die nächsten sieben Jahre stehen nur Männer an zur Beförderung. (...) – Also noch nicht mal reaktionäre Leute, da würd' ich ja dann noch sagen, *mhm Da waren Sie eigentlich dann auch erstaunt über das Ausmaß...* Ja, ich war völlig erstaunt. Also da sind Freundschaften zu Bruch gegangen, an diesem Beförderungsmodell. *Die vorher da waren? Ja. Ganz persönliche?* Ja. Ganz persönliche. Also ich habe eine Freundschaft wirklich, wo ich sagen kann, tut mir leid, mit dem kann ich nicht mehr befreundet sein, wenn sich jemand so verhält« (P.).

Insgesamt lehnt keine der Teilnehmerinnen das Austragen von Konflikten ab oder beschreibt sich als eine Person, die danach strebt, Konflikte um jeden Preis zu vermeiden. Das Spektrum der Antworten reicht von der Bestätigung, daß Streit auszuhalten das ist, was der Lehrerin am schwersten fällt, bis hin zur Kollegin, die es wesentlich irritierender findet, wenn Streit nicht ausgetragen wird.

»Aber oft ist er nötig, um überhaupt deutlich zu machen, hier schwelt ein Konflikt, // oft ist er nötig, um einerseits Positionen klarer hinzukriegen, andererseits auch vielleicht es zu schaffen, // aufeinander zuzugehen und voneinander zu lernen. Streit ist oftmals wie so 'n Gewitter, kann einfach die Atmosphäre unglaublich bereinigen wie so 'n Gewitter // und // eh / ich denke, er ist auch oft nötig, um / mir selber deutlich zu machen, was will ich, was will ich nicht. / *Hm.* Also einerseits Positionen zu klären, andererseits auch Positionen zu verändern. *Hm.* Und überhaupt / die Sache auf 'n Tisch zu kriegen, denke ich, denn nichts ist schrecklicher, als so hinter meinem Rücken zu wissen, da sind *hm* irgendwelche Sachen im

Busch, aber ich kann's nicht greifen. Dann kommen Konflikte oder Probleme an anderer Stelle und dann oft zur Unzeit oder sie können unter völlig erschwerten Bedingungen hochkommen. Also, dafür bin ich nicht« (U.).

Die Interviewten unterscheiden sich also nicht generell in ihrer Bereitschaft, ob sie sich überhaupt auf Konflikte einlassen, sondern im »*Grad*« *ihrer Konfliktfreudigkeit.*
Es zeichnen sich unterschiedliche Schwerpunktsetzungen im Umgang mit Konflikten ab bei Frauen, die in großen und bei Frauen, die in kleineren Schulsystemen arbeiten.
Insgesamt beschreiben sich die Lehrerinnen aus großen Systemen als konfliktfreudiger.
Dies könnte auf das größere Kollegium und damit die geringere Abhängigkeit von einzelnen KollegInnen zurückzuführen sein. Eine Auseinandersetzung mit KollegInnen bedroht in einem solchen System nicht gleich das Klima im gesamten Kollegium. Die Lehrerin ist nicht so stark auf jeden einzelnen Kollegen und jede einzelne Kollegin angewiesen, wie dies in einem kleinen oder kleinsten Kollegium der Fall ist.
Auch eine Tätigkeit als Personalrätin scheint die Konfliktfähigkeit zu stärken, dafür eine Art Schulung zu sein. Diejenigen, die im Interview einen Akzent auf ihre Tätigkeit als Personalrätin legen, beschreiben sich selbst als konfliktfreudiger als diejenigen, die diese Tätigkeit nicht ausübten bzw. nicht für erwähnenswert hielten.
Frau D. differenziert in ihrer Darstellung zwischen »richtigem«, schlimmen Streit mit »rumschreien«, der im privaten Rahmen auch mal vorkommen darf, den sie aber in anderen Kontexten meidet. Im beruflichen Bereich läßt sie sich durch KollegInnen kritisieren und in Frage stellen, dafür ist sie offen und signalisiert dies ihrer Umwelt auch. Sie bemüht sich auch, andere zum »Streiten« zu ermutigen und die Hemmschwelle, sich mit ihr auseinanderzusetzen, möglichst niedrig zu halten. Frau D. möchte solche berufsbezogenen Konflikte sachlich begriffen wissen. Emotional geführte Konflikte verweist sie ausdrücklich in den privaten Bereich.
Auch andere interviewte Kursteilnehmerinnen distanzierten sich ausdrücklich von emotional geführten Konflikten und betonen die Wichtigkeit, Konflikte sachlich auszutragen. Diese Sachlichkeit dient gleichzeitig zum Schutz der eigenen Persönlichkeit, da Konflikte als emotional zu belastend empfunden werden. So beschreibt Frau W., daß sie sich bei einem anstehenden Konflikt selbst verdeutlicht, daß es »um die Sache geht« und nicht ihre Person angegriffen wird. Sie stellt dar, daß für sie diese Form des Konfliktmanagements ein wichtiger Lernprozeß gewesen ist, bei dem beispielsweise die

IV Managementkompetenz

Rückmeldung durch eine andere Person von Bedeutung war sowie ihre Fähigkeit, sich selbst als Lernende zu begreifen. Frau W. ist es sehr wichtig, in Konfliktfällen die innere Kontrolle zu behalten, deshalb rechnet sie von vornherein mit Konflikten im Kollegium.

»(...) jetzt kann ich das vielleicht auch gerade angehen, *ja* auch so mit Konflikten umgehen, ne. *Hm.* So daß ich sowas, das übe ich auch ganz bewußt in meinem Kollegium, wo ich dann sehe: Aha, da ist jetzt ein Konflikt, o.k., (Stimme hebend) ich bin nicht persönlich betroffen, es geht nicht um meine Person, die ziehen mir nicht den Boden weg, sondern das ist ein (amüsiert lachend) sachlicher Konflikt. Das habe ich da auch gelernt, und auch in anderen Bereichen habe ich da geguckt, habe ich ja so gemerkt, das kann ich noch nicht so gut und so, und ach, Hilfe, Konflikt und Streit und so, wie Frauen das ganz oft so machen, bloß weg, bloß weg und Decke drüber und so, (bestimmt) nichts, ne, / daß ich da genau hingucke und noch mehr, oder für mich entschieden habe, o.k., mit dem Kollegen kann ich halt nicht, ne, oder mit dem muß ich nun streiten, und dann werden wir da eben sehen, wie wir 'mit zurecht kommen. *Hm.* // Das habe ich war auch immer noch und will ich auch 'n Teil beibehalten, / aber das ist 'ne Sache, wo ich mir schon noch mehr bewußt werden muß so, ne. *Hm.* Obwohl ich jetzt auch merke, das ist, / also Konflikte sind sehr fruchtbar, ne, und ich scheu mich davor auch nicht« (W.).

Frau W. reflektiert sehr intensiv die eigenen geschlechtsspezifischen Fallstricke im Umgang mit konflikthafter Abgrenzung. Auch sie empfindet den streitbaren Umgang mit Konflikten als einen Lernprozeß, den insbesondere Frauen bewußt angehen müßten.

»So, // und das ist Übungssache, weil ich denke, nicht nur ich, sondern auch Frauen sind da ganz anders erzogen so, ne. Oder auch so Ablehnung aushalten. / Das ist auch 'ne Sache, die ich / geübt hab' schon so 'n bißchen, ne. *Hm.* So als Personalrätin un-, unpopuläre Entscheidungen denn vertreten oder sich / alleine ohne / Rückendeckung des Kollegiums hinstellen und sagen: Nee, ich beantrage ein Nein« (W).

Viele Frauen definieren sich häufig über ihre Beziehungen zu anderen Personen, sie sehen sich als Agierende in einem sozialen Kontext und wünschen sich konsensuelle Lösungen. Auch einige der von uns interviewten Lehrerinnen betonen diesen Aspekt. Frau A. beschreibt ausführlich, wie sie befürchtet, durch das Fällen unbequemer Entscheidungen und den daraus resultierenden Konflikten ihre guten Beziehungen zum Kollegium zu gefährden. Sie ist sich dieser Ängste aber bewußt und versucht nicht deshalb, Konflikte möglichst zu vermeiden. Allerdings geht Frau A. sehr selbstkritisch mit sich

Selbstverständnis

um. Sie will vermeiden, Fehler zu machen und dadurch Anlaß zu Konflikten zu geben.

»(...) da hätte ich Sorge, daß ich da, Fehler machen könnte *hm*. Die sich dann vielleicht nachteilig auf den Schulablauf auswirken *ja* könnten, weil das schwierig ist, die dann wieder zu korrigieren *hm* und Kollegen betreffen würden, die dann ärgerlich wären, weil das wieder mal nicht geklappt hat *ja* und ich dann vielleicht eben auch ja doch so 'n bißchen angeknackst würde auch in meinem Verhältnis zu den Kollegen, weil ich ihnen dann vielleicht, durch meine Unsicherheit oder durch meine Fehler Nachteile bereitet habe. Überhaupt, *ja* daß ich dem Schulablauf da irgendwie geschadet habe *hm*. Das wäre so meine Sorge. Und, was vielleicht auch manchmal schwierig sein kann, daß man sich da dann auch von Kollegen abgrenzen muß, *ja* und bestimmte Entscheidungen fällen muß, von denen man weiß, daß die eben nicht / geliebt werden. Und das finde ich auch schwierig, das bereitet mir sowieso Schwierigkeiten, so diese Konflikte auszuhalten, bei denen ich weiß / das paßt manchen Leuten nicht, *hm* wo ich aber meine, von der Sache her die und die Position vertreten zu müssen, ne? *Ja*. / Also das fällt mir nicht so ganz leicht, das muß ich schon zugeben, das auch auszuhalten, irgendwo unbeliebt *hm* zu sein« (A.).

Frau E. differenziert zwischen der für sie relativ einfachen Moderation von Konflikten und Konflikten, in die sie selbst involviert ist. Sie geht Konflikte sehr kontrolliert an, spricht sich selbst aber auch das Recht auf ihren Ärger zu. Um Konflikte zu vermeiden, versucht sie so perfekt wie möglich zu sein.

»Konflikte zu moderieren gelingt mir noch ganz gut, aber wenn ich selbst drinstecke, ist es sehr schwer. *mhm* / Daß ich auch merke, ich bin so schnell angreifbar, / weil ich – das Gefühl habe, die meinen mich als ganze Person und nicht nur das eine Verhalten. *mhm* Das ist so schnell, daß das zu global wird, ne? *ja* Und dann kontrollier' ich mich immer und überprüfe, was ist da jetzt los und was ist nun eigentlich wirklich passiert, und Moment mal, und – ich hab' auch 'n Recht darauf, ärgerlich zu sein, und äh – wenn ich so angegriffen werde oder wenn ich auch auf jemanden ärgerlich bin, dem das zu sagen, dann fällt es mir oft sehr schwer, den richtigen Ton zu finden, *mhm* daß das auch / 'n Streitgespräch wird und nicht so 'n nöliges Gespräch, ne? / Aber es ist // nicht einfach. Nicht einfach, ich vermeide das sehr gern, ich versuche, *mhm* so perfekt zu sein, damit ich das vermeide« (E.).

Frau D. betont demgegenüber die positiven Aspekte einer Position, in der sie die guten Ideen, die sie hat, auch durchsetzen kann.

»(...) aber wenn man 'ne Idee hat und 'ne gute Idee und die auch durchzusetzen,

IV Managementkompetenz

// ja, das macht auch Spaß. Also, mit Energie dahinter zu sitzen und zu sehen, daß es dann auch funktioniert, sich durchzusetzen, auch persönlich durchzusetzen, ich glaub', sowas is' es auch« (D.).

Frau J., die im Zeitraum zwischen Fragebogenerhebung und Interwiedurchführung inzwischen Schulleiterin geworden ist, verbindet den Aspekt des »Sich-durchsetzens« sehr stark mit dem Wunsch, eine Balance zu finden zwischen der unumgänglichen Notwendigkeit, eine klare Linie durchzusetzen, und dem Wunsch, in den darüber hinausgehenden Bereichen »großzügig« sein zu können.

»(...) ich kann also auch / eh /// sehr / ja, auch bestimmend sein, wenn es sein muß. Also / auch sehr gutmütig und großzügig, wenn // es möglich ist, aber dort, wo / es erforderlich ist, daß, daß ich Sachen bestimme oder anordne, mache ich das auch, *hm* das ist einfach so 'ne / Balance, die man irgendwann finden muß, die man nicht von heute auf morgen hat, die ich auch hab' lernen müssen. *Hm. Jetzt speziell in Ihrer Position als Schulleiterin, ja als Schulleiterin.* Ja, hm. Das muß man einfach lernen. Und ich habe also an der Schule, wo ich vorher war als Konrektorin, der Schulleiter war immer viel krank, ich habe also die Schule / mehr oder weniger // zum großen Teil mit geleitet. *Hm.* Ja, nicht bloß als Konrektorin, sondern wirklich 'n Großteil der Dinge / *hm* selbständig gemacht. *Und was sind das dann für Situationen, in denen das auftritt, daß Sie sagen, so jetzt muß ich mal etwas bestimmter werden?* Das ist, das war eine große Schule, / da waren dreiunddreißig Lehrkräfte, und da muß man dann einfach, // wenn es / bedingt, eh, Absprachen erfordert oder wenn es mit dem Stundenplan Dinge gibt oder mit Organisation von / von Vertretungsplänen, von Aufsichtsplänen, von Konferenzen, Lernmitteln oder sonst was, da muß man / ein Fingerspitzengefühl entwickeln, sehr diplomatisch sein können, aber in dem Moment, wo, / wo dann die Diplomatie nicht mehr hilft, da muß man einfach sagen: Aber ich entscheide so. *Hm.* So machen wir es und *hm* // fertig / und diese Entscheidung dann auch / begründen. /// Ja« (J.).

Insgesamt betonen sechs der Interviewten offen, den Wunsch, sich in Konflikten durchzusetzen. Diese sind bereits in leitenden Positionen tätig. Hingegen sprechen vier Lehrerinnen ausdrücklich davon, daß für sie angestrebtes Ziel eines Streites ist, einen Konsens zwischen den beiden Parteien herzustellen. Beide Teilgruppen bemühen sich aber um einen Konsens mit dem Kollegium, das sie als Team sehen.
Frau R., inzwischen ebenfalls als Schulleiterin tätig, weist darauf hin, daß für sie die Konsensfindung die zentrale Aufgabe der Schulleiterin ist.
Sie habe an sich den Anspruch, gerade in ihrer Position als Schulleiterin Konflikte auch dann lösen zu können, wenn die direkt involvierten Personen

dazu nicht in der Lage seien. Dabei hebt Frau R. besonders Sachlichkeit und Empathie(-fähigkeit) als notwendige Elemente in der Auseinandersetzung hervor. Insbesondere ist ihr wichtig, daß das, was sie an ihrer Schule notfalls auch konfliktreich durchsetzt, in den Begründungen und Strategien für alle Beteiligten transparent bleibt.

»Streit, / zum Streiten selber / finde ich's immer wichtig, daß man sachlich bleibt. *Hm./* Und, ich glaube, ich selber muß es ganz besonders gut können, wenn das Kollegen nicht können, ist es trotzdem meine Aufgabe heute als Schulleiterin, dann trotzdem sachlich zu bleiben // und // auch mich in die Gefühlswelt des anderen / einfühlen zu können *hm* // und so zu einem vernünftigen Konsens zu finden«. (R.) ... »Also z. B. wenn ich jetzt höre, daß die sich da, daß die meckern, daß sie jetzt halt mehr Dienstbesprechungen haben als früher. Dann kann ich sagen, o.k. ja, dann laß' sie halt meckern, aber ich mach' das halt so und andererseits sagen sie ja auch, /// es ist alles viel transparenter. *Hm.* Aber nur so kann ich's halt auch transparenter machen, / und dann weiß ich eben, na ja gut, laß' sie mekkern aber, / ne, / da kann ich jetzt nichts zu. *Hm.* Also, ja« (R.).

Frauen wird im allgemeinen die Fähigkeit zugeschrieben, Konflikte sensibler und unter weitmöglichster Berücksichtigung der verschiedenen Interessen zu lösen. Dies gilt für die von uns Interviewten in vielfältiger Weise. Auch wenn für die eigene Person *Sachlichkeit* als »oberstes Gebot« vorausgesetzt wird, so nutzen »die Sachlichen« ihre Empathiefähigkeiten, um Konflikte zu lösen. Sie erheben an sich den Anspruch, sich zur Lösung eines Konfliktfalls in die anderen hineinzudenken und deren Beweggründe nachzuvollziehen, bevor sie eine Entscheidung treffen.
Die Schulleiterin Frau J. z. B. betont ihr Bemühen um Integration der verschiedenen Standpunkte zu einer Problemlösung, macht dabei aber gleichzeitig deutlich, daß dieses Bemühen nicht immer erfolgreich sein kann.

»Aber manchmal muß man ihn einfach / oder man muß ihn sachlich austragen und / darüber reden. / Sonst ist die Arbeit an einer Schule oder allgemein sehr erschwert. *Hm.* Und / eh / man muß dort sehr, (zögernd) je nach dem in welcher Position man ist, dann auch sehr versuchen, / beide Seiten, / beiden Seiten gerecht zu werden« (J.).

Insgesamt beschreiben sich die Interviewten als kompetent im Umgang mit Konflikten. Sie meiden Konflikte nicht, jedoch unterscheiden sie sich im Grad ihrer Konfliktfreudigkeit.
Die Lehrerinnen haben im Laufe ihres (Berufs-)Lebens ihre Kommunikationsfähigkeit und ihre Fähigkeit, mit Konflikten sachlich und sensibel umzu-

IV Managementkompetenz

gehen, entwickelt und geschult. Sie sind sich der Prozeßhaftigkeit dieser Entwicklung bewußt und begreifen sich nach wie vor als Lernende.

Die Befragten sind sich bewußt, daß Frauen eher Potentiale wie Sensibilität, Empathie und kommunikationsorientierte Konfliktlösungsstrategien zugeschrieben werden, und Potentiale wie Durchsetzungsfähigkeit, Dominanz und offensive Konfliktregulierung zumeist männlich konnotiert werden. Sie versuchen zwischen diesen Polen für sich persönlich eine Brücke zu schlagen und beide Anteile situationsadäquat zu realisieren.

Da bisher vergleichbar authentische Selbstaussagen männlicher Schulleiter zu ihrem persönlichen Umgang mit Leitungsstilen und mit Durchsetzungsstrategien aus männlicher Sicht nicht vorliegen, lassen sich keine Vergleiche anstellen zwischen männlichem und weiblichem Umgang mit Schulleitungskonflikten. Unsere Ergebnisse legen jedoch nahe, davon auszugehen, daß Schulleiterinnen sich besonders intensiv um konsensuelle Lösungsstrategien in Konfliktfällen bemühen, daß sie stark auf teamorientierte Leitungsstile setzen. Allerdings sind hier auch Einflüsse durch die Inhalte und Formen der Kursgestaltung in den Orientierungskurse anzunehmen, geben diese doch Fragen einer teamorientierten Leitung großen Raum. Auch die Modellwirkung der Leitungsteams von Frauen, die bereits die Karriereschritte gemacht haben, die die Teilnehmerinnen erst für sich anstreben wollen, kann nicht zu hoch eingeschätzt werden. Das Konzept der Orientierungskursen des niedersächsischen NLI setzt mit Nachdruck darauf, daß Schulentwicklung sich künftig sehr viel stärker als bisher auf die Innovationspotentiale und Kompetenzen von Frauen im Schulwesen stützen müsse. (FISCHER/KOCH-PRIEWE 1996). Die neueste Forschung zur Bedeutung der Lehrerinnen für Unterrichtserfolg, Schulklima und Schulentwicklung gibt ihnen in dieser Einschätzung durchaus recht (SCHWÄNKE 1988; KOCH-PRIEWE 1995, WINTERHAGER-SCHMID u. a. 1997).

Jedoch zeichnet sich auch ab, daß diejenigen Lehrerinnen, die im Laufe unseres Untersuchungszeitraums (1993 – 1995) seit kurzem in Schulleitungspositionen aufgerückt sind, eine leicht erhöhte Tendenz zeigen, in Konfliktsituationen durchaus auch Entscheidungen zu treffen, die sie selbst als »einsame« empfinden. Dabei spielt für die von uns Befragten – gleich ob sie bereits in Leitungsämtern sind oder kurz davor stehen, in diese aufzurücken, – *die berufsethische Legitimation von Macht und Einfluß* eine herausragende Rolle. Nur wenn diese leitungsbereiten Lehrerinnen aller Schularten den Eindruck gewinnen, die Übernahme von mehr Verantwortung für Schule eröffne ihnen pädagogisch neue und – aus ihrer Sicht lohnende – Gestaltungsspielräume, sehen sie die Ausübung von Macht und Einfluß als berufsethisch gerechtfertigt an. Diese Frauen streben nicht »um jeden Preis« Schulleitungsämter an. Statuszuwachs oder ein Mehr an Gehalt spielt für ihre Bereitschaft so gut wie keine Rolle. Sie stehen der »Karriere um der Karriere willen« ausgesprochen ablehnend gegenüber. Für die große Mehrzahl der Teilnehmerinnen der Orientierungskurse »Schulleitung als Aufgabe für Frauen« ist der Karriereaufstieg nur attraktiv, wenn sie ihn als Schritt sehen können zu ihrer effektiveren professionellen Selbstverwirklichung. Dabei erkennen diese leitungsbereiten Lehrerinnen sehr klar, daß ihre Gestaltungsabsichten nur realisierbar sind in Zusammenarbeit mit einem Kollegium, das als Team bereit ist, sich auf pädagogisch neue Wege zur Weiterentwicklung von Schule einzulassen.

WILFRIED SCHLEY

Konfliktmanagement – Zum Verhältnis von Schulleitung, Lehrern, Eltern und Schülern

Schule ist zugleich Projektionsfläche und Adressat für die Wünsche und Erwartungen von Eltern und Schülern, Politikern und Öffentlichkeit. Chancengleichheit und Gerechtigkeit gehen in einer als »Risikogesellschaft« gekennzeichneten sozialen und ökonomischen Gesamtsituation unter – in der »Schule zur Demokratie« sollten sie Bestand haben. Solidarität, Helferbereitschaft scheinen gesellschaftlich im Rückzug – in der Schule sollten sie tragende Haltungen bleiben. Einflußnehmen und Mitgestalten wird in einer von Globalisierung, Technisierung und Vernetzung geprägten Entwicklungsdynamik im Arbeitsleben immer schwieriger – in der Schule soll Selbstverantwortung, Kooperation und Mitbestimmung praktiziert werden. Gesellschaftliche Widersprüche, ambivalente Strömungen und gegeneinander strebende Werte treffen in der Schule aufeinander. Schule halten ist schwieriger und anspruchsvoller geworden. Schule leiten wird zu einem Balanceakt zwischen den beteiligten Gruppen der Lehrer, Eltern und Schüler. Daraus entstehen Konflikte, die wiederum zur Aufgabe der Leitung werden.

Schon die Bezeichnung »Konflikt« stößt bei vielen SchulleiterInnen auf Ablehnung. Sie hätten gerne eine harmonische, kooperative und freundliche Schule. Konflikt, das bedeutet Streit, und Streit ist Kampf. »Das kann doch keiner wollen: Ein zerstrittenes, sich untereinander bekämpfendes Kollegium«.

Das Problem beginnt ganz am Anfang, es entsteht in den Köpfen der Beteiligten als Zuschreibung, als Bewertung, als Enttäuschung oder gar Verbitterung gegenüber bestehenden Interessengegensätzen und Spannungsfeldern. Die Harmonieorientierung und das Denken in Einheitlichkeit bildet eine Barriere. Und es endet bei der Hilflosigkeit. Was kann ich dann machen, wenn ein Problemkind an meiner Schule andere Kinder bedroht und erpreßt und die aufgebrachten Eltern ein Durchgreifen mit Rauswurf erwarten? Was soll ich dann tun, wenn es in grundlegenden Fragen des Schulprogramms keine Gemeinsamkeit im Kollegium gibt: Leistungsbewertung, Disziplin, Lehrerrolle, Erziehungs- und Bildungsziele?

Konflikte

Im Umgang mit Wertekonflikten greife ich gern auf das Modell des Wertequadrates zurück. KARL JASPERS definiert »Kooperation als liebenden Kampf« und damit integriert er die widersprüchlichen, in Spannung zueinanderstehenden Tugenden der »Liebe« und des »Kampfes«. SCHULZ VON THUN (1989) greift diese Definition auf und interpretiert sie in der Darstellungsform des Wertequadrates neu. Es soll am Beginn unserer Klärungsarbeit zum Konfliktmanagement stehen (s. Abb. 1).

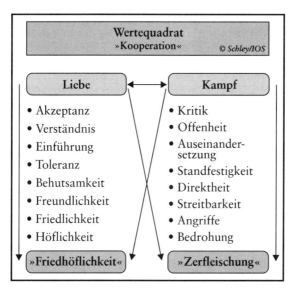

Abb. 1: *Wertequadrat »Kooperation« (nach Schulz von Thun 1989)*

Die »Liebe« ist in der Pädagogik gleichzusetzen mit Verstehen, Helfen, Akzeptieren, Unterstützen und Fördern. Und darauf käme es schließlich vor allem anderen an, so argumentieren viele LehrerInnen und SchulleiterInnen. Der »Kampf« sei genauso wichtig, argumentieren andere dagegen. Ohne Auseinandersetzung, ohne ein Ringen um Lösungen, bei unterschiedlichen Standpunkten und Interessen sei doch nur ein angepaßtes Verhalten oder Unterordnen bei freundlicher Fassade möglich. Die Ersten wiederum antworten mit einer Abgrenzung: Angriffe, Zerfleischung und Destruktion gäbe es in der Welt genug, die Schule soll davon nicht auch noch ergriffen

IV Managementkompetenz

werden. So bleiben beide Seiten in einer Pattstellung. Die Standpunkte bleiben unverrückbar bestehen.

Die Eigenheit der Wertedebatten besteht in der Tendenz zur Absolutierung des eigenen Wertes und zur Abgrenzung gegen den diametralen Gegensatz, das ist die Geschwistertugend in Form der entwertenden Übertreibung. Über entwertende Übertreibungen halten wir unsere Positionen aufrecht. Und merken dabei häufig genug selbst nicht, wie wir uns durch ein »Mehr vom Selben« vom ursprünglich positiven Ende der Werteskala entfernen und die Verkehrung ins Gegenteil betreiben. So wächst aus Akzeptanz die »Friedhöflichkeit« und aus der Kritik die »Zerfleischung«. Schulen benötigen beide Qualitäten und vor allem eine lebendige und dynamische Balance in Klärungen zwischen Schulleitung und Kollegium, Lehrern, Eltern und Schülern. Nur mit »Liebe« gedeiht kein Kind, nur mit »Auseinandersetzung« wächst es auch nicht. Und so wie es den Einzelnen geht, geht es auch den Gruppen und Institutionen. LEWIN (1963) spricht von Feldbestätigung als Grundlage der Veränderung. Wenn ich etwas verändern will, muß ich zunächst akzeptieren, was ist. Das ist das sogenannte »Paradox der Veränderung«.
Bereits in den ersten Anfangsüberlegungen zeigt sich also die Problematik des Konfliktthemas. In Konflikten entsteht eine eigentümliche Eigendynamik der Eskalation. Wenn wir über Konflikte reden, sprechen wir vor allem das Problem der Eskalationsdynamik an, das Scheitern an den Formen der Auseinandersetzung. »Ein Wort ergab das andere« und am Ende hatten wir ein »Schlachtfeld«, beschrieb ein Schulleiter in einer Fortbildungsveranstaltung sein Erleben. »Und ich konnte nichts machen«. Dabei ging es nur um die Verabschiedung der Schulordnung auf einer Lehrerkonferenz.
Was bleibt? Der Rückzug auf das Formale? Saubere Administration, unangreifbares Verhalten, orientiert an den Richtlinien? Wie verstehen wir vor diesem Hintergrund die Rolle der Schulleitung? Der vorliegende Text soll zur Sensibilisierung für Konfliktentscheidung und -dynamik beitragen, eine Ermutigung für Konfliktmoderation herbeiführen und schließlich zur Einstellungsänderung gegenüber Konflikten beitragen. Und er soll eine gedankliche Öffnung herbeiführen, die das Konfliktthema weitet und in das allgemeine Konzept der Leadership integriert. Damit wird die Rolle der Schulleitungen als wesentlich für Konfliktwahrnehmung und Umgang mit Konflikten ins Zentrum gerückt.

Konflikte

Schulleiterinnen und Schulleiter

Schulen zu leiten verlangt heute ein hohes Maß an Fähigkeiten, Bereitschaften und Kräften, die situationsgerecht, rollenbewußt und zielgerichtet eingesetzt werden müssen. Die Schulleitungen der unterschiedlichen Schularten, Schulgrößen und Standorte haben ein breites Spektrum an Aufgaben zu erfüllen. Dabei differieren die Anforderungen erheblich. Eine nur für einige Stunden entlastete Leiterin einer kleinen Grundschule unterscheidet sich in ihrer Tätigkeit von dem Leiter/der Leiterin einer Gesamtschule mit einem Leitungsteam von 3–5 AbteilungsleiterInnen oder dem Leiter/der Leiterin eines Berufsschulzentrums oder Gymnasiums von 800–1200 oder mehr Schülerinnen und Schülern.
Sehen wir uns einmal eine für diesen Text zusammengestellte kollegiale Lerngruppe von SchulleiterInnen an, die seit zwei Jahren gemeinsam an der Entwicklung ihrer Leitungskompetenz und vor allem an der Stärkung ihrer Konfliktfähigkeit gegenüber dem Kollegium oder auch gegenüber Spannungen zwischen Eltern und Lehrern arbeiten und erkennen dabei zugleich die Vielfalt und Breite der Situationen.

- *Frau Wagnis* hat eine kollegiale Lerngruppe ins Leben gerufen und einige Teilnehmerinnen aus einem SchulleiterInnenseminar dazu eingeladen. Als Anstoß hat sie aus der Fortbildung mitgenommen, eine möglichst heterogen zusammengesetzte Gruppe zu bilden. Sie selbst leitet seit einem Jahr eine Haupt- und Realschule in einem der sozialen Brennpunkte der Großstadt. Es kann Hamburg, Frankfurt, Berlin oder München sein.
Ihr Kollegium mit etwa 40 Lehrkräften hat mehrere SchulleiterInnen »verschlissen«. Es gibt sich hart, viele wirken verbittert. Die Schüler würden immer problematischer, die Zusammensetzung schwieriger, mit den Eltern sei oft kein Reden. Eine Einzelkämpfermentalität hat sich breit gemacht. Das Klima ist angespannt. Gemeinsame pädagogische Diskussionen finden nicht statt. Die Schulleitung »soll etwas herausholen«, »ihnen den Rücken stärken«. Die Eltern wirken oft ratlos, überfordert und kommen häufig, wenn sich Konflikte eskaliert haben, um Unterstützung gegen Willkürmaßnahmen der Lehrer zu bekommen.

- *Frau Frohsinn* hat dagegen eine freundliche Grundschulwelt mit einem Kollegium von 30 LehrerInnen. Der einzige Mann an der Schule ist ein Sonderpädagoge in einer Integrationsklasse. Frau Frohsinn ist bereits lange an der Schule als Kollegin und wurde vor 2 Jahren vom Kollegium als Schulleiterin vorgeschlagen und von der Schulbehörde bestätigt. Sie hat eigentlich keine grundlegenden Sorgen, die Arbeit macht ihr Freude, befürchtet allerdings, daß der Frieden an ihrer Schule nicht lange hält. Die Eltern würden anspruchsvoller, viele arbeiteten bereits im Unterricht mit und ein Teil der Kollegiums hätte inzwischen ein offenes Verhältnis zur Elternkooperation gewonnen, während ein anderer Teil dem sehr skeptisch gegenüberstehe und eher traditionelle Formen der Elternarbeit pflege. Es gäbe mittlerweile zwei Kolleginnenwelten an ihrer Schule.

- *Herr Dr. Fachmann* kommt aus einem Gymnasium in der Nähe der Grundschule von Frau Frohsinn. Er leite ein Kollegium von 60 Lehrern und LehrerInnen und verstehe seine Rolle vor allem als guter Organisator, als Repräsentant der Schule und Ansprechpartner der Eltern. Ihm läge die Qualität des Unterrichts am Herzen und er strebe eine behutsame Weiterentwicklung an. Frau Frohsinn hätte er kennengelernt, als diese auf einer Konferenz über neue Arbeitsformen an ihrer Grundschule berichtete, über offenen Unterricht, freie Arbeit, Projektmethode und darüber eine Diskussion über die Fortführung der veränderten Lernkultur an seinem Gymnasium angestoßen wurde. Der Kollege Fachmann fragt sie seitdem gelegentlich, wie er wohl mehr Koordination an seiner Schule erreichen könne und wie er kleinere Innovationen auf den Weg bringen könne.

- *Frau Wirbel* hat damit keine Probleme. Sie leitet eine Gesamtschule der »dritten Generation«, eine Stadtteilschule mit 75 LehrerInnen. An ihrer Schule haben sich zahlreiche interessante Entwicklungsprojekte entfaltet, ein Schulzoo ist entstanden, Projektwochen gehören zum festen Bestandteil, Teamarbeit mit Supervision ist für viele selbstverständlich. Ihr Problem ist die Vielfalt an der Schule und die Schwierigkeit der Abstimmung und Einigung untereinander. Auch ist es nicht immer einfach, auf dem Laufenden zu bleiben, was Projekte angeht. Viele Eltern fragten sich, ob diese »lebendige Schule, in die unsere Kinder gern gehen, auch genügend aufs Leben vorbereitet« (s. Abb. 2, S. 183).

Wenn wir noch einmal auf unsere vier Teilnehmer der Lerngruppe schauen – sie repräsentieren grundlegende Persönlichkeitsstrebungen, Motive und Haltungen, ich habe sie aus didaktischen Gründen und aus Erfahrungen mit Lehrergruppen in groben Strichen charakterisiert –, dann erkennen wir eine Zuordnung zu bestimmten Polen, Kräftefeldern und Heimatgebieten. Frau Wirbel ist im Gebiet Wechsel und Nähe zu Hause, Herr Dr. Fachmann schätzt Distanz und Dauer, Frau Frohsinn mag den Kontakt, die Nähe und Kontinuität und Frau Wagnis kennt als Heimatgebiet die Welt der Eigenständigkeit und Veränderung, sie traut sich auch eine Konfrontation mit den KollegInnen zu.

Konflikte

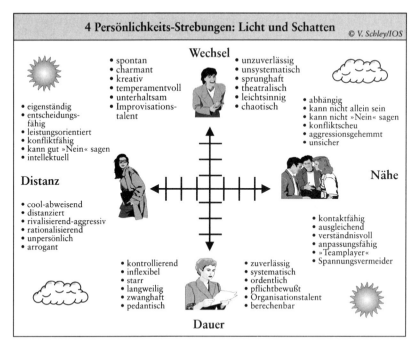

Abb. 2: *4 Persönlichkeits-Strebungen: »Licht und Schatten« (nach Riemann 1969)*

Umgang mit Komplexität und Krisenbewältigung als Prozeß

Schule zu leiten gleicht einem Schachspiel mit veränderten Spielregeln. Die Figuren sind an unsichtbaren Fäden verknüpft. Wird eine auf dem Feld verrückt, ziehen andere mit, wobei nicht klar ist, welche es jeweils sind (Merkmal der Vernetzung). Das Feld ist nur zum Teil offen. Viele Informationen fehlen, Zusammenhänge sind nicht sichtbar (Merkmal der Intransparenz). Oft ist ein Abwarten und Überlegen nicht möglich, es entsteht ein Druck, der zu Handlungen zwingt (Merkmal der Eigendynamik). Maßnahmen, die dann getroffen werden, sind oft nicht berechenbar, schon gar nicht kann von einer 100 %igen Wirkung ausgegangen werden (Merkmal der Probabilität).

IV Managementkompetenz

Hinzu kommen Kräfte von außen, die durch politische Vorgaben und behördliche Entscheide das Handlungsfeld beeinflussen (Merkmal der Felddynamik).

Für SchulleiterInnen bedeutet diese Grundsituation eine Quelle der Verunsicherung. Es kann nicht mehr von einer »Richtig und Falsch«-Unterscheidung ausgegangen werden. Situationen werden fließend, das Erfolgsrezept *einer* Situation kann in einer *anderen* kontraindiziert sein. Insofern ist die Notwendigkeit einer offenen Situationswahrnehmung eine logische Folgerung aus dieser modellhaften Situationsbeschreibung. Mehr noch als beim herkömmlichen Schachspiel müssen Informationen verknüpft, Modelle gebildet und Schlußfolgerungen gezogen werden, die sich als richtig oder unrichtig erweisen können. Wahrnehmungsfähigkeit, szenisches Erfassen und Vervollständigen teilweise offen gelegter Situationen, Intuition und pragmatischer Menschenverstand helfen eine Orientierung in derartigen komplexen Handlungsfeldern zu gewinnen (vgl. DÖRNER 1989).

Jede Arbeit im Bildungsbereich lebt von der Spannung zwischen Zielen, Leitideen und Visionen, dem pädagogischen Kosmos, und den Alltagsnotwendigkeiten der Administration, Abstimmung, der Regelungen und zwischenmenschlichen Hakeleien. Der Anfangsschwung der Neugründung, der Aufschwung einer Veränderungsphase und die damit verbundene Motivation wird immer wieder verbraucht und im Alltag aufgerieben. So verlaufen Veränderungen in Zyklen. Sie sind geprägt von den auf der Vorderbühne präsentierten und gelebten Haltungen. Oft gibt es auch ein Nebeneinander von »weitermachen wie bisher« mit »Schuldige suchen, Ärger und Unmut artikulieren« sowie eine Parallelität oder Überschneidung von »Rückzug und innerer Kündigung« mit »Neuorientierung und Aufbruch«. Eine Quelle von Konflikten besteht in der scheinbaren Unvereinbarkeit der Gefühle und Haltungen der Systembeteiligten. Dabei gehören sie zu ein und demselben Prozeß, bezeichnen nur unterschiedliche Modalitäten der Verarbeitung oder Stadien der Bewältigung.

SchulleiterInnen tun gut daran, sich zu überlegen, welche Dynamik läuft in unserer Schule, in unserem Kollegium, bei unseren Eltern? Welche Strömungen nehme ich wahr? Wofür bin ich empfänglich? Und wie erlebe ich selbst meine Haltung? Dabei gilt es, Abschied zu nehmen vom Richtig-Falsch-Denken und zuzugehen auf eine Erfassung der Situation, um situationsbewußt handeln zu können und sich selbst als SchulleiterIn in der Funktion der Leitung gezielt ins Spiel zu bringen. Das setzt Wahrnehmungs- und Handlungsfähigkeit voraus, und die kollegiale Supervision in Lerngruppen kann das Bewußtsein schärfen und die Handlungsmöglichkeit erweitern.

Konflikte

Situations- und Rollenbewußtheit: Wahrnehmen

In der Leitungstätigkeit herrscht ein ständiger Wechsel an Aufgaben, Situationen und Anforderungen. Die einerseits belebende, andererseits belastende Situation, die erschöpft, ermüdet und auf Dauer zum Ausbrennen führen kann, verlangt jeweils volle Aufmerksamkeit. Eine frei flottierende Wahrnehmung mit Unschärfen und Blick für die Gesamtsituation im Wechsel mit Konzentration auf ein Gegenüber und ein Ziel schafft Beweglichkeit, trainiert das Auge und schärft den Blick. Es geht um Wahrnehmen, was mir gegenüber geschieht (äußeres Geschehen), Spüren und Erkennen, wie ich darauf reagiere (innere Bilder) und um Erfassen der Vogelperspektive, was im Wechselspiel zwischen mir und meinem Gegenüber läuft, wie ich mich verhalte, und wo ich Schwerpunkte setzen muß. Dreidimensionale Wahrnehmung, mehrperspektivisches Erfassen von Situationen kennzeichnen die spezifischen Anforderungen an Professionalität. Gleichzeitig wahrzunehmen, zu handeln und die Wirkung des Handelns als Feedback einzubeziehen, darin besteht die Kunst.

Auf der Kompetenzebene bedarf es der Fähigkeit, gleichzeitig aufzunehmen, im Kontakt und Dialog zu bleiben und die Situation zu reflektieren. Das bedeutet Durchlässigkeit der Membranen, einen Fluß im Perzeptionskontinuum zu erreichen und dennoch Momentaufnahmen zu machen und Einschätzungen vornehmen zu können. Ein Scheitern dieser Bemühungen zeigen zwei extreme Varianten auf. Zum einen kann es eine extreme Abschottung gegen Eindrücke von außen geben, »Verharren in einer autistischen Höhle«, »Hören aufs eigene Echo«, »Projektion vorgefertigter Konzepte«. Zum anderen kann es eine extreme Offenheit geben, eine Überflutung durch Eindrücke, die nicht mehr gegliedert werden und keine Prägnanz gewinnen. Beide Extreme stellen pathologische Formen der Kontaktunterbrechung im Wahrnehmungsfluß dar (s. Abb. 3, S. 186).

SchulleiterInnen sind vor diesem Hintergrund in besonderer Weise gefordert, weil sie von ihren Gesprächspartnern jeweils interessengeleitet angesprochen werden. In gewisser Weise versuchen Eltern, Schüler und Lehrer die angesprochenen Schulleiter zu instrumentalisieren, ja sie wollen damit ein Ziel erreichen und etwas bewirken.

- »*Frau Frohsinn*, Sie haben doch nichts dagegen, wenn mein Kind drei Tage später aus den Ferien zurückkommt; wir konnten keinen gemeinsamen Termin für alle in der Familie für den Urlaub bekommen.«
- »*Frau Wirbel*, da gibt es ein internationales Projektmethoden-Treffen in Amsterdam. Wir könnten dort etwas aus unserer Arbeit vorstellen. Würden Sie mich anmelden?«

IV Managementkompetenz

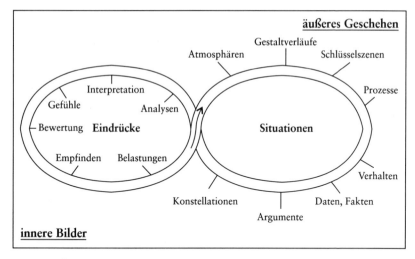

Abb. 3: *Äußere und innere Wahrnehmung (nach Glasl 1990)*

- »*Herr Dr. Fachmann,* könnten Sie nicht einmal mit den Eltern reden, sie sind offenbar uneinsichtig, was die Leistungen ihres Kindes angeht.«
- »*Frau Wagnis,* die Eltern von A. haben sich beschwert über meinen Unterricht. Sie werden sicher auch noch zu Ihnen kommen. Ich erwarte, daß Sie die ungerechtfertigten Vorwürfe zurückweisen und ihm ihre Grenzen aufzeigen.«

SchulleiterInnen erhalten, wie die Beispiele verdeutlichen sollen, jeweils einseitige Informationen mit Appellwirkung. SchulleiterInnen, die auf dem »Appell-Ohr« hellhörig sind, stehen in der Gefahr, viel zu schnell zuzustimmen. »O.K...., grundsätzlich ja..., nachher..., ist möglich..., machen wir..., geht in Ordnung.« Das ist alles schnell gesagt und hat Wirkung. Wenn aber der Pflock erst eingezogen ist, kommen die Betreffenden darauf zurück: »Haben Sie schon...?«
Jetzt ist der Schuleiter/die Schulleiterin in der Defensive. Will er/sie vermeiden, instrumentalisiert zu werden, bleibt allein, wahrzunehmen, was läuft und die ganze Situation anzusprechen. Mit wem wurde darüber bereits gesprochen? Wer ist davon betroffen? Gibt es dazu Beschlüsse oder Regelungen? Was sagt mein Team dazu? Das sind Fragen, die zur notwendigen Vervollständigung der Szene gehören, um einen systemischen Blick auf das Gan-

ze zu werfen. Rollenbewußt handeln verlangt mit anderen Worten, Situationsbewußtheit zu entwickeln und komplementär dazu, die Auswahl des eigenen Verhaltens als gezielte Intervention einzusetzen.

Zwischen Organisation und Organismus

Schulen sind komplexe Systeme, die nicht nach einfachen kausalen Wirkungsprinzipien geleitet und geführt werden können. Das würden auch die selbstbewußten, um ihre Autonomie und Freiräume besorgten Lehrkräfte nicht zulassen. Ein hilfreiches Modell der Wahrnehmung von schulischen Entwicklungen und Auseinandersetzungen ist die Analogie des »Eisbergs«, zumal alle Situationen im Leben einer Organisation, besonders aber die in Veränderungsprozessen durch den Eisberg gekennzeichnet sind. Es gibt auf vier Ebenen die in der lebendigen sozialen Organisation entscheidenden Prozesse wieder. An der Spitze des Eisberges geht es um die klar erkennbaren und benennbaren Anforderungen und Aufgaben. Das ist die Welt der Ziele, der Konzepte, der Objektivität von Erkenntnis (= Sachlogik). Darunter liegt in drei Schichten das, was SCHLEIERMACHER in dem Zitat verdichtet hat: »Was dem Herzen widerstrebt, läßt der Verstand nicht ein.« Ganz dicht unter der Oberfläche liegt die Situationslogik von Bereitschaften, Motivationen und Interessenlagen. Sie hemmt häufig das Vorgehen und behindert spezifische Entwicklungen. Andererseits können hier bereits Atmosphären und klimatische Prozesse früh erkannt werden. Eine Lösung besteht darin, die Phänomene anzusprechen.
Auf der Ebene darunter liegt die Angst- und Psycho-Logik. Angst vor Veränderung, Angst vor Überforderung, Rivalität, Konkurrenz und andere Konfliktformen. Hier ist es notwendig, psychologisch zu intervenieren und bei entsprechender Bereitschaft, eine Konfliktmoderation durchzuführen. Die Tiefe des Eisbergs wird durch die Existenz- und Bio-Logik gebildet. Hier sitzen die archaischen Bedrohungs-Erlebnisse und archetypischen Antwortmuster: Flucht, Angriffe und Erstarren. Diese eher reflexartigen Handlungsmuster sind von großer Bedeutung und zugleich nicht rational zugängig. Befürchtungszerstreuung und Wegreden von Bedrohungen zeigen keine Wirkung mehr. Hier sind symbolische Botschaften und handfeste Sicherungsmaßnahmen notwendig. Darüberhinaus braucht es ein klares Senden auf non-verbaler Ebene: Ruhe, Festigkeit, Geduld und Ernstnehmen.
Situationsbewußtheit durch Wahrnehmung und Adäquatheit im Handeln durch Antwortentscheidung sind die zwei Seiten einer Medaille. Wir versuchen vor allem auf der Seite der Situationsbewußtheit die Sinne zu schärfen.

IV Managementkompetenz

Der »Eisberg« hilft in der Wahrnehmung und Erfassung der Situationsqualität. Er gehört zur »Tool-Box« jeder SchulleiterIn. So ist Eltern in Sorge um den Abschluß ihrer Tochter nicht mit Informationen zur Notenfindung gedient. Lehrer in verzweifelter Notlage in einer schwierigen Klasse, die ihnen an die Substanz geht, brauchen keine Diskussion über Arbeitsformen und Gruppendynamik oder die Reflexion eigener Problemanteile. Schüler, die den Mut gefaßt haben, sich über Lehrer und ihre Notengebung zu beschweren, werden kaum verstehen, wenn der Schulleiter um Verständnis für die Lehrerseite wirbt und rückappelliert: »Sie sollten sich auch einmal in meine Lage versetzen« (s. Abb. 4, S. 189).
Alle Personen, die kommen, müssen in ihrem Anliegen ernst genommen werden. Über Akzeptanz und Verstehen wächst die Bereitschaft zum Dialog. Befragungen zur Leitungsqualität ergeben immer wieder interessante Hinweise auf die Wahrnehmungs- und adäquate Handlungskompetenz: »Fühle mich nicht ernst genommen, er/sie bekommt nichts mit, weiß ja gar nicht, was läuft und entscheidet und handelt einfach drauf los.« »Wenn er/sie dann daneben liegt, verteidigt er/sie es auch noch mit fehlenden Informationen.« So oder ähnlich lauten viele Kommentare zum Leitungs- und Entscheidungsstil.

Als Analyseinstrument und als Selbst-Evaluation eines Systems bietet sich die Veränderungsuhr an: »Wie spät ist es in Ihrem Veränderungs-Verarbeitungsprozeß?«
Wenn jeder für sich eine Kennzeichnung vorgenommen hat, kann die Positionierung der anderen Systemmitglieder erfolgen. Auf diese Weise wird Selbst- und Fremdeinschätzung kombiniert, es kann auch eine Differenzierung nach Mitarbeiter- und Vorgesetztenebene erfolgen. Wichtig ist es in der Anleitung, keine Bewertung hineinzugeben; die Verdrängung, Verleugnung ist nicht besser oder schlechter als Ärger und Aggression, Rückzug und Resignation oder Aufbruch und Neustart. Ein Neustart ohne vorangegangene Verarbeitung ist mindestens so problematisch wie ein Weitermachen wie bisher. Der Prozeß der Markierung von Positionen führt wie von selbst zu einem Austausch von Perspektiven, Standpunkte werden als Momentaufnahme erkannt, so sehe ich das jetzt und so reagiere ich darauf. Wieder zeigt sich das Paradox der Veränderung. Ärger und Aggression lösen sich leichter auf, wenn sie verstanden wurden und Akzeptanz gefunden haben.
Die strukturanalogen und symbolischen Erkenntnisinstrumente erweisen sich in der Praxis von unschätzbarem Wert. Sie machen Unbegreifliches begreifbar, Unsichtbares sichtbar und tragen zur Entdramatisierung von Konfliktlagen bei.

Konflikte

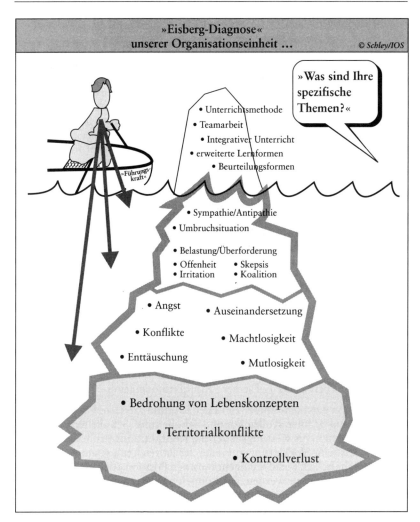

Abb. 4: »Eisberg« als Organisations-Analogie

IV Managementkompetenz

Konfliktdynamik

GLASL (1990, S. 14 f.) legt in seinem eindrucksvollen Grundlagenwerk zum Konfliktmanagement eine komplexe Definition vor, die er als Synthese mehrerer Einzeldefinitionen versteht. Er definiert: »Sozialer Konflikt ist eine Interaktion zwischen Akteuren (Individuen, Gruppen, Organisationen usw.), wobei wenigstens ein Aktor Unvereinbarkeiten im Denken/Vorstellen/Wahrnehmen und/oder Fühlen und/oder Wollen mit dem anderen Aktor (anderen Akteuren) in der Art erlebt, daß im Realisieren eine Beeinträchtigung durch einen anderen Aktor (die anderen Akteuren) erfolge.«
Nicht alles, was als Konflikt bezeichnet wird, ist auch einer. Konflikte müssen von Problemen unterschieden werden, die zu lösen sind, von besonderen Herausforderungen, die zu meistern sowie von Krisen, die zu bewältigen sind. Konflikte sind sachlich und zwischenmenschlich bedingt. In der Regel sind beide Ebenen zu einem Tau verwoben und nicht voneinander zu trennen. Konflikte gewinnen ihre eigene Gestalt. Sie beginnen mit Polarisierungen, mit Überzeichnungen von Standpunkten in Debatten. Sie eskalieren zu vollendeten Tatsachen ohne Absprache, führen zum Bekämpfen der »feindlichen Position«, steigern sich zu Gesichtsverlust und gehen in reale Kampfhandlungen über, die mit Drohstrategien beginnen und »gemeinsam in den Abgrund« enden.
GLASL (1990) beschreibt an vielen Beispielen anschaulich, wie durch Ausweitung des Konfliktgegenstandes der Konfliktverlauf zunehmend feindseliger und aggressiver wird.
REDLICH (1997) greift die Dynamik der Eskalation auf und stellt eine Fülle von praktischen Hilfen zum Unterbrechen der Eskalationsdynamik dar und versteht dieses bereits als Teil seiner »Konfliktmoderation«.

Die Eskalation geschieht immer zwischen Konfliktparteien: Eltern und Lehrer, Lehrer und Schüler, Kollegium und Schulleitung. SchulleiterInnen können sich anbieten, als Klärungshelfer die Konfliktmoderation zu übernehmen. Dazu ist eine Vorklärung mit jeder der Parteien nötig, ein Aushandeln der Bereitschaft, sich von der eingenommenen Position auch wegzubewegen und einigungsfähig zu werden. Sie können aber auch erkennen, daß eine externe Moderation bessere Chancen hat zum Erfolg zu führen. Dann wäre es auch gut, sich um externe Unterstützung zu bemühen. In der Konfliktmoderation geht es um

- die Gestaltung einer *Kontaktbalance* zu beiden Seiten,
- die Errichtung einer *Kommunikationsbrücke* als Umweg über den Moderator,

- das Aussprechen und Vorbringen der *Konfliktsicht* und um
- die Klärung der daraus abgeleiteten *Wünsche*.

Über die gemeinsame Kennzeichnung von Überschneidungsbereichen, Kompromißzonen und Konsenspunkten im Prozeß der Moderation kann der Boden für Deeskalation und Einigung wachsen. Während der Konfliktklärung können und werden Emotionen auftauchen und herausplatzen. Sofern es sich um Enttäuschung, Ärger und authentische Botschaften handelt, kann die Offenheit befreiend wirken. Geht es aber unter die Gürtellinie oder wird eine Demaskierung betrieben, dann ist die »rote Karte« angezeigt. Die Konflikteskalation ist zu unterbrechen, verbale Attacken sind zu stoppen, und Regeln sind für den Ausdruck verletzter Gefühle und enttäuschter Erwartungen zu setzen.

Mehrdimensionales Handlungskonzept

Psychosoziale Modalitäten

In der SchulleiterInnen-Lerngruppe, von der schon oben die Rede war, entsteht ein Konflikt.

- *Frau Wirbel* greift ein Thema auf, das sie untereinander betrifft. Sie findet die Situationsbearbeitungen zu schematisch, die Lösungen zu rational und stellt die Arbeit der Gruppe in Zweifel.
- *Herr Dr. Fachmann* weiß überhaupt nicht, wovon die Rede ist. »Mir ist gar nicht klar, worum es geht.«
- *Frau Frohsinn* versucht ihn zu beruhigen, »es ist doch gut, daß sie das zur Sprache gebracht hat«, während
- *Frau Wagnis* anzweifelt, ob das denn nun was bringt. In der Sache seien sie damit keinen Schritt weiter.

Alle vier haben bestimmte Kriterien vor Augen, nach denen sie die Situation bewerten. Sie legen nicht gemeinsam fest, auf welcher Ebene die Klärung erfolgen soll und reden so aneinander vorbei und im besten Fall, bei guter Beziehungsgrundlage, emotional aufeinander zu. *Herr Dr. Fachmann* betont die kognitive psychosoziale Modalität und fragt sich, worum es überhaupt geht, sein Interesse ist auf Klarheit und Wahrheit gerichtet. Er will objektiv wissen, was Klärungsgegenstand ist. *Frau Wirbel* geht es um den Kontakt. Sie will vor allem ansprechen, was sie bewegt und die anderen damit erreichen. Ihr Ziel ist es, die Gruppe zu bewegen, das praktizierte Vorgehen zu überprüfen und sich im Prozeß der Kooperation weiterzuentwickeln. Ihre Modalität ist die soziale

IV Managementkompetenz

und ihr Bewertungsmaßstab die Beteiligung und Einbindung aller. *Frau Frohsinn* dagegen will Emotionen aufnehmen und verstehen, sie ist an Aufrichtigkeit und Offenheit interessiert und nimmt den Impuls von Frau Wirbel bereits als guten Schritt wahr. *Frau Wagnis* ist von Effizienz geleitet, sie will aktionale Klarheit, ein bloßes »darüber reden« genügt ihr nicht. Was folgt jetzt daraus? So lautet ihre Standardfrage in solchen Situationen. Wir sehen hier wieder die Unterschiedlichkeit der Motive, Wahrnehmungspunkte und Bewertungskriterien aller vier Gruppenmitglieder. Einander ergänzend bilden sie den gesamten Raum der psychosozialen Modalitäten ab.

Eigenschaftsdimension	psychosoziale Modalität	thematischer Aspekt	Gesprächsfunktion	Beurteilungskriterium
Einflußnahme vs. Zurückhaltung	aktional	Aktivitäten	gemeinsam planen	Effizienz
Ordnung vs. Kreativität	kognitiv	Sachprobleme	sich gegenseitig informieren	Wahrheit
Unabhängigkeit vs. Verbundenheit	sozial	Beziehungen	Beziehungsregeln aushandeln	Akzeptanz
Gefühlskontrolle vs. -ausdruck	emotional	inneres Erleben	sich einander zum Ausdruck bringen	Authentizität (Echtheit)

Abb. 6: Psychosoziale Modalitäten und Beurteilungskriterien

Kommunikative Kompetenz

In der alltagstheoretischen Herangehensweise wird eine Konfliktklärung praktiziert, die von der Sachklärung ausgeht und mit Appellen endet. Dialoge werden selten genutzt, und die Selbstreflexion wird nur wenig praktiziert. Aus vielen Beobachtungen hat sich in Übereinstimmung mit der neueren

Konflikte

Kommunikationspsychologie (SCHULZ VON THUN 1981 und 1989) genau der gegensätzliche Weg als notwendig herausgeschält:

- *Beginnen mit der Ich-Kompetenz:*
  »Ich nehme wahr...«, »Mich ärgert«, »Ich erlebe...«, das heißt Aussprechen einer Situation von dem inneren Anliegen und inneren Bildern her.
- *Überwechseln zur Du-Kompetenz:*
  »Ich sehe Dich...«, »Es ist schwierig für mich...«, »Ich möchte Dich innerlich berühren...«, »Mir geht es um Ihre Bereitschaft, ich werbe darum...«, das heißt Einsteigen in die Kontaktgestaltung der Du-Welt. Heißt auch die Zustimmung zur Lösung vom Konfliktpartner aktiv einholen.
- *Verknüpfen mit der Wir-Kompetenz:*
  Von der Dialogseite geht es dann zur Verknüpfung mit den Aufgaben auf die Wir-Kompetenz über. Damit bezeichnen wir die zielgerichtete Seite der Kooperation. In der Konfliktklärung wird diese häufig als Kontrakt formuliert.
- *Abschließen mit der Sach-Kompetenz:*
  Erst zum Schluß, wenn der Bogen vom »Kontakt zum Kontrakt« geschlossen ist, kann es zur Klärung der Sachverhalte kommen. Über die Menschen zu den Sachverhalten zu kommen, ist der Königsweg und nicht anders herum, über die scheinbar sachlichen Klärungsschritte Beziehungen verbessern und Verständnisse wecken zu wollen.

Schulleiter sind oft selbst an Konflikten beteiligt und können diese Wege vorleben. Sie sind als Klärungshelfer am »runden Tisch«, aber ebenso Modell wie Regelgeber, damit es zur klärenden Aussprache kommt. Kommunikative Kompetenz ermöglicht die Klärungsprozesse und bringt die Konfliktmoderation voran.

Das Kommunikationsmodell korrespondiert mit den psychosozialen Modalitäten.

- aktional   = WIR-Kompetenz: Zielbestimmung und gemeinsames Handeln
- kognitiv   = SACH-Kompetenz: Strukturelles Denken und Aufschlüsseln
- sozial   = DU-Kompetenz: Kontaktaufnahme und Beziehungsgestaltung
- emotional   = ICH-Kompetenz: Selbstwahrnehmen und Selbstvertrauen

IV Managementkompetenz

SchulleiterInnen tun gut daran, ihre kommunikativen Heimatgebiete zu diagnostizieren und eine Auswertung ihrer Kompetenz zu entwickeln.

Leadership und Konfliktklärungskompetenz

Die Hauptaufgaben der Schulleitung einer lebendigen Schule

Wenn wir ein Fazit aus der gesamten Literatur und allen Untersuchungen ziehen, wenn wir deskriptive und normative Aussagen bündeln, läßt sich mit den Gedanken und Worten ELMAR OSSWALDS (1996) folgendes Anforderungsprofil zeichnen. Beginnen wir beim Blick auf den pädagogischen Wertehimmel und geistigen Kosmos, so steht im Zentrum die Aufgabe:
Die Vision der Schule formulieren

- Die Vision muß nicht in einem umfangreichen Schriftsatz niedergelegt werden, vielmehr hilft es, in einem einfachen Satz eine verlockende Perspektive zu eröffnen, z. B. »Gemeinsam statt einsam«.
- Der nächste Schritt besteht darin, die pädagogischen Grundsätze zu formulieren, zu überprüfen und anzupassen, z. B. Gemeinschaftssinn, Gleichheit, Harmonie, Qualität.
- Die pädagogischen Grundsätze bedeuten Hilfen zur Orientierung im Alltag, sie müssen Kriterien zur Überprüfung des Handelns so abbilden, daß jederzeit mit einer Frage geprüft werden kann, ob das Vorgehen den Prinzipien entspricht.
- Noch spezifischer läßt sich das Verhalten in konkreten Situationen wahrnehmen. Leitung bedeutet heute: Teamorientierung vorleben. Darin stecken hohe Anforderungen: Offenheit, Teilen von Macht, Teilen von Einfallsreichtum, die Fähigkeit, strategisch zu denken, eine funktionierende Intuition, Fähigkeit zu Empathie.
Die Verantwortung trägt die Ressortleitung. Pädagogische Solidarität ist eine Grundlage der Kooperation, geradezu ein Gebot zwecks Feedback und Ratschlag. Regelmäßige Supervision hilft, die Professionalität und personale Kompetenz weiterzuentwickeln.

Schulleitung braucht Leadership als Fähigkeit zur Führung im Team

Leadership zeigt sich

- durch die Art und Weise, wie die Administration bewältigt wird:
  - Arbeitserledigung: schnell, sorgfältig, gründlich, engagiert
  - Verantwortlichkeiten: abgesprochen, geregelt und bekannt

Konflikte

- Ablaufmanagement: Vorhaben auf der Zeitachse planen
- Regelmäßige Teamsitzungen: Zeit zur Klärung und Kooperation fest einbauen
- Die richtige Person an die richtige Stelle setzen (= wichtigste administrative Fähigkeit)
- durch die Art und Weise, wie die Information erfolgt:
  - Dosierung erspüren
  - Offenheit wahren
  - Rhythmus finden
- durch die Art und Weise, wie die Strukturmerkmale realisiert werden:
  - Schulleitung im Team als potentes Gremium der Problemformulierung, Meinungsbildung und Entscheidungsfindung.
  - Stundenplan und Arbeitsplan mit Möglichkeiten der Kooperation in Teams und Fachgruppen
- durch die pädagogische Schulversammlung/Konferenz (1 x im Monat)
- durch die Art und Weise, wie ein Rahmen geschaffen wird, der Feste und Feiern ermöglicht,
- durch die Art und Weise, wie Arbeitsverhältnisse am Arbeitsplatz gefördert werden, die Präsenzzeit der Lehrkräfte und den damit verbundenen Teamgeist ermöglichen,
- durch die Art und Weise, wie mit Ressourcen umgegangen wird,
- durch die Art und Weise, wie mit der Zeit umgegangen wird,
- durch die Art und Weise, wie Prozeßmerkmale vorgelebt werden.

Rolle und Selbstverständnis eines Klärungshelfers im Konflikt

Was macht ein gutes Konfliktmanagement aus? Wie können SchulleiterInnen Konflikte lösen? Dazu gehören eine Reihe von Haltungen und Verhaltensweisen, die ich hier noch einmal in Stichworten zusammenfasse:

- Konflikte anerkennen
  Offenheit statt Verdrängung bedeutet die Veränderung der Blickrichtung und die Neuausrichtung der inneren Energien. Was ich nicht verdrängen muß, steht mir als Potential zur Lösungssuche zur Verfügung (Kontakt statt Verleugnung).
- Sich für die Konfliktquellen interessieren
  Konkret nachzufragen statt Rechtfertigung zu verlangen signalisiert dem Gegenüber, daß er/sie ein Recht auf Konfliktspannung und Gegenposition hat und daß ein Interesse an Klärung vorliegt (»Klärung statt Belehrung!«).

IV Managementkompetenz

- Symmetrische Transaktionen
  Ich-Aussagen statt Vorwurf und Belehrung. Symmetrische Klärungen setzen die Wertschätzung auch bei unterschiedlichster Sichtweise voraus. »Ich bin erstaunt...«, »Ich frage mich...«, »Ich sehe die Situation so...«, »Und wie sehen Sie den Sachverhalt?«, »Wie erklären Sie sich den Konfliktknoten?«, »Was schlagen Sie zur Lösung vor?«.

- Wirkungsorientiert vorgehen
  Feedback einzuholen statt nachträglich sich selbst rechtfertigende Absichtsbekundungen vorzutragen, kann den Teufelskreis aus Vorwurf, Rückzug, Angriff und Verteidigung durchbrechen. Das konkrete Interesse an Rückmeldung wirkt deeskalierend. »Wie ist die Äußerung bei Ihnen angekommen?«, »Was hat sie bei Ihnen ausgelöst?«, »Wozu hat es bei Ihnen geführt?«.

- Konflikte entdramatisieren
  Beherztheit zu praktizieren und Mut zu beweisen statt zu jammern, heißt, eine Haltung zu leben, die die eigene Bewältigung von Spannungen und Konflikten ermutigt, statt immer wieder Bestätigungserlebnisse für die Unlösbarkeit von Konflikten zu liefern (»Taten statt klagen«).

- Systemisch denken
  Wirkungszusammenhänge erkennen statt zu moralisieren und zu bewerten, benötigt eine Haltung der Distanzierung und Konfliktbetrachtung aus der Vogelperspektive. Mich selbst als Teil eines Kommunikationszyklus und einer Konflikteskalation sehen zu können, ist die Voraussetzung für Veränderungen und Interventionen. Dazu gehört die bewußte Einnahme einer exzentrischen Position außerhalb des Systems und die Fähigkeit zum Rollenwechsel, d. h. die Kompetenz, mich in die Position des anderen hineinzudenken.

- Rahmen definieren
  Zum Gespräch aller Konfliktbeteiligten am runden Tisch einzuladen statt Einzelklärungen im stillen Kämmerlein zu praktizieren, verändert schlagartig die Konfliktklärungskultur. Schiedsrichtererwartungen, Elternübertragungen u. a. Phänomene des Delegierens von Verantwortung verschwinden zugunsten einer Zunahme von Eigenverantwortung und gemeinsamer Lösungssuche.

- Reflexive Subjektivität stärken
  Die Sichtweisen der Beteiligten zu erfahren statt objektive Tatbestände zu ermitteln, stellt eine wesentliche Veränderung im Denken dar. Es bedeutet Abstand zu nehmen von einer Objektivitätsorientierung. Die Wirklichkeit konstruiert sich im Wahrnehmen und Erleben. Die Perzeption schafft die Wirklichkeit, die sich als Folge des Handelns dann auch einstellt. Die

Mehrperspektivität erlebbar zu machen und Wertschätzung für Unterschiedlichkeit aufzubringen, fördert die gemeinsame Reflexion und geistige Entwicklung eines Systems (»Sichtweisen statt Wahrheiten«).

- Aktiv führen
  Vertrauen zu geben, Rahmen zu klären und Impulse zu setzen, stellt die Verbindung zweier dialektischer Gegenqualitäten dar, nämlich Ziele und Rahmen zu definieren und im offenen Handlungsrahmen Freiraum und Vertrauen zu praktizieren. Das schafft Urhebererlebnisse auf der Basis von Freiheit und Sicherheitserlebnisse auf der Basis von Orientierung (»Struktur setzen, Vertrauen geben und den Prozeß ermöglichen«).
- Grundhaltung ändern
  Konflikte bereichern, sie schaffen Zugang zu Wahrnehmungsweisen, Einschätzungen und Handlungstendenzen im breiten Spektrum möglicher Auffassungen: Eine Gewinner-Gewinner-Orientierung zu leben statt im Gewinner-Verlierer-Denken stehenzubleiben. Am Ende ist auch eine gemeinsame Betrachtung des Konfliktgesprächs sinnvoll, um aus dem Abstand heraus Nachträge zu liefern.
- Situationen umdeuten
  Konflikte sind Chancen, Menschen vor dem Abgleiten in die resignative Zufriedenheit zu bewahren und eine produktive Unzufriedenheit zu fördern, die Teil einer unruhigen, in sich lebendigen Kultur des Wandels ist. Ein Kollegium mit produktiver Unzufriedenheit ist lebendig, lebt die Eigenverantwortung und bemerkt Delegationsmuster.

Diese Prinzipien helfen in ganz konkreten Klärungsfällen. Sie bilden die Webfäden für den Konfliktmanagement-Teppich und umreißen das Programm einer Schulleiter-Qualifizierung in diesem Bereich. Ohne eine systematische Aneignung und ohne Reflektion in kollegialen Supervisionsgruppen kommt nur selten ein Kompetenzgewinn zustande.

Kollegiale Lerngruppen – kollegiales Coaching

Jetzt kommen wir ein letztes Mal in die SchulleiterInnen-Lerngruppe zurück. Die Gruppe trifft sich weiterhin regelmäßig und praktiziert unter wechselnder Leitung jeweils Konfliktmoderations-Vorbereitungen oder Nachlesen. Als Hilfe wird das »Diagnostische Mosaik« eingesetzt, das vom »*strukturellen Blick*« auf die Situation ausgeht: »Wo spielt sich das Geschehen ab?«, »Wer ist beteiligt am Konflikt?«, »Wer ist betroffen?«, »In welcher Rolle/in welchen Rollen treffen die Beteiligten aufeinander?« Vom strukturellen Quadranten (Makroperspektive) wechseln wir zur Dialogecke (Mikroperspektive). Was läuft zwischen zwei oder drei Schlüsselpersonen als Beteiligte am Konflikt ab? Wie sieht die Kommunikation aus? Wer sorgt wie für Verschärfung? Welche Teufelskreise haben sich bereits aufgebaut? Danach geht die Reflexion nach innen, auf die emotionale Seite des Protagonisten. Die Gruppe fördert seine Introspektion. Wo fühlt er sich angegriffen, bedroht, benutzt, manipuliert, beteiligt und verwickelt ins Geschehen. Das Ziel ist es, sein Kuddelmuddel an Gefühlen zu klären, zu verstehen, was läuft, zu merken, woher der Druck kommt, und wie dieser sich anfühlt. Schließlich werden aus allen drei Perspektiven (Makro-, Mikroperspektive, Introspektion) Folgerungen zum Vorgehen gezogen. Das Ziel wird dann bestimmt, am Ziel wird dann gearbeitet. Dabei ist zu klären: Worin kann überhaupt das Ziel bestehen? Gibt es auch irrationale Zielerwartungen? Zielklärung und Festlegen von Schritten, darin besteht die handlungsorientierte Fallsynthese.

Das Einüben in diese Vier-Felder-Klärung ist verblüffend einfach *und* führt zur Erweiterung des Lösungsraumes. Andere Perspektiven kommen in den Blick, neue Handlungsmöglichkeiten werden erkennbar, eigene Interpretationen verändern die Bedeutung bestimmter Situationen. Jedes Treffen besteht aus einer Runde von Fallklärungen und jedes Mal wird festgelegt, wer dran ist und sich dementsprechend vorbereiten muß. Alle 6–8 Wochen ein Treffen von 3–4 Stunden und die Gruppe wird inhaltlich vorankommen und den Raum für die Kompetenzentwicklung schaffen.

JOCHEN WISSINGER/PETER HÖHER

Personalführung – Von individueller Beratung und Kontrolle zum Entwicklungsmanagement

»Wer nicht weiß, wohin er segeln will, für den ist kein Wind der Richtige« (Seneca). Was für Segler eine Binsenweisheit sein dürfte, wird bei zunehmenden, gleichwohl verschiedenen Prozeß-Geschwindigkeiten gesellschaftlichen Wandels zur zentralen Erkenntnis für das Management in Organisationen, sei es z. B. in der Politik, in Unternehmen oder auch in der Bildungsverwaltung. Zu denken ist z. B. an den Wettbewerb im Zusammenhang mit der Globalisierung der Wirtschaft, an den Verlust von Arbeitsplätzen, an veränderte Qualifikationsanforderungen und die Produktion neuen Wissens, an die Vernetzung der Gesellschaft durch Computertechnologie und Medienvielfalt, an die soziale Individualisierung, an die Pluralisierung der Normen und Werte oder an die gesellschaftliche Verschuldung und die chronische Finanznot des Staates.

Auch die Bildungspolitik im Großen und die Einzelschule im Kleinen muß sich mit einem Ziel eine Richtung vorgeben, die das Denken und Handeln bestimmt. Allerdings ist die Perspektive der Bildungspolitik und Bildungsverwaltung auf den Gegenstand des Handelns, die Bildung und Erziehung der nachwachsenden Generationen, eine andere als die der Einzelschule. Im ersten Fall ist die Zielgebung für die Organisation Schule durch eine Außen- oder Beobachterperspektive geleitet, während die Zielgebung durch die Einzelschule selbst vornehmlich aus einer Innen- oder Teilnehmerperspektive der »Machbarkeit« erfolgt. Diese Differenz der Perspektiven spiegelt sich auch in der erziehungswissenschaftlichen Diskussion um Schule wider. Sie hat, basierend auf den Forschungsergebnissen des bundesdeutschen, sogenannten Schulsystemvergleichs sowie der angloamerikanischen Schuleffektivitäts- und Schulqualitätsforschung, in den vergangenen zwanzig Jahren einen »Perspektivenwechsel von der Schulstruktur zur Schulkultur« (LESCHINSKY 1992, S. 21) vollzogen.

An zwei zentrale Ergebnisse ist zu erinnern. Zum einen an das Ergebnis, daß die Qualität schulischer Bildung und Erziehung weniger vom Schulsystem als vielmehr von der Einzelschule und ihren Leistungen abhängt, Qualitäts-

IV Managementkompetenz

differenzen also eher im Schul- als im Systemvergleich zu finden sind. Zum anderen, daß im vorgegebenen Rahmen die Einzelschule selbst der Maßstab sowie das Zentrum ihrer Qualitätsentwicklung ist und die Schulleitung qua Funktion einen wichtigen Qualitätsfaktor repräsentiert (vgl. WISSINGER 1996).

Vor diesem Hintergrund hat die Schulentwicklungsforschung wie die Schulentwicklungspraxis in den vergangenen Jahren einen Führungsbedarf der Einzelschule ausgemacht, der nur mehr oder weniger organisationstheoretisch fundiert ist. Vorstellungen in vorliegenden Führungskonzeptionen, schulischen Führungsbedarf zu decken, reichen von der »Schule mit einem gestärkten Schulleiter« bis zur »sich selbst führenden, zur Selbstorganisation fähigen Schule« (vgl. DUBS 1994). Die Bedeutung, die der Schulleitung darin zukommt, ist aber ohne Rekurs auf die jüngere Diskussion in der Organisationsforschung weder zu verstehen noch zu bewerten. Sie argumentiert für eine Sichtweise, die die Einzelschule nicht mehr als Behörde eines bürokratischen Systems verstanden wissen will, sondern als gegenüber der Umwelt und ihren Anforderungen offene, zum Lernen und damit zur Veränderung fähige Organisation (FULLAN 1991; FATZER 1993).

Noch einmal verstärkt wird der Blick auf die Führungsfunktion der Schulleitung durch die Autonomiedebatte. Seit Anfang der neunziger Jahre zielt sie auf eine Neubestimmung des Verhältnisses zwischen Schule und Staat und reicht in ihren Forderungen von der »Schule mit erweiterter Verantwortung« bis zur autonomen, »marktgesteuerten Schule«. Je nach Radikalität im analytischen und perspektivischen Umgang mit der Frage der Steuerung des Bildungssystems durch den Staat sollen die *inhaltlichen, personellen* und *finanziellen* Kompetenzen der einzelnen Schule erweitert werden. Dadurch wäre in jedem Fall die Funktion und Rolle der Schulleitung tangiert, die (schon heute) die Gesamtverantwortung für die jeweilige schulische Handlungseinheit hat.

Mit »Gesamtverantwortung« ist allerdings bislang eine Rechtskonstruktion gegeben, »der die Amtsinhaber in der Praxis nicht gerecht werden können. Ihre Kompetenzen entsprechen dieser Verantwortung und der tatsächlichen Bedeutung von Schulleitung nicht. Ihre Stellung ist gekennzeichnet von unklaren Zuständigkeitsstrukturen« (BILDUNGSKOMMISSION NRW 1995, S. 159; vgl. auch FÜSSEL i. d. Bd. oder WISSINGER 1996). So kommt es nicht von ungefähr, daß die ARBEITSGEMEINSCHAFT DER SCHULLEITERVERBÄNDE DEUTSCHLANDS (ASD 1995) fordert, SchulleiterInnen generell zu Dienstvorgesetzten zu machen. Ganz ähnlich lauten die Empfehlungen der BILDUNGSKOMMISSION NRW (1995, S. 162 u. 325), die den gegenwärtig weitreichendsten bildungspolitischen Entwurf zur Entwicklung der Schule vorgelegt hat. In diesem Rahmen wird die Funktion und Rolle der Schulleitung konkretisiert. So soll die Schulleitung »Personalführungsaufgaben selbständig wahrnehmen«, d. h. sie soll Personalbedarf planen, das lehrende und nichtlehrende Personal auswählen, Mitarbeitergespräche führen, Fortbildung antragen und ermöglichen, sie soll die Leistungen und das Verhalten bewerten und auf diese Weise Personalentwicklung praktizieren (BILDUNGSKOMMISSION NRW 1995, S. 162 u. 325).

Zwischenzeitlich ist es nicht bei Diskussionen geblieben. Die mit der Autonomiedebatte angedeutete Entwicklungsperspektive der Schule wird derzeit in verschiedenen Ländern der Bundesrepublik (z. B. in Bremen, Hamburg, Hessen, Nordrhein-Westfalen und Schleswig-Holstein) ähnlich wie in vielen Ländern der OECD in zahlreichen Modellprojekten praktisch erprobt. Gleichzeitig werden Schulgesetze novelliert. Die Neuerungen, die vor allem darin bestehen, SchulleiterInnen zu Dienstvorgesetzten aufzuwerten oder, wie z. B. in Nordrhein-Westfalen, Schulen Programmentwicklung und Evaluation abzuverlangen, zielen darauf ab, die Schulleitung zu stärken und die Einzelschule auf die zielbezogene Anlage und stetige Verbesserung ihres Tuns (Profilbildung und Qualitätsentwicklung) zu verpflichten. Eine rechtlich gestärkte Schulleitung ist nicht schon eine gute Schulleitung. Überhaupt ist empirisch erst noch nachzuweisen, »ob es denn stimmt, daß Autonomie eine *entscheidende* Voraussetzung für mehr pädagogische Qualität ist« (KRUMM 1997). In diesem Zusammenhang darf nicht übersehen werden, daß »school-based-management« nicht notwendigerweise, wie das Beispiel USA zeigt, die Macht- und Entscheidungsstrukturen zugunsten von Kooperations- und Kommunikationsformen in einem Kollegium verändert, die eine systematisierte, kontinuierliche Reflexion und Verbesserung professionalisierten Handelns voraussetzt. Entgegen von Führungskonzepten geweckter Erwartungen führen SchulleiterInnen eher traditionell (OSTERWALDER i. d. Bd.). Deshalb wird im folgenden der in bildungspolitischen Entwürfen wie in Schulgesetzen mehr oder weniger offen formulierte Auftrag zur Personalführung im Hinblick auf die gegenwärtige Führungssituation in der Schule und die Möglichkeiten des Handelns von SchulleiterInnen erörtert.

IV Managementkompetenz

Personalführung

In den Empfehlungen der BILDUNGSKOMMISSION NRW kommt die Leitvorstellung zum Tragen, daß ein Mehr an Gestaltungsrechten für die Einzelschule mit einer bis dahin unbekannten, unmittelbaren Verpflichtung gegenüber der Schulaufsicht und der Öffentlichkeit verbunden sein muß, d. h. mit Planung, Evaluation und Weiterentwicklung der Arbeit sowie mit Rechenschaftslegung (vgl. OSTERWALDER und ROLFF i. d. Bd.). »Eine Schulleitung mit erweiterten Kompetenzen, insbesondere in den Bereichen Personal und Mittelbewirtschaftung«, scheint zunächst unter dem Gesichtspunkt der Steuerung durch an die Schulbasis verlagerte Macht als Garant dafür zu gelten, daß das Junktim von Freiheit und Verantwortung auch erfüllt wird. Die inhaltliche Komponente einer Stärkung der Schulleitung durch Kompetenzerweiterung besteht darin, SchulleiterInnen Instrumente an die Hand zu geben, »um die Voraussetzungen für die pädagogische Entwicklung (der Einzelschule, d. Verf.) wirksam gestalten zu können« (BILDUNGSKOMMISSION NRW 1995, S. 160).

»Personalführung« im Kontext der Schulentwicklungsdiskussion wie der Schulentwicklungspraxis steht nicht allein für Mittel und Wege, jeder Schule die Frage zu beantworten, welche Ziele sie im vorgegebenen Rahmen verfolgen will und welche inhaltlichen, methodischen sowie arbeitsorganisatorischen Maßnahmen zu ergreifen sind, um die selbstgesetzten Ziele auch zu erreichen. »Personalführung« steht auch für ein Handeln, das die Beziehungs- und Inhaltsebene im Verhältnis zwischen Schulleitung und Lehrerschaft selbst zum Gegenstand hat. Das liegt im Fall der Organisation Schule daran, daß Personalführung durch keine entsprechende Führungskultur legitimiert ist. Durch eine in ihren Kompetenzen rechtlich gestärkte Schulleitung wird nicht nur die organisationskulturell gegebene Machtbalance mit der Lehrerschaft in Frage gestellt; Personalführung berührt die professionelle Autonomie der LehrerInnen. Umso dringlicher stellt sich die Frage, ob und in welcher Weise SchulleiterInnen tätig werden können, um die ihnen von der Schulentwicklungsforschung zuerkannte Aufgabe erfolgreich zu meistern, d. h. die Qualitätsverbesserung einer Schule zu initiieren, zu unterstützten sowie zu leiten und damit zugleich Entwicklung und Wandel von einer Kultur der Einzelkämpfer zu einer Kooperationskultur zu ermöglichen (vgl. FULLAN 1991).

SchulleiterInnen sollen mit Personalführung künftig etwas tun, auf das sie allerdings nicht vorbereitet sind. Für eine gewandelte Leitungsfunktion im Rahmen einer schulischen Kooperationskultur sind sie ebensowenig qualifiziert wie Lehrerinnen und Lehrer angesichts des ihnen zugedachten Parts. Aufgrund ihrer berufsbiographischen Entwicklung verstehen sich SchulleiterInnen als Lehrer, nicht als Manager (WISSINGER 1996)[1]. Zugleich werden sie strukturell, d. h. durch die Art der Rekrutierung oder durch die Art der vorfindlichen Funktions- und Arbeitsbedingungen, wie auch durch das schulische Milieu (Selbst- und Fremderwartung) und die institutionell vermittelten Interaktions- und Kommunikationserfahrungen mit Lehrern, Schülern und Eltern immer wieder in ihrer beruflichen Ausgangsrolle »gebunden«, das ist, im weitesten Sinne, die Rolle des Erziehers. Erziehen und Führen sind aber nicht identisch (LITT 1967), wiewohl sie zum Verwechseln nahe beieinanderliegen, versteht man mit WEINERT (1987) Führung als intentionale soziale Einflußnahme, die auf ein bestimmtes Verhalten, auf Verhaltensänderung und möglicherweise auf Lernen zielt.

Unter dem direkten und indirekten Druck staatlicher Sparmaßnahmen und Bestrebungen, die Verwaltungen zu reformieren sowie unter dem Eindruck der Perspektive, künftig Dienstvorgesetzte zu sein, sind SchulleiterInnen gefährdet, sich als pädagogische Führer zu verstehen (vgl. WISSINGER 1997 a) und damit in die schwierige Rolle gedrängt zu werden, die bislang Schulräten vorbehalten war und die seit einiger Zeit zur Disposition steht (vgl. ROSENBUSCH 1994).

Eine Befragung von 199 SchulleiterInnen in Bayern kommt u. a. zu dem Ergebnis, daß sich SchulleiterInnen ausgerechnet in dem Fähigkeitsbereich, in dem sie durch ihre Funktion schon heute am meisten gefordert sind, unzureichend qualifiziert sehen – das ist die Führungskompetenz. SchulleiterInnen geben mehrheitlich an, daß sie sich Fortbildung in Fragen

- der Personal- und Mitarbeiterführung (Führungstheorie)
- der Führungstechniken (z. B. Delegation oder Konfliktregelung)
- der Führungsmethoden (Projekt- und Innovationsmanagement)
- der zwischenmenschlichen Beziehungen und der Kommunikation

wünschen (WISSINGER 1996, S. 149).

Zudem sollen Schulleitungen mit Personalführung künftig etwas tun, für das die Rahmenbedingungen nicht gegeben sind.

»Ob damit (gemeint ist die Verlagerung von Kompetenzen, d. Verf.) tatsächlich die Koordination der Schulentwicklung eine neue Qualität gewinnt und Steuerung sich nicht mehr primär in bürokratischer Einflußnahme über Anweisungen,

---

[1] Vgl. zur Diskussion um eine Unterscheidung zwischen »Management« und »Führung«: FULLAN 1991, S. 157 f., HÖHER/ROLFF 1996, S. 204 f.

IV Managementkompetenz

Richtlinien und Erlasse symbolisiert, bleibt abzuwarten. Der weitere Verlauf dieser Entwicklung hängt sicher auch von flankierenden Maßnahmen ab, die für eine Nutzung administrativ geöffneter Handlungsräume geschaffen werden. So bildet die Lockerung starrer einheitlicher Festlegungen (curriculare Vorgaben, Stundentafeln, Unterrichtszeiten, außerunterrichtliche und außerschulische Lern- bzw. Beratungsangebote etc.) nur eine Voraussetzung für innovative Praxis vor Ort. Erforderlich sind auch Verbesserungen und Veränderungen der materiellen und personellen Bedingungen (Schulausstattung bis zu Raumangeboten für selbstgestaltete Schüleraktivitäten, Entwicklung neuer Qualifikationsprofile für LehrerInnen über Fort- und Ausbildung, neue Arbeitsplatzbeschreibungen und Arbeitszeitregelungen u. a.). Für ebenso wichtig halten wir aber ein verändertes Rollenverständnis und eine veränderte Führungspraxis von Schulleitung und Schulaufsicht. Dies umso mehr, weil vermutlich zumindest in einer zeitlich nicht absehbaren Übergangsphase voraussichtlich viele der genannten Rahmenbedingungen noch fehlen werden und dementsprechend gemessen am Veränderungs- und Problemdruck (...) nur kleine Schritte möglich sind« (HALLER/WOLF 1995, S. 161 f.).

Ein verändertes Rollenverständnis ebenso wie eine veränderte Führungspraxis begründet sich aus der hier dargestellten Position durch die zentrale Frage schulischen Führungshandelns: »Wie kann eine Gruppe von Individualisten, namentlich die LehrerInnen eines Kollegiums, auf eine gemeinsame Zielrichtung wie auf kollektives, abgestimmtes Handeln hin koordiniert werden, das über das vorhandene, in der Regel übliche Maß hinausgeht«? Die Tragweite dieser Frage wird durch die mikropolitische Perspektive in der Schultheorie sichtbar (vgl. ALTRICHTER/SALZGEBER 1995). Denn sie wendet sich der Interaktion und den verschiedenen Akteuren in der Organisation Schule zu, nimmt dabei gleichwohl Abschied von einer Vorstellung, die in Organisationen »zielorientierte, rational geplante Systeme mit einer auf Dauer gestellten objektiv-versachlichten Struktur« sieht (TÜRK 1989, S. 23).

Vom personenorientierten zum systemischen Führungsverständnis

Organisationen sind durch Ziel*diversität,* nicht durch Zielkohärenz gekennzeichnet. In der Organisation Schule ergibt sich Zieldiversität aus rechtlichen, konkretisierungsbedürftigen Vorgaben, aus Widersprüchen innerhalb verschiedener formeller, informeller und individueller Zielkonzepte, schließlich dadurch, daß offizielle Ziele nicht bekannt sind, ignoriert, unterlaufen oder abgetan werden (ALTRICHTER/SALZGEBER 1995, S. 15). Die eigentliche Anforderung an das Denken und Handeln, das Wissen und Können von Vorgesetzten, die heute denkbaren Maßnahmen und Formen der Personalführung auch in der Schule gewissermaßen vorausgeht, ist insofern die Beziehung zwischen Schulleitung und Lehrerschaft selbst. Führen spielt sich in Beziehungen ab, die von Vorgesetzten und MitarbeiterInnen gleichermaßen gestaltet werden und mehr oder weniger durch Vertrauen in das Wissen und Können sowie die Integrität und Autorität der anderen Seite gekennzeichnet sind. Führungspersonen wollen beispielsweise anderen Vorbild sein, brauchen gleichzeitig soziale Nähe, das Akzeptiert-Werden als »einer von uns«. Zahlreiche Studien – auch in der Schule – zeigen jedoch, daß es für Vorgesetzte oft nicht einfach ist, diese Nähe herzustellen. Denn im Rahmen von Führungsaufgaben sind durchaus unpopuläre Entscheidungen zu treffen, die bei MitarbeiterInnen auf Ablehnung oder Angst stoßen können. Der Wunsch nach sozialer Nähe gerät daher immer wieder in Konflikt mit der Notwendigkeit, einen klaren Standort zu behaupten und auch Unangenehmes zu fordern (BURLA/ALIOTH/FREI/MÜLLER 1994).

In diesem Zusammenhang ist die besondere Organisationskultur der Schule zu beachten. Der Führungsanspruch der Schulleitung, der mit erweiterten Führungsaufgaben verbunden ist, beinhaltet im Kern einen Machtanspruch, der die fachlich-pädagogische Kompetenz und die professionelle Autonomie der einzelnen Lehrkraft berührt. Er tastet das bestehende Handlungsprinzip der Kollegialität an (WISSINGER 1997 b), das auf einer Nicht-Einmischungsnorm basiert und in seiner funktionalen Bedeutung komplementär zur vertikalen, gefügeartigen Kooperation in der Schule zu sehen ist. Nach der Nicht-Einmischungsnorm verlangt der Umgang unter KollegInnen, den jeweils anderen als prinzipiell gleichwertig, gleichkompetent sowie gleichberechtigt zu behandeln und nicht in dessen Arbeits- und Kompetenzbereich einzudringen (TERHART 1989, S. 261).

Gegen die zentrale Prämisse der Personalführungsidee, daß sich die zielbezogene, normative Integration der MitarbeiterInnen, hier der LehrerInnen eines Kollegiums, durch die überlegene, stellvertretende Deutung der Vorgesetzten vollzieht, stehen Untersuchungen der Organisationsforschung, daß »verschiedene Organisationsmitglieder (...) eigene Handlungsziele (haben), die sich nur teilweise überlappen und die nur teilweise mit den offiziell formulierten Organisationszielen übereinstimmen«. In der Interaktion geht es deshalb implizit oder explizit immer um die «*Definition der Organisation,* um die Festlegung des prekären und umkämpften Zieles der Organisation«

IV Managementkompetenz

(ALTRICHTER/SALZGEBER 1995, S. 15). Damit verbunden ist die Deutung verschiedener Wahrnehmungsperspektiven und -ebenen von Wirklichkeit, gleich ob in der Interaktion mit dem Schulleiter resp. der Schulleiterin hinsichtlich des Führungs- und Umgangsstils, gleich ob in dem Verständnis vermeintlich »gemeinsamer« Ziele, oder z. B. in der Erarbeitung eines allgemein akzeptierten gemeinsamen Norm- und Werterahmens. Hierin scheinen die meisten der zwischen Schulleitung und Kollegium auftretenden Konflikte begründet zu liegen, oder einfacher gesagt, was in meiner Sichtweise in Ordnung ist, muß noch lange nicht für alle anderen KollegInnen gelten und eine kollektiv akzeptierte Sichtweise bzw. einen Handlungsrahmen darstellen (vgl. SENGE 1996).

Handlungen werden, um es zuzuspitzen, als «*interessensgeleitet* interpretiert«, ohne dabei »regellose Interessensdurchsetzung« zu unterstellen. Vielmehr wird angenommen, daß interessengeleitetes Handeln »institutionell gesicherte Strukturen« voraussetzt (ALTRICHTER/SALZGEBER 1995, S. 16 f.), wie wir sie z. B. in der Schule vorfinden. Das heißt, aus mikropolitischer Perspektive ist die Beziehung zwischen Schulleitung und Lehrerschaft durch eine Rollendifferenz gekennzeichnet, die in der Sache wie in der unterschiedlichen Positionsmacht liegt und notwendigerweise eine konfliktreiche, unterschiedliche Sicht der Dinge mit sich bringt. Eine konfliktreiche unterschiedliche Sicht der Dinge kennzeichnet aber nicht nur die Interaktion zwischen Schulleitung und Lehrerschaft, sondern zwischen LehrerInnen oder Lehrergruppen ebenso wie die pädagogische Interaktion zwischen Lehrern und Schülern (vgl. WISSINGER 1988; HÖHER/HÖHER 1996). Entscheidend für die mikropolitische Perspektive und damit für unsere Argumentation ist, daß sie sich vom Rationalitätsmodell und damit von der Grundannahme verabschiedet, Organisationen seien homogene kooperative Einheiten, die ohne Konflikte auskommen. Konflikte werden i.a.W. nicht auf Störfaktoren reduziert, die verhindert werden müssen. Ohne auf Rationalität in der Problemlösung verzichten zu wollen, zieht dieser Ansatz zugleich einen Schlußstrich unter den »Mythos der Machbarkeit« durch Führung und wirft die Frage nach einem Führungskonzept auf, welches der Schule als Handlungseinheit eine Perspektive eröffnet, sich unter wandelnden Anforderungen an Bildung und Erziehung bei unveränderten, sogar ungünstigen Rahmenbedingungen verantwortlich zu führen.

Entwicklungsorientiertes Management

Vor diesem Hintergrund ist fraglich, ob SchulleiterInnen mit »Personalführung« ein geeignetes Führungsinstrument an die Hand gegeben wird, um den Herausforderungen und Problemlagen der Schule einerseits sowie den Bedürfnissen, Motiven, Werthaltungen, dem Wissen und Können der Lehrkräfte anderseits gerecht zu werden. Ein Blick in die Forschungsliteratur zeigt denn auch, daß kaum mehr von »Personalführung« gesprochen wird. Zu eingeengt bedeutet dieser Begriff ausschließlich die Gestaltung des unmittelbaren Vorgesetzten-Untergebenen-Verhältnisses (vgl. WÄCHTER 1992, S. 321). Vielmehr ist in der Führungsforschung ein Wandel auszumachen von einem personenorientierten Führungsverständnis hin zu einem systemischen.

ROLF DUBS (1994, S. 31 ff.) unterscheidet fünf Führungskonzepte, die diesen Wandel widerspiegeln:

- die »Bürokratische Autorität« (strukturalistischer Ansatz),
- die »Psychologische Autorität« (Human-Relations Ansatz),
- die »Technisch-rationale Autorität« (Wissenschaftlicher Ansatz),
- die »Professionelle Autorität« (Professioneller Ansatz) und
- die »Moralische Autorität« (Ethischer Ansatz).

Je nachdem, welcher Führungskonzeption wir folgen, hat Führung eine andere Bedeutung. Im Denken des strukturalistischen Ansatzes wie des Human-Relations Ansatzes verbindet sich mit Führung die Vorstellung einer zielgerichteten Einflußnahme auf das Denken und Verhalten von Individuen; auf der Grundlage des professionellen und des ethischen Ansatzes, die sich ergänzen, ist Führung dagegen als Prozeß wechselseitigen sozialen Handelns zu begreifen. Führung steht hier für eine Funktion, die darauf konzentriert ist, geeignete Bedingungen zu schaffen, »damit die Leute ihre Arbeit erfolgreich erledigen können, also in der Lage sind, sich selbst zu führen« (WIMMER 1996, S. 54).

Beispielhaft für die Führung einer Schule, die weder den Blick für die Kooperationsanforderungen im Verhältnis von Schulleitung und Lehrerschaft sowie zwischen den LehrerInnen eines Kollegiums selbst verliert noch die Grenzen der gezielten Einflußnahme auf das individuelle Denken und Verhalten (das individuelle Lernen) der Lehrkräfte verkennt, können alle Handlungen verstanden werden,

- die zu einem guten Schulklima beitragen,
- die zu einer von allen Schulmitgliedern gemeinsam getragenen Sicht der

IV Managementkompetenz

schulischen Ziele führen und ihren Niederschlag in einem Schulprofil oder Leitbild finden,
- die eine klar gegliederte innerschulische Aufbau- und Ablauforganisation nach sich ziehen mit dem Ziel, alle verfügbaren Ressourcen und Kompetenzen zu nutzen sowie neue zu entdecken, nichtpädagogische und pädagogische Tätigkeiten zu effektivieren, Freiräume für Entwicklungsprojekte, Teamarbeit und berufsbegleitende Weiterbildung zu schaffen,
- die der problem- und fachbezogen Kommunikation zwischen den an der Schule beteiligten Gruppen dienen, damit Austausch unterstützen und systematisierte Reflexion eröffnen,
- die Kooperationsmöglichkeiten nach innen und außen eröffnen und sicherstellen,
- die Partizipation zulassen, Entscheidungs- wie Delegationswege transparent halten und die Entwicklung flexibler Entscheidungsstrukturen eröffnen und unterstützen,
- die zum Aufbau eines effektives Controllings und Qualitätsmanagements führen, die pädagogische und administrative Aktivitäten schulintern wie – extern kommunizieren helfen und öffentliche Verantwortung herstellen.

Führung, die auf die zunehmende Entwicklung der Fähigkeit zur Selbstorganisation einer schulischen Handlungseinheit setzt, macht, um es zusammenzufassen, die Konzeption einer Entwicklungsperspektive, die Entscheidungen über deren Umsetzung, die Durchführung sowie die Kontrolle des Erfolgs zur zentralen Aufgabe aller Organisationsmitglieder. Sie ist bewußt gestaltete Mikropolitik mit einer Langzeitperspektive, die über Kommunikation, durch Transparenz und durch Integration die Bedingungen dafür zu schaffen versucht, was die Organisationslehre »organisationales Lernen« nennt. »Organisationales Lernen« stellt neben »individuellem Lernen« eine eigene Größe dar, weil eine Organisation »sowohl weniger als auch mehr Wissen haben kann als die Summe der einzelnen Individuen« (PROBST/ BÜCHEL 1994, S. 18). So ist in der täglichen Arbeit von LehrerInnen ein innovations- und reformrelevantes Wissenspotential enthalten, das vielen Schulen mangels Fachaustausch sowie mangels systematischer Sicherung, Aufbereitung und Verarbeitung für die Entwicklungs- und Reformarbeit verloren geht (ALTRICHTER/POSCH 1990). Im Gegensatz zum individuellen Lernen »ist organisationales Lernen durch kollektive Rationalität und den kollektiven Bezugsrahmen gekennzeichnet. Damit stehen nicht individuelle Motive, Bedürfnisse oder Werthaltungen im Vordergrund, sondern überpersönliche Erfahrungswelten, kollektiv verbindliche Entscheidungsverfahren, eine normative Ordnung, die eine Einigung in Mehrheitsentscheidungen herbeiführt. Diese Wissensbasis für Veränderungsaktivitäten ist öffentlich zugänglich und wird durch moralische Ordnungsvorstellungen strukturiert. Man kann sagen, daß organisationales Lernen nicht nur retrospektive Anpassungsleistung an problematische Umweltkonstellationen oder Know-how-Erzeugung zu deren Bewältigung ist, sondern auch eine Anpassungsleistung an organisationsinterne Bedürfnis-, Motiv- und Interessenslagen sowie Werthaltungen von Kollektivmitgliedern« (PROBST/BÜCHEL 1994, S. 20). Die Fähigkeit zur Selbstorganisation als Führungsansatz führt m.a.W. weg von einem Verständnis, daß den Ausgangspunkt des Lernens im Individuum annimmt und Schulqualität gewissermaßen zur Summe des individuell Gelernten macht. Wenngleich die Qualifikation der Lehrkräfte als zentraler Faktor schulischer Qualität benannt werden muß (vgl. GNAHS 1996; auch LÜDERS i. d. Bd.), der individuelles Lernen voraussetzt, hat sich in der Organisationslehre die Erkenntnis durchgesetzt, daß die Organisation selbst, als Rahmen für individuelles Handeln, Gegenstand der Selbstführung sein muß. Studien über den Zusammenhang zwischen Schulorganisation und kooperatives Lernen im Klassenzimmer beispielsweise zeigen, daß die Entfaltung und Entwicklung der pädagogisch-didaktischen Professionalität der Lehrkräfte, unter dem Eindruck veränderter Anforderungen an Bildung und Erziehung zumal, an die Entwicklungs- und Veränderungsfähigkeit der Schulorganisation gebunden ist (vgl. SHACHAR/SHARAN 1993).

Aus der Sicht der Schulleitung und der Lehrkräfte bezeichnet Organisationslernen als Mittel und Weg zur Selbstorganisation und Selbstführung einen Prozeß. An Fragen professionellen, schulischen Handelns, die sich aus dem Verhältnis zur Umwelt und ihren Erwartungen ergeben, können sie ihre individuellen Bedürfnisse, Motive und Werthaltungen in kollektive Aushandlungsprozesse einbringen, sie auf diese Weise der organisationsinternen Öffentlichkeit zugänglich machen und zugleich mit ihren KollegInnen an einem gemeinsam geteilten Wissen auf der Grundlage einer gemeinsam geteilten Wirklichkeit arbeiten (soziale Konstruktion der Wirklichkeit). Bislang ist aber die schulische Realität eine andere. Selbstorganisation und Selbstführung als Management- und Führungskonzept ist, gemessen an ihren Anforderungen an das Denken und Verhalten der Lehrkräfte, zu wenig in der schulkulturellen Erfahrung verankert. So setzen sie ein Organisationsbewußtsein voraus, das sich in Kooperation unter den Lehrkräften auf Kosten der professionellen Autonomie des einzelnen konkretisiert. Im Anschluß an eine Ausbildung, die auf den Unterricht fixiert, sind vor allem die schulspezifische Arbeitsorganisation sowie die Arbeitszeitregelung als jene zentralen Faktoren beruflicher Sozialisation zu nennen, die die Entwicklung eines Organisationsbewußtseins behindern (vgl. HORSTER 1994, S. 19 ff.).

IV Managementkompetenz

Wenn auch die Skepsis gegenüber einem Management- und Führungskonzept für die Schule, das auf Selbstorganisation beruht, überwiegen mag, weil Erfolg von überdurchschnittlichem Einsatz und von der Selbstverpflichtung der LehrerInnen abhängt (DUBS 1994, S. 37), kann es nicht darum gehen, die mit der methodischen Freiheit gegebene dezentrale Entscheidungsmacht und Verantwortung der LehrerInnen par ordre du mufti rückgängig zu machen. Das heißt, es kann nicht darum gehen, durch eine rechtliche Stärkung der Schulleitung eine Trennung von planenden und ausführenden Tätigkeiten in das Verhältnis zwischen Schulleitung und Lehrerschaft einzuführen oder dort, wo sie besteht, aufrechtzuerhalten. Im Gegenteil, die Einführung von Team- und Gruppenarbeit ist nötig, durch die Personen gleicher wie verschiedener Hierarchieebenen zusammengeführt und in ihren Planungs- und Handlungsentscheidungen aufeinander abgestimmt werden. Schon heute besteht auf der außerunterrichtlichen Handlungsebene Bedarf an systematischer Rückkopplung dessen, was auf Unterrichtsebene getan wird, so daß nur ein Bewußtseinsprozeß bringen kann, was Management- und Führungskonzepte in den Horizont projizieren.

Die Schulentwicklungsforschung geht davon aus, daß ungelöste Probleme, Konflikte, Divergenzen zwischen Erwartung und Ergebnis Lernprozesse in Organisationen auslösen. Zwei bildungspolitische Prognosen lassen organisationales Lernen und damit eine selbstbewußte Mikropolitik der Einzelschulen beinahe unumgänglich erscheinen:

1. daß Schulen wie andere Bildungsbereiche in den kommenden Jahren eher weniger als mehr Geld zur Verfügung haben und sie zumindest indirekt mit den Kindergärten und Hochschulen im Wettbewerb um Ressourcen stehen werden (vgl. WEISHAUPT i. d. Bd.),
2. daß bereits vorgenommene und noch im Haus stehende Budgetkürzungen, vor allem linear durchgeführte, Qualitätsverluste mit sich bringen werden, denen die Einzelschule, will sie im latenten Wettbewerb mit anderen bestehen, nur durch ein Controlling und ein Qualitätsmanagement (vgl. DUBS 1994, S. 270 ff.) begegnen kann.

Mit dieser Aussicht ist jede Einzelschule gezwungen, sich »eine formelle«, »schriftlich gefaßte Führungskonzeption« zu geben, wenn sie nicht schon über eine »anerkannte informelle, von allen Beteiligten getragene, Führungskonzeption verfügt« (DUBS 1994, S. 23 f.). In diesem Falle liegt es dann bei jeder schulischen Handlungseinheit selbst, welche Führungsstruktur sie sich gibt. Schulen beginnen besser heute als morgen, sich im Sinne von organisationalem Lernen eine gemeinsam getragene Zielrichtung zu geben.

DIETER TIMMERMANN

Budgetierung – Profilbildung oder Mängelverwaltung?

Nicht erst seit der Denkschrift der BILDUNGSKOMMISSION des Landes NORDRHEIN-WESTFALEN steht die Einzelschule im Fokus der Schulentwicklungsdiskussion. Bereits 1991 hatte H.G. ROLFF auf den Paradigmenwechsel der Schulentwicklungsdebatte aufmerksam gemacht, der darin bestand, daß die mit dem Bildungsgesamtplan von 1973 etablierte Schulentwicklung als top-down Prozeß durch einen bottom-up Prozeß abgelöst, die Schulentwicklung als Makroplanung durch die Entwicklung der Einzelschule als Mikroplanungsprozeß substituiert wurde. Inwieweit diese neue Schulentwicklungsphilosophie in autonome Einzelschulen mündet, die ihr Programmprofil selbst und selbständig gestalten, ist zur Zeit offen, da noch nicht entschieden ist, welche Entscheidungskompetenzen die Schul- bzw. Kultusministerien an die einzelnen Schulen abzugeben bereit sind. Ein Teilaspekt der Dezentralisierung von Entscheidungskompetenzen bezieht sich auf die Verlagerung der Ressourcenverantwortung auf die einzelne Schule. Ressourcenverantwortung der Einzelschule impliziert die Existenz eines eigenen Budgets, d. h. eines Haushaltsplanes der Schule, in dem die zugewiesenen bzw. eingenommenen Mittel auf der einen Seite und deren Verwendung durch die Schule auf der anderen Seite ausgewiesen sind. Ob die Budgetierung von Einzelschulen die Bildung von Profilen fördert oder lediglich die Verwaltung des Ressourcenmangels von den Kultusministerien auf die einzelnen Schulen verlagert, ist zu diskutieren.

Im folgenden soll der Prozeß der Verlagerung der makrogesteuerten Schulentwicklung auf die Ebene der Mikroplanung und -steuerung nachgezeichnet und Budgetierung als Chance, möglicherweise auch als Risiko effizienten pädagogischen Handelns gedeutet werden.

IV Managementkompetenz

Von der Schulentwicklung als gesamtstaatlich geplantem Prozeß zur Entwicklung von Einzelschulen

Im Gefolge des Pichtschen Bildungskatastrophenszenarios und der Entdeckung der Chancenungleichheit im Bildungswesen Mitte der sechziger Jahre setzte sich in der Bundesrepublik eine bildungspolitische Philosophie durch, die bei der Entwicklung und Gestaltung des Schulsystems auf eine gesamtstaatliche Steuerung durch Planung setzte. Im Wettbewerb der Planungsphilosophien und -ansätze setzte sich in der Bundesrepublik trotz der anfänglich dominierenden bildungsökonomischen Argumentation der sogenannte Social Demand Ansatz gegen den sogenannten Arbeitskräfte- bzw. Qualifikationsbedarfsansatz durch (vgl. SOMMER 1991). Der Bildungsgesamtplan von 1973 (BLK für Bildungsplanung 1973) verkörperte diesen Planungsansatz, der einen Zukunftsentwurf des staatlichen Handelns im Schulsystem lieferte und Schulentwicklung als von oben (top-down) geplante Entwicklung nicht nur des bundesdeutschen Schulsystems und seiner Teile bzw. Stufen, sondern auch der einzelnen Schulen modellierte. Der Rahmen- oder Sachplan beschränkte sich im wesentlichen auf die quantitative und strukturelle Planungsdimension, d.h. auf die Dimensionierung der schulischen Kapazitäten sowie der äußeren Schulorganisation. Die qualitative Planungsdimension blieb offen, da sie ausschließlich der Entscheidungshoheit der Bundesländer unterlag, die sich nicht auf gemeinsame Lehrpläne für die Unterrichtsfächer in den Schulformen sowie Schul- und Jahrgangsstufen einigen konnten. Den Kommunen blieb lediglich die Standortplanung zur Entscheidung überlassen, d.h. die Frage, an welchem Ort eine neue Schule zu errichten sei. In diesem top-down Modell von Planung und Entscheidung gab es drei Planungsebenen: erstens die gesamtstaatliche, repräsentiert durch die BLK für Bildungsplanung und Forschungsförderung bzw. durch das Gesamt der Ministerpräsidenten und den Bundeskanzler; zweitens die Länderebene, repräsentiert durch die Kultusministerien, und drittens die kommunale Ebene, repräsentiert durch Schulamt, Schulausschuß und Schulverwaltungsamt.

Das Planungsverfahren bestand aus folgenden Schritten: Auf jeder der drei Ebenen wurde die Besetzung der schulrelevanten Altersjahrgänge oder Jahrgangsgruppen prognostiziert bzw. den entsprechenden Bevölkerungsprognosen entnommen. Mit Hilfe des sogenannten Strukturquotenverfahrens, das die bildungs- und gesellschaftspolitisch gewollten relativen Schulbesuche nach Schulstufen und Schulformen vorgab, wurden die Schülerzahlen für die verschiedenen Schulstufen und Schulformen vorausgeschätzt. Die

Budgetierung

Anwendung von Richtwerten für Personal (z. B. Schüler-Lehrer-Relationen), für Sachmittel, Raumflächen (Nutzfläche pro Schüler) und für Investitionen führte zur Ressourcenplanung, die den Bedarf an Personal-, Sach-, Raumressourcen und Investitionen auf Bundes-, Landes- und Gemeindeebene lieferte. Die Bewertung des Ressourcenbedarfs mit Kostenrichtwerten leitete zur Kostenplanung über, die ihrerseits durch einen Finanzierungsplan ergänzt und abgeschlossen wurde.

Der Weg vom Bildungsgesamtplan bis zur Einzelschule verlief folgendermaßen: Auf der Bundesebene entwarf der Bildungsgesamtplan die politisch gewünschten Strukturen, Kapazitäten und Kosten des gesamten Bildungssystems auf der Basis der verschiedenen genormten Richtwerte. Auf Landesebene spiegelte ein Schulentwicklungsplan des Landes die geplanten Strukturen, Kapazitäten und Kosten in der Dimension des Landes wider, wobei die im Bildungsgesamtplan benutzten Richtwerte als Mindestwerte Eingang fanden. Auf der Ebene der Gemeinden spiegelte sich der Schulentwicklungsplan des Landes insofern wider, als die vorgegebenen Strukturen dort ebenfalls abgebildet wurden, die Kapazitäten natürlich neu dimensioniert wurden, allerdings unter Anwendung der vom Land vorgegebenen Richtwerte (Raumrichtwerte, Mindestzügigkeit, Klassengrößen, Schüler-Lehrer-Relationen). Kleinste Planungseinheit waren im Prinzip nicht die einzelnen Schulen, sondern die Gemeinde oder der Schulbezirk. Daraus folgt, daß die Handlungsspielräume der Einzelschule außerordentlich gering waren, die »Bildungsproduktionsfunktion« der einzelnen Schule war staatlich diktiert, die einzelne Schule war be- und verplant, sie wurde entwickelt durch staatliche Vorgaben, die sich bezogen auf: den Lehrplan für die einzelnen Fächer, die Personalausstattung, die Sachmittelausstattung, die Investitionen in die Infrastruktur, die Klassengrößen, die Zügigkeit, die Schüler-Lehrer-Relationen, die Lehrer- und Schülerstundendeputate. Die Klassengrößen, Zahl der Züge und die Schüler-Lehrer-Relationen unterlagen allerdings gewissen Spielräumen und Schwankungen, die durch die Bildungsnachfrageseite, nicht aber durch Schulhandeln bedingt waren. Handlungs- und Entscheidungsspielräume der einzelnen Schule selbst lagen im wesentlichen bei der Verteilung der von oben gewährten Verfügungs- und Entlastungsstunden, in Grenzen bei den Entscheidungen über die Teilnahme an Lehrerfortbildungsmaßnahmen (da sie i.d.R. vom Regierungspräsidenten genehmigt werden mußten/müssen) und vor allem für die Lehrer im Bereich der Unterrichtsgestaltung und -durchführung. Da auch Innovationen meist »von oben« geplant und genehmigt wurden und Schulen sie im Grunde adaptierten bzw. konsumierten, war angesichts fehlender Ressourcenverantwortung allein

IV Managementkompetenz

der Unterricht bzw. seine Effektivität Optimierungsvariable. In jenem topdown Planungsmodell war bzw. ist effizientes pädagogisches Handeln kaum möglich, da effizientes Handeln einerseits Ressourcenverantwortung voraussetzt, andererseits aber Effizienz weder im Handlungsmodell von Lehrern und Lehrerinnen noch in ihrem Selbstkonzept enthalten ist. Ressourcenverantwortung ist deshalb in diesem Planungs- und Schulentwicklungsmodell nicht enthalten, da die Mittel vom Land (Personalmittel) und von der Gemeinde (Sach- und Investitionsmittel) für einzelne Haushaltspositionen festgelegt und zugewiesen werden, die i.d.R. gegenseitig nicht deckungsfähig und nicht von einem Haushaltsjahr auf das andere übertragbar sind. Zudem sind die Haushaltsmittel, die einer Schule zugewiesen werden, auf die Etats unterschiedlicher Ämter bzw. öffentlicher Ebenen verteilt, so daß die Angabe und Kontrolle darüber, welche Kosten eine Schule verursacht, nur schwer erhältlich sind und die Vielfalt der Zuständigkeiten umständliche Instanzen- und Genehmigungswege zur Folge hat.

Die Erfahrungen der Schulpolitik, aber auch der Schulreformer mit dem Modell der Steuerung des Schulsystems mittels gesamtstaatlicher Bildungsplanung waren ambivalent (vgl. TIMMERMANN 1990). Nicht nur die früh signalisierten Grenzen der Finanzierbarkeit der Bildungsgesamtplanung und die Absage dominanter bildungspolitischer Instanzen an die gesamtstaatliche Bildungspolitik (erinnert sei daran, daß das Abkommen über den DEUTSCHEN BILDUNGSRAT als dem wichtigsten Politikberatungsgremium 1975 nicht verlängert wurde), sondern auch die Erfahrung außerordentlich begrenzter Handlungs- und Innovationsfähigkeit der Einzelschulen, aber auch sehr begrenzter Wirksamkeit schulpolitischer Entscheidungen in das alltägliche Unterrichtsgeschehen der nur lose in die hierarchischen Leitungsstrukturen eingebundenen einzelnen Schulen (These der losen Koppelung, vgl. TERHART 1986) ließen angesichts schwieriger werdender, sich individualisierender Schülerschaften und enger werdender Finanzierungsspielräume der Länder und Gemeinden dort immer stärker die Frage in den Vordergrund treten, ob nicht eine Verlagerung von Entscheidungskompetenzen auf die einzelnen Schulen nicht nur eine Entlastung bedeutete, sondern auch eine höhere Effizienz schulischen Geschehens verspräche.

Freilich gibt es nicht die autonome Schule per se, sondern der Autonomiegrad der Einzelschule hängt davon ab, welche Entscheidungs- und Handlungsparameter das bildungspolitische System an die einzelnen Schulen abzutreten bereit ist bzw. wie weit oder eng die staatliche Verantwortung für das Schulwesen interpretiert wird. Ein radikales Modell von Schulautonomie geht davon aus, daß die Einzelschule ihre eigene Entwicklung selbst plant und sich einem Prozeß der Organisationsentwicklung öffnet. Unabhängig davon, ob das Führungsmodell der autonomen Einzelschule als ein kollegiales oder ein prinzipales Modell gedacht ist, würde eine radikalisierte autonome Schule über folgende Handlungsparameter selbst entscheiden:

- über ihre Größe bzw. Kapazität,
- über ihre Zügigkeit,
- über die Größe ihrer Klassen,
- über Menge und Art der zu beschaffenden Sachmittel,
- über Menge, Struktur und Qualifikation des einzustellenden Personals,
- über die schulischen Investitionen,
- über das Schulprogramm, über das Schulprofil und die Ziele der Schule,
- über die Unterrichtsorganisation und die Stundenverteilung,
- über die Verteilung der Verfügungs- und Entlastungsstunden,
- über die Lehrpläne in den Fächern oder Erfahrungsbereichen,
- über die Strukturierung der Lehr- und Lerninhalte,
- über die Lehr- und Lernformen,
- über die zeitlichen Lehr-Lern-Strukturen,
- über die gewählte Didaktik und Methodik in den Lehr-Lern-Arrangements,
- über Public Relation und Schulmarketing u.a.m.

Eine radikal autonome Schule wäre zu denken als eine selbstreferenziell lernende, sich selbst organisierende und entwickelnde Schule. Sie ist aber auch nur denkbar unter der Bedingung, daß zumindest die Entscheidungen über Ressourcennutzung und Ressourceneinsatz allein von ihr bzw. in ihr getroffen werden. Bildungsökonomisch ausgedrückt: eine sich selbst organisierende und entwickelnde Schule bestimmt ihre Organisations- und Entwicklungsziele selber. Sie entwickelt daraus ihr spezifisch profiliertes Schulprogramm, das sowohl nach innen wie nach außen Auskunft darüber gibt, welche pädagogischen Ziele auf welche Weise (d.h. mit welchem pädagogischen Programm) für welche Schüler in welcher Zeit erreicht werden sollen. Darüber hinaus sagt das Programm aus, welche Ressourcen mengen- und qualitätsmäßig benötigt werden, um das Programm und seine Ziele umzusetzen, und welche Ressourcen gegebenenfalls noch beschafft werden müssen. Damit wird eine Mindestbedingung deutlich, die in einer autonomen Schule erfüllt sein muß: die Autonomie, damit aber auch die Flexibilität des Ressourceneinsatzes und der Ressourcennutzung; d.h. die einzelne Schule muß selber bestimmen können, wieviel von welchen Ressourcen sie auf welche Weise wofür einsetzt. Erst diese Ressourcenautonomie bzw. Ressourcenverantwortung schafft die angestrebte Entscheidungs- und Handlungsautonomie der Einzelschule und die Voraus-

IV Managementkompetenz

setzung für die Optimierung des Ressourceneinsatzes vor Ort. Ressourcenverantwortung kann bzw. muß dabei dreifach interpretiert werden. Erstens bedeutet Ressourcenverantwortung, daß Entscheidungskompetenz über den Einsatz der schulischen Ressourcen besteht. Zweitens kann Ressourcenverantwortung auch heißen, daß die einzelne Schule für die Beschaffung der Ressourcen, d. h. für die Finanzierung ihres Tuns zuständig ist; und drittens impliziert Ressourcenverantwortung, daß die einzelne Schule und die in ihr agierenden Menschen mit den ihnen zur Verfügung gestellten Ressourcen sorgsam oder »vernünftig« umgehen. Bildungsökonomisch ausgedrückt: Ressourcenverantwortung der Einzelschule heißt, daß die Akteure die ihnen anvertrauten Ressourcen effizient einsetzen sollen, es bedeutet also, daß das pädagogische Handlungsmodell um den Aspekt effizienten Handelns zu einem Modell effizienten pädagogischen Handelns erweitert werden muß, und zwar gilt dieses Postulat nicht nur für die Schulleitung selbst, sondern für alle schulischen Akteure, die Ressourcen nutzen. Budgetierung ist ein Mittel, das Transparenz in die Herkunft und in die Nutzung der Ressourcen bringen soll.

Budgetierung und effizientes pädagogisches Handeln

Ganz allgemein und abstrakt gesprochen ist Budgetierung ein Prozeß, in dessen Verlauf die Budgetierungsverantwortlichen einer Organisation (ihr Management, sei es direktorial oder kollegial strukturiert) die ressourcenmäßigen Voraussetzungen und Folgen aller für eine bestimmte Periode geplanten Handlungen, die bestimmte vereinbarte Organisationziele verwirklichen sollen, vorausschätzen und in einem Plan gegenüberstellen. Dieser Plan wird Budget genannt. Die Aufstellung eines Budgets setzt demzufolge zumindest voraus, daß

- ein Handlungsziel bzw. mehrere Handlungsziele formuliert sind, die in einem bestimmten Zeitraum verwirklicht werden sollen,
- realistische Vorstellungen bzw. Erwartungen darüber bestehen, über wieviele Ressourcen welcher Art (i.d. R. in Geldgrößen ausgedrückt) die Organisation im besagten Zeitraum verfügen wird (Einnahme- oder Ertragsplan, i.d. R. in einem Geldgesamtbetrag konkretisiert),
- Schätzungen darüber angestellt und dem Einnahme- bzw. Ertragsplan gegenübergestellt werden, welches der wertmäßige Gebrauch oder Verbrauch der zur Verfügung stehenden Ressourcen sein wird, der mit den geplanten Handlungen im abgesteckten Handlungszeitraum anfallen wird (Ausgaben- oder Kostenplan).

Budgetierung

- Ertrags- und Kostenplan derart aufeinander abgestimmt werden, daß die geplanten Kosten durch die geplanten Erträge gedeckt oder daß ein geplanter Einnahmeüberschuß realisiert werden kann, der zur Finanzierung von Aktivitäten in der Folgeperiode vorgesehen ist. Gegebenenfalls kann im Falle einer aus der Planung resultierenden Einnahmelücke (d. h. die geplanten Kosten übersteigen die zunächst geplanten bzw. erwarteten Einnahmen bzw. Erträge) ein Finanzierungs- bzw. Deckungsplan entwikkelt werden, der die Suche nach zusätzlichen Einnahmen widerspiegelt und der das Budget auf der Einnahmeseite erweitert.

Dieser Budgetierungsprozeß kann sowohl auf der Ebene der Gesamtorganisation (z. B. der einzelnen Schule) als auch auf der Ebene der Teilorganisation oder Organisationsbereiche (z. B. Fachbereiche, Fächergruppen, Fächer) stattfinden (zentrales Budget und/oder dezentrale Budgets). Unter der Zielsetzung effizienten Umgangs mit den verfügbaren Ressourcen durch enge Anbindung der Ressourcenverantwortung an das Handeln der Organisationsmitglieder ist die Aufgliederung des Gesamtbudgets einer Schule in Teil- oder Bereichsbudgets zweckmäßig, allerdings in Abhängigkeit von der Größe der Schule und ihrer gewählten inneren Organisationsstruktur (vgl. dazu im einzelnen für Industriebetriebe RADKE 1989). Für die einzelnen Bereichsbudgets gilt nicht notwendigerweise, daß sie ausgeglichen sein müssen, obwohl eine realistische Planung dies i.d.R. anstreben wird.

Das Budget enthält – wie aus dem Vorstehenden deutlich geworden sein sollte – Plan- oder Sollgrößen von Einnahmen und Ausgaben oder von Erträgen und Kosten, die innerhalb einer bestimmten Planperiode angestrebt werden. Anders ausgedrückt: das Budget indiziert die ressourcenmäßigen Implikationen der in einer bestimmten Periode geplanten Handlungen bzw. den aus den Handlungen sich ergebenden Ressourcenbedarf und -verbrauch. Die Länge des Planungshorizonts, d. h. des Zeitraums, für den das Budget entwickelt wird, ist dabei offen bzw. wird vom Schulmanagement selbst bestimmt. Während derzeit die Haushaltspläne immer noch auf den Handlungshorizont von einem Jahr ausgelegt sind, können Budgets unterschiedliche Zeiträume (Planungshorizonte) umfassen. Dabei nimmt ihr Detailliertheitsgrad mit zunehmendem Handlungshorizont i.d.R. ab. Langfristige Budgets (z. B. über fünf und mehr Jahre) spiegeln strategische Planungen wider (strategische Budgets), während kurzfristige Handlungshorizonte in detaillierten operativen Budgets zum Ausdruck kommen. Die modernen Methoden der Datenverarbeitung erlauben inzwischen auch die Aufstellung von halbjährlichen, vierteljährlichen oder monatlichen Budgets.

IV Managementkompetenz

Für effizientes pädagogisches Handeln in Schulen ist nun nicht nur wichtig, abzuschätzen, welche Handlungsziele mit welchen Ressourceneinsätzen angestrebt werden, sondern es ist ebenso notwendig, die tatsächlichen Wirkungen der praktizierten Handlungen nach zwei Seiten hin zu beobachten und zu überprüfen: einmal hinsichtlich der faktischen Handlungsergebnisse oder -erfolge, und zum zweiten im Hinblick auf den faktischen Ressourcenverbrauch und -gebrauch. Anders als in Wirtschaftsunternehmen lassen sich die Handlungserfolge in Schulen nicht in Form von Umsätzen bzw. in Geldgrößen ausdrücken, vielmehr bedarf es hier einer qualitativen Istanalyse der Handlungserfolge, die einen Vergleich mit den angestrebten Handlungszielen erlaubt und in einen Soll-Ist-Vergleich von Handlungsziel und Handlungsergebnis bzw. in eine Evaluation des pädagogischen Handelns mündet. Der Ressourcenverbrauch und -gebrauch läßt sich hingegen auch in Schulen (wie in Industrieunternehmen) im Prinzip problemlos in Geldeinheiten ausdrücken, so daß ein Vergleich der Sollkosten mit den Istkosten möglich ist. Abweichungen sowohl zwischen Handlungszielen und Handlungsergebnissen wie auch zwischen Soll- und Istkosten werden die verantwortlichen Akteure i.d.R. veranlassen, nach den Gründen für die Abweichungen zu suchen und vor allem im Falle unerwünschter Abweichungen Korrekturen vorzunehmen. Die Möglichkeiten der modernen Datenverarbeitung erlauben hier u. U. wöchentliche Ergebnis- und vor allem Kostenanalysen, so daß in kurzen Abständen stattfindende Abweichungsanalysen zwischen Kostenbudgets und Kostenrechnungsergebnissen auf der Ebene der Gesamtorganisation, aber auch in den Teilorganisationen möglich sind.

Die Frage, ob Schulen ihr Gesamtbudget entlang ihrer Binnenorganisation dezentralisieren und in Bereichsbudgets transformieren sollten, kann zwar als von der Größe der einzelnen Schule abhängig gesehen werden, wird jedoch prinzipiell zu bejahen sein, wenn mit dem Prinzip ernst gemacht werden soll, daß die Ressourcenverantwortung – und das kann heißen: für die Beschaffung von Ressourcen, es heißt aber in jedem Fall: für den Ver- und Gebrauch der verfügbaren Ressourcen – dort liegen soll, wo gehandelt wird, bzw. bei denen, die handeln und dadurch die Ressourcen in Anspruch nehmen.

In den Schulen selbst und in den Lehrerverbänden besteht eine gewisse Skepsis gegenüber der Einführung des Budgetierungsprinzips, weil Budgetierung als Einsparmedium der Länder und Schulträger interpretiert wird und weil die Effizienzsteigerung des schulischen Handelns, die mittels Budgetierung in Aussicht gestellt wird, mit Sparen und Mittelkürzungen gleichgesetzt wird (siehe stellvertretend für viele Äußerungen MÜLLER 1995). Die Glei-

Budgetierung

chung, die in dieser Sorge zum Ausdruck kommt, nämlich Budgetierung = Effizienzsteigerung = Kürzen/Sparen, ist falsch und nicht zulässig, dies gilt zumindest für die rechte Seite der Gleichung. Um diese Aussage zu begründen, scheint es erforderlich, drei grundlegende Begriffe zu erläutern und voneinander abzugrenzen, die häufig nicht auseinandergehalten werden. Es handelt sich um die Begriffe »Produktivität«, »Effektivität« und »Effizienz«.

Produktivität mißt das Verhältnis von Handlungsergebnis zu den Ressourcen, die eingesetzt wurden, um das Ergebnis zu erzeugen (technischer gesprochen: das Verhältnis von Output zu Input). Es ist ein statistisches Maß ohne Anspruch auf Normativität, d. h. auf Optimierung des Handelns. In der Regel werden als interessante Inputressourcen Arbeitskraft oder Sachkapital als Aggregat aller Sachmittel gewählt, weshalb Produktivität als Arbeits- oder Kapitalproduktivität erscheint. Arbeitsproduktivität kann in zwei Varianten formuliert werden: als Handlungsergebnis (Output) pro Arbeitskraft(-nehmer) oder als Handlungsergebnis pro Arbeitsstunde. Obwohl gern und viel von der Produktivität von Schulen gesprochen wird, bleibt oft unklar, wie Produktivität operationalisiert wird. Während die Bezugsgröße »Arbeit« relativ transparent definiert werden kann (Arbeitnehmer, Arbeitsstunde), ist die Operationalisierung des Ergebnisses pädagogischen Handelns vielschichtig und umstritten. Erinnert sei nur an die Mehrdimensionalität der Lernziele und damit des Lernoutputs. Somit bleibt ohne Präzisierung des pädagogischen Handlungsergebnisses oft unscharf, was mit Produktivität einer Schule (des Unterrichts, des Lehrerhandelns) genau gemeint ist.

Effektivität mißt das Verhältnis verschiedener Handlungsergebnisse zueinander (technisch gesprochen: die Relation unterschiedlicher Outputniveaus vergleichbarer Outputs), z. B. durch Vergleich von Institutionen, die die gleichen Leistungen erbringen, oder durch einen Vergleich der Leistungsentwicklung derselben Institution in der Zeit. Mit anderen Worten: im Effektivitätskonzept ist die Seite des Ressourceneinsatzes bzw. -verbrauchs nicht enthalten. Es sagt demzufolge überhaupt nichts über den Umgang mit den verfügbaren Ressourcen aus.

Effizienz schließlich ist das ökonomisch relevante Konzept, da es zum einen das Handlungsergebnis den Kosten bzw. dem Wert der durch die Handlung ver- und gebrauchten Ressourcen gegenüberstellt, also unmittelbar anzeigt, welche Werte eine Handlung vernutzt hat, und da es zum zweiten eine normative Richtschnur enthält, die besagt, daß ein bestimmtes Handlungsergebnis mit dem niedrigst möglichen Werteverzehr erzeugt werden soll bzw. daß die verfügbaren Ressourcen so eingesetzt werden, daß das damit mögliche Handlungsergebnis (der Output) maximiert wird. In beiden Varianten dieses Wirtschaftlichkeitsprinzips wird das Verhältnis von eingesetzten Ressourcen und Output optimiert, oder anders ausgedrückt: es werden keine Ressourcen unnötigerweise verschwendet. Verschwendung von Ressourcen sollte deshalb vermieden werden, weil sie stets einen Verzicht auf mögliche Leistungen bedeutet: entweder könnte ein höheres Handlungsergebnis realisiert werden oder die »verschwendeten« Ressourcen hätten zur Erzeugung eines anderen Outputs genutzt werden können. Diese Zusammenhänge gelten auch für Schulen: es macht keinen Sinn, Schülern weniger pädagogische Leistungen anzubieten als mit den verfügbaren Ressourcen möglich wäre. Nun läßt sich dieses Effizienzpostulat leicht formulieren, aber nur schwer in der Schulwirklichkeit umsetzen, da zum einen auch hier das Grundproblem der Operationalisierung des schulischen Outputs besteht, zum anderen aber die Informationstransparenz über das schulische und unterrichtliche Interaktionsgeschehen und die darin stattfindenden Wechselwirkungen für die Handelnden kaum besteht und wegen der Unbestimmtheit der Wirkungen pädagogischen Handelns auf die Lernprozesse der Schüler/innen nicht hergestellt werden kann. Budgetierung ist als ein Mittel zu verstehen, der gewünschten Transparenz näher zu kommen, insofern als sie den Zusammenhang zwischen identifizierbaren pädagogischen Handlungen und deren Kosten aufschlüsseln und transparenter machen soll, und zwar für die Handelnden (z. B. für die Lehrer/innen) selbst, so daß die Handelnden ein Interesse entwickeln, die ihnen zur Verfügung gestellten Ressourcen effizienter und zugleich flexibel einzusetzen, und das heißt: zum Nutzen der Schüler/innen und ihrer selbst. Natürlich hängt die Größe des Budgets und damit der Umfang der verfügbaren Ressourcen und damit der Umfang der leistbaren Unterrichtshandlungen usw. von der Höhe des Budgets, d. h. von der Höhe der erzielbaren bzw. seitens des Staates zugesprochenen Einnahmen ab. Dies gilt aber für den klassischen Schulhaushalt gleichermaßen, so daß die mögliche Absicht des Staates, im Zuge des Übergangs auf Budgetierung die zur Verfügung gestellte Gesamtsumme an Ressourcen zu kürzen, nicht der Budgetierung an sich angelastet werden kann und darf, sondern allein der politischen Entscheidung.

Fazit

Das aus diesen Überlegungen zu ziehende Fazit ist kurz aber eindeutig: Budgetierung verkommt dann zur Mängelverwaltung, wenn die in Form des Einnahmebudgets den Schulen zur Verfügung gestellten bzw. zugewiesenen finanziellen Mittel (die ja nur den Geldwert der Sachressourcen bzw. der Inputs darstellen) nicht ausreichen, ein pädagogisch wünschenswertes, gewolltes oder bereits erreichtes Ergebnisniveau zu erreichen bzw. zu halten. Dies wäre aber nicht der Budgetierung an sich anzulasten, sondern einer restriktiven Schulfinanzierungspolitik, vor der auch eine nach dem klassischen Haushaltsprinzipien agierende Schule nicht gefeit ist. Unabhängig vom Niveau der zugesprochenen, zugewiesenen oder selbstverdienten Einnahmen stellt Budgetierung Einzelhandlungen oder Handlungsbündel deren Kosten gegenüber, wobei der Detaillierungsgrad von den Schulen selbst bestimmt werden könnte, und erzeugt dadurch für alle in den Schulen Handelnden Transparenz, Kostenbewußtsein und damit Tendenzen zu einem effizienten Handeln bei der Entwicklung von Einzelschulprofilen.

HANS-GÜNTER ROLFF

Evaluation von Schulentwicklung als Bestandteil eines neuen Leitungs-Verständnisses

Evaluation ist eines der Modeworte der Schulpolitik dieser Jahre. Dafür gibt es gute Gründe, setzt doch mehr Selbstgestaltung von Schulen auch mehr Rechenschaft voraus. Über Evaluation wird nicht nur debattiert, sie wird auch praktiziert, in herkömmlichen wie in neuen Formen. Diejenigen, die für die Initiierung, Durchführung und Auswertung von Evaluation verantwortlich gemacht werden, sind die Schulleitungen. Dort, wo es neue Schulgesetze gibt, wie in Bremen, Hamburg und Hessen, wird den Schulleitungen diese Aufgabe sogar per Gesetz angesonnen. Was Evaluation im einzelnen bedeutet, ist jedoch noch weitgehend unklar. Deshalb beginne ich mit:

Definition, Funktionen und Kriterien von Evaluation

Unter Evaluation versteht vor allem die angelsächsische Literatur den Prozeß des systematischen Sammelns und Analysierens von Daten bzw. Informationen, um Bewertungsurteile zu ermöglichen, die auf begründeter Evidenz beruhen. Ansätze von Evaluation gibt es seit langem auch in deutschen Schulen, insofern Daten gesammelt und Bewertungsurteile gefällt wurden. Allerdings wurden Daten sehr selten systematisch gesammelt oder gar neu erhoben und ebenso selten gründlich analysiert, so daß es den Bewertungsurteilen häufig an Evidenz und meistens an Begründung fehlte.
Bei den Funktionen und Formen von Evaluation wird grundlegend zwischen Rechenschaft und Entwicklung unterschieden. Die Schule muß sich heutzutage Fragen nach ihrer Effektivität und nach ihrem Umgang mit Qualitätsansprüchen gewiß stellen lassen. Deshalb ist Rechenschaft geboten. Allerdings sollte die Debatte um Effektivität dabei genau wie die um Qualität auf pädagogische Kriterien bezogen sein. Für Entwicklungsimpulse kann Evaluation sorgen, wenn die Ergebnisse unerwartet und herausfordernd für das Lehrerkollegium sind bzw. von der Leitung zu einem Thema der Auseinandersetzung gemacht werden.

Evaluation

Die Kriterien der Evaluation sind auf verschiedenen Ebenen angesiedelt:
- Projektziele(-auftrag),
- Schulprogramm/Leitbild,
- Vergleiche/»Benchmarking«/»best practise«,
- Vereinbarte Qualitätsstandards/»Performance Indicators« für Unterricht, Leitung, Management oder Ressourcenbewirtschaftung,
- Vorgaben der Behörde (wie Rahmenrichtlinien, Schulgesetze, usw.).

Externe Evaluation

Es wird zwischen interner und externer Evaluation entschieden. Erfahrungen und Forschungen (zuletzt NEWMANN et al. 1997) zeigen, daß externe Evaluation nur doppelt wirksam ist, also nicht nur der Rechenschaft, sondern auch der Schulentwicklung dient, wenn sie auf interner beruht. Die Erfahrungen und Untersuchungen zeigen auch, daß externe Evaluation schwieriger, ungewohnter und herausfordernder für Schulleitungen sind. Deshalb unterscheide ich auch:

Authentische Evaluation und Fassaden-Evaluation

Externe Evaluation von Schulen kommt in Deutschland einem Kulturbruch nahe. Denn Evaluation berührt das Berufsbewußtsein der Lehrerschaft im Kern, einer Berufsgruppe, die ständig selber (Schüler) beurteilt, sich deshalb auch der Schwierigkeiten und Problematik von Beurteilung bewußt ist, aber abgesehen von äußerst seltenen punktuellen Anlaßbeurteilungen selbst nie beurteilt wird. Deshalb ist davon auszugehen, daß es langwieriger, d. h. mehrjähriger Gewöhnungsprozesse bedarf, bis »Evaluation Bestandteil der Arbeitskultur« (EKHOLM) einer Schule wird, was für externe Evaluation noch problembeladener ist als für interne.

Die größte Gefahr ist darin zu sehen, daß externe Evaluation mit externer Kontrolle verwechselt wird, und Schulevaluation deshalb als bloß defensive Routine bzw. als Fassadenevaluation entsteht. Wenn Evaluation authentisch sein soll, also einer offenen und ungeschönten Spiegelung der Schule dienen soll, dann müssen die Erkenntnisse sorgsam beachtet werden, die in bisherigen einschlägigen Schulentwicklungsprozessen gemacht wurden (vor allem im Landesinstitut für Schule und Weiterbildung, Soest; im Institut für Schulentwicklungsforschung, Dortmund; im Institut für Theorie und Praxis der Schule (Kiel) oder in der Bremer Schulinspektion).

IV Managementkompetenz

Demnach sind Grundvoraussetzungen für eine authentische, also nicht instrumentalisierte, defensive oder oberflächliche Fassaden-Evaluation:

- Freiwilligkeit der Beteiligung, zumindest während einer jahrelangen Erprobungs- und Gewöhnungszeit;
- Datenhoheit; d. h. über die Daten, die eine Schule erhebt, sollte sie selber verfügen dürfen – was nicht ausschließt, daß die Behörde das Recht haben muß, bestimmte Daten von öffentlicher Relevanz von der Schule einzufordern;
- Vertrauen durch Verfahren, also Vertrauen, welches nicht auf (zufälligen) persönlichen Beziehungen basiert, sondern auf verläßlichen Abmachungen;
- Externe Evaluation ist als Dialog zu gestalten, bei dem Felder bzw. Gegenstände, Kriterien und Verfahren zwischen Schulen und Evaluation ausgehandelt werden;
- Gute Vorbereitung ist zentral, d. h. vorweg sollten Normen, Ziele und Interessen geklärt werden;
- Bedürfnisbezogenheit, d. h. Evaluation sollte nicht mit abstrakten Themen und auch nicht mit der ganzen Schule beginnen, sondern an den Interessen der Schulen ansetzen und mit einzelnen Bereichen anfangen.

Formen externer Evaluation

In etlichen Mitgliedsländern der OECD kommen im wesentlichen die folgenden Formen externer Evaluation zum Einsatz:

1. Standardisierte Tests, die zentral administriert werden (z. B. in Holland, Schweden, USA, aber auch das Zentralabitur einiger deutscher Bundesländer).
2. Audits, d. h. die systematische Untersuchung durch unabhängige Experten: Hier gibt es Erfahrungen in England und Neuseeland, aber auch in Deutschland bei der Zertifizierung nach der Norm ISO 9000 ff.
3. Peer-Review (ohne Schulaufsicht): Hier geht in der Regel eine interne Evaluation voran. Dann lädt die Schule »peers« ein, sog. kritische Freunde, die ihr Rückspiegelung und Rat geben. »Kritischer Freund« kann im Prinzip jede Person sein, die die Schule für kompetent hält. Hier gibt es etliche Erfahrungen, vor allem im Hochschulbereich.
4. Schulberatungsbesuch (mit Schulaufsicht): Diese Form ist dem Peer-Review vergleichbar – allerdings mit dem Unterschied, daß der zuständige Schulaufsichtsbeamte dabei ist. Hier gibt es Erfahrungen in NRW, Schleswig-Holstein und Bayern.

Evaluation

5. (Pflicht-)Visitationen (mit Schulaufsicht): Diese Form der Evaluation geht von der Schulaufsicht aus, die sich in bestimmten Mehrjahresperioden (meist alle vier oder fünf Tage) bei den Schulen meldet, um zuvor angekündigte Bereiche zu visitieren, die vor dem Hintergrund zuvor zusammengestellter Daten beurteilt werden. Pflichtvisitationen sind alle vier bis fünf Jahre vorgesehen.

Die Schulaufsicht ist lediglich bei der Form (4) und (5) vertreten. Die Form (1) existiert genauso wenig wie die Form (2). Bei Form (3) ist die Schule völlig frei, so zu verfahren, wie sie es für nützlich und finanzierbar hält. Deshalb ist es auch empfehlenswert, mit dieser Form der externen Evaluation zu beginnen und die Formen (4) und (5) anzuschließen.

Daß die Behörde die externen Evaluationsteams zusammenstellt und die externe Evaluation organisiert, kann demnach auch nur für Form (5) gelten – und eingeschränkt bei Form (4). In jedem Fall ist es nicht sinnvoll, wenn die Behörde die Evaluationsteams allein zusammenstellt. Wenn die Evaluation authentisch werden soll, muß die Schule die überwiegende Mehrzahl des Teams bestimmen können – und nicht die Behörde.

Aufgaben der Leitung

Auf die Schulleitung kommen bei der Vorbereitung, Begleitung und Ergebnissicherung von externer Evaluation etliche neue Aufgaben zu, die allesamt zum Ziel haben, eine Fassadenevaluation zu vermeiden und stattdessen eine Praxis *authentischer* Beurteilung im Unterschied zur Fassaden-Evaluation in Gang zu setzen. Das heißt im einzelnen:

- Interne Evaluation, also Selbstevaluation durch die Schulen, ist primär; das gilt in zeitlicher wie inhaltlicher Hinsicht. Die Schulleitung sollte darauf achten, daß keine externe Evaluation vor einer internen durchgeführt wird.
- Schulen sollten erst einmal eine Gelegenheit wahrnehmen, mit Selbstevaluation und Peer-Reviews zu experimentieren, ohne daß sich Schulaufsicht einmischt. Schulleitung hat die Aufgabe, das Kollegium dafür zu gewinnen, die Fragen an die Peers mit dem Kollegium herauszufinden, einschlägige Daten zu erheben und die geeigneten Peers auszuwählen.
- Die Schulleitung müßte den Schulbesuch der Peers mit den Peers zusammen vorbereiten, auch Normen (z. B. zur Vertraulichkeit) vereinbaren und Wert darauf legen, daß die externe Evaluation als Dialog zwischen Schule und Peers gestaltet wird.

IV Managementkompetenz

- Vor allem müßte die Schulleitung darauf achten, daß die Peers ihre Eindrücke und Ergebnisse in Empfehlungen umsetzen, die der Entwicklung der Schule Impulse geben.
- Schulaufsicht sollte sukzessive einbezogen werden, z. B. indem die Schulleitung einen Schulberatungsbesuch vorbereitet wie er bei NAGEL u. a. (1995) oder KOHLHOFF (1996) beschrieben ist.

Lehrerbeurteilung als sensibelste Form interner Evaluation

Interne Evaluation sollte der externen vorausgehen. Sie hat insofern Priorität. Dabei sind zwei Ebenen der Evaluation grundlegend zu unterscheiden: Lehrerbeurteilung und Schulbeurteilung. Zwar ist Lehrerbeurteilung ein bekannter bis vertrauter Bereich von Leitungstätigkeit, aber er ist gleichzeitig auch der Bereich, bei dem noch mehr Umsicht angebracht ist als bei der externen Evaluation. Denn Schule ist ein hochempfindliches Sozialgemisch, bei dem es neben Unterrichten und Erziehen vor allem um das Miteinander im Kollegium geht und hier vor allem um Bewertung, Macht und »Geliebtwerden« der einzelnen. Deshalb muß jede Organisationsreform, die in dieses Beziehungsgeflecht eingreift, sorgsam bedacht werden, auch wenn es sich um prinzipiell sinnvolle Maßnahmen handelt, wie die Übertragung von Aufgaben der Schulbehörden auf Schulleitungen, die die Schulaufsicht entlasten und die Schulen stärken.

Schulentwickler und Schulforscher sind sich einig, daß selbständigere Schulen selbständigere Schulleitungen benötigen, daß die Schulleitungen also in qualifikatorischer Kompetenz und (rechtlichen) Kompetenzen gestärkt werden müssen. Auch gibt es Übereinstimmung darüber, daß es bei Beförderungen und Gehaltszulagen Personalbeurteilungen geben muß. Allerdings ist ebenso deutlich, daß eine einseitige Stärkung der Schulleitung das Kollegium demotivieren und deprofessionalisieren kann, wenn es nicht auch stärkende Maßnahmen zur Kollegiumsentwicklung gibt, und daß Leistungsbeurteilungen besonders blank liegende Nerven treffen und nur dann akzeptabel sind, wenn sie Standards der Professionalisierung zu erfüllen vermögen. Eine umstandslose Übertragung der Personalbeurteilungskompetenz auf die Schulleiterinnen und Schulleiter vermag diese Standards nicht zu erfüllen.

Evaluation

Welches Interesse können Lehrkräfte an Beurteilung haben?

Ohne die Lehrerschaft dafür zu gewinnen, wird es keine authentische Beurteilung geben. Allein deshalb ist es wichtig, sich zu vergewissern, welches Interesse die Lehrkräfte an Beurteilung überhaupt haben oder entwickeln können. Es liegt auf der Hand, daß ein Eigeninteresse sich weniger auf eine Beurteilung von außen richtet, wohl aber auf Feedback und Hilfen von innen: von Schülerinnen und Schülern, Kolleginnen und Kollegen, von Fachmoderatoren aus der Fortbildung und auch von Eltern, hin und wieder gewiß auch von der Schulleitung. Außenbeurteilungen lassen die meisten Lehrkräfte bloß über sich ergehen, sie bauen dabei meistens eine Fassade auf – um sich zu schützen, aber auch um besser auszusehen. Wirkliches Interesse haben Lehrkräfte an Beratung, solidarischer Rückspiegelung und Supervision. Dieses findet in den Schulen auch vielfach statt. Beurteilung ist wichtig für die professionelle Entwicklung. Sie wird »angenommen«, wenn sie der Verbesserung oder Weiterentwicklung der eigenen Arbeit dient. Sie muß aber auch persönlichen Gewinn bringen, z. B. höheres Einkommen, Entlastung, ein Stück Karriere, zumindest mehr Gestaltungsmöglichkeiten. Bei Gehalts- und Karrieresprüngen ist die Notwendigkeit einer Beurteilung ohnehin einsichtig; sie muß allerdings auch bestimmten Gütekriterien entsprechen. Sie sollte zumindest

- sachkundig,
- neutral,
- transparent und
- gerecht sein und
- auf systematisch gesammelten Grundlagen (vor allem Daten) beruhen.

Gerade weil die Lehrerschaft einer Außenbeurteilung gegenüber skeptisch ist, fragt sie sich, warum das bisherige Beurteilungssystem grundlegend verändert werden soll. Bei Veränderungen besteht mithin ein Begründungsnotstand. Jedes neue System muß sich als nützlicher bzw. vorteilhafter gegenüber dem alten erweisen. Wenn das nicht deutlich wird, dominieren die

Fallstricke der Personalbeurteilung

Mit der Übertragung von Personalbeurteilungsfunktionen auf die Schulleitungen wird das vieldiskutierte Problem des Rollenmixes zwischen Beratung und Beurteilung von der Schulaufsicht auf die Schulleitung übertragen. Dadurch entsteht ein ganzes Bündel von Fallstricken, das entwirrt werden muß. Allerdings ist dieser Rollenkonflikt, der sich in der hier näher zu erörternden problematischen Koppelung der Funktionen des Beratens und des Beurteilens in einer Person zuspitzt, bereits seit langem vorhanden, wenngleich zumeist verdrängt. BUCHEN/HORSTER/VOSSEN (1987, S. 223 ff.) haben diesen Konflikt detailliert analysiert. Sie gehen davon aus, daß die Schulleiterin bzw. der Schulleiter in seiner Eigenschaft als Vorgesetzter heute schon das Recht hat

- des Unterrichtsbesuchs bei jedem Lehrer und jeder Lehrerin,
- in die Lern- und Unterrichtsplanung der Lehrkräfte Einsicht zu nehmen,
- sich jederzeit über die schriftlichen Arbeiten der Schülerinnen und Schüler informieren zu dürfen und
- die Pflicht, die Rechtmäßigkeit von Amtshandlungen zu gewährleisten.

Insgesamt sind dies Rechte und Funktionen, die im Kern nicht reversibel sind, wenn sie auch je nach praktiziertem Führungsstil sehr unterschiedlich kollegial gefärbt sein können.
In allen Bundesländern ist der Schulleiter bzw. die Schulleiterin Vorgesetzte(r) der Lehrkräfte und damit weisungsberechtigt. Nur der Umfang des Weisungsrechtes ist unterschiedlich geregelt. Abgesehen davon, daß einige Länder die pädagogische Freiheit des Lehrers als Grenze des Weisungsrechts ausdrücklich betonen (Niedersachsen und Rheinland-Pfalz), wird dem Weisungsrecht bisweilen der Charakter einer bloßen Rechtsaufsicht zugemessen: »Der Schulleiter ist im Rahmen seiner Verwaltungsaufgaben gegenüber den an der Schule tätigen Lehrern und schulischen Mitarbeitern weisungsberechtigt« (§ 22 IV Berliner SchulVerfG). Die Schulleitung hat allerdings grundsätzlich kein Weisungsrecht in Fragen des Unterrichts und der Erziehung.
In allen Bundesländern wird ein Recht zum Unterrichtsbesuch anerkannt, das der Schulleitung eine umfassende Informations- und Beratungsfunktion sichern soll, die aber insofern betriebsbezogen und -intern bleibt, als sie fachliche Standards sichern soll und nicht in dienstrechtlichen Verwendungszusammenhängen erscheint.
Manche Bundesländer gehen noch weit darüber hinaus und verpflichten den Schulleiter bzw. die Schulleiterin zur Abgabe einer dienstlichen Beurteilung oder eines Vorberichtes in Form eines Leistungsberichtes, so daß er hier gegenüber den Lehrern sogar in eine Funktion des Dienstvorgesetzen hineinwächst (vgl. Bayern, Baden-Württemberg, Rheinland-Pfalz, Saarland, NRW, jetzt auch für Niedersachsen geplant). Mit der Wahrnehmung dieser Aufgabe erhält der kollegiale Status des Schulleiters bzw. der Schulleiterin

Evaluation

eine grundlegend andere Qualität. Denn gegenüber der formellen und oft nur punktuellen Schulaufsicht ist die Dienstvorgesetztenfunktion der Schulleitung schon deshalb wirksamer und womöglich auch beengender, weil sie einigermaßen kontinuierlich und umfassend erfolgen kann.

Die in den 70er Jahren erfolgte Ausstattung des Schulleiters mit der Eigenschaft des Vorgesetzten aller an der Schule tätigen Personen, d. h. mit verschiedenen Weisungs- und Kontrollbefugnissen hinsichtlich der dienstlichen Tätigkeiten der Lehrer, bedeutete für die Grund-, Haupt- und Sonderschulen bereits eine grundlegende Veränderung des bislang durchgängig kollegialen Rollenverständnisses und -verhaltens. Zumal der Unterricht für den Schulleiter allenfalls im Rahmen einer kollegialen Vereinbarung zugänglich war. BUCHEN, HORSTER und VOSSEN weisen darauf hin, daß ein »Recht zum Unterrichtsbesuch auch heute noch vielfach als das genuine, exklusive und charakteristische Recht der Schulaufsicht angesehen und von den Schulleitern nur zögernd wahrgenommen (wird). Vor allem aber Aufgaben des Dienstvorgesetzten, der für die persönlichen Angelegenheiten der Beamten und für dienstrechtliche Entscheidungen (also auch dienstliche Beurteilungen) zuständig ist, wurden ausdrücklich aus dem Aufgaben- und Funktionskatalog für Schulleiter ausgeschlossen und von diesen auch nachdrücklich abgewehrt« (S. 226).

Dies ändert sich grundlegend mit der geplanten »Abschichtung« von Schulaufsichtsaufgaben auf die Schulleitungen. Schulleitungen stellen dann in einem gewissen Sinne eine Art »hauseigene Schulaufsicht« dar.

Zu den Fallstricken gehört also, daß die Einbeziehung des Schulleiters in den Prozeß der dienstlichen Beurteilung seine Stellung in vielen Fällen deutlich erschwert. Es ist für die Lehrkräfte kaum nachzuvollziehen, daß Gespräche, Konferenzen oder Unterrichtsbesuche einmal lediglich und dann noch wert- und zweckfrei der Verbesserung der Unterrichts- und Erziehungsarbeit dienen sollen, zum anderen aber regelmäßig ein gerechter, auf nachprüfbare Informationen und Fakten gestützter Leistungsbericht erstellt werden soll. Hier verschwimmen die Grenzen zwischen den Bezugsfeldern und erschweren die weitaus wichtigere und aussichtsreichere Aufgabe des Schulleiters als Berater erheblich.

BUCHEN, HORSTER und VOSSEN nehmen dennoch an, daß dieser Konflikt reduzierbar ist; allerdings wird das genau wie bei der Schulaufsicht im besonderen Maße abhängen von der Kompetenz des Schulleiters bzw. der Schulleiterin im allgemeinen und von der personellen Autorität im besonderen. So muß u. a. auch im Verhältnis zwischen Leitung und Kollegium der beiderseitigen Illusion ein Ende bereitet werden, daß es eine Mitwir-

IV Managementkompetenz

kung bei der Bewertung und Beurteilung der Lehrerleistung bisher nicht gegeben habe. Tatsächlich haben Schulleitungen immer eine Vorstellung von der Lehrerleistung gehabt und haben diese der Schulaufsicht formell oder informell bei Überprüfungen mitgeteilt. Dieser Sachverhalt ist jedoch nie offengelegt und somit nachprüfbar geworden, weil über die tatsächlichen Informationen in den Dienstzimmern zwischen Schulaufsicht und Schulleitung in der Regel nichts bekannt wurde. Daß diese Praxis durch das derzeitige Verfahren mindestens erschwert wird, nennen BUCHEN, HORSTER und VOSSEN einen positiven Aspekt: »Ein weiteres Positivum ist zweifellos, daß ein Schulleiter, der seine Aufgabe und seinen Auftrag ernstzunehmen versucht, durch die Zwänge der Rechtsverordnung sich in die gemeinsame Unterrichts- und Schularbeit seines Kollegiums einlassen muß. Dies wird zwangsläufig zu einer gründlichen Bestandsaufnahme der schulischen Aktivitäten führen und Möglichkeiten einer generellen Reflexion und diskursiven pädagogischen Auseinandersetzung im Kollegium eröffnen« (S. 228).

Zu den Fallstricken der Leistungsbeurteilung gehört ferner, daß sich die Beurteilung zu sehr auf den Unterricht konzentriert, der zwar als »Kerngeschäft« von Lehrkräften (KIENBAUM) angesehen werden kann, aber längst nicht das ganze Tätigkeitsspektrum umfaßt, wozu nach dem Verständnis des »BILDUNGSRATS« (1970) auch Erziehen, Beraten, Beurteilen und Innovieren zählen und demnächst noch Arbeit an der Schule (z. B. Schulprogramm und Evaluation) hinzukommen.

Forschungen zur Lehrerbeurteilung

Wenngleich die Lehrerbeurteilung in der Bundesrepublik kaum erforscht ist, wissen wir doch, daß sich beurteilte Lehrpersonen vielfach darüber beklagen, daß die Beurteiler meist Kritik üben, aber kaum Ratschläge geben und wenig helfen.

Ganz gut erforscht sind die Wünsche der Lehrerschaft hinsichtlich der Personengruppe der Beurteilten. Bei einer Erhebung im Rahmen eines Schulaufsichtsentwicklungsprojektes in Bayern antworten auf die Frage: »Sollte Ihrer Meinung nach die dienstliche Beurteilung ganz vom Schulleiter übernommen werden« nur 6,5 % von knapp 400 Befragten mit »Ja«. 76,3 % meinten allerdings, daß die Schulleiter an der dienstlichen Beurteilung *beteiligt* sein sollten; ca. ein Drittel waren der Meinung, »daß die Beteiligung des Schulleiters dem kollegialen Klima schadet« (AKADEMIE FÜR LEHRERFORTBILDUNG 1995, S. 378). Zudem ermittelte das Schulamt Oberallgäu, bei des-

sen Befragung die Rücklaufquote beachtliche 72,6 % betrug (= 514 Lehrerfragebögen von 708), das folgende:
Hinsichtlich der dienstlichen Beurteilungen wünschen sich 77 % der Befragten, daß die »gesamte Arbeitsleistung«, 17 %, daß auch »außerschulische Leistungen« und nur 6 %, daß »die Unterrichtsleistung allein, wie sie sich bei Schulbesuchen zeigt«, beurteilt werden soll. Erfaßt werden müßten die Leistungen nach Meinung von 64 % der Befragten durch »Schulbesuche durch den Schulrat«, aber kaum durch Unterrichtsbesuche durch den Schulleiter (6 %). Wohl meinte eine Mehrheit, daß die Schulleitungen beteiligt sein sollten durch schriftliche Feststellungen des Schulleiters über die gesamte Tätigkeit einer Lehrperson (42 %) oder durch mündliche Mitteilung über die gesamte Leistung im Beisein der Lehrperson (48 % – Mehrfachnennungen waren möglich). Noch eindeutiger sind die Antworten auf die Frage: »Wer soll beurteilen?« Ähnlich wie in der zuvor zitierten Befragung aus dem Schulamt in Oberfranken meinten nur 8 %, der Schulleiter solle allein verantwortlich sein, aber 30 % waren mit der Alleinverantwortung des Schulrates einverstanden; die überwiegende Mehrheit von 60 % wünschte sich den »Schulrat unter Beteiligung des Schulleiters«. Ebenso interessant waren die Ergebnisse hinsichtlich des Beratungsverständnisses: »Ich möchte Beratung nur auf Wunsch«, sagten 82 % der Befragten; nur 1 % wollte überhaupt keine Beratung, 51 % erwarteten sich Beratung durch Beratungstage an der Schule – und zwar von Beratungsdiensten (Beratungslehrer, mobile Erziehungshilfe usw.) zu 72 %, von Kollegen an der Schule zu 61 %, vom Schulrat zu 59 % und vom Schulleiter zu 54 % (Mehrfachnennungen waren möglich). Sie wünschten sich Beratung vor allem im erziehlichen Bereich (zu 84 %), im methodisch-didaktischen Bereich (zu 50 %) und in der Zusammenarbeit mit Kollegen und Eltern (zu 42 % – Mehrfachnennungen waren möglich).
Lehrerbeurteilung ist in den USA weitaus besser erforscht. Und auch von dort sind hinsichtlich der Beurteilung durch die Schulleiter Ergebnisse zu berichten, die höchst bedenklich stimmen: »Seventy years of research on principal ratings of teachers shows that they do not work well. Well-designed empirical studies depict principals as inaccurate raters both of individual teacher performance behaviors and of overall teacher merits« heißt es im Standardwerk von PETERSON über »Teacher evaluation« (PETERSON 1995, S. 15). Klar scheint auch zu sein: »When the principal is the sole summative judge, as in current teacher evaluation systems, teachers are more guarded, conservative, and reserved around the principal« (S. 61).
Zur Frage, ob Personalbeurteilungen überhaupt einen Einfluß auf die Qualität von Schule haben, bleibt die Forschung übrigens ohne Antwort. Klar ist

vor dem Hintergrund der Forschung allerdings, daß Lehrerbeurteilung als Mittel zur Mobilisierung oder Disziplinierung nicht taugt.

Bewährungsfeststellungen und Aufstiegsbeurteilungen unterscheiden

Angesichts der aufgezeigten Fallstricke der Personalbeurteilungen ein Fazit zu ziehen, ist nicht leicht. Mit Gewißheit kann jedoch gesagt werden, daß es nötig ist, Bewährungsfeststellungen von Aufstiegsbeurteilungen strikt zu unterscheiden, sowohl hinsichtlich des durchführenden Personenkreises als auch hinsichtlich der Verfahren. Angesichts der Notwendigkeit, Schulleitungen zu stärken, ohne das Kollegium zu schwächen, habe ich kaum Bedenken, die Schulleiterinnen und Schulleiter voll verantwortlich zu machen für die Bewährungsfeststellungen am Ende der Probezeit, falls sie die dafür erforderlichen Kompetenzen haben oder erwerben. Ich habe aber größte Bedenken, die Aufstiegsbeurteilung allein auf die Schulleitungen zu übertragen. Sie zu beteiligen ist indes plausibel, zumal wenn es in Zukunft darum geht, Schulprogramme und -profile zu entwickeln; spätestens dann müssen Schulleitungen mehr Einfluß auf die Personalentwicklung nehmen können.

Wenn man die Schulleitungen mit der Bewährungsfeststellung betraut, stärkt man ihre Stellung bis knapp unterhalb des »vollen« oder »großen« Dienstvorgesetzten. Wenn man jedoch die Aufstiegsbeurteilung in ihre Hände legt, macht man sie zur »hauseigenen Schulaufsicht« mit allen zu erwartenden Folgen für die Kollegialität und Personalentwicklung.

Die Bewährungsfeststellung durch die Schulleiter und Schulleiterinnen sollte auf eine relativ einfache Bescheinigung mit einem kurzen Bericht konzentriert werden, der nicht mit einem abgestuften Urteil, sondern mit einem einfachen »ja« oder »nein« abschließt.

Eine Abstufung würde wie ein Einstieg in die Aufstiegsbeurteilung wirken, weil es nicht nur auszuschließen, sondern im Gegenteil sogar zu erwarten ist, daß der zensurähnlichen Abstufung ein Eigengewicht bei der Aufstiegsbeurteilung zukommen würde. Zudem müßte, was wohl auch geplant ist, im Falle eines negativen Bescheides durch die Schulleitung die Schulaufsicht ins Spiel kommen und ein endgültiges Urteil fällen.

Angesichts der vielfach beschriebenen Sensibilität des Feldes der Personalbeurteilung wäre auch zu erwägen, während einer längeren Übergangszeit allen Betroffenen anheimzustellen, ob die Bewährungsfeststellung von der Schulleitung oder der Schulaufsicht vorgenommen werden soll.

Evaluation

Die Aufstiegsbeurteilung ist eine viel kompliziertere und folgenreichere Angelegenheit, weshalb neue Modelle einer ausführlichen Erprobung bedürfen. Eine Einführung neuer Beurteilungssysteme durch direkte Vorgesetzte oder durch andere Lehrkräfte erfordert allein schon deshalb Erprobungszeit und Freiwilligkeit, weil es sonst von vornherein nicht zu authentischer Evaluation käme. Die Entwicklung von Fassadenspielen, Abwehrstrategien und defensiven Routinen wäre die Folge.

Die Freiwilligkeit ist als doppelte zu verstehen:

- von wem sich Lehrkräfte beurteilen lassen wollen (das gilt auch für Anlaßbeurteilungen), und
- welches Modell der Beurteilung sie wählen.
- Bei aller Freiwilligkeit eines Experimentalprogramms sollte darauf geachtet werden,
- daß niemand ein Monopol auf Beurteilung hat, es also immer zumindest zwei Beurteiler bzw. Beurteilungsinstanzen geben muß,
- daß die Kriterien der Beurteilung immer offengelegt werden,
- daß mit Verträgen gearbeitet wird, Lernkontrakte bei Beratungsansätzen und Kontrakte über die Folgen bei Leistungsbeurteilung und
- daß die Beurteilungen in ein Gesamtkonzept der Personalentwicklung eingebettet werden (vgl. BUCHEN 1994).

Voraussetzung für die Entwicklung einer neuen pädagogischen Beurteilungskultur ist ein intensives Weiterbildungsprogramm für Schulleitungsmitglieder und Schulaufsichtsbeamte.

Lehrerbeurteilung als Selbstevaluation

Die unproblematischste und für das Lehrerhandeln vielfach nützlichste Form der Lehrerbeurteilung ist die Selbstevaluation. Damit sind auch, aber nicht in erster Linie, Formen der Eigenbeurteilung durch die Lehrperson selbst gemeint. Beispielsweise könnten Lehrkräfte ihr eigenes Verhalten regelmäßig an Checklisten abprüfen, welche Kriterien »gutes Lehrerhandeln« enthalten, wie z. B. Schülerorientierung, Zeit für Beratungsgespräche mit Schülern und Schülerinnen, ausreichende Vorbereitung, fachliche Gediegenheit usw. Oder sie könnten sogenannte Lerntagebücher anlegen, in denen sie nach Fortbildungen, Fachgruppensitzungen oder inspiriert durch Lektüre eintragen, was sie dadurch Neues gelernt haben und was sie davon in den nächsten Wochen oder Monaten im Unterricht umsetzen wollen. Die Selbstevaluation besteht dann darin, diese Lerntagebücher in regelmäßigen

IV Managementkompetenz

zeitlichen Abständen (z. B. zu jedem Monatsanfang) aufzuschlagen, um nachzulesen, was von dem Vorgenommenen verwirklicht wurde und was nicht. Wirksamer noch mögen Beurteilungen des Lehrers selbst durch die Schülerinnen und Schüler sein. Zu diesem Zwecke könnten Lehrer einfache Fragebögen verteilen, die nicht mehr als ein Blatt (vielleicht mit Rückseite) umfassen und von der Klasse ausfüllen lassen. Auf diese Weise erhalten sie sehr schnell Informationen z. B. darüber, ob die Klasse

- zufrieden ist,
- sich überfordert fühlt,
- mehr Projektunterricht oder sonstige erweiterte Unterrichtsformen wünscht,
- sich gerecht behandelt fühlt,
- denkt, daß die Lehrperson genügend Zeit für Beratungsgespräche hat oder
- meint, daß die Lehrkraft gut erklären kann oder
- gut genug vorbereitet erscheint.

Die Ergebnisse behält die Lehrperson für sich; sie tut allerdings gut daran, sie mit der Klasse zu besprechen.

Beim genannten Beispiel handelt es sich um einen standardisierten, geschlossenen Fragebogen mit etlichen Multiple-choice-Antworten. Denkbar sind auch »offene« Fragebögen, bei denen die Schülerinnen und Schüler mit eigenen Sätzen antworten. Leitfragen seitens der Lehrperson könnten sein:

- Bitte schreibt das Verhalten auf, das Euch hilft, gut zu lernen.
- Bitte schreibt auf, was Euch hilft, Euch in der Klasse wohl zu fühlen.
- Schreibt auf, welches Verhalten Ihr bei mir vermißt und welches ich öfter zeigen sollte.
- Schreibt auf, welches Verhalten ich besser abbauen sollte.

Aufgabe der Schulleitung ist es nicht nur, Selbstevaluation von Lehrpersonen anzuregen, sondern auch Verfahrensstandards zu etablieren, vor allem was die Notwendigkeit von Rückkoppelungen an Schüler und Kollegen anbelangt. Zudem müßte sie dafür sorgen, daß ein angemessenes Feedback-Training stattfindet.

Systematische Feedback-Gespräche

Selbstevaluation dient der Selbstreflexion durch Setzen eigener Standards oder durch Schüler-Feedback. Eine weitergehende Form der Selbstreflexion wird durch kollegiales Feedback angeregt. Dabei sind prinzipiell zwei Formen zu unterscheiden, nämlich laterales Feedback und vertikales Feedback (vgl. dazu HEINER 1996).
Laterales Feedback bezieht sich auf Feedback durch Kollegen, meist auf dem Wege von Hospitation. Hospitation ist zu verstehen als gegenseitige Förderung durch kollegiale Unterrichtsbesuche. Zu beachten ist dabei, daß die Besuche auf der Basis von Freiwilligkeit vereinbart und vorher die Beobachtungs- und Feedbackkriterien klar dargelegt und vereinbart werden.
Vertikales Feedback bezieht die Vorgesetzten, also die Schulleitung ein. Darum gibt es in Wirtschaft und Verwaltung (vgl. dazu KGST 1992), aber auch in schwedischen Schulen (vgl. dazu EIKENBUSCH/HOLTMANN 1996) reichhaltige Erfahrungen und zahlreiche Modelle. Sie tragen Bezeichnungen wie Mitarbeitergespräche, Jahresplanungsgespräche, Zielvereinbarungsgespräche, Kooperationsgespräche, Personalentwicklungsgespräche oder Planungs- und Entwicklungsgespräche.
Allen gemeinsam ist, daß sie zwischen Vorgesetzten und Mitarbeitern stattfinden und insofern vertikal sind. Allerdings enthalten sie auch eine starke horizontale bzw. reversible Komponente, insofern sie auf Gegenseitigkeit beruhen: Der Vorgesetzte gibt dem Mitarbeiter Feedback und ebenso der Mitarbeiter dem Vorgesetzten. Zudem werden vertragsähnliche, d. h. symmetrische Vereinbarungen getroffen über gemeinsame Ziele, Verhaltensänderungen, Fortbildungsaktivitäten oder was auch immer.
Diese Gespräche finden einmal jährlich statt. Die Ergebnisse werden schriftlich festgelegt und von beiden Seiten abgestimmt. Es gibt Modelle von Feedback-Gesprächen, bei denen die Mitarbeiter das Recht haben, eine Person ihres Vertrauens hinzuzuziehen, z. B. einen Personalrat. Einige Modelle arbeiten auf der Basis von Freiwilligkeit, andere auf der Basis von Verpflichtung. Das Stichwort Verpflichtung verweist auf

Herausforderungen an die Schulleitung

EIKENBUSCH (vgl. EIKENBUSCH/HOLTMANN 1996) verweist aufgrund schwedischer Schulerfahrungen auf einige Schwierigkeiten und Grenzen bei der Einführung von systematischen Feedback-Gesprächen hin, die auch für die anderen neuen Formen der Lehrerbeurteilung zutreffen dürften. Sie stellen

IV Managementkompetenz

allesamt eine Herausforderung an das Führungshandeln von Leitungen dar.
Ein strukturelles Problem ist die zu große Menge und Vielfalt der Ziele von Planungs- und Entwicklungsgesprächen. Je überzeugter die Beteiligten von der Nützlichkeit solcher Gespräche sind, um so mehr Hoffnungen und Ansprüche verbinden sie damit, um so mehr Ziele wollen sie erreichen. Dies ist häufig bei Vorgesetzten der Fall, die sehr viel Zeit bei der Durchführung solcher Gespräche verwenden. Gerade bei der Einführung der Gespräche sind diese Ziele aber noch gar nicht zu erreichen, denn dort geht es oft erst einmal um die Etablierung einer Gesprächs- und Arbeitskultur. Es bedarf oft einer ganzen Reihe von Gesprächen, bis eine befriedigende Zielerreichung möglich ist. Schwierig ist auch, wenn Vorgesetzte und Mitarbeiter im Gespräch unterschiedliche und zum Teil einander widersprechende Ziele verfolgen. Dies wird angesichts unterschiedlicher Interessen immer wieder vorkommen, und es gilt, entweder die Ziele offenzulegen oder gemeinsam zu prüfen, ob bei der Verfolgung derart unterschiedlicher Ziele die Gespräche überhaupt noch möglich sind.

Die Einführung der Planungs- und Entwicklungsgespräche von oben, durch die Schulleitung oder Schulaufsicht, ist eine weitere Schwierigkeit. Sie kann nämlich verhindern, daß die Mitarbeiter die Gespräche als ihre Sache ansehen. Es gibt aber häufig keine andere Möglichkeit, als daß Planungs- und Entwicklungsgespräche durch die Leitung eingeführt bzw. angeboten werden. Denn ohne die tragende und treibende Rolle der Leitung können sie keine Wirkung haben, können keine Absprachen erfolgen. Es muß von Anfang an klar sein, daß die Leitung sich ihrerseits Planungs- und Entwicklungsgesprächen unterzieht. Wenn der Chef sich selbst nicht solchen Gesprächen unterzieht und sie nicht mit den Abteilungsleitern durchführt, entzieht das den Gesprächen die Bedeutung.

Es gibt eine Reihe von Verhaltensweisen des Vorgesetzten, die zu erheblichen Störungen und zu Mißerfolg führen können. Dazu gehören mangelndes Interesse (z. B. weil die Gespräche nur verordnet sind) und großer zeitlicher Abstand. Ähnlich kontraproduktiv ist die vorschnelle Übernahme von Verantwortung (um das Problem loszuwerden oder das Gespräch zu beenden), das Geben von direkten Ratschlägen (die als Vorschriften aufgefaßt werden können). Das Zeigen von Überlegenheit ist ähnlich problematisch wie übertriebene Rücksichtnahme (um beim Mitarbeiter kein Gefühl der Unterlegenheit oder Ohnmacht hervorzurufen). Und wenn beim Mitarbeiter der Eindruck entsteht, der Vorgesetzte spiele nicht mit offenen Karten und verfolge heimliche Ziele, dann werden Planungs- und Entwicklungsgespräche Anlaß zu neuen Konflikten.

Evaluation

In Planungs- und Entwicklungsgesprächen sollen Aufstiegsbeurteilungen keine Rolle spielen. Dennoch wird oft von Mitarbeitern befürchtet und von den Vorgesetzten auch nicht ausgeschlossen, daß dies trotzdem passiert. Denn es bleibt ja ein Eindruck von diesem Gespräch, es liegen Erkenntnisse vor, die bei Beurteilungen relevant sein können.

Schulbeurteilung als Evaluation der ganzen Schule

Nicht weniger wichtig wie Lehrerbeurteilung und wahrscheinlich ebenso wirksam, aber sicherlich nicht so empfindlich ist Schulbeurteilung als Evaluation der ganzen Schule. Dabei kann nicht das Ganze einer Schule im ersten Zugang und schon gar nicht in allen Details evaluiert werden, vielmehr kann es nur um Bereiche und Perspektiven gehen, die allerdings das gesamte Kollegium umfassen, zumindest in die Ergebnisauswertung miteinbezieht. Aufgabe der Schulleitung ist, derartige Schulbeurteilungen zu initiieren, vielleicht auch zu moderieren, wenn keine Steuer- oder Evaluationsgruppe vorhanden ist (für ein Vorhandensein zu sorgen, gehört übrigens ebenfalls zum modernen Führungshandeln). Zum Schulleitungshandeln gehört ferner, dafür zu sorgen, daß

- das ganze Kollegium einbezogen wird und kritische Fragen nicht ausgeklammert werden, z. B. zur Leitung, zur Schulqualität, zum Unterricht;
- ein passendes Instrumentarium zur Datenerhebung angewandt wird, wobei die Spannweite groß sein sollte: von qualitativen bis quantitativen, von expressiven (z. B. Landschaft malen) bis zu konfigurativen (z. B. Stärken-Schwächen-Kartenabfrage mit anschließender Bündelung);
- über eine Beteiligung von Eltern und Schülern nachgedacht wird, z. B. über eine Befragung; dabei könnte z. B. das IFS-Barometer verwendet werden;
- die Datenhoheit gewahrt wird, also Daten, die auf Initiative der Schule durch die Schule erhoben wurden, auch im Besitz der Schule bleiben und diese entscheidet, ob und wie sie weitergegeben werden (das schließt nicht aus, daß Schulaufsicht und Schulbehörden in den Schulen Daten erheben, wie das beispielsweise mit der Oktoberstatistik längst geschieht);
- die erhobenen oder aufbereiteten Daten im Kollegium besprochen sowie gedeutet werden;
- die Deutung nicht konsequenzenlos bleibt, sondern als Hintergrund für Entscheidungen über Projekte der Schulentwicklung dient.

Evaluation bringt den Schulleitungen also eine Fülle neuer Aufgaben, deren

IV Managementkompetenz

Erledigung das Steuerungswissen bereitstellt, welches teilautonome Schulen auf dem Wege zur Selbstorganisation benötigen. Sie benötigen dabei allerdings professionelle Fortbildung und ebenso professionelle Unterstützung – vor allem im Datenerhebungs- und -verarbeitungsbereich. Ohne dies bleibt Evaluation ein bloßes Schlagwort oder wird Selbstorganisation zur zusätzlichen Last.

FRITZ OSTERWALDER

Profilbildung und Öffentlichkeit als Problem schulischen Managements

> Und obgleich alle Erziehung . . . ./ ihrem innerlichsten Wesen nach, in gutem Sinne autokratisch-autoritär ist, gestaltet sich das Problem der Demokratie in der Praxis des sozialen Lebens dennoch zu einem Erziehungsproblem allergrößten Stils.
>
> HANS KEHLSEN: Vom Wesen und Wert der Demokratie. 1929, S. 91.

»Our education system has operated over 40 years on the basis of the framework laid down by Rab Butler's 1944 Act, which in turn built on the Balfour Act of 1902. We need to inject a new vitality into that system. It has become producer-dominated. It has not proved sensitive to the demands for change that have become ever more urgent over the past 10 years. This Bill will create a new framework, which will raise standards, extend choice and produce a better informed Britain« (BAKER bei MACLURE 1989, S. 5).
Mit dieser harschen Schulkritik kündigte der Erziehungsminister der THATCHER-Regierung 1988 eine Schulreform an, deren Konzepte seither in ganz Europa aufgenommen wurden und die gegenwärtig auch in Deutschland breit diskutiert werden. Die Kritik lautet, die Schule sei politisch reformunfähig geworden, da sie sich letzlich auf die Interessen der Produzenten statt auf diejenigen der Konsumenten ausgerichtet habe. Als Produzenten werden Lehrer und Schulverwaltung gleichermaßen verantwortlich gemacht dafür, daß die Schule zu einem starren Verwaltungssystem verkommen sei. Das Rezept gegen dieses Übel besteht aus drei Konzepten:

- Die einzelnen Schulen werden gegenüber der Schulverwaltung autonom, sie funktionieren als selbständige Einheiten, als Bildungsanbieter mit eigenständigem Angebotsprofil.
- Die Kontrolle über die einzelnen Schulen soll statt durch die verpolitisierte und angeblich lethargische Schulverwaltung durch die Konsumenten, Schüler oder deren gesetzliche Stellvertreter ausgeübt werden, indem sie

IV Managementkompetenz

auf einem Quasimarkt die Schule frei wählen und sich für das Angebot entscheiden, das ihrem Bedürfnis am weitestgehenden entspricht. Der Staat weist den Schulen die Finanzmittel pro angeworbenem Schüler zu. Schulen, denen es nicht gelingt, genügend Schüler anzuziehen oder die ihre Mittel unrationell einsetzen, gehen infolgedessen unter.

- Um sich auf diese Herausforderung einzurichten, sollen die Schulen wie eine betriebliche, privatwirtschaftliche Einheit mit einem starken Management funktionieren, das alle innerbetrieblichen Energien bündelt und auf Reformvorhaben im Dienste der Kunden ausrichtet.

Diese Konzepte und entsprechenden Reformen blieben bislang auf die angelsächsischen Länder beschränkt (BOYD 1993).

Wenn heute in Deutschland Schulautonomie und selbständige Schulprofile als Reformkonzepte diskutiert werden, so ist es ohne Zweifel sinnvoll, auch auf die reichhaltigen Erfahrungen damit in der angelsächsischen Welt zurückzugreifen. Von besonderem Interesse sind dabei nicht nur die Konzepte, sondern vor allem ihre Durchführung.

Ausgangspunkt ist für mich dabei die Frage nach dem Zusammenhang von Schulprofil und freier Schulwahl, beziehungsweise die Regelung der Schulen durch die proportionale Mittelzuweisung, d. h. einen Bildungsmarkt. In einem zweiten Punkt frage ich nach den Reformimpulsen, die von autonomen Schulleitungen ausgehen. Da weder der Quasimarkt noch die selbständige Schulleitung in der angelsächsischen Reformpraxis die erhofften Resultate gebracht haben, werde ich schließlich das Konzept der profilierten Einzelschule nicht aufgeben, sondern es durch jenes der öffentlichen Kontrolle ergänzen.

Schulautonomie, Schulprofil und Marktsteuerung

Profilierte und autonome Schulen sowie Kontrolle durch die freie Schulwahl und einen Quasimarkt sind konzeptuell im angelsächsischen Reformmodell eng verknüpft. Auch wenn immer wieder betont wird, daß dieses Modell kaum in den staatsrechtlichen Rahmenbedingungen in Ländern wie der BRD oder in der Schweiz zu verwirklichen wäre, so kann das seiner Attraktivität unter gegenwärtigen Bedingungen kaum Abbruch tun. Die Attraktivität von Marktmodellen für das Schulwesen ist von zwei Seiten her naheliegend. Wenn Schulen gegenüber der Schulverwaltung an Autonomie gewinnen sollen, stellt sich unausweichlich das Problem der Kontrolle, die im angelsächsischen Modell über den Markt den Absolventen bzw. ihren

Profilbildung und Öffentlichkeit

rechtlichen Vertretern zugewiesen wird. Zum anderen haben Marktmodelle heute finanzpolitische Konjunktur. Die Probleme der Quasimarkt-Kontrolle sollen hier nicht am Modell, sondern viel plastischer im Lichte der bestehenden Erfahrungen mit realem Wahlverhalten von Eltern und Schülern überprüft werden.

Die breite Lancierung profilierter Schulautonomie und freier Schulwahl der Eltern in den USA hatte ursprünglich weder pädagogische noch bildungspolitische, sondern vielmehr sozialpolitische Motive. Die öffentlichen Schulen mit ihrem Territorialprinzip erwiesen sich entsprechend der zunehmend segregierten Wohnsituation – zerfallende Innenstädte für die Minoritäten, städtische Vororte für die weiße Mehrheit – nicht nur als integrationsresistent, sondern geradezu als segregationsfördernd. 1976 griff die Bundesregierung mit dem »Emergency School Aid Act« zugunsten der Förderung von teilautonomen Schulen mit selbstbestimmtem Profil und beschränkt freier Schulwahl ein, erst der Bildungsbericht der REAGAN-Administration, »A Nation at Risk«, (1983) gab diesem Konzept die Orientierung auf allgemeine Schulreform (BLANK 1990, S. 78–79).

Die einzelnen öffentlichen Schulen, die dem Programm angeschlossen werden, die Magnetschulen (WEISS 1989), definieren autonom ein eigenes Profil. Dementsprechend können die Schülerinnen und Schüler beziehungsweise ihre Eltern, die Schule jenseits des Territorialprinzips im ganzen Distrikt wählen, der Staat unterstützt finanziell und organisatorisch sowohl Wahl- und Profilierungsmöglichkeit. Es wurde erwartet, daß die Wahl der Schule entsprechend den curricularen oder pädagogischen Profilen quer durch die segregierten Bevölkerungsteile hindurch gehen würde und damit indirekt eine integrative Wirkung entfalten könnte. Die REAGAN-Administration erhoffte zudem, daß die Konkurrenz um Schüler die Schulen selbst zu neuen Reformanstrengungen bringen würde (GARDNER et al. 1983, S. 32).

Die Untersuchung des Wahlverhaltens der Benützer zeigt nun allerdings ein Bild, das sehr stark von den Modellannahmen abweicht. Hervorragendstes Ergebnis ist zuerst einmal die außerordentlich schwache Benützung der Wahlmöglichkeit. Bezüglich der Neuaufnahmen in einem Jahr folgt nach wie vor die überwiegende Mehrheit dem Territorialprinzip, und nur eine kleine Minderheit, nicht einmal 10 %, beantragt einen Transfer (HENIG 1990, S. 76). Bezüglich des Profils einer Schule kann diese Tatsache so gelesen werden, wie wenn der lokalen Situierung bzw. der Kürze des Schulweges höchste Priorität zugemessen wird.

Das zweite herausragende Ergebnis ist die Bedeutung der Magnete für das Wahlverhalten. Für die Schulwahl von Eltern und Schülern spielen sie nur die dritte, weit abgeschlagene Rolle. Und dabei bleiben die curricularen Spe-

IV Managementkompetenz

zialitäten erst noch hinter den im Endeffekt schwer kontrollierbaren pädagogisch-weltanschaulichen Profilen zurück. Im Zentrum des Interesses der wählenden Schüler/Eltern stehen hingegen eindeutig die ethnischen und sozialen Charakteristika, so daß die Wahlmöglichkeit ganz im Gegensatz zu den Erwartungen eher zur Segregation beitragen, als daß sie sie mindern. Weiße wählen vor allem Schulen nach dem Kriterium »Mehrheit weiße Schüler bzw. Lehrer«. Entsprechend dieser zunehmenden sozialen Segregation sinkt auch die Leistungsfähigkeit vieler Schulen selbst in Fächern, die für das Profil entscheidend sind (ALSPAUGH 1991, 1993).

Das Wahlverhalten von Eltern/Schülern und Magnet beziehungsweise Schulprofil korrespondieren offensichtlich kaum miteinander. Die Wahlkriterien von Eltern/Schülern sind anders hierarchisiert, als sie in Programmen und Profilen vorgenommen werden (BENNETT 1990, S. 131) und werden können. Viele der Auswahlkriterien von Eltern/Schülern liegen gar nicht im Rahmen von frei wählbaren Profilen. Es ist diesbezüglich bemerkenswert, daß gerade das Kriterium, das scheinbar am einfachsten einer »managerial decision« der Schule *und* der Kontrolle durch die Auszubildenden bzw. ihrer Eltern unterliegt, das curriculare Programm, gerade nicht berücksichtigt wird, während sich territoriale Lage und soziales Umfeld der Schule und vor allem die soziale und ethnische Zusammensetzung, die sich bei freier Schulwahl gerade nicht steuern lassen, als entscheidende Wahl-Kriterien erweisen.

Einzige Ausnahme in diesem Dilemma machen jene Magnete, die weltanschaulich-pädagogisches Profil abgeben wie MONTESSORI-Pädagogik oder ganzheitliche Erziehung. Sie entsprechen zwar einem moralisch-pädagogischen Bekenntnis, das öffentlich sehr stark artikuliert ist und attraktiv wirkt. Darauf weisen in Deutschland und in der Schweiz auch das starke Revival der Reformpädagogik des Fin de siècle und der Boom dazugehörender Schulprojekte, ohne daß deren Wirkung erwiesen wäre.

Schulwahl und Schulprofile allgemein nach solchen Kriterien orientiert sind allerdings kaum vorstellbar, müßten sie doch unweigerlich wieder zur Weltanschauungsschule führen.

Die eigentliche Schulwahl korrespondiert dementsprechend nicht mit auf einen mehr oder weniger freien Bildungsmarkt ausgerichteten Profilen, deren Wirkung durch verstärkte oder ausbleibende Nachfrage kontrolliert werden kann. Da fast alle Untersuchungen einen engen Zusammenhang von sozialem Umfeld der Schule mit ihrer Leistung ausweisen und die didaktisch-methodischen Anstrengungen demgegenüber als weitgehend unbedeutend taxieren (so z. B. COLEMAN/HOFFER 1987), muß die bevorzugte Wahl weiß dominierter Vorstadt-Schulen durch die weiße Mittelschicht nicht einmal rassistisch begründet sein, sondern kann durchaus auch rationalen Leistungserwartungen entsprechen. Auch hierzulande wäre es ohne Zweifel die intellektuelle Mittelschicht, die ungeachtet ihres sonstigen sozialen Engagements für ihre eigenen Kinder jene Schulen auswählen würde, wo die beste Leistung und damit die weitreichendste Bildungskarriere zu erwarten wäre. Dieses Nichtübereinstimmen von gezielt gewählten Angebotsprofilen und realen Auswahlkriterien macht die Hoffnung zunichte, über die freie Schulwahl und den Quasimarkt eine Schul- und Profilkontrolle einzuführen, die mit der Schulaufsicht und -verwaltung bezüglich Wirksamkeit konkurrieren könnte (WEISS 1997). Wenn die Schulen, aus denen sich die Schüler wegwählen, noch zusätzlich finanziell bestraft werden, so würde das gerade für die bildungsfernen Schichten, die kaum über effiziente Wahlkriterien verfügen, bedeuten, daß sie fortan sicherlich mit noch uneffizienteren Schulen zu rechnen hätten.

Schulautonomie und effiziente Schulreform

Von Management-geleiteter Schulautonomie und der Notwendigkeit der Profilierung gegenüber den Ansprüchen der Absolventen erwartet das Modell allerdings auch einen schulintern abgestützten Reformprozeß. Eine selbständigere, nicht in eine Verwaltungshierarchie eingebunde Schulleitung muß und kann alle schulinternen Reformkräfte mobilisieren und bündeln, um für ihren Kurs eine sichere Basis zu erhalten und die Reformvorhaben auch wirkungsvoll durchführen zu können. Die Basisnähe soll die Entscheide der Schulleitung gegenüber jenen der Schulverwaltung nicht nur realistischer, sondern vor allem auch mit weniger Reibungsverlusten realisierbarer machen.
Auch wenn die Schulautonomie-Diskussion in Deutschland und in der Schweiz die eigentliche Marktschule noch weitgehend ausklammert, so wird die Annahme, mit dem Konzept des »school-based management« einen effizienten Erneuerungsmechanismus ausfindig gemacht zu haben, doch auch hier immer wieder als Argumentations-Modell angeführt.
Mit dem Konzept des »New Public Management«, das den finanzgeplagten Zentralverwaltungen verspricht, Verantwortung abladen zu können, sollen die relevanten Entscheide aus der Arena einer unflexiblen, schulfernen und vor allem exzessiv vereinheitlichenden politisch kalkulierenden Bürokratie der Schulverwaltung in die Entscheidungsarena von Lehrpersonal, Schulleitern, Eltern und Schülern verlegt werden, wo sie spezifisch und pädagogisch kontextkonform gefällt und gleichenorts ausgeführt werden können. Doch

IV Managementkompetenz

die Bilanzierung der Wirkung dieses Mechanismus, die Überprüfung der Möglichkeit eines breiteren Kreises von Eltern und Lehrern, an relevanten Entscheiden mitzuwirken und sie nachhaltig zu beeinflussen, zeigt allerdings nicht dieses scharf konturierte Bild des Modells. Allgemein gesprochen führte das »school-based management« zwar zu einem Einbezug weiterer Aktoren in den Entscheidungsprozess, aber es stattete sie dabei nicht mit zusätzlicher Entscheidungsmacht aus. Das heißt, daß zwar neue Kommunikationslinien entstanden, Schuldirektoren unter Umständen die Lehrer vor Entscheidungen eher konsultieren, vermehrt Elternabende veranstalten, Schulverwaltungen eher beratend und weniger direktiv auftreten, sich damit aber an der wesentlichen Macht- und Entscheidungsstruktur kaum etwas geändert hat.

Dies betrifft sowohl den schulinternen wie den externen Entscheidungsprozeß. Die Untersuchungen der internen Abläufe der Schulen zeigen zwar, daß die Schulleitungen vermehrt Strukturen einrichten, in die die Lehrer und Lehrerinnen einbezogen werden, aber die Entscheide selbst bleiben dann doch dem Direktor vorbehalten. Dieser Mechanismus läuft über das sogenannte »agenda setting«. Die Schulleitung allein verfügt über die notwendige Information, um die Tagesordnung festzulegen, und behält sich Entscheide vor, indem sie sie nicht traktandiert. Ebenso kennt die Leitung allein die Ressourcen und verfügt über die notwendigen Kommunikationskanäle nach innen und außen, um Entscheide wirkungsvoll vorzubereiten und in Gang zu setzen (MALEN/OGAWA 1988).

Der Einbezug der Eltern und des sozialen Umfelds der Schule in den Entscheidungsprozeß zeigt kein wesentlich anderes Bild. Ihre Tätigkeit wird als »Routine und Belanglosigkeiten«, als »trivial« und »randständig« bezeichnet (MALEN/OGAWA/KRANZ 1990, S. 305). Den Eltern wird sehr oft statt der Kontrolle und Entscheidung eine Rolle in der Ausführung zugewiesen. Gemäß der Untersuchung verstehen sich diese Organe und ihre Mitglieder eher als »Zuhörer« und »Berater« und weniger als Mitentscheider. Bezeichnend sind die Ausnahmefälle, in denen sie tatsächlich in die Entscheidungsprozesse einbezogen werden. Wenn die Schule oder ihre Leitung von außen unter Druck gerät, dann werden diesen sogenannten erweiterten Entscheidungsorganen die Abwehrmaßnahmen überlassen. Die Schulleitungen ziehen es in diesen Fällen vor, sich hinter die strategische Linie zurückzuziehen (ebd. S. 305/306).

Die Verschiebung der Entscheide nach unten führt eher zu einer Verschiebung der Konfliktlinien als zu einem wirklichen Einbezug von neuen Kräften in die Gestaltung der Schule (GOLDRING 1993, 221). Die neue Arena, die mit der Autonomisierung der Schule entsteht, scheint weniger für Entscheide zuständig zu sein als für den Schutz der Schule vor der breiten Öffentlichkeit. Analog dazu sind auch wenig Änderungen des schulischen Reformprozesses (MALEN/OGAWA/KRANZ 1990, S. 319, 322) und -erfolges durch die neuen Führungsmethoden festzustellen. Für viele Schulen wird zudem der eigentliche Reformprozeß durch die soziale Segregation und andere soziale Probleme des schulischen Umfelds wesentlich erschwert, wenn nicht sogar lahmgelegt (ALSPAUGH 1993).

Es wäre sicher verfehlt, die Tatsache, daß auch hier die vom Modell her erwarteten Wirkungen kaum festzustellen sind, der Rigidität der Schulstrukturen oder sogar irgendwelchem machiavellistischen Kalkül der Schulleitungen zuzuschreiben. Die Untersuchungen geben dafür viel tiefergehendere, strukturelle Gründe an. Zum einen wird dafür die Haltung der Eltern der Schule gegenüber angeführt. Sie entspricht mehr Informations-Service-Erwartungen als eigentlichen Kontroll- oder Entscheidungsansprüchen. Dazu kommt, daß die Entscheide kaum als Einzelfälle verstanden, sondern notwendigerweise in ein größeres Umfeld eingebettet werden müssen, was den professionellen Schulmanagern gegenüber Lehrern wie auch Eltern strukturell die Vormacht gibt. Selbst wenn die Leitung mit großem Aufwand Entscheidungsbefugnisse abgibt, so bleibt der ganze Schulverlauf so, daß letztenendes für die Eltern und Lehrer nur die Wahl zwischen Unterstützen/ Ablehnen verbleibt (MALEN/OGAWA/KRANZ 1990, S. 308).
Von diesem Befund aus werden zwei entgegengesetzte Schlußfolgerungen gezogen.

- MALEN, OGAWA und KRANZ legen nahe, daß es sich beim Konzept des »school-based management« vor allem um eine politisch-institutionelle Lösung handelt, die weniger mit der Gestaltung von Schule und ihrem Profil als mit politischen Abläufen verbunden ist (MALEN/OGAWA/KRANZ 1990, S. 327).
- Viel radikaler und ohne Vorbehalte gegenüber möglichen Auswirkungen ist die Interpretation von JOHN E. CHUBB und TERRY M. MOE. Die von den Ökonomen M. FRIEDMAN und G. STIGLER mit einer ökonomischen Argumentation schon lange vorgetragene Option für die Privatisierung der Schule wurde hier zusätzlich auf eine bildungspolitisch institutionelle und schulpädagogische Plattform gestellt. Die Eltern oder die Schüler sollen vollumfänglich mit der Finanzmacht und so mit Kontrollmacht über die Reformen ausgestattet werden (CHUBB/MOE 1990).

Hindernisse für diese radikale Lösung können nicht nur in den gesetzlichen Rahmenbedingungen gesehen werden – die sich bekanntlich oft sehr schnell ändern lassen, wenn der Reformdruck genügend groß ist. Vielmehr endet diese Option wieder bei der Nichtübereinstimmung von Angebot und Wahlverhalten, was oben dargelegt wurde.

Öffentlichkeit als Kontrollinstanz und öffentliche Ziele von Schulmanagement

Wer unserer Argumentation und der Bilanzierung der angelsächsischen Schulautonomie und -profile bis hierher folgte, könnte die ganze Auseinandersetzung, die gerade erst in Deutschland Fuß zu fassen beginnt, für eine Scheindebatte halten. Oder noch schlimmer, man könnte die Vermutung nahelegen, mit der Autonomie werde ein marodes, reformunfähiges Schulsystem in die Hände der Schulleitungen gelegt, damit diese es in maßloser Profilierungssucht unter den Augen der Öffentlichkeit zugrunde richten und damit Platz für etwas gänzlich Neues schaffen.

Ich folge keiner der beiden Annahmen, auch wenn ich überzeugt bin, daß es sich dabei um eine reale Gefahr für das Schulsystem handelt. Autonomisierung der Einzelschulen gegenüber der Schulverwaltung und -aufsicht stellt unausweichlich die Frage, wem die eingebüßte Kontrollmacht zukommen soll. Wird diese blind vertrauend der Einzelschule oder deren Management übergeben, so werden auch hier die Ergebnisse nicht anders als in den USA ausfallen. De facto würde es sich dabei um einen Ansatz zu einer der eigenartigsten Formen von Privatisierung der Schule handeln, der gesellschaftlich langfristig kaum geduldet würde.

Aber Ausbildung – so mein grundlegender Einwand – ist nicht eine Veranstaltung, die im Spannungsfeld zwischen staatlicher Verwaltung, der Institution Einzelschule und einem Markt individuell vereinzelter Konsumenten vor sich geht.

Vielmehr steht dem Markt und dem Staat in demokratischen Gesellschaften, ob man es will oder nicht, die mächtige Institution einer *unterrichteten* oder *rationalen* aber auch *unbeschränkten Öffentlichkeit* gegenüber.

Öffentlichkeit ist eine Sphäre der ununterbrochenen Auseinandersetzung über alles, was einer Gesellschaft für wichtig und richtig erscheint. Sie wird bestimmt durch eigene Verfahren, Argumentieren, Überzeugen, oft auch Verführen und Entscheiden, und verfügt dazu über feste, selbstgewählte Kanäle, Medien, Abstimmungen, Wahlen und Delegationen. Von der Öffentlichkeit aus wird der demokratische Staat kontrolliert und legitimiert, über Technologie ernährt Öffentlichkeit die Wirtschaft, und über Wissenschaft, Geschmack und Moral regelt Öffentlichkeit sich selbst. Öffentlichkeit ist infolgedessen nie abgeschlossen, sondern unterliegt einem steten

Profilbildung und Öffentlichkeit

Wandel und baut auf unermeßlichen Wissens- und Erfahrungsbeständen auf. Allgemeinbildende Schulen richten sich auf die Rationalität und den Wandel der Öffentlichkeit aus. Sie haben die Aufgabe, ihre Absolventen in die Bereiche und Verfahren einzuführen, die die Öffentlichkeit für ihr Bestehen und für ihre Weiterentwicklung für notwendig erachtet. Ohne Bürgerrecht auf diese Einführung kann Demokratie nicht funktionieren und auch der Markt müßte ohne diese Vorleistung sehr schnell seine Rationalität einbüßen.

Gleichzeitig ist aber die Unterstellung des Bildungssystems unter die öffentliche Kontrolle einer der entscheidenden Mechanismen, mit dem Öffentlichkeit sich selbst regeln und verändern kann. Eine Gesellschaft, deren Öffentlichkeit ökologische Probleme lösen will, setzt darauf, ökologisches Wissen ins Bildungssystem einzubauen, eine Gesellschaft, die als mehrsprachige politisch funktionieren will, ist auf eine breite allgemeine sprachliche Ausbildung angewiesen. Ihr Bildungssystem und seine Leistungsfähigkeit diesbezüglich bestens zu regeln und zu kontrollieren, ist ein vitales Interesse jeder Gesellschaft beziehungsweise ihre öffentliche Aufgabe.

Die Entscheide der Öffentlichkeit über das Bildungssystem sind anderer Natur als Marktentscheide von Käufern oder Verkäufern. Wenn das Bildungssystem sich an sogenannten individuellen Bedürfnissen und Optionen orientiert und sich daraufhin profiliert, büßt die Öffentlichkeit selbst eine wichtige Möglichkeit ein, ihre Rationalität zu regeln und damit selbst rational zu funktionieren. Aber eine demokratische und pluralistische Öffentlichkeit wird nicht jede Meinung und jegliche Option gleich bewerten, sondern sie entscheidet oder schafft Präferenzen, auch wenn sie allen die eigene Überzeugung und die Meinungsfreiheit beläßt (FEINBERG 1992). Öffentlichkeit und allgemeinbildende Schule basieren nicht auf »consumership«, sondern auf »citizenship« (COOKSON 1993, S. 308). Und genau diese demokratische Öffentlichkeit ist es, die heute als Partner sowohl der Schulverwaltung als auch der Schule gegenüber immer stärker und selbstbewußter auftritt, ungeachtet des für sie bildungspolitisch vorgesehenen Platzes. Evaluationen und Ranglisten von Bildungsinstitutionen in öffentlichkeitswirksamen Massenmedien, breite öffentliche Diskussionen über Sinn und Aufgabe der einzelnen Schulen und Schultypen bis hin zur Legitimations- oder sogar Mitbestimmungsforderung der Eltern gegenüber der Einzelschule sind genügend Beleg für diese Entwicklung und für den unüberhörbaren und auch unübergehbaren Anspruch auf eigene Entscheidungs- und Kontrollbefugnisse.
Dabei tritt moderne Öffentlichkeit kaum mehr als homogen oder linear sich entwickelnder Block auf. Vielmehr sind es lokal und regional, ethnisch oder kulturell, geschlechtlich und schichtspezifisch, ja sogar nach Wirtschafts-

IV Managementkompetenz

und Wissenschaftszweig differenzierte Interessen, die sich widersprüchlich und oft kombiniert artikulieren und ihren Anspruch der Schule gegenüber geltend zu machen versuchen. Es wäre leicht, sich dieser Vielfalt von Ansprüchen gegenüber abweisend und sich auf die bestehende gesetzliche Regelung einer Verwaltungsschule zurückziehend zu verhalten. Den Preis dafür müßten aber unweigerlich Schulverwaltung und Schulinstitution und letztlich die Öffentlichkeit selbst dafür bezahlen, indem einer der wichtigsten Reformimpulse für das Bildungswesen verloren ginge. Die einzelnen Schulen *und* die Schulverwaltung haben aber in dieser Entwicklung eine Möglichkeit, die sie gegenüber einer Legitimation und Kontrollfähigkeit beanspruchenden Öffentlichkeit als kooperative Partner ausweist. Nur in diesem Rahmen – so meine abschließende These – können Schulautonomie und Schulprofil sinnvoll angesiedelt werden.

Die staatliche Schulverwaltung und -aufsicht als zentralisierende Organe können und sollen ein wichtiger Faktor werden, der der differenzierten und sich nur unter schwierigen Umständen zu Entscheiden findenden Öffentlichkeit hilft, ihre Ansprüche an die Schule zu vereinheitlichen und in einen den Institutionen Öffentlichkeit und Schule Rechnung tragenden Rahmen zu bringen. Schulverwaltungen können sich aktiv an die Öffentlichkeit wenden und zum Beispiel erklären und mit Grundinformationen belegen, daß die zunehmende Belastung der Schule mit familiären Erziehungsaufgaben in Widerspruch geraten muß mit dem Anspruch auf eine wirkungsvolle Vorbereitung der wissenschaftlichen und wirtschaftlichen Laufbahn in der Schule oder der Ausgabenreduktion des Staates. Ihre Information und ihre Alternativen sind unersetzbar für eine Öffentlichkeit, die selbst den Anspruch auf Universalität nicht aufgeben will und kann.

Autonom profilierte Schulen und schulisches Management erhalten in diesem Prozeß eine ganz andere Aufgabe. Nur wenn sie in einer gewissen Unabhängigkeit von der zentralisierenden Verwaltung agieren, können sie sich im Vermittlungsprozeß einer differenzierten Öffentlichkeit selbst ansiedeln und wirkungsmächtig werden. Die schulische Option für öffentliche Kommunikationsverfahren muß in einem Milieu von Immigranten, die die eigene Traditionalisierung mitbringen, ganz anders legitimiert und profiliert werden als in einer Umgebung von bildungsnahen und in der Öffentlichkeit artikulierten Schichten. Dies bezieht sich keineswegs nur auf Probleme des »Marketings« der Schule, sondern stellt auch die Frage, welche Angebote eine spezifische Schule macht, um die entsprechende Öffentlichkeit an die sich generalisierende Auseinandersetzung anbinden zu können und damit Schule und Bildung als öffentlich wirksamen Vorgang zu ermöglichen.

Profilbildung und Öffentlichkeit

Für die staatliche Schulverwaltung und Schulaufsicht stellt sich das Kernproblem, wie sie ihre Verwaltungsprofessionalität, ihre einheitliche Verfahrensrationalität und ihre staatliche Macht nicht gegen die sich schwer artikulierende und entscheidende Öffentlichkeit ausspielt, sondern ganz im Gegenteil, wie sie ihr Kontrollwissen dieser zur Verfügung stellen kann, um die eigenen Optionen und Entscheide zu treffen und auch über deren Durchsetzung zu wachen.

Autonomie und Profilierung der Einzelschule müßten von hier aus sicher in einem anderen, viel beschränkteren Rahmen gesehen werden, als dies betrieblich orientierte Managementkonzepte nahelegen könnten (SERGIOVANNI 1993, S. 304), erhalten aber gleichzeitig mit der Aufgabenstellung, Öffentlichkeit wesentlich mitzugestalten eine viel weiterreichendere Perspektive. Autonomie und Schulprofil so verstanden meint vor allem eine Einschränkung von Schulleitung *und* Schulverwaltung. Von hier aus stellt sich allerdings die letztlich entscheidende Frage nach differenzierten Kontroll- und Sanktionsmöglichkeiten durch die Öffentlichkeit.

Die Lösung dieses Problems ist eine dreifache Herausforderung:

- Institutionell bedeutet es eine Machtabtretung der Schulverwaltung *und* der Schulleitung an öffentliche Kontrollorgane. Dabei müssen diese nicht nur mitentscheiden oder in schwierigen Situationen mobilisiert werden, sondern mit eigenständiger Entscheidungs- und auch Sanktionsmacht ausgestattet werden.
- Bezüglich der Kenntnisse und des Wissens bedeutet dieses Problem eine Herausforderung an den wissenschaftlichen Apparat, der die Daten erzeugen muß, die solche Entscheide überhaupt rational machen. Wissenschaftliche Evaluation von Schulen und ihrer Wirkung aus einer anderen Perspektive als jener der sich selbst reformierenden Schule ist dafür unabdingbar. Für universitäre Lehrerbildung gehört dieser Typus von pädagogischer Wirkungsforschung notgedrungen zum Forschungsauftrag.
- Und endlich bedeutet dieses Problem eine Herausforderung an die Öffentlichkeit selbst. Wenn Schule und Bildung nicht als eines der entscheidenden Anliegen aufgenommen und in die öffentliche Auseinandersetzung integriert werden oder wenn die staatlich institutionalisierte Bildungsinstitution als verspätete Blüte des 19. Jahrhunderts einfach abgeschrieben wird, dann entledigt sie sich selbst der Möglichkeit, diese Institution wirkungsvoll für die Selbstregulierung zu nutzen. Allerdings gibt es jenseits und diesseits des Atlantiks genügend Indizien dafür, daß die Bildungsfrage mehr und mehr ins Zentrum des öffentlichen Interesses gerückt wird (OSTERWALDER 1995, S. 55–57). Die im staatlichen Finanz-

IV Managementkompetenz

haushalt ohne Zweifel am stärksten zu Buche schlagende Ausgabe ist in allen ihren Aspekten gegenüber der Öffentlichkeit von Bürgerinnen und Bürgern, Steuerzahlern und Steuerzahlerinnen, aber auch Eltern und Absolventen, legitimationsbedürftig geworden. Zum ersten Mal seit der Strukturierungsphase dieses Bildungssystems bahnt sich heute eine allgemeine, alle Aspekte umfassende Debatte an. Im Gegensatz zur Gründerphase, in der die Auseinandersetzung vor allem zwischen rational und kirchlich begründetem Schulkonzept geführt werden mußte, wird heute mit verschiedenen ökonomischen, politischen, fachwissenschaftlichen, sozialen und pädagogischen Rationalitätsansprüchen gefochten, die alle ihre volle Berechtigung und Berücksichtigung fordern. Damit werden jeder Aufwand für Bildung, jedes einzelne Fach und jede einzelne institutionelle Regelung und jedes Ergebnis der Legitimationspflicht unterstellt. Wenn Schule sich dieser Herausforderung öffnet und öffentliche Kontrolle *und* Sanktion in Kauf nimmt, hat sie eine Chance, als starke öffentliche Institution fortbestehen zu können. In dem Sinne ist es ganz an den professionellen Aktoren, Schulverwaltung, Schulen und Erziehungswissenschaft, auf diese Veränderung mit Profilierung und Aufklärung und Universalisierung angemessen zu reagieren.

Literatur

ACKERMANN, H.: Wie nehmen Schüler und Eltern Schule wahr? Neue Ansatzpunkte für die Qualitätsdiskussion. In: schul-management 28 (1997), H. 4, S. 9–16.
AHLHEIM, K./BENDER, W. (Hrsg.): Lernziel Konkurrenz? Erwachsenenbildung im »Standort Deutschland«. Eine Streitschrift. Opladen 1996.
AKADEMIE FÜR LEHRERFORTBILDUNG: Weiterentwicklung der Schulaufsicht. Akademiebericht Nr. 270. Dillingen 1995.
ALSPAUGH, J.: Comparison of magnet vs. neighbourhood. Statistics and material. Ms. Missouri-Columbia 1993.
ALSPAUGH, J.: Out-of-school enviromental factors and elementary-school achievement in mathematics and reading. In: Journal of research and development in education. Vol. 24, No. 3 (1991), p. 53–55.
ALTRICHTER, H./POSCH, P.: Lehrer erforschen ihren Unterricht. Eine Einführung in die Methoden der Aktionsforschung. Bad Heilbrunn/Obb. 1990.
ALTRICHTER, H./SALZGEBER, ST.: Mikropolitik der Schule. In: ROLFF, H.-G. (Hrsg.): Zukunftsfelder von Schulforschung. Weinheim 1995, S. 9–40.
ARBEITSGRUPPE BILDUNGSBERICHT am Max-Planck-Institut für Bildungsforschung: Das Bildungswesen der Bundesrepublik Deutschland. Strukturen und Entwicklungen im Überblick. Reinbek bei Hamburg 1994.
ARBEITSGEMEINSCHAFT DER SCHULLEITERVERBÄNDE DEUTSCHLANDS (ASD): Sammlung inhaltlicher Positionen der Aufgaben eines Dienstvorgesetzten (zur Resolution der Herbsttagung 1995 in Burg auf Fehmarn) o.O., 1995.
AURIN, K. (Hrsg.): Gute Schulen – worauf beruht ihre Wirksamkeit? Bad Heilbrunn/Obb. [2]1991.
AVENARIUS, H.: Verfassungsrechtliche Grenzen und Möglichkeiten schulischer Selbstverwaltung. In: DASCHNER, P./ROLFF, H.-G./STRYCK, T. (Hrsg.): Schulautonomie – Chancen und Grenzen. Weinheim 1995, S. 253–274.

BARGEL, T.: Ergebnisse und Konsequenzen empirischer Forschungen zur Schulqualität und Schulstruktur. In: MELZER, W./SANDFUCH, U. (Hrsg.): Schulreform in der Mitte der neunziger Jahre. Opladen 1996, S. 47–65.
BARGEL, T./KUTHE, M.: Regionale Disparitäten und Ungleichheiten im Schulwesen. In: ZEDLER, P. (Hrsg.): Strukturprobleme, Disparitäten, Grundbildung in der Sekundarstufe I. Weinheim 1992, S. 41–103.
BAUER, K.-O./KOPKA, A./BRINDT, S.: Pädagogische Professionalität und Lehrerarbeit. Eine qualitativ empirische Studie über professionelles Handeln und Bewußtsein. Weinheim 1996.
BAUMERT, J./LEHMANN, R. u.a.: TIMSS – Mathematisch-naturwissenschaftlicher Unterricht im internationalen Vergleich. Deskriptive Befunde. Opladen 1997.

Anhang

BECK, U.: Risikogesellschaft. Frankfurt/M. 1986.
BECKER, G.: Human Capital. A theoretical and empirical analysis with special reference to education. Chicago ³1993.
BECKER, H.: Die verwaltete Schule (1954). Wiederabgedruckt in: Recht der Jugend und des Bildungswesens 41 (1993), H. 2, S. 130–147.
BELLENBERG, G.: Bedarfs- und Ausgabenentwicklung im Schulbereich. In: BÖTTCHER, W./WEISHAUPT, H./WEISS, M. (Hrsg.): Neue Bildungsökonomie (Initiative Bildung, Bd. 3). Weinheim 1997 (im Druck).
BELLENBERG, G.: Ressourcensicherung im Widerspruch. In: Pädagogik 47 (1995), H. 5, S. 10–13.
BENNETT, D. A.: Choise and desegregation. In: CLUNE, W./WITTE, J. (Eds.): Choise and Control in American Education. Vol. 1, London 1990, p. 125–152.
BERGER, U./BERNHARD-MEHLICH, I.: Die verhaltenswissenschaftliche Entscheidungstheorie. In: KIESER, A. (Hrsg.): Organisationstheorien. Stuttgart 1993, S. 127–159.
BERTELSMANN STIFTUNG (Hrsg.): Innovative Schulsysteme im internationalen Vergleich. Gütersloh 1996(a).
BERTELSMANN STIFTUNG (Hrsg.): Schule neu gestalten. Dokumentation zum Sonderpreis Innovative Schulen. Im Rahmen des Carl Bertelsmann-Preises 1996. Gütersloh 1996(b).
BESSOTH, R.: Lehrerberatung – Lehrerbeurteilung. Neuwied ³1994.
BESSOTH, R.: Pädagogische Führung: Voraussetzung für Schulqualität. In: Pädagogische Führung 1990, S. 6.
BESSOTH, R.: Schulaufsicht und Partizipation. Eine pragmatische Kritik der Bildungsratsempfehlungen »Verstärkte Selbständigkeit der Schule und Partizipation der Lehrer, Schüler und Eltern«. In: Zeitschrift für Pädagogik 20 (1974), H. 6, S. 865–886.
BIEWER, W.: Steuerung und Kontrolle öffentlicher Schulen. Darmstadt 1993.
BILDUNGSKOMMISSION NRW: Zukunft der Bildung – Schule der Zukunft. Denkschrift der Kommission »Zukunft der Bildung – Schule der Zukunft« beim Ministerpräsidenten des Landes Nordrhein-Westfalen. Neuwied 1995.
BLANK, R.: Educational Effects of Magnet High Schools. In: CLUNE, W./WITTE, J. (Eds.): Choice and Control in American Education, London 1990, Vol. 2, p. 77–109.
BORMANN, M.: Bildungsplanung in der Bundesrepublik Deutschland: System und Grundlagen. Opladen 1978.
BOYD, W. L.: Die Politik der freien Schulwahl und marktorientierte Schulreform in Großbritannien und den Vereinigten Staaten. Wie erklären sich die Unterschiede? In: Zeitschrift für Pädagogik 39 (1993), H. 1, S. 53–69.
BUCHEN, H./HORSTER, L./ROLFF, H.-G. (Hrsg.): Schulleitung und Schulentwicklung. Loseblatt-Ausgabe, Berlin 1994 ff.
BUCHEN, H.: Personalentwicklung in der Schule. In: BUCHEN, H./HORSTER, L./ROLFF,

Literatur

H.-G. (Hrsg.): Schulleitung und Schulentwicklung. Berlin 1994, Loseblatt-Ausgabe, C 2.1, S. 1–24.

BUCHEN, H./HORSTER, L./VOSSEN, U.: Beratung und dienstliche Beurteilung durch Schulleiter. In: BÖTTCHER, W./BREMERICH-VOSS, A. (Hrsg.): »Kollegiale Beratung« in der Schule. Frankfurt/M. 1987.

BUDDE, H./KLEMM, K.: Zur Entwicklung der Bildungsfinanzierung: Stagnierende Bildungsausgaben – Privatisierung – Aufgabenreduzierung. In: ROLFF, H.-G./BAUER, K.-O./KLEMM, K. (Hrsg.): Jahrbuch der Schulentwicklung, Bd. 8. München 1994, S. 99–124.

BÜCHNER, P.: (Schul-) Kindsein heute zwischen Familie, Schule und außerschulischen Freizeiteinrichtungen. In: BÜCHNER, P. u. a. (Hrsg.): Kindliche Lebenswelten, Bildung und innerfamiliale Beziehungen. Materialien zum 5. Familienbericht. München 1994, S. 9–40.

BUNDESMINISTERIUM FÜR BILDUNG, WISSENSCHAFT, FORSCHUNG UND TECHNOLOGIE (Hrsg.): Grund- und Strukturdaten 1996/97. Bonn 1996.

BUND-LÄNDER-KOMMISSION FÜR BILDUNGSPLANUNG UND FORSCHUNGSFÖRDERUNG: Langfristige Personalentwicklung im Schulbereich der alten und neuen Länder. Bericht vom 26. 9. 1994. Bonn 1994 (unveröffentlicht).

BUND-LÄNDER-KOMMISSION FÜR BILDUNGSPLANUNG: Bildungsgesamtplan. Bd. I und II. Stuttgart 1973.

BURLA, ST./ALIOTH, A./FREI, F./MÜLLER, W. R.: Die Erfindung von Führung. Vom Mythos der Machbarkeit in der Führungsausbildung. Zürich 1994.

CAMMANS, K.: Herbsttagung der ASD in Warnemünde. In: schul-management (1997), H. 2, S. 4.

CHUBB, J./MOE, T.: Politics and markets and America's schools. Washington 1990.

CLARK, D./LOTTO, L. S./ASTUTO, T. A.: Effective schools and school improvement: a comparative analysis of two lines of inquiry. In: Educational Administration Quarterley, 1984.

COFFIELD, F.: The Great British Experiment. In: BOLDER, A./HEID, H. (Hrsg.): Die Wiederentdeckung der Ungleichheit. Aktuelle Tendenzen in Bildung und Arbeit. Jahrbuch Bildung und Arbeit 1996. Opladen 1996, S. 51–67.

COLEMAN, J. F./HOFFER, T.: Public and private high schools. The impact of communities. New York 1987.

COOKSON, P.: The ideology of consumerism and the coming deregulation of public school system. In: Journal for education policy, Vol. 7 (1993), No. 3, p. 301–311.

DAHRENDORF, R.: Bildung ist Bürgerrecht. Plädoyer für eine aktive Bildungspolitik. Osnabrück 1965.

DALIN, P./ROLFF, H.-G.: Institutionelles Schulentwicklungsprogramm. Soest 1990.

DASCHNER, P./ROLFF, H.-G./STRYCK, T. (Hrsg.): Schulautonomie – Chancen und Grenzen. Weinheim 1995.

Anhang

DAVIES, B./ELLISON, L.: Improving the Quality of Schools – ask the clients? In: school organization 15 (1995), No. 1, p. 3–12.

DEUTSCHER BILDUNGSRAT: Empfehlungen der Bildungskommission: Zur Reform von Organisation und Verwaltung im Bildungswesen. Teil I: Verstärkte Selbständigkeit der Schule und Partizipation der Lehrer, Schüler, Eltern. Bonn 1973.

DEWE, B./FERCHHOFF, W./RADTKE, F.-O. (Hrsg.): Erziehen als Profession. Zur Logik professionellen Handelns in pädagogischen Feldern. Opladen 1992.

DEWE, B./FERCHHOFF, W./RADTKE, F.-O.: Die opake Wissensbasis pädagogischen Handelns – Einsichten aus der Verschränkung von Wissensverwendungsforschung und Professionalisierungstheorie. In: ALISCH, L.-M./BAUMERT, J./BECK, K. (Hrsg.): Professionswissen und Professionalisierung. Braunschweig 1990, S. 291–320.

DITTON, H./KRECKER, L.: Qualität von Schule und Unterricht. Empirische Befunde zu Fragestellungen und Aufgaben der Forschung. In: Zeitschrift für Pädagogik 41 (1997), H. 4, S. 507–529.

DITTON, H./KRECKER, L.: Gute Schulen aus der Sicht der Betroffenen – Eltern benoten die Schule. In: Empirische Pädagogik 10 (1996), H. 1, S. 27–48.

DÖBERT, H.: »Schulen in erweiterter Verantwortung.« Bericht über einen Modellversuch in Berlin. In: ZEDLER, P./FICKERMANN, D. (Hrsg.): Pädagogik und Recht. Rechtliche Rahmenbedingungen und Handlungsspielräume für eine erweiterte Selbständigkeit von Einzelschulen. (Erfurter Studien zur Entwicklung des Bildungswesens, Bd. 5). Erfurt 1997, S. 59–74.

DÖBRICH, P.: Wie ökonomisch sind die schulischen Lernzeiten? In: BÖTTCHER, W./ WEISHAUPT, H./WEISS, M. (Hrsg.): Neue Bildungsökonomie (Initiative Bildung, Bd. 3). Weinheim 1997 (im Druck).

DÖRNER, D.: Die Logik des Mißlingens. Hamburg 1989.

DOPPLER, K./LAUTERBURG, CH.: Change Management. Den Unternehmenswandel gestalten. Frankfurt/M. 1994.

DREESMANN, H./EDER, F./FEND, H./PEKRUN, R./SALDERN, M. V./WOLF, B.: Schulklima. In: INGENKAMP, K.-H./JÄGER, R. S./PETILLON, H./WOLF, B. (Hrsg.): Empirische Pädagogik 1970 – 1990, Bd. II, Weinheim 1992, S. 655–682.

DUBS, R.: Die Führung einer Schule. Leadership und Management. Stuttgart 1994.

EDELSTEIN, W.: The Social Construction of Cognitive Development. In: FISCHER, K./ NOAM, G: (Eds.): Development of Vulnerability in Close Relationships. Hillsdale 1996, p. 91–112.

EDELSTEIN, W.: Krise der Jugend – Ohnmacht der Institutionen. Eine Einleitung im Anschluß an EMIL DURKHEIMS Theorie. In: EDELSTEIN, W. (Hrsg.): Entwicklungskrisen kompetent meistern. Heidelberg 1995, S. 13–24.

EDUCATIONAL LEADERSHIP: Improving Professional Performance. (1996), No. 6 Alexandria, Va., USA.

EIKENBUSCH, G./HOLTMANN, W.: Systematische Planungs- und Entwicklungsgesprä-

che. In: BUCHEN, H./HORSTER, L./ROLFF, H.-G. (Hrsg.): Schulleitung und Schulentwicklung. Berlin 1996, Loseblatt-Ausgabe, D 2.4, S. 1–19.
EKHOLM, M.: Evaluation als Bestandteil der Arbeitskultur von Schule. In: Landesinstitut für Schule und Weiterbildung (Hrsg.): Schulentwicklung und Qualitätssicherung. Soest 1993.
ELDER, G. H. JR.: Children of the Great Depression. University of Chicago Press. Chicago 1974.
ENDER, B./SCHRATZ, M./STEINER-LÖFFLER, U. u. a. (Hrsg.): Beratung macht Schule. Schulentwicklung auf neuen Wegen. Innsbruck 1996.
ENGSTLER, H.: Die Familie im Spiegel der amtlichen Statistik. Herausgegeben vom Bundesministerium für Familie, Senioren, Frauen und Jugend. Bonn 1997.
ERZIEHUNGSDIREKTION DES KANTONS ZÜRICH: Projekt »Teilautonome Volksschule« (MS) 1997.
ETZOLD, S.: Lehrer lernen das Falsche. In: Die Zeit vom 7. 7. 1997.
EVERS, C. H.: Schulaufsicht zwischen Kontrolle und Beratung. In: Westermanns Pädagogische Beiträge 37 (1985), H. 6, S. 264–268.

FÄRBER, G.: Demographische Entwicklung, Schulden, Pensionen und die Entwicklung der öffentlichen Haushalte. In: BÖTTCHER, W./WEISHAUPT, H./WEISS, M. (Hrsg.): Neue Bildungsökonomie (Initiative Bildung Bd. 3). Weinheim 1997 (im Druck).
FÄRBER, G.: Revision der Personalausgabenprojektion der Gebietskörperschaften bis 2030. Unter Berücksichtigung neuerer Bevölkerungsvorausschätzungen, der deutschen Einigung und der Beamtenversorgungsreform (Speyerer Forschungsberichte 110). Speyer ³1995.
FATZER, G. (Hrsg.): Organisationsentwicklung für die Zukunft. Köln 1993.
FAUSER, P. (Hrsg.): Wozu die Schule da ist. Eine Streitschrift der Zeitschrift Neue Sammlung. Seelze 1996.
FEINBERG, W.: Die öffentliche Verantwortung der öffentlichen Bildung. In: OELKERS, J. (Hrsg.): Aufklärung, Öffentlichkeit und Bildung. Weinheim 1992, S. 45–59.
FEND, H.: Theorie der Schule. München 1981.
FICKERMANN, D./WEISHAUPT, H.: Optimierung von Schulstrukturen als Spareffekt. In: BÖTTCHER, W./WEISHAUPT, H./WEISS, M. (Hrsg.): Neue Bildungsökonomie. (Initiative Bildung Bd. 3). Weinheim 1997 (im Druck).
FISCHER D./KOCH-PRIEWE, B.: Schulentwicklung geht von Frauen aus. Weinheim 1986.
FLAAKE, K.: Berufliche Orientierung von Lehrerinnen und Lehrern. Eine empirische Untersuchung. Frankfurt/M. 1989.
FLAMMER, A.: Kontrolle, Sicherheit und Selbstwert in der menschlichen Entwicklung. In: EDELSTEIN, W. (Hrsg.): Entwicklungskrisen kompetent meistern. Heidelberg 1995, S. 35–42.
FLEISCHER-BICKMANN, W.: Unterstützungssysteme für Autonomie und Schulentwicklung. Bremen 1996.

Anhang

FLEISCHER-BICKMANN, W./MARITZEN, N.: Schulprogramm. Anspruch und Wirklichkeit eines Instruments der Schulentwicklung. In: Pädagogik 48 (1996), H. 1, S. 12–17.
FRIEDEBURG, L. V.: Differenz und Integration im Bildungswesen. In: Zeitschrift für Sozialisationsforschung und Erziehungssoziologie (1997) H. 1, S. 42–55.
FRIEDEBURG, L. V.: Schulentwicklung zur Ungleichheit. In: BOLDER, A./HEID, H. (Hrsg.): Die Wiederentdeckung der Ungleichheit. Aktuelle Tendenzen in: Bildung und Arbeit. Jahrbuch Bildung und Arbeit 96. Opladen 1996, S. 36–50.
FRIEDMAN, M.: Kapitalismus und Freiheit. Stuttgart 1971.
FÜRSTENAU, P.: Neuere Entwicklungen der Bürokratieforschung und das Schulwesen. In: Neue Sammlung 7 (1967), H. 6, S. 511–525.
FULLAN, M. G.: The new Meaning of Educational Change. New York 1991.

GALAS, D.: Niedersächsisches Schulgesetz (Textausgabe in der Neufassung vom 27. 9. 1993). Neuwied 1993.
GARDNER, D. et al.: A Nation at Risk. Washington 1983.
GLASL, F.: Konfliktmanagement: Ein Handbuch zur Diagnose und Behandlung. Bern 1990.
GLUCHOWSKI, P.: Lebensstile und Wandel der Wählerschaft in der Bundesrepublik Deutschland. In: Aus Politik und Zeitgeschichte. B 12, 21. 3. 1987, S. 18–32.
GNAHS, D.: Handbuch zur Qualität in der Weiterbildung. Stand, Perspektiven, Praxis, herausgegeben von der Gewerkschaft Erziehung und Wissenschaft. Frankfurt/M. 1996.
GÖNDÖR, J.: Vertrauensmanagement für die Schule – Weihwasser für den Teufel. In: schul-management 27 (1996), H. 6, S. 11–16.
GOLDRING, E.: Principals, parents and administrative superiors. In: Educational administration quarterly, Vol. 29 (1993), No. 1, p. 93–117.
GRABBE, B.: Konfliktbereiche zwischen Elternhaus und Schule bei der Elternmitarbeit im Unterricht. In: MELZER, W. (Hrsg.): Eltern, Schüler, Lehrer. Zur Elternpartizipation an Schule. Weinheim 1985, S. 292–309.
GRUNDMANN, M.: Sozialökologie und kindliche Erfahrungswelten. Argumente für eine altersgemischte Kinderbetreuung. In: KRAPPMAN, L./PEUKERT, U. (Hrsg.): Altersgemischte Gruppen in Kindertagesstätten: Reflexionen und Praxisberichte zu einer neuen Betreuungsform. Freiburg i. B. 1995, S. 12–33.
GRUNDMANN, M.: Familienstruktur und Lebensverlauf. Historische und gesellschaftliche Bedingungen individueller Entwicklung. Frankfurt/M. 1992.
GRUNDMANN, M.: Wandel von Familienbeziehungen und gesellschaftliche Integrationsprobleme. In: REHBERG, K.-S. (Hrsg.): Differenz und Integration. Die Zukunft moderner Gesellschaften. Verhandlungen des 28. Kongresses der Deutschen Gesellschaft für Soziologie, Kongreßband II. Opladen (im Druck).
GRUNDMANN, M./HUININK, J./KRAPPMANN, L.: Familie und Bildung. Empirische

Literatur

Ergebnisse und Überlegungen zur Frage der Beziehung von Bildungsbeteiligung, Familienentwicklung und Sozialisation. In: BÜCHNER, P. u. a. (Hrsg.): Kindliche Lebenswelten, Bildung und innerfamiliale Beziehungen. Materialien zum 5. Familienbericht. München 1994, S. 41–104, Bd. 4.

HABECK, H.: Schulleitung – ein eigenständiges Berufsbild. In: Pädagogische Führung (1993), H. 4, S. 170–171.
HABERMAS, J.: Die Krise des Wohlfahrtsstaates und die Erschöpfung utopischer Energien. In: HABERMAS, J.: Die Neue Unübersichtlichkeit. Kleine politische Schriften V. Frankfurt/M. 1985, S. 141–163.
HAENISCH, H.: Neue Rollen, Partnerschaften und Verantwortlichkeiten in der Schule. Ergebnisse einer OECD-Konferenz über staatliche Initiativen für bessere Schulen. In: LANDESINSTITUT FÜR SCHULE UND WEITERBILDUNG (Hrsg.): Arbeitsberichte zur Curriculumentwicklung, Schul- und Unterrichtsforschung 34. Soest 1995.
HAENISCH, H.: Gute und schlechte Schulen im Spiegel der empirischen Forschung. In: TILLMANN, K.-J. (Hrsg.): Was ist eine gute Schule? Hamburg 1989, S. 32–46.
HAGE, K. u. a.: Das Methodenrepertoire von Lehrern. Eine Untersuchung zum Unterrichtsalltag in der Sekundarstufe I. Opladen 1985.
HALLER, I./WOLF, H.: Führung in Gesellschaft und Schule zwischen Tradition und Emanzipation. Bönen 1995.
HAMEYER, U.: Grundschule als Initiativraum gestalten. Topographie einer lernenden Organisation. In: Grundschule (1997 a), H. 4, S. 21–23.
HAMEYER, U.: Von der Logik kleiner Schritte – Stationen zum eigenen Programm. In: journal für schulentwicklung (1997 b), H. 2, S. 83–89.
HAMEYER, U.: Schulqualität sichern – Organisationsentwicklung als systemisches Modell für professionelles Handeln. In: BUCHEN, H./HORSTER, L./ROLFF, H.-G. (Hrsg.): Schulleitung und Schulentwicklung. Berlin 1996, Loseblatt-Ausgabe, E 3.1, S. 1–20.
HAMEYER, U.: Innovation in Schritten. Ergebnisse zur Selbsterneuerungsfähigkeit von Grundschulen in vier Nationen. In: HOLTAPPELS, H. G. (Hrsg.): Entwicklung von Schulkultur. Ansätze und Wege schulischer Erneuerung. Neuwied 1995, S. 146–164.
HAMEYER, U./AKKER, J. VAN DEN/ANDERSON, R./EKHOLM, M.: Portraits of productive schools. An international study of institutionalizing activity-based practices in elementary science. New York 1995.
HANESCH, W.: Unterversorgung im Bildungssystem: Das Beispiel berufliche Bildung. In: DÖRING, D./HANESCH, W. (Hrsg.): Armut im Wohlstand. Frankfurt/M. 1990, S. 185–205.
HECKEL, H./AVENARIUS, H.: Schulrechtskunde. Neuwied 1986.
HEID, H.: Lernerfolg von Schülern – ein Indikator für die Qualität des Lehrers? In: BÄUERLE, S. (Hrsg.): Der gute Lehrer. Empfehlungen für den Umgang mit Schüler, Eltern, und Kollegen. Stuttgart 1989, S. 8–19.

Anhang

HEID, H.: Kritische Anmerkungen zur pädagogischen Rechtfertigung ontogenetisch früher Auslese. In: HEIM, H./IPFLING, H.-J. (Hrsg.): Pädagogik in geschichtlicher Erfahrung und gegenwärtiger Verantwortung. Frankfurt/M. 1986, S. 184–199.
HEIDEMANN, W.: Trendwende in der Qualifizierung? Alte Probleme und neue Herausforderungen. In: Gewerkschaftliche Bildungspolitik (1989), H. 8, S. 209–230.
HEIDENHEIMER, A.: Bildungspolitik in der Bundesrepublik Deutschland, Japan und der Schweiz: »Innenpolitische« Staatsaufgaben im Wandel. In: GRIMM, D. (Hrsg.): Staatsaufgaben. Frankfurt/M. 1996, S. 585–611.
HEINER, M. (Hrsg.): Qualitätsentwicklung durch Evaluation. Freiburg 1996.
HELMKE, A.: Unterrichtsqualität und Schulleistung. In: TILLMANN, K.-J. (Hrsg.): Was ist eine gute Schule? Hamburg 1989, S. 77–122.
HELMKE, A.: Leistungssteigerung und Ausgleich von Leistungsunterschieden in Schulklassen: unvereinbare Ziele? In: Zeitschrift für Entwicklungspsychologie und Pädagogische Psychologie 20 (1988), S. 45–76.
HENIG, J.: Choice in public schools: An analysis of transfer requests among magnet schools. In: Social Science Quaterly, Vol. 71 (1990), No. 1, p. 69–82.
HENTIG, H. V.: Die Schule neu denken. Eine Übung in praktischer Vernunft. München 1993.
HEPP, G.: Wertewandel und Schulpolitik. In: Informationsschrift Nr. 50 zur Lehrerbildung, Lehrerfortbildung und pädagogischen Weiterbildung der Pädagogischen Hochschule Heidelberg 1996, S. 21–37.
HERRMANN, U.: Familie und Elternhaus. In: LENZEN, D. (Hrsg.): Erziehungswissenschaft. Ein Grundkurs. Reinbek bei Hamburg 1994, S. 186–204.
HEYTING, F./TENORTH, H.-E. (Hrsg.): Pädagogik und Pluralismus. Deutsche und niederländische Erfahrungen im Umgang mit Pluralität in Erziehung und Erziehungswissenschaft. Weinheim 1994.
HÖHER, F./HÖHER, P.: Be a heroe, be a Teacher – Or become a Team! Erfahrungen mit Teamentwicklung in der Schule. In: schul-management, 27 (1996), H. 4, S. 11–19.
HÖHER, P./ROLFF, H.-G.: Neue Herausforderungen an Schulleitungsrollen: Management – Führung – Moderation. In: ROLFF, H.-G./BAUER, K.-O./KLEMM, K./PFEIFFER, H. (Hrsg.): Jahrbuch der Schulentwicklung, Bd. 9. Weinheim 1996, S. 187–220.
HOFFMANN, R./LÜCKERT, G.: Die Diskussion über Schulautonomie in Bremen. In: Recht der Jugend und des Bildungswesens (1994), H. 2, S. 269–280.
HOLFELDER, W./BOSSE, W.: Sächsisches Schulgesetz. Handkommentar mit Sonderteil Lehrerdienstrecht. Stuttgart 1992.
HONIG, M.-S./LEU, H.-R./NISSEN, U.: Kindheit als Sozialisationsphase und als kulturelles Muster. In: HONIG, M.-S./LEU, H.-R./NISSEN, U. (Hrsg.): Kinder und Kindheit. Weinheim 1996, S. 9–29.
HOPF, C./NEVERMANN, R./RICHTER, I.: Schulaufsicht und Schule. Stuttgart 1980.
HORSTER, L.: Ein pädagogisches Management in der Schule. Selbststeuerung in bestehenden Strukturen. In: BUCHEN, H./HORSTER, L./ROLFF, H.-G. (Hrsg.): Schulleitung und Schulentwicklung. Berlin 1994, Loseblatt-Ausgabe, B. 3.1, S. 1–22.

Literatur

HUBERMAN, M.: Der berufliche Lebenszyklus von Lehrern: Ergebnisse einer empirischen Untersuchung. In: TERHART, E. (Hrsg.): Unterrichten als Beruf. Neuere amerikanische und englische Arbeiten zur Berufskultur und Berufsbiographie von Lehrern und Lehrerinnen. Köln 1993, S. 249–267.

HÜBNER, P.: Gesellschaftlicher Wandel und Schule. In: ROSENBUSCH, H.S./WISSINGER, J. (Hrsg.): Schulleiter-Handbuch, Bd. 74, Braunschweig 1995, S. 7–25.

HUININK, J.: The Asymmetric Society and the Future of the Family. Leipzig 1997.

HUININK, J.: Warum noch Familie? Zur Attraktivität von Partnerschaft und Elternschaft in unserer Gesellschaft. Frankfurt/M. 1995.

IFS-UMFRAGE: Die Schule im Spiegel der öffentlichen Meinung. Ergebnisse der neunten IFS-Repräsentativbefragung der bundesdeutschen Bevölkerung. In: ROLFF, H.-G./BAUER, K.-O./ KLEMM, K./PFEIFFER, H. (Hrsg.): Jahrbuch der Schulentwicklung, Bd. 9. Weinheim 1996, S. 13–55.

INGENKAMP, K.: Die Fragwürdigkeit der Zensurgebung. Weinheim 1995.

INGENKAMP, K./PETILLON, H./WEISS, M.: Klassengröße: Je kleiner desto besser? Forschungs- und Diskussionsstand zu Wirkungen der Klassenfrequenz. Weinheim 1985.

JACH, F.-R.: Mitwirkungsrechte von Eltern und Schülern. Partizipation zwischen Gesetzesvorbehalt und Schulaufsicht. In: Pädagogische Führung 3 (1992), H. 3, S. 137–140.

JENKNER, S.: Entwicklung der Schulverfassungen in Europa. In: ROSENBUSCH, H.S./ WISSINGER, J. (Hrsg.): Schule und Schulaufsicht – Wege zur Reform. Schulleiter-Handbuch, Bd. 74. Braunschweig 1995, S. 42–51.

JENSEN, M./MECKLING, W.: Specific and General Knowledge, and Organizational Structure. In: MYERS, P. (Ed.): Knowledge Management and Organizational Design. Boston 1996, p. 17–38.

KANDERS, M./RÖSNER, E./ROLFF, H.-G.: Das Bild der Schule aus der Sicht von Schülern und Lehrern. Ergebnisse zweier IFS-Repräsentativbefragungen. In: ROLFF, H.-G./ BAUER, K.-O./KLEMM, K./PFEIFFER, H. (Hrsg.): Jahrbuch der Schulentwicklung, Bd. 9. Weinheim 1996, S. 57–113.

KAUFMANN, F.-X.: Zukunft der Familie im vereinten Deutschland. Gesellschaftliche und politische Bedingungen. München 1994.

KEHLSEN, H.: Vom Wesen und Wert der Demokratie. Tübingen ^{2}1929.

KIENBAUM UNTERNEHMENSBERATUNG: Organisationsuntersuchung im Schulbereich. Düsseldorf 1991.

KLEMM, K.: Bildungszeit: Geschenkte Zeit – geraubte Zeit. In: ROLFF, H.-G./BAUER, K.-O./KLEMM, K. (Hrsg.): Jahrbuch der Schulentwicklung 1994, Bd. 8, S. 125–142.

Anhang

KOCH-PRIEWE, B.: Über die männliche Kultur hinausgehen. In: Pädagogik 47 (1995) H. 3, S. 22-24.
KÖHLER, H.: Bildungsbeteiligung und Sozialstruktur in der Bundesrepublik. Zu Stabilität und Wandel von Bildungschancen. Studien und Berichte des Max-Planck-Instituts für Bildungsforschung. Berlin 1992.
KOGAN, M.: Educational Accountability. London 1986.
KOHLHOFF, W.: Halb »peers«, halb »inspectors« – externe Evaluation durch ein gemischtes Team. In: BUCHEN, H./HORSTER, L./ROLFF, H.-G. (Hrsg.): Schulleitung und Schulentwicklung. Berlin 1996, Loseblatt-Ausgabe, E 5.2, S. 1-18.
KOMMUNALE GEMEINSCHAFTSSTELLE FÜR VERWALTUNGSVEREINFACHUNG (KGSt): Neue Steuerung im Schulbereich. Köln 1996.
KOMMUNALE GEMEINSCHAFTSSTELLE FÜR VERWALTUNGSVEREINFACHUNG (KGSt): Das Mitarbeitergespräch. Köln 1992.
KRAINZ-DÜRR, M./KRALL, H./SCHRATZ, M./STEINER-LÖFFLER, U. (Hrsg.): Was Schulen bewegt. Sieben Blicke ins Innere der Schulentwicklung. Weinheim 1997.
KRAIS, B.: Bildungsexpansion und soziale Ungleichheit in der Bundesrepublik Deutschland. In: BOLDER, A./HEID, H. (Hrsg.): Die Wiederentdeckung der Ungleichheit. Aktuelle Tendenzen in Bildung und Arbeit. Jahrbuch Bildung und Arbeit 96. Opladen 1996. S. 118-146.
KRUMM, V.: Arbeiten Lehrer in autonomen Schulen pädagogisch besser? Einige unzeitgemäße Anmerkungen zur Diskussion über »Schulqualität«, »Schulautonomie« und »Evaluation«. St. Gallen 1997 (im Erscheinen).
KRUMM, V.: Über die Vernachlässigung der Eltern durch Lehrer und Erziehungswissenschaft. Plädoyer für eine veränderte Rolle der Lehrer bei der Erziehung der Kinder. In: Die Institutionalisierung von Lehren und Lernen. 34. Beiheft der Zeitschrift für Pädagogik (1996), S. 119-137.

LANDESINSTITUT FÜR SCHULE UND WEITERBILDUNG (Hrsg.): Budgetierung und Schulentwicklung. Lehrerfortbildung in Nordrhein-Westfalen. Soest 1997
LANDESINSTITUT FÜR SCHULE UND WEITERBILDUNG: Evaluation und Schulentwicklung. Soest 1995.
LANDESSCHULAMT BERLIN (Hrsg.): Das Schuljahr 1995/96 in Zahlen. Berlin 1997.
LANGE, H.: Schulautonomie – Entscheidungsprobleme aus politisch-administrativer Sicht. In: PASCHEN, H./WIGGER, L. (Hrsg.): Schulaotonomie als Entscheidungsproblem. Zur Abwägung heterogener Argumente. Weinheim 1996.
LEIMGRUBER-WETTSTEIN, G.: Man darf Frau B. eine gute Schulführung attestieren. Schwierigkeiten und Dilemmata bei der Beurteilung von Lehrkräften. Niederwil (unv. Diplomarbeit) 1992.
LENHARDT, G.: Schulpflicht. Vom ständischen Gewaltverhältnis zu Grundrechten im Klassenzimmer. In: DEUTSCHES JUGENDINSTITUT (Hrsg.): Was für Kinder. Aufwachsen in Deutschland. München 1993, S. 252-260.

LESCHINSKY, A.: Dezentralisierung im Schulsystem der Bundesrepublik Deutschland. In ZEDLER, P. (Hrsg.): Strukturprobleme, Disparitäten, Grundbildung in der Sekundarstufe I. Weinheim 1992, S. 21–40.
LEWIN, K.: Feldtheorie und Sozialwissenschaften. Bern 1963.
LIKET, TH. M.: Freiheit und Verantwortung. Gütersloh 1993.
LIMACHER, J./MÜLLER, A.: Die 2Q-Methode als Grundlage für das Qualitätsentwicklungssystem in Schule und Internat des Alpen Internat Beatenberg. In: FLEISCHER-BICKMANN, W./HAMEYER, U. (Hrsg.): Schulprogramme – Beispiele zur Organisationsentwicklung einzelner Schulen. Kiel 1998 (in Vorbereitung).
LITT, TH.: Führen oder Wachsenlassen: Eine Erörterung des Pädagogischen Grundproblems. Stuttgart ^{13}1967.
LÜCK, W. (Hrsg.): Lexikon der Betriebswirtschaft. Landsberg/Lech 1983.
LÜDERS, M.: Von Klassen und Schichten zu Lebensstilen und Milieus. Zur Bedeutung der neueren Ungleichheitsforschung für die Bildungssoziologie. In: Zeitschrift für Pädagogik 43 (1997), H. 2, S. 301–320.
LUHMANN, N./SCHORR, K.-E.: Das Technologiedefizit der Erziehung und die Pädagogik. In: Zeitschrift für Pädagogik 25 (1979), S. 345–365.
LUTZ, B.: Bildungsexpansion und soziale Ungleichheit. Eine historisch-soziologische Skizze. In: KRECKEL, R. (Hrsg.): Soziale Ungleichheit, Soziale Welt, Sonderband 2. Göttingen 1983, S. 221–248.

MACLURE, ST.: Parents and Schools: Opting In and Opting Out. In: LAWTON, D. (Ed.): The Education Reform Act: Choice and Control. London 1989, p. 5–26.
MÄHLER, H. G./MÄHLER, G.: Streitschlichtung – Anwaltssache, hier: Mediation. In: Neue Juristische Wochenschrift (1997), S. 1262–1266.
MAGOTSIU-SCHWEIZERHOF, E.: Die Debatte um die Schulautonomie und die Folgen für die Chancengleichheit von Migrantenkindern. Eine Literatursynopse. (Beiträge zur erziehungswissenschaftlichen Migrations- und Minderheitenforschung 4). Frankfurt/M. 1996.
MALEN, B./OGAWA, R.: Professional-Patron influence on site based governance councils. In: Educational Evaluation and Policy Analysis. Vol. 10 (1988), No. 4, p. 251–270.
MALEN, B./OGAWA, R./KRANZ, J.: What do we know about school-based management? In: CLUNE, W./WITTE, J. (Eds.): Choice and Control in American Education. Vol. 2., London 1990, p. 289–340.
MARITZEN, N.: Schulinspektion. Qualitätssicherung im Regelkreis von Schulprogramm, interner und externer Evaluation. Das Bremer Modell. In: Hessisches Institut für Bildungsplanung und Schulentwicklung (Hrsg.): Beiträge aus dem Arbeitskreis »Qualität von Schule«. Das Hofgeismarer Symposion. Wiesbaden 1997.
MARITZEN, N.: Im Spagat zwischen Hierarchie und Autonomie. Steuerungsprobleme in der Bildungsplanung. In: Die Deutsche Schule 88 (1996 a), H. 1, S. 22–36.

Anhang

MARITZEN, N.: Sich selbst und anderen Rechenschaft geben. Qualitätssicherung durch Evaluation. In: Pädagogik 48 (1996 b), H. 1, S. 25–29.

MARITZEN, N./WASSENER, D.: Biographie eines Schulprogramms. Über die Innenseite eines Schulentwicklungsprozesses. In: journal für schulentwicklung 1 (1997), H. 2, S. 29–34.

MELZER, W.: Familie und Schule als Lebenswelt. Zur Innovation von Schule durch Elternpartizipation. München 1987.

MEYER, TH.: Der Monopolverlust der Familie. Vom Teilsystem Familie zum Teilsystem privater Lebensformen. In: Kölner Zeitschrift für Soziologie und Sozialpsychologie, 45 (1993), S. 23–40.

MILES, M. B./EKHOLM, M.: School improvement at the school level. In: VAN VELZEN, W./ MILES, M. B./EKHOLM, M./HAMEYER, U./ROBIN, D.: Making school improvement work. A conceptual guide to practice. Leuven 1985.

MILES, M. B./EKHOLM, M./VANDENBERGHE, R.: Lasting school improvement. Exploring the process of institutionalization. Leuven 1987.

MORTIMORE, P.: Schuleffektivität: Ihre Herausforderung für die Zukunft. In: Bildung und Erziehung für Europa. 32. Beiheft der Zeitschrift für Pädagogik 1994, S. 117–134.

MÜLLER, N.: Budgetierung – knappe Kasse für Schule? In: Neue Deutsche Schule, (1995), H. 9, S. 19.

NAGEL, F. W./ROLFF, H.-G./SCHMITZ, R.: Evaluation als Grundlage von Schulberatungsbesuchen am Beispiel einer Hauptschule. In: Landesinstitut für Schule und Weiterbildung (Hrsg.): Evaluation und Schulentwicklung. Soest 1995.

NATIONAL INSTITUTE OF ADULT CONTINUING EDUCATION (NIACE): Lernen, in einer multikulturellen Gesellschaft zu leben: Der Bezug Elternhaus-Schule. Leicester 1997.

NAVE-HERZ, R.: Familie heute. Wandel der Familienstrukturen und Folgen für die Erziehung. Darmstadt 1994.

NEGT, O.: Kindheit und Schule in einer Welt der Umbrüche. Göttingen 1997.

NEUBAUER, G.: Elternwille und Schulpolitik. Die Institutionalisierung des Elternwillens in der Schulreform. In: MELZER, W. (Hrsg.): Eltern, Schüler, Lehrer. Zur Elternpartizipation an Schule. Weinheim 1985, S. 58–80.

NEVERMANN, K.: Der Schulleiter. Stuttgart 1982.

NEWMANN, F. M./KING, M. B./RIGDON, M.: Accountability and School Performance. In: Harvard Educational Review 67 (1997), No. 1, p. 41–74.

NIEDERSÄCHSISCHES KULTUSMINISTERIUM: Karrieren für Männer – Barrieren für Frauen? Aufstiegschancen im Schulbereich. Forum am 19. Nov. 1991.

NIEDERSÄCHSISCHES LANDESINSTITUT FÜR FORTBILDUNG UND WEITERBILDUNG IM SCHULWESEN UND MEDIENPÄDAGOGIK: Schulleitung als Aufgabe für Frauen. Leitfaden und Bausteine für Orientierungskurse. Hildesheim 1996.

NOLL, H.-H./HABICH, R.: Individuelle Wohlfahrt: Vertikale Ungleichheit oder horizontale Disparitäten. In: BERGER, P. A./HRADL, S.: Lebenslagen, Lebensläufe, Lebensstile. Soziale Welt, Sonderband 7. Göttingen 1990. S. 153–188.

OELKERS, J.: Schulreform und Schulkritik. Würzburg 1995.
OEVERMANN, U.: Theoretische Skizze einer revidierten Theorie professionalisierten Handelns. In: COMBE, A./HELSPER, W. (Hrsg.): Pädagogische Professionalität. Untersuchungen zum Typus pädagogischen Handelns. Frankfurt/M. 1996, S. 70–182.
OEVERMANN, U.: Professionalisierung der Pädagogik – Professionalisierbarkeit pädagogischen Handelns. Vortragstranskript FU Berlin 1981.
OPOLKA, H.: Vom Haushaltsplan zur Budgetierung – Der Siegeszug des kaufmännischen Denkens. In: Theorie und Praxis der sozialen Arbeit, 3 (1995), S. 90–94.
ORGANIZATION FOR ECONOMIC COOPERATION AND DEVELOPMENT (OECD) (Hrsg.): Schulen und Qualität – ein internationaler OECD-Bericht. Frankfurt/M. 1991.
OSER, F.: Selbstwirksamkeit und Bildungsinstitution. In: EDELSTEIN, W. (Hrsg.): Entwicklungskrisen kompetent meistern. Heidelberg 1995, S. 63–73.
OSSWALD, E.: Gemeinsam statt einsam. Schriftenreihe »Schweizer Schule«. Kriens 1990.
OSTERWALDER, F.: Modernisierung der Schulverwaltung – Anforderung an die Selbstveränderung der Bürokratie. In: ROSENBUSCH, H. S./WISSINGER, J. (Hrsg.): Schule und Schulaufsicht – Wege zur Reform. Schulleiter-Handbuch Bd. 74. Braunschweig 1995, S. 52–67.
OSTERWALDER, F.: Schule und Unterricht im ordnungspolitischen Konzept der klassischen und neoklassischen Ökonomik. In: Zeitschrift für Pädagogik 39 (1993), H. 1, S. 85–110.

PETERSON, K. D.: Teacher Evaluation. A comprehensive Guide. Thousand Oaks (Ca.) 1995.
PICHT, G.: Die Deutsche Bildungskatastrophe. Olten 1964.
PREUSS-LAUSITZ, U.: Soziale Ungleichheit, Integration und Schulentwicklung. In: Zeitschrift für Pädagogik 43 (1997), H. 4, S. 583–596.
PROBST, G./BÜCHEL, B.: Organisationales Lernen. Wiesbaden 1994.

RADKE, M: Handbuch der Budgetierung. Landsberg 1989.
REDLICH, A.: Konfliktmoderation. Handlungsstrategien für alle, die mit Gruppen arbeiten. Mit vier Fallbeispielen. Hamburg 1997.
REINHARDT, S.: Zum Professionalisierungsprozeß des Lehrers. Überlegungen zur Lehrer-Schüler-Interaktion und ihrer Sozialisation. Frankfurt/M. 1972.

Anhang

RENNER, B./VOLLERTSEN, P.: Zwischen Bahnhofsmission und Öko-Projekt. In: Hamburger Lehrerzeitung (1997), H. 4–5, S. 21.

RICKLIN, P./RÜTTIMANN, A. u. a.: Die Mensikusläsion. Stuttgart ²1980.

RIEMANN, F.: Grundformen der Angst. München 1984.

RISSE, E.: Öffnung von Schule als Programm und Handlungsfeld. Eine wichtige Aufgabe für Schulleitungen. In: BUCHEN, H./HORSTER, L./ROLFF, H.-G. (Hrsg.): Schulleitung und Schulentwicklung. Berlin 1994, Loseblatt-Ausgabe, K 4.1, S. 1–21.

ROEDER, CHR.: Organisationsentwicklung in der öffentlichen Verwaltung; Verantwortung, Resultate, Strukturen. Bern 1977.

ROLFF, H.-G.: Autonomie als Gestaltungs-Aufgabe. Organisationspädagogische Perspektiven. In: DASCHNER, P./ROLFF, H.-G./STRYCK, T. (Hrsg.): Schulautonomie – Chancen und Grenzen. Impulse für die Schulentwicklung. Weinheim 1995, S. 31–54.

ROLFF, H.-G.: Gestaltungsautonomie verwirklichen. Lehrerinnen und Lehrer als Träger der Entwicklung. In: Pädagogik 46 (1994), H. 4, S. 40–44.

ROLFF, H.-G.: Wandel durch Selbstorganisation. Theoretische Grundlagen und praktische Hinweise für eine bessere Schule. Weinheim 1993.

ROLFF, H.-G.: Schulentwicklung als Entwicklung von Einzelschulen? Theorien und Indikatoren von Entwicklungsprozessen. In: Zeitschrift für Pädagogik 37 (1991), H. 6, S. 865–886.

ROSENBUSCH, H. S.: Hierarchie und Kollegialität – ein Widerspruch? In: BUCHEN, H./HORSTER, L./ROLFF, H.-G. (Hrsg.): Schulleitung und Schulentwicklung. Berlin 1994 (a), Loseblatt-Ausgabe, D 1.1, S. 1–14.

ROSENBUSCH, H. S.: Lehrer und Schulräte. Ein strukturell gestörtes Verhältnis. Berichte und organisationspädagogische Alternativen zur traditionellen Schulaufsicht. Bad Heilbrunn/Obb. 1994 (b).

ROSENBUSCH, H. S.: Der Schulleiter – ein notwendiger Gegenstand organisationspädagogischer Reflektion. In: ROSENBUSCH, H. S./WISSINGER, J. (Hrsg.): Schulleiter zwischen Administration und Innovation. Schulleiter-Handbuch, Bd. 50, S. 8–16. Braunschweig 1989.

ROSENSTIEL, L. V./MOLT, W./RÜTTINGER, B.: Organisationspsychologie. Stuttgart ⁸1995.

SCHEERBARTH, H. W./HÖFFKEN, H.: Beamtenrecht. Siegburg ⁵1985.

SCHNEEWIND, K. A.: Kinder und Jugendliche im Kontext der Familie. Strategien für eine entwicklungsförderliche Erziehung. In: EDELSTEIN, W. (Hrsg.): Entwicklungskrisen kompetent meistern. Heidelberg 1995, S. 43–51.

SCHÖNWEISS, F.: Bildung als Bedrohung? Grundlegung einer Sozialen Pädagogik. Opladen 1994.

SCHRATZ, M.: Vom Schulprofil zum Schulprogramm. In: schul-management 28 (1997), H. 2, S. 14–20.

SCHRATZ, M.: Die Rolle der Schulaufsicht in der autonomen Schulentwicklung. Innsbruck/Wien 1996.

SCHRATZ, M.: Autonomie und Schulaufsicht – ein Widerspruch? Qualitätssicherung im Spannungsfeld von Rechenschaftslegung und Kontrolle. In: schul-management 24 (1993), H. 4, S. 8–15.
SCHÜTZE, Y.: Zur Veränderung im Eltern-Kind-Verhältnis seit der Nachkriegszeit. In: NAVE-HERZ, R. (Hrsg.): Wandel und Kontinuität der Familie in der Bundesrepublik Deutschland. Stuttgart 1988, S. 94–114.
SCHULZ V. THUN, F.: Miteinander reden, Bd. 2. Reinbek bei Hamburg 1989.
SCHWÄNKE, U.: Der Beruf des Lehrers. Professionalisierung und Autonomie im historischen Prozeß. Weinheim 1988.
SCHWARZER, R.: Entwicklungskrisen durch Selbstregulation meistern. In: EDELSTEIN, W. (Hrsg.): Entwicklungskrisen kompetent meistern. Heidelberg 1995, S. 25–34.
SEIDEL, B.: Was zählt morgen? Selbstverantwortlich sein! In: Pädagogische Führung (1997), H. 2, S. 55–58.
SEMRAU, P.: Entwicklung der Einkommensarmut. In: DÖRING, B./HANESCH, W. (Hrsg.): Armut im Wohlstand. Frankfurt/M. 1990, S. 111–128.
SENGE, P.: Die fünfte Disziplin. Stuttgart 1996.
SERGIOVANNI, TH.: Reflections on administrative theory and practice in schools. In: Educational Administration Quarterly, Vol. XXIIX, (1993), No. 3, p. 304–313.
SHACHAR, H./SHARAN, S.: Schulorganisation und kooperatives Lernen im Klassenzimmer: Eine Interdependenz. In: HUBER, G. L. (Hrsg.): Neue Perspektiven der Kooperation. Baltmannsweiler 1993, S. 54–70.
SIMON, F.: Meine Psychose, mein Fahrrad und ich. Zur Selbstorganisation von Verrücktheit. Heidelberg 1993.
SOMMER, M.: Evaluation der Bildungsplanung. Ein Beitrag zur Theorie und Empirie der quantitativen Bildungsplanung am Beispiel des Bildungsgesamtplans von 1973. Berlin 1991
STAEHLE, W. H.: Management – Eine verhaltenswissenschaftliche Perspektive. München 1994.
STEFFENS, U./BARGEL, T.: Erkundungen zur Qualität von Schule. Neuwied 1993.
STEFFENS, U./BARGEL, T. (Hrsg.): Erkundungen zur Wirksamkeit und Qualität von Schule. Wiesbaden 1987.
STICHWEH, R.: Professionalisierung, Ausdifferenzierung von Funktionssystemen, Inklusion. In: DEWE, B./FERCHHOFF, W./RADTKE, F.-O. (Hrsg.): Erziehen als Profession. Zur Logik professionellen Handelns in pädagogischen Feldern. Opladen 1992, S. 36–48.
STOCK, M.: Autonomie von Schule und ihre Bedeutung für die rechtliche Stellung des Lehrers. In: ZEDLER, P./FICKERMANN, D. (Hrsg.): Pädagogik und Recht. Rechtliche Rahmenbedingungen und Handlungsspielräume für eine erweiterte Selbständigkeit von Einzelschulen. (Erfurter Studien zur Entwicklung des Bildungswesens, Bd. 5). Erfurt 1997, S. 75–108.
STOTZ, H.: Dezentrale Ressourcenverantwortung und Eigenverantwortung der Schule – zwei Seiten einer Medaille. In: Pädagogische Führung 7 (1996), H. 3, S. 132–137.

Anhang

STRITTMATTER, A.: Das 4F-Modell der Schulaufsicht und Schulevaluation. In: Schweizer Lehrerzeitung (1995), H. 15–16, S. 5–12.
STRYCK, T.: Autonomie und Schulträger. Über die Entwicklung aus kommunaler Sicht. In: DASCHNER, P./ROLFF, H.-G./STRYCK, T. (Hrsg.): Schulautonomie – Chancen und Grenzen. Impulse für die Schulentwicklung. Weinheim 1995, S. 109–133.

TERHART, E.: Lehr-Lern-Methoden. 2. überarb. Aufl., Weinheim 1997.
TERHART, E.: Lehrerprofessionalität. In: ROLFF, H.-G. (Hrsg): Zukunftsfelder von Schulforschung. Weinheim 1995, S. 225–266.
TERHART, E.: Lehrerberuf und Professionalität. In: DEWE, B./FERCHHOFF, W./RADTKE, F.-O. (Hrsg.): Erziehen als Profession. Zur Logik professionellen Handelns in pädagogischen Feldern. Opladen 1992, S. 103–131.
TERHART, E.: Zusammenarbeit in Lehrerkollegien: Realistische Möglichkeiten trotz struktureller Schwierigkeiten. In: Erziehungswissenschaft und Beruf, 37 (1989), S. 259–267.
TERHART, E.: Vermutungen über das Lehrerethos. In: Zeitschrift für Pädagogik 33 (1987), H. 6, S. 787–804.
TERHART, E.: Organisation und Erziehung. Neue Zugangsweisen zu einem alten Dilemma. In: Zeitschrift für Pädagogik 32 (1986), H. 2, S. 205–223.
TERHART, E./CZERWENKA, K.: Berufsbiographien von Lehrerinnen und Lehrern. Frankfurt/M. 1994.
THONHAUSER, J.: Neuere Zugänge der Forschung zur Erfassung von Schulqualität. In: SPECHT, W./THONHAUSER, J. (Hrsg.): Schulqualität. Entwicklungen, Befunde, Perspektiven. Innsbruck 1996, S. 394–425.
TILLMANN, K.-J.: Wie ich einmal Lehrer ausbilden möchte. In: Frankfurter Rundschau vom 27. 3. 1997.
TILLMANN, K.-J./BAUMERT, J./DÖRGER, U.: Sekundarschulen unter Konkurrenzdruck. Fallstudien aus dem viergliedrigen Schulsystem (Materialien zur Schulentwicklung, Heft 7 des Hessischen Instituts für Bildungsplanung und Schulentwicklung). Wiesbaden 1986.
TIMMERMANN, D.: Qualitätsmanagement an Schulen. In: Wirtschaft und Erziehung (1996), H. 10, S. 327–333.
TIMMERMANN, D.: Historische Leistung und heutige Leistungsfähigkeit der Konzepte der Bildungsreform der Siebziger Jahre. In: KOLBE, F.U./LENHART, V. (Hrsg.): Bildung und Aufklärung heute. Bielefeld 1990, S. 175–195.
TÜRK, K.: Neuere Entwicklungen in der Organisationsforschung. Stuttgart 1989.

ULICH, K.: Schule als Familienproblem. Konfliktfelder zwischen Schülern, Eltern und Lehrern. Frankfurt/M. 1989.

VESTER, M./OERTZEN, P.: Soziale Milieus im gesellschaftlichen Strukturwandel. Zwischen Integration und Ausgrenzung. Köln 1993.
WÄCHTER, H.: Vom Personalwesen zum Strategic Human Resource Management. In: STAEHLE, W. H./CONRAD, P. (Hrsg.): Managementforschung 2, Berlin 1992, S. 313–340.
WAGNER, R. B.: Accountability in Education. A Philosophical Inquiry. New York 1989.
WEICK, K.: Educational organizations as loosely coupled systems. In: Administrative Science Quarterly 21 (1976), p. 1–19.
WEINERT, A. B.: Lehrbuch der Organisationspsychologie. 2. Auflage. Weinheim 1987.
WEINERT, F. E./HELMKE, A.: Schulleistungen. Die Münchener Studie. In: Bild der Wissenschaft 24 (1987), S. 63–73.
WEISHAUPT, H./ZEDLER, P.: Aspekte der aktuellen Schulentwicklung in den neuen Ländern. In: ROLFF, H.-G./BAUER, K.-O./KLEMM, K./PFEIFFER, H./SCHULZ-ZANDER, R. (Hrsg.): Jahrbuch der Schulentwicklung, Bd. 8. Weinheim 1994, S. 395–429.
WEISHAUPT, H./WEISS M.: Bildungsbudget und interne Mittelallokation. In: Zeitschrift für Pädagogik 34 (1988), H. 4, S. 535–553.
WEISS, M.: Schulautonomie im Licht mikroökonomischer Bildungsforschung. In: WEIZSÄCKER, R. K. (Hrsg.): Aktuelle Probleme der Deregulierung und Finanzierung im Bildungswesen. Berlin 1997.
WEISS, M.: Zum Konzept der Magnetschulen in den USA. In: Zeitschrift für internationale erziehungs- und sozialwissenschaftliche Forschung, 6 (1989), H. 1, S. 3–28.
WIECHMANN, J.: Schulentwicklung einer Region. Ergebnisse einer Untersuchung aus Schleswig-Holstein. In: HAMEYER, U./LAUTERBACH, R./WIECHMANN, J. (Hrsg.): Innovationsprozesse in der Grundschule. Fallstudien, Analysen und Vorschläge zum Sachunterricht. Bad Heilbrunn/Obb. 1992, S. 260–271.
WILD, E./WILD, K.-P.: Familiale Sozialisation und schulische Lernmotivation. In: Zeitschrift für Pädagogik 43 (1997), H. 1, S. 55–77.
WILD, K.-P./KRAPP, A.: Elternhaus und intrinsische Lernmotivation. In: Zeitschrift für Pädagogik 41 (1997), H. 4, S. 579–595.
WILLKE, H.: Ironie des Staates. Grundlinien einer Staatstheorie polyzentrischer Gesellschaft. Frankfurt/M. 1996.
WILLKE, H.: Systemtheorie III: Steuerungstheorie. Grundzüge einer Theorie der Steuerung komplexer Sozialsysteme. Stuttgart 1995.
WIMMER, R.: Die Zukunft von Führung: Brauchen wir noch Vorgesetzte im herkömmlichen Sinn? In: Organisationsentwicklung 4 (1996), S. 46–57.
WINTERHAGER-SCHMID, L. zusammen mit PAUSELIUS, A., HILLER, U., TRENN, M.: Berufsziel Schulleiterin. Professionalität und weibliche Ambition. Weinheim 1997.

Anhang

WIRRIES, I.: Qualität von Schule: Erfolgsfaktor Rechenschaftspflicht der Einzelschule. In: schul-management 28 (1997), H. 1, S. 10–18.
WIRRIES, I.: Schuleigene Handlungskonzeption. Schulleiter-Handbuch Nr. 59. Braunschweig 1991.
WIRRIES, I.: Arbeitsgruppe Lehrerkollegium. Schulleiter-Handbuch, Bd. 52. Braunschweig 1989.
WISSINGER, J.: Führung – eine pädagogische Funktion? In: WISSINGER, J. (Hrsg.): Schulleitung als pädagogisches Handeln. Schulleiter-Handbuch, Bd 83, S. 21–33. München 1997 (a).
WISSINGER, J.: Gestaltungsautonomie als Managementproblem. Unveröffentlichtes Manuskript. Bielefeld 1997 (b).
WISSINGER, J.: Perspektiven schulischen Führungshandelns. Eine Untersuchung über das Selbstverständnis von SchulleiterInnen. Weinheim 1996.
WISSINGER, J.: Zur Soziologie der Schulleiter. In: BUCHEN, H./HORSTER, L./ROLFF, H.-G. (Hrsg.): Schulleitung und Schulentwicklung. Berlin 1994, Loseblatt-Ausgabe A 4.2, S. 1–20.
WISSINGER, J.: Schule als Lebenswelt. Eine handlungstheoretische Untersuchung über die Entstehung von Schulschwierigkeiten. Frankfurt/M. 1988.
WISSINGER, J./ROSENBUSCH, H. S. (Hrsg.): Schule von innen verändern. Schulleiter-Handbuch, Bd. 66. Braunschweig 1993.
WISSINGER, J./ROSENBUSCH, H. S. (Hrsg.): Motivation durch Kooperation. Schulleiter-Handbuch, Bd. 58. Braunschweig 1991.
WOLLENWEBER, H.: »Autonomie der Schule?« Zur Problematik einer schulpolitischen Forderung. In: AURIN, K./WOLLENWEBER, H. (Hrsg.): Schulpolitik im Widerstreit. Brauchen wir eine »andere Schule«? Bad Heilbrunn 1997, S. 113–128.

ZEDLER, P./FICKERMANN, D. (Hrsg:): Pädagogik und Recht. Rechtliche Rahmenbedingungen und Handlungsspielräume für eine erweiterte Selbständigkeit von Einzelschulen. (Erfurter Studien zur Entwicklung des Bildungswesens, Bd. 5). Erfurt 1997.
ZEDLER, P.: Einführung in die Bildungsplanung. Stuttgart 1979.
ZEIHER, H./ZEIHER, H.: Organisation von Raum und Zeit im Kinderalltag. In: MARKEFKA, M./NAUCK, B. (Hrsg.): Handbuch der Kindheitsforschung. Neuwied 1993, S. 389–402.
ZINNECKER, J.: Streßkinder und Glückskinder. Eltern als soziale Umwelt von Kindern. In: Zeitschrift für Pädagogik 43 (1997), H. 1, S. 7–34.

Abkürzungsverzeichnis

ASD	Arbeitsgemeinschaft der Schulleiterverbände Deutschlands
BerlinerSchulVerfG	Berliner Schulverfassungsgesetz
BK-NRW	Bildungskommission Nordrhein-Westfalen
BLK	Bund-Länder-Kommission
BMBF bzw. BMBWFT	Bundesministerium für Bildung, Wissenschaft, Forschung und Technologie
BremSchulG	Bremisches Schulgesetz
BVG	Bundesverfassungsgericht
GG	Grundgesetz
IFS	Institut für Schulentwicklungsforschung
KGSt	Kommunale Gemeinschaftsstelle für Verwaltungsvereinfachung
LKonfO	Lehrerkonferenzordnung
NIACE	National Institute of Adult Continuing Education
NLI	Niedersächsisches Landesinstitut für Fortbildung und Weiterbildung im Schulwesen und Medienpädagogik
NSchG	Niedersächsisches Schulgesetz
OECD	Organization for Economic Cooperation and Development
SchulG	Schulgesetz
TIMSS	Third International Mathematics and Science Study

Anhang

Die Autoren

ACKERMANN, HEIKE, DR.
Lehrstuhl für Schulpädagogik der Otto-Friedrich-Universität Bamberg. Arbeitsschwerpunkte: Schulreform, Bildungspolitik, Schulleitungsforschung, Schulprofil- und Schulprogrammentwicklung, Politische Bildung.

FÜSSEL, HANS-PETER, PROF. DR.
Hochschule für Öffentliche Verwaltung Bremen. Arbeitsschwerpunkt: Schulrechtliche Fragestellungen.

GRUNDMANN, MATTHIAS, DR.
Max-Planck-Institut für Bildungsforschung, Berlin. Arbeitsschwerpunkte: Sozialstruktur und individuelle Entwicklung, sozialer Wandel und Modernisierung, Bildungs- und Familiensoziologie, Sozialisationsforschung und -theorie.

HAMEYER, UWE, PROF. DR.
Institut für Pädagogik. Christian-Albrechts-Universität zu Kiel. Arbeitsschwerpunkte: Pädagogik der Grundschule, Didaktik entdeckenden Lernens im Sachunterricht, Vergleichende Curriculumforschung, Schulinnovation und Systemberatung, Moderationstechnik.

HÖHER, PETER, DIPL.-PÄD., SENIORBERATER
Kienbaum Personalberatung GmbH, Gummersbach. Arbeitsschwerpunkte: Organisationsentwicklung, Schulentwicklung, Teamentwicklung, Management- und Führungskonzepte, Schulleitungsforschung.

HÜBNER, PETER, PROF. DR.
Institut für Soziologie der Erziehung. Freie Universität Berlin. Arbeitsschwerpunkte: Soziologie des Bildungswesens, Sozialisationsprozesse in der Schule, Organisation und Verwaltung im Bildungswesen.

HUININK, JOHANNES, PROF. DR.
Institut für Soziologie. Universität Leipzig. Arbeitsschwerpunkte: Lebenslauf- und Familiensoziologie, Sozialwissenschaftliche Methoden.

LÜDERS, MANFRED, DR.
Lehrstuhl für Schulpädagogik der Ruhr-Universität-Bochum. Arbeits-

schwerpunkte: Schulpädagogik, Didaktik, Unterrichtsforschung, Lehrerhandeln, Lehrerberuf.

MARITZEN, NORBERT, OBERSCHULRAT
Mitglied der Schulinspektion in Bremen; seit 1. Oktober 1997 Abteilung für Schulforschung, Schulentwicklung und Evaluation beim Amt für Schule in Hamburg. Arbeitsschwerpunkte: Evaluation, Schulprogramm, Steuerungsfragen in der Schulentwicklung.

OSTERWALDER, FRITZ, PROF. DR.
Lehrstuhl für Allgemeine Pädagogik. Pädagogische Hochschule Karlsruhe. Arbeitsschwerpunkte: Ökonomische und politische Institutionenlehre der Schule, Wissenschaftsgeschichte der Pädagogik.

ROLFF, HANS-GÜNTER, PROF. DR.
Institut für Schulentwicklungsforschung. Universität Dortmund. Arbeitsschwerpunkte: Sozialisations- und Schulforschung, Organisations- und Schulentwicklung, Neue Technologien.

SCHLEY, WILFRIED, PROF. DR.
Institut für Sonderpädagogik. Universität Zürich. Arbeitsschwerpunkte: Kooperative Verhaltensmodifikation, Organisationsentwicklung und Systemberatung, Integrationspädagogische Konzepte, Evaluation und Schulqualität.

SCHRATZ, MICHAEL, ASS. PROF. DR.
Institut für Erziehungswissenschaften. Universität Innsbruck. Arbeitsschwerpunkte: Didaktik und Unterrichtsforschung, Schulmanagement, Qualitätsentwicklung im Bildungsbereich.

TIMMERMANN, DIETER, PROF. DR.
Fakultät für Pädagogik. Universität Bielefeld. Arbeitsschwerpunkte: Bildung und Ungleichheit, Bildung und Beschäftigung, ökonomische Aspekte der Berufsbildung, Ökonomie der Elementarerziehung, der Schule und der Hochschule, Bildungsfinanzierung, Effizienz und Steuerung im Bildungswesen.

WEISHAUPT, HORST, PROF. DR.
Institut für Allgemeine Erziehungswissenschaft und Empirische Bildungsforschung. Pädagogische Hochschule Erfurt. Arbeitsschwerpunkte: Wis-

Anhang

senschaftliche Begleitung von Modellversuchen, Sozialräumliche Bedingungen des Bildungsverhaltens, Ressourceneinsatz und -verwendung im Bildungswesen, Schulentwicklungsplanung, Bildungsforschung, Schulentwicklungsforschung, Qualität von Schule.

WINTERHAGER-SCHMID, LUISE, PROF. DR.
Fakultät I – Fachbereich Erziehungswissenschaften. Pädagogische Hochschule Ludwigsburg. Arbeitsschwerpunkte: Historische und anthropologische Pädagogik, Allgemeine Didaktik und Bildungstheorie, Erziehungswissenschaftliche Gender-Forschung, Psychoanalytische Pädagogik.

WIRRIES, INGEBORG, DIPL.-PÄD., LEHRERIN
Fachbereich Erziehungswissenschaften I. Universität Hannover. Arbeitsschwerpunkte: Schulqualität, Organisationstheorie der Schule, Schulrechtliche und administrative Fragestellungen von Schulleitung, Fortbildung von SchulleiterInnen.

WISSINGER, JOCHEN, PRIV. DOZ. DR.
Erziehungswissenschaftliches Seminar der Ruprecht-Karls-Universität Heidelberg/Otto-Friedrich-Universität Bamberg. Arbeitsschwerpunkte: Schultheorie und Didaktik, schulische Sozialisation, berufliche Sozialisation und Professionalisierung, Schulqualität, Schulorganisation und -entwicklung, Schulmanagement.